KB073921

부사 성여신

남명학연구총서 8

부사 성여신
Busa Seong Yeo-sin

엮은이	남명학연구원
펴낸이	오정혜
펴낸곳	예문서원

편 집	김병훈·유미희
인 쇄	㈜ 상지사 P&B
제 책	㈜ 상지사 P&B

초판 1쇄   2015년 12월 28일

주 소	서울시 성북구 안암로9길 13
출판등록	1993년 1월 7일(제307-2010-51호)
전화번호	02-925-5913~4 / 팩시밀리 02-929-2285
E-mail	yemoonsw@empas.com

ISBN 978-89-7646-344-9   93150
ⓒ 南冥學研究院 2015 Printed in Seoul, Korea

YEMOONSEOWON 13, Anam-ro 9-gil, Seongbuk-Gu Seoul KOREA 136-074
Tel) 02-925-5913~4, Fax) 02-929-2285

값 28,000원

남명학연구총서 8

부사 성여신

남명학연구원 엮음

예문서원

서 문

　남명학연구원에서는 남명학과 남명학파 연구의 대표적인 업적을
엄선해 총서를 출간하고 있다. 그 동안의 연구 성과를 정리해 남명학의
정체성을 확립하고 남명의 학문과 사상이 그 제자들에게 어떤 영향을
미쳤는가를 알아보며, 나아가 남명학에 대한 새로운 전망을 모색하기
위해서이다.

　남명학연구총서는 2006년 이후 『남명사상의 재조명』(총서 1권), 『남명
학파 연구의 신지평』(총서 2권), 『덕계 오건과 수우당 최영경』(총서 3권),
『내암 정인홍』(총서 4권), 『한강 정구』(총서 5권), 『동강 김우옹』(총서 6권),
『망우당 곽재우』(총서 7권) 등을 간행했다. 이를 통해 남명과 남명학파의
학문과 사상의 계승과 전개, 남명학파 개개인의 학문과 사상에 대해
집중적으로 조명해 오고 있다.

　이번 총서 제8권의 주제는 『부사 성여신』이다. 부사浮査 성여신成汝信
은 남명의 문하에서 수학하여 지역사회에서 크게 활동했던 인물이다.
남명의 '경의학敬義學'은 문인들이 처한 각자의 위상에 따라 여러 양상
으로 드러난다. 부사에게서도 '안으로 밝히는 경敬'의 학문과 '의義의
사회적 실천'은 그의 일생에서 큰 흐름을 형성하고 있다. 비록 벼슬살이

는 하지 않았지만, 당대의 정치·사회적인 사안에 대해 적극적으로 의견을 피력하여 불의와 부정을 질정하려 했으며 지역사회의 교화에도 노력했다. 김덕령 장군의 억울한 무고, 수우당 최영경의 원통한 죽음, 영창대군의 옥사로 인한 동계 정온의 득죄에 대해서 억울함을 풀어 주고 정의를 옹호하기 위해 위험을 무릅쓰고 상소한 것과, 임진왜란 후 세수를 확보하기 위해 시행된 양전제의 폐단을 지적하여 백성들의 고통을 감해 주기 위해 노력한 것 등이 그 사례이다. 나아가 지역사회의 교화를 위해 '금산동약琴山洞約'을 결성하였고, 양몽재·지학재를 설립하여 후진 양성에도 앞장섰으며, 지역의 역사와 문화에 관한 자료를 모아 향토 인문지리지인『진양지』를 편찬함으로써 지역의 문화적 기반을 구축하는 데도 크게 이바지했다.

이번에 출간하는 총서 제8권『부사 성여신』을 계기로, 그 동안 남명학파에서 차지하는 위상에 비해 상대적으로 연구가 미흡했던 부사에 대한 연구가 활성화될 것을 기대한다.

이 책에는 부사 성여신의 학문과 사상에 관련된 연구논문 중에서 연구의 새로운 지평을 열었다고 생각되는 것들을 엄선하여 실었다.

그리고 혹 잘못된 곳이나 미비한 점이 있는 것은 필자들이 스스로 보완했다. 옥고를 보내 주신 필자들과 토론에 참가해 주신 남명학연구원의 상임연구위원 여러분들께 감사의 말씀을 드린다. 그리고 이것을 정성들여 책으로 출판해 주신 도서출판 예문서원에도 아울러 감사의 말씀을 드린다.

2015년 12월
남명학연구원 부원장 박병련 삼가 씀

차례 ‖ 부사 성여신

제1장 『국역 부사집』 해제

최 석 기

1. 번역 저본의 서지사항 및 간행 경위

이 책(『국역 부사집』)은 조선 중기 진주에 살던 부사浮査 성여신成汝信 (1546~1632)의 시문집인 『부사집浮査集』을 번역한 것이다. 번역 저본인 『부사집』은 8권 4책의 목판본으로, 판심版心은 '부사집浮査集'으로 되어 있으며, 사주쌍변四周雙邊이 있고, 반곽半郭은 가로 23.8cm, 세로 17.5cm이 며, 판심에 상하이엽화문어미上下二葉花紋魚尾가 있다. 또한 계선界線이 있고, 반엽半葉은 10행으로 되어 있으며, 매 행은 22자로 되어 있다. 앞에 안정복安鼎福(1712~1791)의 서문이 붙어 있으며, 권7~권8에 부록이 추가되어 있다.

이 책은 1785년에 간행된 초간본으로 문중에 남아 있으며, 경상대학 교 도서관 문천각에 복사본이 소장되어 있다. 연세대학교 중앙도서관 에 소장되어 있는 책(도서번호: 811.98-성여신-부)은 권5~6이 궐실된 것인 데, 1990년 한국고전번역원에서 한국문집총간 제56책을 영인하여 간행할 적에 이 판본을 그대로 수록하여 권5~6이 빠져 있다. 한국문집총간에 수록되지 못한 권5~6은 경상대학교 도서관 문천각에 소장된 것으로 보충하여 번역하였다.

『부사집』은 성여신의 둘째 아들인 성용成鏞의 증손 성처회成處會가 성여신의 유고를 수습하고, 성처회의 아들 성대적成大勣이 문체별로 편정하고 「연보」를 작성해 붙임으로써 문집의 체제를 갖추게 되었다. 또한 성여신의 외손서 안창한安彰漢의 아들인 안시진安時進이 성여신의 문인으로서 1687년경에 「언행록」을 저술하여 성처회에게 보내니, 이를 부록에 편입시켰다. 그러나 문집 간행은 곧바로 이루어지지 못하였다.

1785년 성대적의 족질 성동익成東益(成鏞의 5대손)과 족손 성사렴成師濂이 안시진의 족증손 안경점安景漸을 찾아가 「언행록」의 교정을 부탁하는 한편, 안경점의 족인으로 당대 근기 남인계의 대학자였던 안정복에게 시문집의 교정을 청하고 서문·행장·묘갈명 등을 받았다. 전에 편정해 두었던 원고에 이런 부록 문자를 첨부하여 그해 진주에서 간행하였다.

2. 저자의 생애와 학문

1) 가계 및 생애

성여신의 자는 공실公實, 호는 부사浮査, 본관은 창녕昌寧이다. 성여신은 1546년(명종 1) 정월 초하룻날 자시子時에 진주 동쪽 대여촌代如村 구동龜洞 무심정無心亭(현 진주시 금산면 가방리)에서 성두년成斗年의 셋째

아들로 태어났다. 모친 초계변씨草溪卞氏는 충순위 변원종卞元宗의
딸이다.

성여신의 집안은 고조부 성우成祐 때부터 진주에 살기 시작했다.
증조부 성안중成安重은 1492년 문과에 급제하여 승문원교리를 지냈고,
조부 성일휴成日休는 문장과 효우로 세상에 이름이 났는데 기묘사화
이후 출사를 포기하고 강호에 은거하였다. 부친 성두년은 자가 추지樞
之인데, 유일로 천거되어 경기전참봉에 제수되었으나 나아가지 않았
다. 기묘사화로 인해 일찍 과거를 포기하였다.

성여신은 8세 때부터 이모부인 조계槽溪 신점申霑의 문하에 나아가
『소학』·사서삼경 및 역사서 등을 배웠다. 신점은 신숙주申叔舟의 증손
으로 조용히 은거하며 지조를 지키던 인물이다. 성여신은 15세 때
진주향교 교수로 부임한 약포藥圃 정탁鄭琢(1526~1605)에게 『상서』를 배
웠으며, 16세~17세 때는 인근의 응석사凝石寺에 가서 『춘추좌씨전』
및 당송고문唐宋古文을 읽었다. 18세 때 사천에 살던 구암龜巖 이정李楨
(1512~1571)을 찾아가 『근사록』을 배웠으며, 21세 때에도 찾아가 학업을
익혔다. 23세 때에는 남명南冥 조식曺植(1501~1572)을 찾아가 문인이 되었
다. 이처럼 성여신은 젊은 시절 지역의 명유들 문하를 두루 출입하며
학문을 익혔는데, 특히 이정과 조식의 영향을 많이 받았다.

성여신은 15~16세를 전후해 기초적인 서적을 다 읽고 난 뒤, 인근
의 응석사·쌍계사雙磎寺 등 사찰에서 폭넓은 독서와 문장수업에 들
어갔다. 16세 때부터는 응석사에서 『춘추좌씨전』 및 유종원柳宗元·한
유韓愈·구양수歐陽脩 등의 고문을 탐독하였으며, 19세 때부터 부친상
을 당한 23세 때까지 쌍계사에서 독서하였는데, 『춘추좌씨전』·『사

기』 및 당송고문을 즐겨 읽었다.

23세 되던 해인 1568년 겨울 단속사에서 거접居接할 때, 승려 휴정休靜이『삼가귀감三家龜鑑』을 지어 간행하고 사천왕상을 새로 만들어 안치했다. 성여신은『삼가귀감』에 유가의 글이 맨 뒤에 수록된 것에 분개하여 거접하던 유생들과 함께 승려들을 꾸짖고 책판을 불태웠으며, 사천왕상과 나한상을 끌어내 목을 잘랐다. 그리고 인근에 살던 남명 조식 선생에게 사람을 보내 고하게 한 뒤, 다음 날 찾아가 배알하고서『상서』를 배웠다. 이때부터 조식의 문하에 출입하여 동문들과 교유하였다. 당시 최영경崔永慶이 조식을 찾아왔었는데, 그때부터 교분을 맺고 종유하였다.

성여신은 18세 때 관찰사가 순시하다가 치른 시험에서 「운학부雲鶴賦」를 지어 장원을 차지하였다. 19세 때에는 생원시와 진사시의 초시인 향시에 모두 합격하였다. 이후로 수십 차례 향시에 응시하였으나, 회시에는 합격하지 못하였다. 20세 때 만호 박사신朴士信의 딸 밀양박씨를 아내로 맞이하였다.

성여신은 23세 때인 1568년 11월 부친상을 당하여 삼년상을 치르고, 1571년 조식과 이정을 찾아뵈었다. 그러나 동년 7월 다시 모친상을 당하여 여묘살이를 하였다. 그는 부친상을 당하기 전 두 차례나 서울에 올라가 과거에 응시했으나 낙방하여 실의에 빠졌던 것 같다. 그러나 삼년상을 마친 뒤, 응석사·쌍계사에서 경전 및『심경』·『근사록』·『성리대전』등을 다시 읽기 시작하였다. 그 이전의 공부가 주로 문장가들의 고문에 치중해 있었음을 반성하고, 경전 및 성리서를 정밀히 독서하기 시작한 것이다.

성여신은 36세 때인 1581년 봄 창녕 선영에 가서 성묘를 한 뒤, 창녕군수로 있던 정구鄭逑를 방문하였다. 그리고 그해 4월에 의령宜寧 가례嘉禮로 이거하여 약 5년 동안 처가에서 살았다. 이때 그는 곽재우郭再祐·이대기李大期·이대약李大約·이종영李宗榮 등과 교유하며 함께 학문을 강마하였다. 이때 사귄 벗들과는 평생 동지적 우의를 유지하였다. 그는 40세 때 고향의 집으로 돌아가 과거를 위한 공부에만 전념하지 않고 심성수양 할 것을 다짐하였다. 44세 때인 1589년 기축옥사가 일어나 동문 최영경·유종지柳宗智 등이 억울하게 죽자 매우 애통해하였다.

1592년 임진왜란이 일어나 산속으로 피난하였다가 1594년에 돌아왔다. 그때 김덕령金德齡이 인근 월아산月牙山에 진을 치고 있어 함께 군사軍事를 논의하였다. 1595년 김덕령이 무고로 구금되자 신원소를 올려 적극 구원하였다. 1597년 왜적이 다시 침입하여 김천金泉으로 피난하였다가, 곽재우가 진을 치고 있던 화왕산성火旺山城으로 들어가 함께 군사를 도모하였다.

54세 때인 1599년 고향으로 돌아온 성여신은 부사정浮查亭 정사精舍와 반구정伴鷗亭을 짓고 강호에 묻혀 지내는 은일의 삶을 지향한다. 한편 조식의 문인으로서 덕천서원을 중건하는 일에 동참하였으며, 동문 최영경을 신원하는 상소를 올리는 데 적극 참여하였다. 또한 조식이 정한 예를 가지고 임진왜란으로 무너진 예속을 회복하는 데 앞장섰다. 성여신은 이 시기에 경세적 포부를 접고 강호에 은거하는 삶을 지향하지만, 사인으로서의 본분을 충실히 수행하고 있었다.

성여신은 1602년 최영경을 신원하는 소를 올리고 돌아오는 길에 계서회鷄黍會를 결성하였다. 이 계서회는 성여신과 이대약·이종영이 주축이었다. 이 가운데 이종영은『덕천사우연원록德川師友淵源錄』속록續錄에 들어 있는 조식의 문인이며, 이대약은 최영경·하항河沆·정인홍鄭仁弘에게 배운 이대기의 동생이다. 이들은 모두 성여신과 마찬가지로 벼슬길에 나아가지 못한 불우한 사류로서 동병상련의 처지에 있었다. 성여신은 이 계서회의 모임을, 뜻을 얻지 못하여 물러나 사는 사람들의 진정한 사귐으로 그 의미를 부여하였다.

성여신은 64세 때인 1609년 생원·진사시에 모두 합격하였다. 또한 1613년 68세의 나이로 문과 회시에 응시하기 위해 상경하였다가 '궤우지로詭遇之路'를 써 보라는 관인의 말을 듣고서 "지금 너의 말을 듣고 보니 세도를 알 만하다. 더구나 시사가 안정되지 못하여 삼강이 무너지려 하니, 과거에 합격한들 무엇하겠는가"[1]라고 하고서, 곧바로 귀향하였다. 당시의 정국은 이이첨李爾瞻 등이 토역討逆을 주장하며 영창대군永昌大君을 처단하자는 논의가 거세게 일어나던 시기였는데, 성여신의 말은 이런 집권층의 처사를 삼강오륜을 무너뜨리는 것으로 보아 동조하지 않겠다는 뜻으로 보인다. 이로부터 성여신은 현실과의 불화가 깊어져 노년임에도 불구하고 산수유람에 빠져들었다.

1614년 정온鄭蘊이 갑인봉사甲寅封事를 올렸다가 옥에 갇히자, 성여신은 오장吳長·이회일李會一·이각李殼 등과 함께 구원하는 상소를 올렸다. 만년에는 정인홍과 절교한 박민朴敏(1566~1630)과 가까이 지냈는데, 이 시기부터 집권층인 대북 정권에 동조하지 않고 중북의 입장에 섰던 듯하다.

---

1)『浮查集』, 권7,「年譜」참조.

성여신은 71세 때인 1616년 9월 24일부터 10월 8일까지 15일 동안 하동을 거쳐 쌍계사・불일암佛日庵・신응사神凝寺를 유람하였는데, 이때 동행한 사람이 정대순鄭大淳・강민효姜敏孝・이중훈李重訓・박민朴敏・문홍운文弘運 및 맏아들 성박成鑮과 넷째 아들 성순成錞이다. 이들은 팔선八仙이라 자칭하였는데, 성여신은 부사소선浮査少仙, 정대순은 옥봉취선玉峯醉仙, 강민효는 봉대비선鳳臺飛仙, 이중훈은 동정적선洞庭謫仙, 박민은 능허보선凌虛步仙, 문홍운은 매촌낭선梅村浪仙, 성박은 죽림주선竹林酒仙, 성순은 적벽시선赤壁詩仙이라 불렀다. 이 유람이 신선들의 놀이였기 때문에 성여신은 이 유람록을 '방장산선유일기方丈山仙遊日記'라고 이름 붙였다.

성여신은 72세 때인 1617년 4월 이삼성李三省・박민・강윤姜贇・하장河璋・조경曺炅・하선河璿・최기崔屺・정위鄭頠・성박・박성길朴成吉・정시특鄭時特・최후식崔後寔 등과 다시 지리산을 유람하였으며, 78세 때인 1623년에도 조겸趙球・진량陳亮・김옥金玉・조후명曺後明 등과 법계사를 거쳐 천왕봉에 올랐다.

성여신은 1622년 하징河憕・조겸・박민 등과 함께 『진양지晉陽誌』를 최초로 편찬하였다. 성여신은 1632년 11월 1일 부사정에서 87세를 일기로 생을 마감하였다.

성여신에 대한 후인들의 인물평을 통해 인물 성격을 간추려 보기로 한다. 조임도趙任道는 만사에서 "문장과 글씨 당대 제일이었네"[2]라고 하였고, 정달겸鄭達謙은 만사에서 "문장으로 당대를 놀라게 한 지 구십년"[3]이라 하였으며, 하홍도河弘度는 제문에서 "문장은 샘물처럼 솟구

---

2) 『부사집』, 권8, 「부록・만사」, "翰墨當年第一人."

쳤으며, 글씨는 안진경의 생동하는 서체를 사모했네"[4]라고 하였다. 이를 보면 성여신은 당대 진주지역에서 문장과 글씨 모두 제일로 칭송되었던 인물임을 알 수 있다.

또 안정복이 지은 묘갈명에서는 이렇게 적고 있다.

아, 선생이시여. 성스러운 세상의 일민逸民이셨네. 젊어서 어진 스승을 만나, 도학의 진면목을 깊이 즐기셨네. 학문은 마음에 근본을 두어, 경敬과 의義를 함께 병행했네. 행실이 몸에 드러났으니, 효제충신이었네. 교화가 향리에 행하니, 가르침이 젊은 유생들에게 젖어 들었네. 뛰어난 재능과 빼어난 기량을 지니고서, 산림에 자취를 숨겼으니, 시운인가 천명인가, 백성들 복이 없었도다.[5]

안정복은 성여신에 대해, 조식의 문하에서 수학한 도학자이며, 마음에 근본을 두고 경의를 함께 실천한 유학자이며, 향리에 교화를 베푼 교육자이며, 빼어난 경세적 재능을 지녔지만 뜻을 펴지 못한 일민이었다는 점을 인물 성격으로 드러내었다.

이런 점을 종합해 보면, 성여신은 문장과 글씨가 모두 당대에 그가 살고 있던 지역에서 최고였으며 경敬·의義를 함께 실천한 유학자로서, 경세적 재능을 지니고서도 세상에 쓰이지 못한 인물이었다고 정리할 수 있겠다.

---

3) 『부사집』, 권8, 「부록·만사」, "驚代文章九十年."
4) 『부사집』, 권8, 「부록·제문」, "文辭湧其如泉, 字慕魯公之龍蛇兮."
5) 『부사집』, 권8, 「부록·묘갈명병서」. "於乎先生. 聖世逸民. 早得賢師, 耽樂道眞. 學本乎心, 敬義夾進. 行著于身, 孝悌忠信. 化行鄕里, 敎洽靑衿. 長材偉器, 迹屈山林, 時耶命耶, 民無祿耶. 刻銘詔後, 紺岳之麓."

2) 사회적 역할

성여신의 사회적 역할은 아래와 같이 크게 다섯 가지로 정리할 수 있다.

첫째, 성리학적 이념을 굳게 견지하여 불교를 배척한 것이다. 성여신은 23세 때인 1568년 10월 지역에서 선발된 9명의 유생들과 단속사에서 거접할 때, 승려 휴정이 편찬한 『삼가귀감』에 유가의 글이 맨 뒤에 들어 있는 것을 보고 분개하여 책판을 불태우고 나한상과 사천왕상을 끌어내어 목을 잘랐다. 그것은 유가의 도를 헐뜯고 선비들을 모욕했다는 이유에서였다. 명종 때 승려 보우普雨가 문정왕후의 총애를 받아 불교가 다시 세력을 확장한 것은 주지의 사실이다. 성리학적 이념에 투철했던 젊은 선비들은 불교가 다시 부흥하는 것을 용납할 수 없었을 것이니, 성여신의 행동은 당대 사림의 성향을 단적으로 보여 준 것이라 하겠다. 또한 이 시기는 선조가 갓 즉위하여 사림정치가 열리던 시대였으니, 명종 때 위축되었던 사기士氣를 진작시킬 필요가 있었다. 성여신은 분개하여 과격한 행동을 하였지만, 이 사건을 통해 신진사림으로서 성리학적 이념에 충실하고자 한 그의 시대정신을 엿볼 수 있다.

둘째, 억울하게 화를 당한 사람들을 위해 적극적으로 신원을 청한 것이다. 성여신은 1595년 진주 유생을 대신하여 체찰사에게 김덕령 장군의 신원을 위해 상서하였으며, 1596년에는 김덕령 장군의 신원을 청하는 상소를 올렸다. 1602년 봄에는 정온鄭蘊·이육李堉 등과 함께 기축옥사 때 화를 당한 최영경의 억울함을 상소하였으며, 또 사헌부의 탄핵을 받고 전라도 영암에 부처付處된 곽재우의 억울함을 상소하였다. 그리고

1614년에는 갑인봉사를 올렸다가 화를 당한 정온을 위해 이대기·오장
및長 등과 함께 소를 올려 신구하였다. 성여신은 이와 같이 일련의 정치적
사건에 적극적으로 대처하는 자세를 보이고 있다.

셋째, 임진왜란 때 의병장을 도와 함께 국난을 극복하고자 한 것이다.
1594년 김덕령 장군이 인근에 와서 진을 치자 본가로 돌아와 함께
군사를 의논하였으며, 1597년 김천으로 피난하였다가 곽재우 장군이
화왕산성에 진을 치고 있다는 소문을 듣고 그곳으로 가서 군사를 의논
하였다. 또한 임진왜란 때 의병을 일으켜 국난을 극복한 의병장 및
그들의 활약상을 기리는 글과 김시민 장군이 진양성을 온전히 지켜
낸 사실을 기록으로 남겼다.

넷째, 임진왜란 이후 무너진 풍속을 진작시키기 위해 노력한 것이다.
우선 그는 후학들을 가르쳐 학문을 흥기시키는 것을 임무로 여겼으며,
조식을 제향한 덕천서원이 불에 타 훼손된 것을 동문들과 함께 중건하
였다. 또한 자신이 사는 마을의 동약洞約을 만들어 상부상조하는 풍속
을 일으키려 하였다.

다섯째, 지방 문화에 관심을 갖고 지방지를 편찬한 것이다. 성여신은
77세 때인 1622년 지역 인사들과 함께 『진양지』를 처음으로 편찬하였다.

3) 학문 성향과 문학관

성여신의 학문은 구암 이정을 통해 계발된 효제충신의 도와 남명
조식을 통해 전수된 경의敬義로 요약될 수 있다. 이정은 그에게 유학의
근본정신을 일깨워 주었고, 조식은 성리학과 심성수양의 요체를 일러

주었다. 성여신은 이 두 스승의 가르침을 하나로 융합하여, "효제충신은 경의가 아니면 행해지지 않고, 경의는 효제충신이 아니면 확립되지 않는다"[6]라고 하였다.

조선 성리학은 사화기를 거치면서 학자들이 재야에서 위기지학에 전념하여 도덕성을 드높이기 위해 심성수양을 중시하는 쪽으로 전개되었다. 이러한 학문 성향을 극명하게 보여 준 인물이 남명 조식이다. 조식은 성리학이 꽃피는 16세기 중반에 심성수양을 통한 실천을 강조하였다. 그는 이론적 탐구에 치중하는 당시의 학풍을 경계하여 "손으로 물 뿌리고 비질하는 절도도 모르면서 입으로 천리天理를 말한다"[7]라고 하면서, 인사人事에서 천리를 구하지 않으면 실득이 없다고 하였다.

성여신의 학문 성향도 조식의 이런 학문 정신을 그대로 이어받고 있다. 그는 "학자들이 손으로 물 뿌리고 비질하는 절도도 모르면서 입으로 천인天人의 이치를 말하며, 겉으로는 근엄하고 공손한 체하면서 안으로는 방탕하고 게을리한다"[8]라고 하여, 당시 학자들이 일상의 실천을 외면한 채 우주와 인간의 이치를 함부로 말하는 병폐를 비판하였다. 성여신이 퇴계 이황의 문인인 이정에게 수학했으면서도 성리설을 전개한 것이 없는 것은 조식의 이런 학문 정신을 이어받았기 때문이다.

성여신의 학문 성향이 조식의 학문과 유사한 것은 이뿐만이 아니다. 그는 조식과 마찬가지로 광박한 학문을 추구하여 산수·병진兵陣·의

---

6) 『부사집』, 권6, 「枕上斷編」, "孝悌忠信, 非敬義, 則不行, 敬義, 非孝悌忠信, 則不立."
7) 『南冥集』, 권2, 「與退溪書」, "近見學者, 手不知灑掃之節, 而口談天理."
8) 『부사집』, 권8, 「言行錄」, "學者, 手不知灑掃之節, 而口談天理, 外爲莊恭, 而內實放惰."

약·천문·지리 등에 모두 마음을 두고 궁구해야 한다고 하였다. 성여신은 학문 자세에 대해 다음과 같이 말하였다.

> 학자들은 경전에서 널리 구하고, 백가의 글에 널리 통해야 한다. 그런 뒤에는 번다한 것을 수렴하여 간결하게 해서 자신에게 돌이켜 요약하는 데로 나아가서 스스로 일가의 학문을 이루어야 한다.[9]

이 말은 정인홍이 지은 조식의 행장에 있는 내용[10]과 거의 같다. 이는 성여신이 문인들에게 강조한 것으로, 그 역시 이와 같은 학문 자세를 견지하고 있었음을 의미한다. 성여신의 이와 같은 학문관은 이황 이후 주희만을 존신하는 쪽으로 경도된 일반적인 학문 성향과 변별되는 것으로, 조식의 학문 정신을 그대로 계승한 것이라 하겠다.

성여신은 거듭 과거시험에 낙방하자, 좌절을 극복하기 위해 마음을 다스리는 노력을 기울였다. 41세 때 지은 「학일잠學一箴」을 보면, 안자顔子의 '사물四勿'과 증자曾子의 '삼성三省'과 맹자孟子의 '양호연지기養浩然之氣'와 자사子思의 '유일惟一'을 마음에 새기며 밤낮으로 고요히 심성수양을 다짐하고 있다. 이 잠의 말미에 "나의 천군天君을 섬겨, 마음을 전일하게 함을 주로 해 흩어짐이 없게 하라"[11]라고 한 것은, 성리학의 경공부敬工夫를 말한 것이다. 여기서 말하는 '천군'은 '마음'을 비유한 것으로, 조식의 「신명사도神明舍圖」에 보이는 '천군'이다. 이 역시 남명

---

9) 『부사집』, 권8, 「言行錄」, "且學者, 博求經傳, 旁通百家. 然後斂煩就簡, 反躬造約, 自成一家之學."
10) 『남명집』, 권두, 「行狀」, "盖先生, 旣以博求經傳, 旁通百家. 然後斂煩就簡, 反躬造約, 而自成一家之學."
11) 『부사집』, 권4, 「學一箴」, "事我天君, 主一無適."

사상을 그대로 계승한 것이다.

40세 이후 강호에 물러나 은거하는 삶 속에서 성여신의 학문은 심성을 수양하는 쪽으로 전환되었다. 그는 69세 때 자식들을 위해 「성성재잠惺惺齋箴」을 지었는데, 이 역시 심성수양의 두 축인 존양存養·성찰省察의 요지를 뽑아 만든 것이다. 이 잠에서도 조식의 경·의로 요약되는 수양론을 그대로 이어받고 있다.

그는 일신一身의 주인을 심心으로 보고, 일심一心의 주인을 경敬으로 본다. 그리고 이를 지키는 방법으로 '성성惺惺'을 거론하였다. '성성'은 송유宋儒 사양좌謝良佐가 제시한 경공부의 하나로, 조식이 「신명사도」에서 '혼昏·몽夢'과 상대적으로 일컬은 말이다. 또 이 잠에는 마음을 전일하게 하는 방법으로 '닭이 알을 품고 있듯이'(鷄伏卵)와 '고양이가 쥐구멍을 지키고 있듯이'(猫守穴)를 인용하고 있는데, 전자는 조식이 삼가三嘉 토동兎洞에 세운 '계부당鷄伏堂'의 의미와 같으며, 후자는 선가禪家의 말을 빌려 마음을 전일하게 하는 공부를 말한 것이다.

성여신의 학문이 조식의 경의학에서 연원한 것임을 보여 주는 또 하나의 자료가 「삼자해三字解」이다. 이 「삼자해」는 성여신이 62세 때 쓴 글로, 만년의 삶의 지표였다. 이 글에서 그는 삶의 세 가지 지표로 직直·방方·대大를 내세우고 있는데, 이는 『주역』 곤괘坤卦 육이효六二爻의 효사爻辭에서 취한 것이다. 직直은 경敬에, 방方은 의義에, 대大는 성誠에 달려 있다고 보아, 경을 심지주心之主로, 의를 사지주事之主로, 성을 신지주身之主로 삼았다. 조식은 곤괘 「문언文言」의 '경이직내敬以直內 의이방외義以方外'를 취해 자신의 경의학을 수립하였는데, 성여신은 곤괘 육이효 효사의 '직直·방方·대大'를 바탕으로 직直·방方과 관련된 경·의는 물론 대人를 성誠과 연관 지어 자신의 학문 성격을 특징적으로 드러내었다. 이런 학문 성향은 만년에 완성된 것이다.

성여신은 젊은 시절 대부분을 과거를 위한 독서와 문장 수업으로 보냈다. 곧 과거를 통해 벼슬길에 나아가서 경세제민하겠다는 큰 포부를 가지고 있었던 것이다. 그는 이런 포부 외에 또 문학으로 성취하겠다는 꿈을 가지고 있었다. 그는 만년에 자신의 포부를 이루지 못한 아쉬움을 술회하면서, "나는 일찍이 두공부杜工部로 자신을 비유하고, 직稷·설契의 말로 삼가 나에게 비의했다"[12]라고 하였다. 곧 두보杜甫처럼 시대와 민생을 걱정하는 위대한 시인이 되고 싶었고, 순舜임금 조정의 농사를 담당했던 후직后稷 또는 교육을 담당했던 설契과 같은 인물이 되고자 했던 것이다. 이런 포부는 결국 자신을 구속하는 장애요인이 되었지만, 한편으로는 자신의 뜻을 높게 하는 긍정적인 면도 있었다.

성여신은 만년에 자아와 세계의 괴리를 인식하고 자신의 포부를 접은 채 은일의 삶을 지향하였다. 그래서 그는 안연顔淵과 같은 안빈낙도의 삶을 노래하기도 하였는데,「도초사舠樵辭」에서 다음과 같이 노래하고 있다.

강호에 한 늙은이 살고 있는데,　　　　　　　江湖有一翁
학문을 해도 시대에 맞지 않아,　　　　　　　學焉而不適於時
십 년 동안 비파 잡고 지내다 보니,　　　　　十年操瑟兮
귀밑머리 하얗게 세고 바람만 쓸쓸하네.　　兩鬢華髮風蕭蕭
농사를 지어도 풍년을 만나지 못해,　　　　耕也而不逢於年
쌀독에는 남아 있는 쌀이 없어서,　　　　　瓶無儲粟兮

---

12)『부사집』, 권1,「鏞鬢吟幷序」, "翁, 嘗用杜工部竊比, 稷契之語, 竊比於己."

안자처럼 빈한한 삶 굶주리는 날만 느는데,   一瓢顔巷日空高
걱정 없이 생업을 경영 않고 그럴 생각도 없이,   休休焉無營無思
고서만 펴 놓고 읽으면서 자득해하네.   對黃卷而囂囂13)

　이 글은 굴원屈原의 「어부사漁父辭」를 본떠 지은 것으로, 강호에 은거
하는 삶의 지향을 단적으로 드러낸 것이다. 이 글에서 성여신은 안회顔
回의 안빈낙도를 다짐하고 있다.

　이상에서 성여신의 학문 성향에 대해 살펴보았다. 이어서 성여신은
젊어서 두보 같은 인물이 되고자 하는 문학적 지향을 하였고, 또 당대
진주 일대에서 제일의 문장으로 알려진 인물이기 때문에, 그의 문학적
성향에 대해 살펴보기로 한다.

　성여신은 기본적으로 조선 전기 사림파의 문학관을 견지하고 있다.
"시는 성정性情이 발하여 소리가 된 것으로 성정지정性情之正을 드러내
야 한다"14)라는 그의 시론은, 주희의 그것과 흡사하다.15) 그는 생각이
성정에서 나와 조화자연의 기미를 참조하고, 읊조리는 것이 사물의
이치를 드러내어 만변무궁의 지취志趣를 모범으로 해야 한다고 하였
다.16) 이런 관점에서 그는 당시唐詩의 화려함이나 송시宋詩의 섬세함을

---

13) 『부사집』, 권2, 「舠樵辭」, "江湖有一翁, 學焉而不適於時, 十年操瑟兮, 兩鬢華髮風蕭蕭,
　　耕也而不逢於年, 瓶無儲粟兮, 一瓢顔巷日空高, 休休焉無營無思, 對黃卷而囂囂."
14) 『부사집』, 권3, 「聯珠詩跋」, "詩者, 性情之發, 而爲聲者也. 人之心, 主一身而統性情. 聞
　　善言, 則感發焉, 見惡事, 則懲創之. 其所以感發焉懲創之者, 無非性情之正也."
15) 『논어』 「爲政」 제2장 "子曰, 詩三百, 一言以蔽之, 曰思無邪"에 대해 주희는 『논어집
　　주』에서 "凡詩之言, 善者, 可以感發人之善心, 惡者, 可以懲創人之逸志, 其用歸於使人得
　　其性情之正而已"라고 하였다.
16) 『부사집』, 권3, 「聯珠詩跋」, "學之者, 苟能尋章而得其格, 逐句而中其調, 思出性情而參
　　造化自然之機, 吟形物理而模萬變無窮之趣, 興於之訓, 學夫之戒, 遵而勿失, 則學者之初,
　　庶有益矣."

탈피하여 아정雅正하고 평담平淡한 것을 추구하였는데, 특히 한유韓愈·
구양수歐陽脩를 본받고 있다.[17]

한유는 변려문의 부화한 문장을 반대하고 박실한 고문을 주장한
사람이며, 구양수는 이상은李商隱의 서곤체西崑體를 반대하고 고문의
방법으로 시를 쓰는 새로운 풍격을 이룩한 사람이다. 구양수가 새로
이룩한 시풍은 당송고문과 마찬가지로 형식미보다는 내용미를, 화려
함보다는 풍격을 중시하며, 이론의 전개나 서사적인 서술도 피하지
않는 방식이었다. 성여신은 한유와 구양수를 전범으로 함으로써, 기고
奇高하고 부화浮華하기보다는 이아爾雅하고 평담平淡한 것을 주로 하여
이치를 수승殊勝하게 하는 문예의식을 견지하였다.

이러한 성여신의 문학에 대해, 후대 박태무朴泰茂(1677~1756)는 "넉넉
하고 법도에 맞으며 맑고 아름답고 반듯하여 전혀 경박하고 각박한
기상이나 조탁하고 수식한 자태가 없다"라고 평하면서 평평한 길을
법도대로 달리는 것에 비유하였다.[18] 또 안정복은 "공의 시문은 호건豪
健하여 이치가 있다"[19]라고 평하였다.

이를 통해 볼 때, 성여신의 문학적 성향은 한유와 구양수를 전범으로
하여 아정평담雅正平淡함을 주로 했다고 요약할 수 있다.

---

17) 『부사집』, 권3, 「聯珠詩跋」, "唐人環麗之習, 沿六朝也, 而韓愈氏痛正之, 宋朝纖巧之態,
   襲西崑也, 而歐陽子力攻之, 然後絺繡之章, 化而爲爾雅, 麼曼之句, 換而爲平淡."
18) 『西溪集』, 권6, 「題浮査先生遺卷後」, "先生所著述詩若文, 亦非拘曲士弄觚墨者所能幾
   及, 而紆餘典贍, 清麗雅正, 了無輕浮刻薄之氣, 彫琢粉飾之態, 而比之如平路逸駕範驅而
   不失其馳, 則先生平日所養, 粹然而深, 卓然而高, 推之文章之末, 而自如是, 沖澹和平, 得
   性情而中軌度者耳."
19) 『부사집』, 권8, 「墓碣銘」, "公之詩文, 豪健有理致."

3. 문집의 체제 및 내용

1) 문집의 체제

『부사집』은 8권 4책으로 되어 있다. 권두에 안정복이 지은 서문과 목록이 실려 있다. 권1~2에는 시詩와 사辭·부賦가 실려 있고, 권3은 소疏·서書·서序·발跋·기記, 권4는 상량문上樑文·잠箴·동방제현찬東方諸賢贊·비명碑銘·묘지墓誌·제고축문祭告祝文, 권5~6은 잡저雜著, 권7~8은 부록附錄으로 되어 있다. 이를 문체별로 보다 상세히 제시하면 다음과 같다.

권별	문체별	편수	권별	문체별	편수
권두	서문	1편	권4	상량문上樑文	3편
	목록	1편		잠箴	3편
권1	오언절구	14수		동방제현찬東方諸賢贊	20수
	오언율시	10수		비명碑銘	2편
	오언고시	5수		묘지墓誌	1편
	육언절구	1수		제고축문祭告祝文	7편
	칠언절구	96수	권5	잡저雜著	10편
권2	칠언율시	22수	권6	잡저	2편
	칠언고시	8수	권7	부록附錄	세계도, 연보
	사辭	1수	권8	부록	언행록, 행장, 묘갈명병서, 만사, 제문, 봉안문, 상향문
	부賦	2수			
권3	소疏	1편			
	서書	6편			
	서序	2편			
	발跋	1편			
	기記	7편			

2) 내용 및 특징

권1~2에 수록된 시는 대개 만년의 작품으로, 모두 150여 수 정도 남아 있는데, 그 가운데 절구가 110수나 된다. 이를 보면 성여신은 율시보다 절구를 즐겨 지은 것을 알 수 있는데, 부화한 것을 싫어한 그의 문학적 성향과 무관하지 않다. 성여신의 시세계에 나타난 특징을 정리해 보면, 첫째 자신의 이상과 포부를 펴 보지 못한 한이 서려 있으며, 둘째 만년에 불화가 극대화되어 선계仙界를 유람하는 선취경향 仙趣傾向을 보이고 있으며, 셋째 사인으로서의 본분을 잃지 않고 현실을 직시하려는 사의식이 표출되어 있으며, 넷째 자연의 이치에 순응하며 살고자 하는 안빈낙도의 정신이 들어 있으며, 다섯째 역사 유적지를 돌아보며 지은 역사에 대한 회고가 많이 담겨 있다.

첫째, 이상과 포부를 펴 보지 못한 한탄에 대해 살펴보기로 한다. 성여신은 오언절구로 된 「섭빈음鑷鬢吟」의 서문에서 자신은 두보杜甫 같은 시인이 되고자 했고 후직后稷이나 설契처럼 공업을 이루고 싶었지 만 그런 포부가 이미 어긋났다는 점을 말하고, 이어 만년에는 신선이 되기를 구했지만 그것도 제대로 이루지 못했다고 술회하였다. 그러면 서 "설契 등에 비유한 것은 헛된 말이 되었고, 신선이 되길 구한 것도 이룩하지 못했네. 요순시대로 만들고자 했던 포부 이미 어긋났으니, 귀밑의 흰 머리털 뽑기를 그만두었네"[20]라고 읊조렸다. 이상과 현실의 괴리에서 빚어진 불화를 단적으로 드러낸 시이다.

이런 그의 심경을 가장 잘 표현한 시가 「아유일가我有一歌」이다. 이

---

20) 『부사집』, 권1, 「鑷鬢吟幷序」, "比契徒虛語, 求仙亦未詳. 君民計已左, 休鑷鬢邊霜."

시는 모두 5장으로 된 오언고시체의 연작시로, 매 장은 20구로 되어
있다. 제1장부터 제4장까지는 시인이 자신의 재주를 거문고・옥・장
검・천리마에 비유하면서 이런 재주를 아무도 알아주지 않아 세상에
쓰이지 못함을 한하였고, 제5장은 세상에 쓰이지 못해 자연에 묻혀
사는 자신의 빈한한 삶을 노래하였다. 이 가운데 네 번째 시를 인용해
본다.

나에게 한 마리 천리마가 있으니,	我有一良驥
덕으로 기르고 힘으로 다루지 않네.	以德不以力
어떤 이는 이 말이 악와渥洼21)에서 왔다 하고,	或云渥洼來
어떤 이는 이 말이 형하滎河22)에서 왔다 하네.	或云滎河躍
두 귀는 가을 대나무를 벤 듯이 뾰죽하고,	兩耳批秋竹
두 발굽은 차가운 옥을 자른 듯 단단하네.	雙蹄削寒玉
예천醴泉23)의 물을 목마른 듯이 마시고,	醴泉水渴飮
옥산玉山24)의 곡식을 주린 듯 먹어 치우네.	玉山禾飢食
달리고자 하면 하루에 천 리 길을 가고,	欲騁千里途
팔고자 하면 연성連城25)의 가치일세.	欲買連城直
그런데 세상 사람들 천리마를 몰라보고,	世人昧天才
모두 한통속으로 용렬한 말로만 보네.	滔滔視之劣
세인들이 좋아하는 것은 값이 싼 말,	所好就價微
보잘 것 없는 노둔하고 졸렬한 말이라네.	駑駘之齷齪

21) 渥洼: 한무제 때 용마가 나왔다는 감숙성 안서현의 강 이름.
22) 滎河: 복희씨 때 용마가 나왔다는 황하.
23) 醴泉: 태평성대에 솟아나는 단술처럼 맛이 좋은 샘물.
24) 玉山: 좋은 벼가 나는 산으로 곤륜산을 말함.
25) 連城: 秦昭王이 和氏玉을 15개의 성과 바꾸고자 한 데서 나온 말로, 화씨옥을 連城
    玉이라 한다.

방성房星26)은 부질없이 빛나고,	房星空熒熒
용매龍媒27)는 마구간에서 늙어 가네.	龍媒老槽櫪
가을바람 불어오는 기나긴 밤에는,	秋風吹永夜
허기져 머리 들고 울며 서성거리네.	仰秣鳴蹢躅
손양孫陽28)은 어느 곳에 있는가,	孫陽在何處
고개 떨구고 소금수레에 엎드려 있네.	垂首鹽車服

이 시는 자신이 천리마의 재주를 지니고 있는데 알아주는 사람이 없어 시골에 묻혀 곤궁하게 살고 있다는 것을 비유한 것이다. 성여신은 중년 이후 이런 탄식을 자주 하였다. 인근에 있는 청곡사靑谷寺를 둘러 보고 쓴 「유청곡사遊靑谷寺」두 번째 시에서도 "젊은 시절 학문을 연마한 곳 바로 이 산중, 굶주리며 부지런히 공부한 것 부질없이 되었네. 만사가 지금은 한바탕 꿈이 되었으니, 백발로 추풍을 대하기가 부끄럽구나"29)라고 하였다.

둘째, 선유仙遊를 통한 선취경향에 대해 알아보기로 한다. 자신의 포부를 펴 보지 못하는 데서 오는 성여신의 불화는 1613년 대북 정권의 노선에서 이탈한 뒤로 더욱 심화되었다. 그리하여 그는 잠시 현실을 떠나 선계를 찾아 나서는 선취경향을 보인다. 산수벽이 있던 그에게 극대화된 불화는 급기야 노년임에도 불구하고 선유의 길로 나서게 하였다. 그는 71세 때인 1616년 가을 15일 동안 쌍계사 등지를 유람하였

---

26) 房星: 車馬를 담당하는 별.
27) 龍媒: 준마를 가리킴.
28) 孫陽: 말을 잘 알아본 伯樂을 가리킨다.
29) 『부사집』, 권1, 「遊靑谷寺」 제2수, "少年磨劒此山中, 暎雪啖蔬枉費功. 萬事如今成一夢, 羞將白髮對秋風."

는데, 곤양昆陽 땅을 지나면서 "나는 이 세상의 사람, 애초 물외의 사람이 아니었네. 가을바람에 높은 흥취 일어나니, 신선을 배우는 사람이 되리라"30)라고 읊었다. 또 정대순의 시에 화답하면서 "이 한 몸 이미 늙었으니, 온갖 계책 긴 탄식만 자아낼 뿐. 소매 떨치고 진眞을 찾아 나서는 길, 아름다운 약속 어기지 않아 기쁘네"31)라고 하였다.

성여신은 이런 마음으로 쌍계사·신응사 등지를 둘러보면서 신선세계에 매료된 듯한 의식을 보인다. 쌍계사에 이르러서는 "선원仙源으로 가고픈데 어느 곳일까, 향로봉 위에서 고운孤雲을 부르리라"32)라고 노래하였고, 또 "난새를 곁말로 삼청三淸에 가려 하니, 누가 학을 타고 나와 함께 가려나"33)라고 읊조렸으며, 불일폭포 근처 고령대古靈臺에 올라서는 "홍애洪崖를 좌로 하고 부구浮丘를 우로 하도다. 고운을 부름이여 진결을 묻노라"34)라며 선유사仙遊辭를 지었다. 이런 시구를 보면 그 당시 성여신은 신선이 되기를 구하는 간절한 마음이 있었음을 알 수 있다.

셋째, 사인으로서의 본분을 잃지 않고 현실권으로 다시 발길을 돌리는 사의식에 대해 살펴보기로 한다. 성여신은 유람을 마치고 돌아올 적에 불화가 어느 정도 해소되어 사인으로서의 본분을 새롭게 자각하는 현실인식을 보인다. 그는 유람을 마치고 돌아오는 날 "평생토록

---

30) 『부사집』, 권5, 「方丈山仙遊日記」, "我是寰中人, 初非物外人. 秋風動高興, 將作學仙人."
31) 『부사집』, 권5, 「方丈山仙遊日記」, "一身已潦倒, 百計入長嗟. 拂袖尋眞路, 佳期喜不差."
32) 『부사집』, 권5, 「方丈山仙遊日記」, "欲泝仙源何處是, 香爐峯上喚孤雲."
33) 『부사집』, 권5, 「方丈山仙遊日記」, "驂鸞欲向三淸去, 駕鶴何人共我廻."
34) 『부사집』, 권5, 「方丈山仙遊日記」, "左洪崖兮右浮丘. 喚孤雲兮問眞訣."

경세제민 꿈꾸지 않았다면, 학을 몰고 난새를 곁말로 할 수 있었으리"35)
라고 노래하면서, 사인으로서의 경세적 본분을 환기시켰다. 그는 유람
록에 다음과 같이 기록해 놓았다.

> 사인의 한 몸은 경세제민을 그 계책으로 삼고, 사인의 한 마음은 남과 함께 선을
> 행하고자 하는 것으로 지향을 삼는다. 그렇지 않다면 산에는 어찌 들어갈 수 없겠으
> 며, 신선은 어찌 배울 수 없겠는가?36)

현실세계에서 뜻을 얻지 못하여 현실권을 떠나고 싶었지만, 사인으
로서의 책무를 다시 각성한 것이다. 현실을 떠난 지식인은 유가에서
결신난륜潔身亂倫의 무리로 지탄한다. 즉 자신만 깨끗하기를 추구하여
인륜을 어지럽힌다는 것이다. 성여신이 현실의 불화 때문에 선계를
찾았지만, 그는 끝내 신선이 되기를 구하지 않고 사인으로서의 본분을
망각하지 않았다. 이런 점에서 그는 사림파 지식인의 한 사람으로서
개아 각성이 뚜렷했다고 하겠다.

그리하여 성여신은 자신의 선유를 "이름은 선仙이지만 실제는 선이
아니다"37)라고 그 의미를 분명히 천명하였다. 이런 사의식은 그가
최치원을 '유선儒仙'으로 부른 것38)이나, 경주에 가서 김시습金時習의
유적지를 둘러보고 "그가 선가禪家로 도피한 것 누가 알리 그 속내를,

---

35) 『부사집』, 권5, 「方丈山仙遊日記」, "平生倘不懷經濟, 鶴可駕兮鸞可驂."
36) 『부사집』, 권5, 「方丈山仙遊日記」, "士之一身, 經濟其策, 士之一心, 兼善其志. 不然, 山
    何可入, 仙何可不學."
37) 『부사집』, 권5, 「方丈山仙遊日記」, "然則今我仙遊, 名雖仙也, 實非仙也."
38) 『부사집』, 권1, 「敬次灌圃魚先生雙磎寺八詠樓韻」 제4수, "何年星隕贔屭荒原, 四字雙刻
    萬古存, 天爲儒仙留勝迹, 至今雲物護嵓石."

단지 옛 임금을 위해 끝내 잊지 못한 것일 줄을"³⁹⁾이라고 노래한 것이나, 곽재우에 대해 "솔잎 먹으며 신선술 일삼은 것 말하지 말라, 유후留侯가 어찌 신선을 배운 사람이리"⁴⁰⁾라고 노래한 데에서 극명히 나타난다.

이런 점을 두고 볼 때, 성여신의 선취는 신선세계에 몰입한 것이 아니라, 유학자로서 선유를 즐긴 '유선적儒仙的 선취仙趣'라고 보는 것이 옳을 것이다.

넷째, 은거하여 자연의 이치에 순응하며 살고자 하는 안빈낙도 정신에 대해 알아보기로 한다. 「아유일가」 제5수는 앞의 4수와는 달리 이상을 실현할 수 없는 자신의 처지를 돌아보고 자연에 묻혀 안빈낙도하고자 하는 그의 정신을 드러낸 것이다.

나에게 한 칸의 초가집이 있으니,	我有一間屋
띠풀집 집안이 항상 적막하구나.	茅簷長寂寂
사람들은 천만 칸의 집을 좋아하지만,	人喜千萬間
나는 무릎 펼 만한 이 집을 기뻐하네.	我喜僅容膝
남들은 금과 비단 쌓아 두길 좋아하지만,	人喜積金帛
나는 한 섬 곡식을 비축한 것도 기쁘네.	我喜貯餠石
시렁 위에 쌓인 만 권의 책 속에는,	牀上萬卷書
요·순·공자·맹자의 말씀이 들어 있네.	堯舜孔孟說
창가에 있는 다섯 이랑 정원에는,	窓邊五畝園
설중매와 푸른 대가 심어져 있네.	寒梅與綠竹
때가 되면 강가의 밭을 갈아,	時耕江上田

---

39) 『부사집』, 권1, 「茸長寺」, "逃禪誰識逃禪意, 只爲舊君終不忘."
40) 『부사집』, 권2, 「挽郭忘憂堂」 제2수, "莫道茹松追異術, 留侯豈是學仙人."

벼와 삼, 콩과 보리를 심네.	禾麻雜菽麥
때론 강에 나가 물고기를 낚기도 하니,	時釣滄江魚
은빛 붕어와 누런 잉어, 그리고 쏘가리.	銀鯽黃鯉鱖
집안에서 자손들을 가르치다 보니,	室中教仔孫
하루 종일 굶주림과 목마름을 잊네.	晨夕忘飢渴
바라는 바는 질병이 없는 것,	望以無疾病
힘쓰는 바는 과실이 적은 것.	勉以少過失
이와 같이 남은 생을 보낸다면,	如斯送餘年
길이 끝나도 통곡을 면할 줄 알리.	途窮知免哭41)

이 시는 자신의 재주와 포부를 펼 수 없는 세상에 대한 개탄을 노래한 앞의 4수와 달리, 자연을 벗 삼아 안빈낙도하고자 하는 만년의 지향을 드러내고 있다. 이런 성여신의 삶의 자세는 78세 때 법계사를 거쳐 천왕봉에 오른 뒤 쓴 「유두류산시遊頭流山詩」에도 잘 나타나 있다. 이 시는 86개의 입성入聲 운자로 쓴 172구의 장편고시로, 구양수의 「여산고廬山高」와 한유의 「남산시南山詩」를 본떠 지은 그의 대표작이다. 이 시의 마지막 부분에서 작자는 선유를 통해 얻은 정신적 청량감을 한껏 과시하고 나서 "고금의 인물이 같고 다른 지는 내 모르지만, 다만 조물주와 한 무리 되어, 산천의 언덕을 소요하기도 하고, 인간 세상에 마음껏 노닐기도 하니, 구애됨도 없고 얽매임도 없구나"42)라고 노래하여, 만년의 걸림이 없는 삶의 지취를 그대로 드러내고 있다.

---

41) 『부사집』, 권1, 「我有一歌」 제5수.
42) 『부사집』, 권2, 「遊頭流山詩」, "古今人同不同未可知, 只與造物者爲徒, 而逍遙乎山川之阿, 放曠乎人間之世, 無所拘而無所繫."

성여신은 만년에 현실세계에서 오는 불화를 자연과의 합일을 통해 극복하면서 자유로운 정신적 여유를 얻은 듯하다. 그는 만년에 선仙과 속俗을 물외와 현실의 영역에서 찾지 않고 마음속 진眞의 세계에서 찾았다. 그리하여 자신이 살고 있는 금천구곡琴川九曲을 주희가 은거했던 무이구곡武夷九曲보다 못할 것이 없는 선구仙區로 여기며, 자연과 조화된 참된 즐거움을 찾았다.[43] 이런 정서를 담은 시로 자신이 살고 있던 곳을 노래한 「구곡시九曲詩」 9수와 「양지당팔영養眞堂八詠」 8수를 눈여겨 볼 만하다.

다섯째, 유적지를 돌아보며 역사를 회고하는 역사인식에 대해 살펴보기로 한다. 성여신은 젊은 시절 역사서를 즐겨 읽었으며, 노년임에도 『진양지』 편찬을 주도할 정도로 역사에 남다른 안목을 가지고 있었다. 그는 중년에 경주를 유람하고 신라의 역사를 소재로 27수의 절구를 남겼고, 평양을 둘러보고 12수의 절구를 남겼다. 이 외에도 「동도회고東都懷古」·「서도회고西都懷古」·「용장사茸長寺」 등 역사를 회고한 시가 몇 수 더 있다. 성여신이 남긴 150여 수의 시 가운데 영사시가 40여 편에 이르는 것을 보면, 그의 역사 인식이 남달랐음을 알 수 있다. 그의 영사시는 민속이나 역사를 노래한 악부시와 유사한 성격을 갖고 있는데, 그 시편들에는 역사를 거울로 삼아 현실을 구제하려는 경세사상이 들어 있다.

---

43) 『부사집』, 권1, 「九曲詩并序」, "今此琴川九曲之佳絶, 亦何異於武夷之仙區. 但因其地, 占其名, 摸寫風流, 如晦菴者, 無之, 勝之埋沒, 迄無傳之者.……今余旣名其地, 爲九曲水, 又詠其旨, 爲九曲詩, 係寫於洞約之後. 惟我一洞諸君, 共遵條約, 共成美俗, 共遊勝地, 共賞勝事, 熙熙然皥皥然, 自然流入於洪荒朴略之世界. 不知何者爲是, 何者爲非, 何者爲榮, 何者爲辱. 朝如是, 暮如是, 春如是, 秋如是, 今年如是, 明年如是, 不知年數之將至, 可以終吾生而徜徉矣. 天壤之間, 復有逾於此樂者乎."

이상에서 권1~권2에 실린 시를 중점적으로 살펴보았다. 권2의 말미에는 「도초사刱樵辭」·「화횡아병중술회부和鑛兒病中述懷賦」·「차별지부증별김동리윤안次別知賦贈別金東籬允安」 등 3편의 사辭·부賦가 실려 있다.「도초사」는 뜻을 얻지 못한 사인으로서 안회顔回처럼 안빈낙도하겠다는 의지를 드러낸 글이고, 「화횡아병중술회부」는 셋째 아들의 병중에 자신의 공부한 내력과 과거에 실패한 것 등을 돌아보며 아들에게 마음을 잘 조섭할 것을 당부한 내용이다. 「차별지부증별김동리윤안」은 1611년에 지은 것으로, 한유韓愈의 「별지부송양의지別知賦送楊儀之」에 차운하여 김윤안金允安을 전별한 글이다.

권3에는 소疏·서書·서序·발跋·기記가 실려 있다. 소는 「양전시진폐소量田時陳弊疏」 1수가 실려 있는데, 양전量田할 적에 눈으로 목격한 폐단에 대해 상소한 글로 그의 경세제민사상을 엿볼 수 있다. 서書는 「대김장군덕령상체찰사이공원익서代金將軍德齡上體察使李公元翼書」 등 6편이 실려 있다. 발은 「연주시발聯珠詩跋」 1편이 실려 있고, 기는 「양직당기養直堂記」 등 7편이 실려 있다. 「연주시발」은 원나라 때 만든 당·송의 대표적 시를 뽑아 평석을 붙인 『당송천가연주시격唐宋千家聯珠詩格』에 발문을 단 것으로, 성여신의 시론詩論을 엿볼 수 있는 글이다. 기문 가운데 「진양전성기晉陽全城記」는 임진왜란 때 진주성을 온전히 보존한 김시민 장군의 공적을 드러낸 것이다.

권4에는 상량문 4편, 잠箴 3편, 우리나라 역대 현인을 칭송한 20수의 「동방제현찬東方諸賢贊」, 비명碑銘 2편, 묘지墓誌 1편, 제고축문祭告祝文 7편이 실려 있다.

3편의 잠은 각각 「학일잠學一箴」·「만오잠晚寤箴」·「성성재잠惺惺齋

箴」으로, 성여신의 학문정신이 심성수양의 실천을 위주로 하고 있음을 보여 준다.

「동방제현찬」은 우리나라 현인 20명을 선정하여 그들의 학문과 덕을 칭송한 시이다. 신라시대 인물로는 최치원崔致遠, 고려시대 인물로는 정몽주鄭夢周·길재吉再·서병徐甁·이집李集·김주金澍·원천석元天錫 등 6인, 조선시대 인물로는 김종직金宗直·김굉필金宏弼·정여창鄭汝昌·조광조趙光祖·김안국金安國·이언적李彦迪·이황李滉·김일손金馹孫·서경덕徐敬德·정희량鄭希良·김정金淨·성수침成守琛·송인수宋麟壽 등 13인이 들어 있다. 고려시대 인물 6인의 찬 뒤에 후지가 붙어 있고, 조선시대 인물 13인의 찬 뒤에도 후지가 붙어 있는데, 이들에 대해 찬을 쓴 이유를 간결하게 설명하고 있다.

고려시대 인물 가운데 서병·이집·김주는 잘 알려지지 않은 인물이다. 신라·고려시대 인물 7인의 찬 뒤에 붙은 후지에 의하면, 최치원에 대해서는 우리나라 문학의 비조일 뿐 아니라 속인이 아니었다는 점을 언급하였고, 정몽주와 길재에 대해서는 우리나라에 도학을 연 성리학의 종장임을 드러냈다. 나머지 서병과 이집은 충성을, 김주와 원천석은 고려가 망하자 이조를 등진 점을 각각 들었다. 성여신은 오운吳澐(1540~1617)이 편찬한『동사찬요東史纂要』에서 이 네 사람의 사적을 보고 그들에 대해 전해지는 것이 없는 점을 안타깝게 여겨 그들의 충절을 드러내려는 의도로 이들의 찬을 지었다고 밝히고 있다.[44]

조선시대의 인물 13인에 대한 후지에 의하면, 길재吉再 → 김종직金宗

---

44)『부사집』, 권4, 「東方諸賢贊」, "徐掌令李參議之作詩寓忠, 野服不屈, 籠巖之臨江不渡, 寄書訣家, 耘谷之踰垣避匿, 不受點汚, 則可以別立列傳, 輝映竹帛, 而尙未聞列諸史傳. 故深用慨然, 謹攷東史纂要, 拜記而贊之."

直 → 김굉필金宏弼・정여창鄭汝昌 → 조광조趙光祖・김안국金安國 → 이언적李彦迪・이황李滉 등으로 이어지는 도학의 연원을 우선 중시하여 언급하고, 김일손은 정충貞忠한 점을, 정희량은 기미機微를 안 점을 들었다. 그 이하 사람들에 대해서는 이렇다 할 언급을 하지 않았다.

여기서 가장 문제가 되는 것은 남명 조식이 빠져 있다는 점이다. 이를 어떻게 볼 것인가? 우선 조식・이정은 성여신의 스승이기 때문에 자기 스승에 대해서 언급을 회피했다고 볼 수 있다. 『부사집』권6에 실린 「종유제현록」을 보면, 조식・이정 등 스승으로부터 종유했던 인물들에 이르기까지 인적 사항을 차례로 기록해 놓고 있다. 이를 두고 미루어 보면, 조식이 이황과 동갑이지만 자신의 스승이기 때문에 이황까지만 거론하고 조식은 넣지 않은 듯하다. 그러나 앞에서 살펴보았듯이, 성여신의 학문 성향은 조식과 매우 유사하다. 그는 성리학이 발양하던 시기에 조식처럼 수양론 위주의 학문을 택하였다. 그렇다면 성여신이 우리나라 도학의 연원을 거론할 때 조식을 그 도통에 위치시키는 것은 너무도 당연한 일인데, 왜 넣지 않은 것일까? 여전히 의문으로 남길 수밖에 없다.

그 뒤에 실린 비명・묘지는 김시민・강덕룡姜德龍 장군에 관한 전기이다.

권5에는 잡저로 「삼자해三字解」・「칠의와설七宜窩說」・「경계책經界策」・「문계기무론聞鷄起舞論」・「의의疑」・「계서약록서鷄黍約錄序」・「계서약록기鷄黍約錄記」・「계서록鷄黍錄」・「방장산선유일기方丈山仙遊日記」・「금산동약병서琴山洞約幷序」 등이 실려 있다.

「삼자해」는 『주역』곤괘坤卦 육이효에 나오는 '직直・방方・대大'를

'경敬·의義·성誠'에 연관시킨 것으로, 성여신이 추구한 학문의 요체를 드러낸 글이다. 「경계책」은 사마시의 시권試券으로 토지 제도와 세금 문제를 논한 것이며, 「문계기무론」도 시권으로 중국 진晉나라 때 조적祖 逖의 고사를 통해 초야의 사인이 재능을 펼 수 있는 기회가 주어져야 함을 논한 글이며, 「의」도 시권으로 격물치지格物致知하여 이치를 궁구 하고 성의정심誠意正心하여 존양성찰存養省察한 사람을 군자라고 정의 하고서, 공자 문하에서 남궁괄南宮适·복부제宓不齊를 그런 군자라고 논한 글이다.

「계서약록기」는 성여신과 이대약李大約·이종영李宗榮 등이 매년 봄· 가을에 만나는 계서회의 모임을 결성하게 된 배경을 기록한 글이고, 「계서록」은 그 실제 모임을 기록해 놓은 글이다. 「방장산선유일기」는 1616년 정대순·박민 등 자칭 팔선八仙과 함께 쌍계사 방면을 유람하고 남긴 장편의 유람록이다. 「금산동약병서」는 성여신이 살던 금산마을에 자신이 만든 향약을 시행한 내력과 그 규약을 기록해 놓은 글이다.

권6도 잡저로 「종유제현록從遊諸賢錄」과 「침상단편枕上斷編」이 실려 있 다. 「종유제현록」은 스승 조식·이정·정탁으로부터 종유했던 인물들 을 대략 기록해 놓은 글로, 그의 사승 및 교유 관계를 엿볼 수 있는 좋은 자료이다. 맨 앞에 조식·이정·정탁 순서로 기록하고 있는데, 이 세 인물에 대해서만 '선생'으로 표기하여 사승 관계를 드러내고 있으 며, 그가 어려서 배운 신점申霑에 대해서는 '조계槽溪 신공申公'으로 표기 하고 있다. 그 뒤로는 공公으로 칭하거나 성과 호만 기록해 놓았다. 그 뒤에 실린 인물로는 박승임朴承任·최영경崔永慶·정구鄭逑·곽재우郭 再祐·이제신李濟臣·강심姜深·하항河沆·박제인朴齊仁·이로李魯·이염

李琰・유종지柳宗智・이광우李光友・김덕령金德齡・이정李瀞・이대기李大期・이천경李天慶・하응도河應圖・진극경陳克敬・하항河恒・신가申檟・하징河憕・김윤안金允安・정승윤鄭承尹・한계韓誡・최여경崔餘慶・강언평姜彦平・강덕룡姜德龍・이흘李屹・이대약李大約・하천주河天澍・김우옹金宇顒・조종도趙宗道・정온鄭蘊・오장吳長・박민朴敏・한몽삼韓夢參・조임도趙任道・하홍도河弘度・하진河溍・정윤목鄭允穆・이육李堉・이각李殻・이곤변李鯤變・강민효姜敏孝 등이 있다.

「침상단편」은 성여신이 별세하기 직전 학문의 요체에 관해 언급한 내용으로, 태극太極・리기理氣・오행五行・오상五常・심통성정心統性情・지의志意・체용體用・중화中和・충서忠恕・성정誠正・경의敬義・신독愼獨・존양성찰存養省察・격물치지格物致知・효제충신孝悌忠信・위학지도爲學之道・교인지술敎人之術・역행力行 등으로 구성되어 있다. 이 글은 성여신의 학문 성향을 살펴볼 수 있는 좋은 자료이다.

권7은 부록으로 세계도와 연보가 실려 있는데, 연보는 성여신의 현손 성처회成處會의 아들 성대적成大勣이 만든 것이다.

권8도 부록으로 언행록・행장・묘갈명・만사 등이 실려 있다. 언행록은 성여신의 외손서인 안창한安彰漢의 아들 안시진安時進이 성여신의 문인으로서 1687년에 작성한 것이며, 1785년에 외6대손 안경점安景漸의 교정을 거쳐 간행되었다. 행장과 묘갈명병서는 1785년에 안정복이 지은 것이다. 만사는 조임도趙任道・한몽삼韓夢參 등 10인이 지은 것이 실려 있으며, 제문은 하홍도河弘度가 지은 1편이 실려 있다. 또 이규년李奎年이 지은 봉안문奉安文과 상향문常享文이 1편씩 실려 있다.

4. 자료의 가치

성여신은 남명 조식의 문인 가운데 진주지역에서 가장 오래 산 인물이기 때문에 남명학을 다음 세대에 전파하는 데 지대한 공헌을 한 인물이라 할 수 있다. 성여신의 학문 성향이 남명사상과 밀접하게 관련되어 있기 때문에 『부사집』은 남명학의 전개 양상을 살피는 데 매우 귀중한 자료로 여겨진다.

성여신은 광해군 말기 영창대군을 죽이고 인목대비를 폐하는 사건이 일어났을 때 이를 반대한 중북의 인사들과 가까이 지냈다. 따라서 16세기 후반부터 17세기 전반까지 진주를 중심으로 한 지역 인사들의 성향과 동향을 살피는 데도 좋은 자료가 될 것이다.

성여신은 자신이 언급하고 있듯이, 두보처럼 문학적 성취를 이루고자 하는 포부와 후직后稷·설契처럼 경세제민의 재능을 펴고자 하는 포부를 아울러 가지고 있었다. 그가 비록 경세적 재주를 당대에 시험하지는 못했지만, 문학적으로는 어느 정도 성취를 한 것으로 볼 수 있다. 그의 문집에 실린 시와 산문 속에서 매우 수준 높은 문학적 형상화를 엿볼 수 있다. 따라서 17세기 전반 진주지역 문인의 문학적 수준을 가늠할 수 있는 좋은 자료라고 여겨진다. 특히 유학자로서 현실세계에서 오는 불화를 달래기 위해 선유仙遊하면서 느낀 정서를 기록한 「방장산선유일기」는 이 시기 지식인의 성향을 연구하는 데 좋은 자료가 될 것이다.

또한 17세기 전반 벼슬길에 나아가지 못하고 향촌에 살던 사인들의 정신적 지향과 사회적 활동 등을 그의 문집에서 엿볼 수 있기 때문에

문학 방면뿐만 아니라, 정치·사회 방면에서도 활용도가 높은 자료가
될 수 있다. 그리고 성여신의 시 속에는 역사를 노래한 시가 다수
있기 때문에 17세기 전반 사인의 역사인식을 살피는 데도 유용할
것이다. 이 외에 그가 살던 곳에 경영한 금천구곡琴川九曲도 경상우도
지역에서는 보기 드문 구곡이므로 구곡문화를 살피는 데도 유용할
것이다.

제2장 부사 성여신의 가계와 그의 삶

박 용 국

1. 머리말

순암順菴 안정복安鼎福은 "영남은 산수가 웅장하고 수려하여 맑은 기운이 사람에게 모여 영민하고 준수한 선비가 된 이가 신라와 고려에서 성조聖朝에 이르기까지 손꼽아 셀 수 없다. 그래서 땅이 신령스러우면 인걸이 배출된다는 말이 과연 거짓이 아니다"[1]라고 했다. 더욱이 경상우도는 남명南冥 조식曺植의 가르침으로 빼어난 선비가 적지 않았다. 부사浮査 성여신成汝信도 그 가운데 한 인물이다.

성여신은 본관이 창녕昌寧, 자가 공실公室, 호가 부사이며, 혹은 스스로 부사야로浮査野老라 칭하기도 했다. 그의 증조부는 승문원교리 성안중成安重, 조부는 호조참판에 추증된 성일휴成日休이다. 그는 1546(명종 1) 1월 1일 자시子時에 아버지 경기전참봉慶基殿參奉 성두년成斗年과 어머니 초계변씨草溪卞氏 충순위忠順衛 변원종卞元宗의 딸 사이에서 셋

---

1) 『順菴集』, 권18, 序, 「浮查集序(乙巳)」.

째 아들로 태어났다. 성여신이 태어난 곳은 당시 진주목晉州牧 동면東面 대여촌리代如村里 구동촌龜洞村 무심정無心亭으로, 오늘날 금산면 가방리 남성동이다. 무심정은 조부 무심옹無心翁 성일휴가 장수藏修를 위해 지은 초당草堂이다2). 성여신 집안의 진주 입향조는 그의 고조부 성우成祐이다. 증조부 성안중 때 대여촌리로 옮겨서 거주했다.

성여신은 스승 남명 조식의 개혁의 당위성을 사회적 실천으로 옮긴 제자 가운데 대표적인 인물로 보아도 지나치지 않을 것이다. 그는 조식의 경의사상의 본질이 사회적 실천에 있다는 사실을 직시하고 향촌에서 끊임없이 사회개혁의 실천방안을 모색하였던 것이다3) 17세기 초 성여신은 금산동약琴山洞約으로 무너진 지역 공동체를 재건하였으며, 임진년 진주성대첩을 기념하는 글을 지었다. 그리고 황폐해지고 적로賊路인 지역에 안민安民이 우선이라는 양전量田 상소를 올렸으며, 수우당守愚堂 최영경崔永慶의 원통함을 신원하는 데에 누구보다 앞장섰다. 비록 세상에 나아가 경세經世의 포부를 펼치지 못했으나, 그는 경의를 평생토록 실천했으며, 후학을 성취시키고 고을을 교화하고 인도하는 데에 실질적인 기여를 하였다. 그가 남긴 업적은 공리功利와 명리名利를 쫓아서 이룩된 것이 아니라 경의와 공리公利의 실천 결과였다. 그럼에도 불구하고 그에 대한 연구는 문학이나 사상사 관련 분야가 두 편 정도이고, 그의 삶을 개괄적으로 다룬 짧은 글이 한 편, 그의 삶과 시에 관한 글이 한 편, 지리산 유람과 선유시 한 편 정도에 지나지 않는다.

---

2) 『悔山集』, 권4, 碑表, 「先祖贈參判無心亭公墓碑」.
3) 설석규, 「敬, 義의 사회적 실천전범을 제시한 선비－浮查 成汝信」, 『선비문화』 제16호(2009), 113쪽.

이 글에서는 먼저 성여신 가계의 역사와 거주지를 통해서 사회적 기반의 변천을 고증하려고 한다. 이와 관련하여 그 직계의 관력官歷은 주로 관찬 사서를, 거주지 변화는 여러 문헌 자료를 중심으로 검토하겠다. 그러므로 개개인의 벼슬살이의 성격을 자세하게 구명하지 않을 것이다. 다음으로 성여신은 배움의 길에서 누구를 스승으로 하여 학문적 기반을 구축하였는가를 살펴보면서 그 관련 자료를 고증하겠다. 이는 성여신의 사회적 네트워크의 기반이 무엇인지를 이해하는 데에 도움이 될 것이다. 또 그의 배움이 정치·사회적 실천에 어떠한 영향을 주었는가를 이해할 수 있을 것이다. 그리고 성여신의 공부 장소로서의 사찰과 그 삶의 의미를 검토하여 정리하겠다. 끝으로 성여신은 향리에 은거하였으나 그의 정치·사회적 실천은 더욱 왕성하였다. 물론 그 실천은 임진왜란 후의 사회질서 재편과 무관하지 않았다. 여기서는 그의 은거 문제, 수우당 최영경의 신원 활동, 양전시 진폐소量田時陳弊疏, 동약의 실시와 교육 기반의 부흥 등을 중심으로 살펴보겠다.

이 글은 성여신의 가계의 변천, 그리고 그의 삶과 그 사회적 의미에 초점을 맞추었으며, 고증을 전제로 하여 논지를 전개할 것이다. 이 글은 주제 중심의 논지 전개라기보다 한 인물의 삶을 통사적으로 정리하고 고증하는 것에 주안점을 두었다. 따라서 이 글은 주제 중심의 치밀한 논증을 이끌어 가기에 지면의 한계가 있을 수밖에 없는데, 성여신의 정치·사회적 실천의 부분이 더욱 그렇다.

2. 진주 입향 이전의 가계 변천

이 장에서는 성여신 가계의 변천을 고증하면서 그 의미를 구명하겠다. 여기서는 관향貫鄕 창녕에서부터 거창도호부 임내인 가조현加祚縣 용산리龍山里에 옮겨와 거주한 시기까지 성여신의 직계가 어떠한 변천을 겪었는가에 초점을 맞추어 구명하겠다.[4]

「부사선생세계도浮査先生世系圖」를 보면 창녕성씨는 시조가 성인보成仁輔이다. 성인보는 성여신의 14대조이다. 성인보는 향직鄕職인 중윤中尹, 호장戶長을 지낸 것으로 나온다.[5] 그는 대체로 고려 중기 인종仁宗에서 명종明宗 연간에 해당하는 인물이다. 「부사선생세계도」에 따르면 그의 묘는 창녕 맥산麥山에 위치한다고 나온다. 실제 지금의 창녕군 대지면 모산리 맥산에 그의 묘가 전하고 있는데, 묘비에 시조라고 밝히고 있다.

그러나 성인보는 창녕성씨의 중시조에 해당한다고 봐야 한다. 왜냐하면 창녕의 토성은 나말여초羅末麗初에 창녕지역 호족세력이 중앙으로부터 토성분정土姓分定을 받았기 때문이다. 창녕성씨는 분명히 창녕지역의 토성[6]이므로 고려 중엽에 창성創姓한 것으로 볼 수 없다. 다시 말해서 창녕지역의 호족세력은 940년(태조 23)에 국가질서하에 편제되면서 향리로 재편되었다. 즉 940년 전국의 주부군현州府郡縣의 명호名號 개정 때에 화왕군火王郡은 창녕군으로 개정되었으

---

4) 이 장은 다음 글을 보완하여 정리한 것이다. 박용국, 「경남의 인물과 역사현장－창녕성씨편」(2013.7.2. 답사 자료).
5) 중윤은 향직 9품이며, 호장은 1051년(문종 5)에 정해진 향리의 9단계 승진 규정에 의하면 그 최고위직이다. 『高麗史』, 권75, 「選擧志」, 鄕職條.
6) 『慶尙道地理志』, 「昌寧縣」, 土姓條.

며,7) 거의 동시에 창녕지역의 지배족단도 토성분정을 받았을 것으로 보기 때문이다.8)

왜 성인보가 창녕성씨의 시조로 받아들여지는 것일까. 우선 성인보 이전의 자료가 남아 전하지 않기 때문이다. 이러한 이유와 아울러 성인보라는 인물 자체에서 그 원인을 찾을 수 있을 것으로 본다. 「부사 선생세계도」에 따르면, 고려 중엽에 이르러 씨족 번성의 기틀이 다져졌던 것으로 볼 수 있다. 다시 말해서 성인보로 상징되는 창녕성씨 가계가 재경관인화在京官人化하면서 역사에 드러나고 성인보 중심의 세계世系가 확정된 것으로 이해해야 할 것 같다.

호장 성인보는 아들 성송국成松國을 두었는데, 성여신에게 13대조이다. 성송국은 문하시중을 지냈다고 전하며, 그 아들대인 성공필成公弼·성한필成漢弼에 이르러 분파하게 된다. 성한필은 성여신의 직계 선조로서 성여신의 12대조이다.

성공필 계열에는 여말선초麗末鮮初에 중시조 성인보의 5대손인 문경공文敬公 성석린成石璘(1338~1423)9)과 문숙공文肅公 성석용成石瑢(?~1403) 형제가 이름을 크게 떨쳤다. 성석용의 증손이 바로 사육신 성삼문成三問(1418~1456)이다.

---

7) 『高麗史』, 권57, 「地理志」, 昌寧郡.

8) 李樹健, 『韓國中世社會史研究』(一潮閣, 1984), 39~69쪽 참고.

9) 성석린은 문정공 成汝完의 아들로 스무 살 나던 1357년(공민왕 6)에 과거에 급제하여 國子學諭에 제수되었다. 1380년 왜구의 강화부 침입 시에 크게 활약하였고, (『世宗實錄』, 권19, 世宗 5年 1月 12日[甲午], '昌寧府院君 成石璘 卒記') 이색·우현보의 일당이라는 이유로 동생 성석용과 함께 외지로 유배되었다.(『고려사』, 권117, 「열전」, 성석린전) 1392년 7월 28일 태조의 즉위 교서에 의하면 성석린은 아우 성석용과 함께 고향 창녕에 안치되었다.(『태조실록』, 권1, 태조 1년 7월 28일[정미]) 이후 출사하여 태종 대의 문물 정비에 이바지하고 1415년에 영의정이 되었다.(『세종실록』, 권19, 세종 5년 1월 12일[갑오], '창녕부원군 성석린 졸기')

성한필 계열에는 1330년대 중반 무렵[10]에 중시조 성인보의 5대손인 성을신成乙臣이 감찰사의 장령으로서 시정을 논집하고 풍속을 교정하며 백관을 규찰·탄핵하는 임무를 맡아 활약했다.[11] 성을신은 성여신의 9대조이다. 「부사선생세계도」에 의하면 성을신은 정의대부正議大夫 검교문하시중檢校門下侍中을 지냈으며, 전법총랑典法摠郎 이중홍李仲弘의 딸인 익화군부인益和郡夫人 양근이씨[12] 사이에 성원규成元揆(?~1382)[13]·성원범成元範·성원도成元度를 두었다.

성을신의 세 아들 가운데 성원도가 성여신의 8대조이다. 성원도는 성사홍成士弘의 초명이었다. 성사홍은 아버지처럼 감찰사의 장령으로서 백관을 규찰·탄핵하였는데, 왕에게 아첨하여 총애를 받던 이들로부터 미움을 받았다.

1343년 4월에 감찰장령으로 있던 성사홍은 충혜왕으로부터 '조적曹頔이 난을 꾸몄을 때 왜 함께 모의하고 조적을 위해 시를 지었던가'에 대해 추궁을 받았다. 그는 "백관이 협박에 따랐으니, 신 또한 다르지

---

10) "(許富는) 일찍이 掌令 成乙臣에게 '장령 朴元桂가 뇌물로 포 100필을 받았다'라고 일러 준 일이 있었는데, 박원계가 왕에게 억울함을 호소하자 왕이 蔡河中을 시켜 국문하게 했다."(『고려사』, 권105, 「열전」, 許珙傳附許富) 그리고 "申君平은 대관으로서 충숙왕 대의 어지러운 인사에 대해 어떤 임명장에도 끝까지 서명을 하지 않아 파직되었는데, 다음 날 장령 박원계가 임명장에 서명을 하자 사람들은 그의 비겁함을 비웃었다."(『高麗史節要』, 권25, 忠肅王後 4年 4月條; 『고려사』, 권109, 「열전」, 신군평전) 앞의 두 기록을 아울러 고려하면 1335년(충숙왕[복위] 4) 무렵에 성을신이 장령이었음을 알 수 있다.

11) 장령은 충숙왕 대 당시에 종4품으로 봉선대부였다. 『고려사』, 권76, 「백관지」, 사헌부조; 『고려사』, 권76, 「백관지」, 문산계 참고.

12) 양근이씨는 양근군의 亡姓이다. 양근군은 1269년(원종 10) 衛社功臣 장군 金自廷의 내향이라 하여 益和縣令, 1356년(공민왕 5) 국사 普愚의 어머니 고향이라 하여 양근군으로 승격되었다. 『세종실록지리지』, 양근군 참고.

13) 1382년(우왕 8) 1월에 門下評理 성원규가 죽자 簡憲이라는 시호를 내려 주었다.(『고려사』, 권134, 우왕 8년 1월조)

않습니다"라고 대답하였다. 충혜왕이 명하여 시를 짓도록 하자 성사홍은 곧장 한 절絶을 지어 올렸다. 충혜왕이 전교부령典校副令 소경부蘇敬夫로 하여금 그것을 해석하도록 했다. 그런데 소경부는 성사홍과 오랜 틈이 있었으므로 시의 뜻을 거짓으로 해석하였다. 그래서 난봉꾼이자 신하를 구타하여 죽이기도 했던 충혜왕은 성사홍을 구타하고 순군巡軍에 가두었다가 5일이 지나 석방하고 관직을 파면하였다.[14] 이처럼 1339년에 8월에 일어난 조적의 난 때 정6품 군부좌랑軍簿佐郎[15]으로 있었던 성원도(성사홍)는 뒤늦은 1343년 4월에 충혜왕으로부터 추궁을 받는 자리에서 간신姦臣 소경부[16]로 인해 억울하게 처벌을 받았다. 충혜왕이 쫓겨나고 충목왕이 즉위하자 성사홍은 1344년(충목왕 즉위년) 봄에 다시 경상도찰방사察訪使에 임명되어 벼슬살이에 나섰다.[17]

성원도(성사홍)는 1344년 봄에 찰방의 명을 받들어 경상도를 순행하다가 밀양에 들렀다. 성사홍은 그때 군수 유공兪公의 권유를 받아 영남루에 올라 시를 지었는데, 그 서문에서 "큰 강이 비껴 흐르고 늘어 선 봉우리가 겹쳐 에워쌌다"[18]라고 밀양의 형승을 묘사하였다. 이때 성사홍은 "붉은 난간이 불쑥 솟아 구름 하늘에 닿았고, 줄지은 산 잇단 봉우리가 눈앞에 모였구나. 아래에는 긴 강이 끊임없이 흐르고, 남쪽에

---

14) 『고려사절요』, 권25, 충혜왕(후) 4년 4월조.
15) 『고려사절요』, 권25, 충숙왕(후) 8년 8월; 『고려사』, 권131, 「열전」, 조적전.
16) 1344년 윤2월조에 의하면 "韓范·張松·沈奴介·田頭乞不花 등 15명을 섬으로 유배 보내고 鄭天起·소경부·趙成柱를 고향으로 쫓아 보내었는데, 이들은 모두 선왕 대에 왕에게 아첨하여 총애를 받던 간신들이었다"라고 했다.(『고려사』, 권37, 충목왕 즉위년)
17) 성사홍은 1344년 봄에 察訪使에 임명되어, 경상도 군현의 수령의 淸濁과 백성의 어려움을 糾察하기 위해서 임시로 파견되었던 것으로 보인다. 『신증동국여지승람』, 권26, 밀양도호부, 누정조 참고.
18) 『신증동국여지승람』, 권26, 밀양도호부, 형승조.

는 큰 들이 끝없이 넓으이. 마을 다리엔 버들이 천림千林 빗속에 어둡고, 관로管路엔 꽃이 10리 연기 속에 밝구나. 올라가 풍경을 감상하고 싶지 않으니, 사람들이 환영연을 베풀까 두렵네"라는 사운의 「영남루」 시를 으뜸으로 지었다.

성사홍은 시와 문장에서 당대에 뛰어났던 것으로 짐작이 된다. 그런데 "『고려사』에서 '공의 문장이 당대에 으뜸이었다'라고 하였다"라는 「부사선생세계도」의 언급 내용은 『고려사』에 나오지 않는다. 물론 그러한 평가는 전혀 근거가 없는 것은 아니다. 서거정徐居正 등이 1478년(성종 9)에 성종의 명을 받아 우리나라 역대 시문을 선집하여 편찬한 『동문선』에는 그가 남긴 칠언절구 두 수가 전하고 있기 때문이다.[19] 그리고 앞에서 본 영남루嶺南樓 율시와 그 서문에서도 그의 문장이 예사롭지 않았음을 짐작할 수 있다. 이행李荇·윤은보尹殷輔 등이 『신증동국여지승람』에서 그의 문장을 빌려 밀양도호부의 형승을 대변했던 이유가 있었다.

1344년(충목왕 즉위년) 6월에 서연書筵을 설치하고, 시강侍講을 임명하여 교대로 시독侍讀하였다. 이때 종부부령宗薄副令[20] 성원도(성사홍)는 우정승 채하중蔡河中·좌정승 한종유韓宗愈·판삼사사 이제현李齊賢·찬성사 박충좌朴忠佐 등과 함께 교대로 시독하였다.[21] 이후 성사홍의 벼슬살이에 관해서는 관찬 사서에 더 이상 나타나지 않는다. 성사홍은 대호군

<hr>

19) 『東文選』, 권21, 七言絶句, 「東來客館」; 『東文選』, 권21, 七言絶句, 「芒浦村舍 訪權學士質」.
20) 종부부령은 종부시의 종4품 관직으로, 왕족의 譜牒에 관련된 업무를 맡았다. 1310년(충선왕 2)에 宗正寺를 宗簿寺로 고치면서 정3품 판사, 종3품 영, 종4품 부령, 종5품 승, 종7품 주부를 두었다. 『高麗史』, 권76, 「百官志」, 宗簿寺條 참고.
21) 『고려사』, 권37, 「세가」, 충목왕 즉위년 6월 을묘일조.

大護軍 최직崔直의 딸인 철원군부인鐵原郡夫人 철원최씨 사이에 네 명의 아들과 두 명의 딸을 두었다. 그의 아들은 성만용成萬庸・성대용成大庸・성동량成同良・성중용成仲庸이고, 그의 사위는 신운길辛云吉・전돈례全敦禮이다. 성만용은 성여신의 7대조이다.

성만용의 정치・사회적 활동 자료는 현전하는 관찬 사서에서 찾을 수 없다. 그런데 「부사선생세계도」에 의하면 성만용은 판도판서版圖判書・보문각대학사寶文閣大學士 등을 지냈으며, 고려의 운수가 다하려고 하자 관직을 버리고 창녕으로 귀향하고서 끝내 새 왕조에 출사하지 않았다. 성만용의 관직이 판도판서라는 사실은 여말선초의 다른 인물 자료에서 확인된다.

문정공 맹사성孟思誠(1360~1438)은 여말선초의 대표적인 절의지신인 만은晩隱 홍재洪載의 행장行狀을 지었는데, 이 행장을 인용한 자료에서 성만용의 사회・정치적 성격을 엿볼 수 있다. 즉 "어느 날 밤에 판서 성만용成萬庸, 평리사評理事 변빈卞贇, 박사 정몽주鄭夢周, 전서 김성목金成牧, 대사성大司成 이색李穡 등이 우연히 함께 한 자리에서 술을 마시며 회포를 논하였다. 이때 이색이 말하기를 '은나라 말에 세 어진 이가 있었는데, 비간比干은 죽었고 미자微子는 떠났으며 기자箕子는 종이 되었으니, 우리도 각자 뜻을 따라서 처신하자'라고 하니 모두 받아들였다"[22]라고 했다. 이처럼 성만용의 사회・정치적 성격에 관한 사실은

---

22) 茅隱 李午의 「사실척록」에는 그 근거를 '晩隱遺事'라고 했으며,(『茅隱實記』, 권2, 附錄, 「事實撫錄」) 杏亭 李重光(1592~1685)은 「선계록」 '모은 이오'편에서 그 근거를 '晩隱先生狀'이라고 하고,(『杏亭集』, 「先系錄」) 華泉 李采(1745~1820)는 여말선초의 절의지신 조열의 묘갈명에서 그 근거를 '洪晩隱載之狀'이라 했다.(『華泉集』, 권13, 墓碣銘, 「高麗工曹典書趙公墓碣銘」)

앞의 「부사선생세계도」의 내용과 거의 일치하고 있다. 성만용은 지익산군사知益山郡事 이서李犀의 딸인 강양군부인江陽郡夫人 합천이씨에게 장가를 들어 아들 성혜成蹊・성경成踁・성노成路・지걸之傑과 사위 조강趙崗을 두었다.

성경은 성여신의 6대조로서 조선 초기에 의령현감을 지냈다. 그는 함안정씨[23] 정언이鄭彦怡의 딸 사이에 모두 다섯 아들을 두었는데, 성자아成自雅・성자좌成自佐・성자보成自保・성자량成自諒・성자구成自久이다. 성자량은 성여신의 가계의 변천에서 한 획을 그었던 인물이다. 그가 비로소 관향 창녕을 떠나 처향 가조현 용산리에 정착하였기 때문이다.

성자량은 1419년(세종 1)에 증광시에 급제하여[24] 1421년 승정원주서承政院注書에 임명되었으며,[25] 1426년(세종 8) 6월에 사간원의 정6품직인 우정언右正言에 올랐다.[26] 같은 해 9월에 좌정언에 제수되었으며,[27] 다음 해 4월 우정언에 임명되었다.[28] 1439년(세종 21) 7월에 종4품직인 지청송군사知靑松郡事에 임명된 성자량은 지곤남군사知昆南郡事 김승金繩 등과 함께 하직 인사 자리에서 세종으로부터 "농상의 권과勸課를 힘쓰고, 또 환상還上을 거두고 흩어 주는 것은 나라를 유족하게 하자는 것인데, 각박하게 이를 징수하면 백성들이 원망이 많고, 백성

---

23) 함안정씨는 함안의 土姓이다. 함안 토성은 李・趙・蔡・尹・劉・鄭이다.(『경상도지리지』, 「함안군」, 토성조)
24) 『國朝文科榜目』(규장각한국학연구원[奎 106]).
25) 『堂后先生案』(규장각한국학연구원[奎 9733]).
26) 『세종실록』, 권32, 세종 8년 6월 29일(신묘).
27) 『세종실록』, 권33, 세종 8년 9월 12일(임인).
28) 『세종실록』, 권36, 세종 9년 4월 9일(정묘).

을 편하게 하려 하여 받아들이는 것이 시기를 잃으면 나라가 비고 고갈되니, 각기 마음을 다하여 내 뜻에 맞게 하라"라는 당부의 말을 들었다.[29]

한편 성자량은 내직으로 주로 청요직을 지냈으며, 외직으로 관찬 사서에 보이는 지청송군사 이외에 일찍이 지금산군사知錦山郡事를 지냈던 것으로 보인다. 성자량이 지금산군사에 임명된 사실은 관찬 사서에는 보이지 않는다. 하지만 점필재佔畢齋 김종직金宗直(1431~1492)은 성자량을 아버지 김숙자金叔滋(1389~1456)의 사우師友로 언급하면서 성자량이 일찍이 지금산군사가 되었다고 하였다.[30] 그런데 「부사선생세계도」에는 성자량의 관직이 좌사간으로 기록되어 있다.[31] 좌사간은 사간원 정3품직 좌사간대부左司諫大夫를 줄여서 말한 것이므로 그 기록이 오류가 아니라면 성자량은 종4품 외직을 거쳐 내직으로 들어와서 좌사간대부에 임명되었던 것으로 볼 수밖에 없다.

성자량은 초계정씨 정전鄭悛(1356~1435)[32]의 딸에게 장가들어 성유成裕·성우成祐·성지成祉를 낳았다. 정전은 문학이 일세에서 으뜸가니, 세상에서 팔계선생으로 일컬었다.[33] 정전은 아들 정제안鄭齊安(1390~1457)과 딸을 두었다. 따라서 동계桐溪 정온鄭蘊의 5대조와 성여신의 5대 조모는 남매간이다. 성자량은 관향인 창녕을 떠나 처향인 거창의

---

29) 『세종실록』, 권86, 세종 21년 7월 17일(계해).
30) 『佔畢齋集』, 권2, 彝尊錄(上), 「先公師友(第三)」.
31) 『浮查集』, 권8, 附錄, 「行狀(安鼎福 撰)」.
32) 정전은 1411년 8월에 정3품 좌사간대부에 올랐으며,(『태종실록』, 권22, 태종 11년 8월 23일(임자)) 1419년에 禮曹參議로 讀卷官이 되었다. 나중에 벼슬이 檢校漢城府尹에 이르렀다.(『점필재집』, 권2, 이존록[상], 「선공사우[제삼]」) 그는 桐溪 鄭蘊(1569~1641)의 6대조이다.
33) 『桐溪續集』, 권3, 附錄, 「神道碑銘(趙絅 撰)」.

임내 가조현 용산리로 이거하였던 것 같다.[34] 그래서 성자량의 묘소도 가조현에 남겨졌다.

이상에서 살펴보았듯이 창녕성씨는 940년 군현의 명호 개정 때에 창녕지역의 토성분정土姓分定의 대상이었다. 하지만 고려 중기 인물인 성인보成仁輔 이전의 세계는 알려져 있지 않다. 그래서 성인보는 창녕성씨의 시조에 다름이 없다. 창녕성씨는 성인보의 손자 성공필·성한필 대에 이르러 분파하였으며, 후자가 성여신의 12대조이다. 고려 후기에 활동한 성을신成乙臣과 성사홍成士弘 부자는 각각 성여신의 9대조와 8대조로서 모두 감찰사장령을 지냈다. 그들은 백관을 규찰·탄핵함으로써 왕에게 아첨하여 총애를 받던 이들에게 미움을 받기도 하였다. 성사홍은 시와 문장에서 뛰어났으며, 서연에서 시독했던 인물이다. 고려 말기의 성만용成萬庸과 성경成䃊 부자는 관향인 창녕 인근의 합천·함안 관향의 재경관인 집안과 혼맥을 이루었다. 그리고 성경의 넷째 아들 성자량은 1419년 증광시에 급제하여 사간원정언·지청송군사 등의 관직을 지냈다. 그는 김숙자金叔滋의 사우師友이며, 그의 장인이 동계 정온의 6대조 정전鄭悛이다. 정온의 5대조인 정제안鄭齊安과 성여신의 5대 조모는 남매 간이다. 성자량이 관향을 떠나 처향인 거창 임내의 가조현 용산리로 이주함으로써 성여신 직계의 사회·경제적 기반도 경상우도로 확대되었다. 그의 묘소도 가조현에 남겨졌다.

---

34) 정전은 지금의 가조면 용산리에 거주하고 있었던 것으로 생각된다. 그래서 정온의 어머니 진양강씨의 묘소가 가계의 옛 터전에 자리를 잡았던 것이며, 훗날 정온 자신과 부인 파평윤씨의 묘도 어머니 묘소 아래로 이장했던 것이다. 그리고 정전의 아들 정제안이 가조현의 용산리를 떠나 처음으로 안음현의 童子井里로 옮겨와 살았다.(『桐溪集』, 附錄, 「文簡公桐溪先生年譜」)

3. 진주 입향과 대여촌리 정착의 의미

성여신 가계의 진주 입향조는 성우이다. 성자량의 둘째 아들 성우가 외향 가조를 떠나 처음으로 진주에 거주하기 시작했다. 그런데 구체적으로 어느 마을로 옮겨온 것인지는 밝혀져 있지 않다. 그래서 성여신의 가계가 진주의 대여촌리에 옮겨와 살게 된 과정을 구명하겠다.

성우는 성여신의 고조부이며, 장흥고부사長興庫副使를 지냈다. 성우는 처향 진주로 이주한 것이 아닐까 한다. 성우의 장인이 진주에 거주하는 진주강씨 현감 강소산姜小山이기 때문이다. 성우는 진주의 마진麻津 인근으로 옮겨와 거주한 것으로 생각된다. 성우의 묘가 마진에 있기 때문이다. 마진은 대곡리大谷里의 다섯 속방 가운데 한 마을인데, 대곡리에 속한 나머지 마을은 대동大洞·소동小洞·압곡동鴨谷洞·관내동官內洞이다.[35]

성우가 진주로 옮겨와 살게 된 구체적 마을은 그의 아들 성안중成安重이 가좌촌리佳佐村里에 거주하고 있었다는 기록에서 알 수 있다. 물론 성우가 정착한 마을이 가좌촌리가 아닐 수 있다. 그렇다면 그의 묘가 있는 마진으로 볼 수밖에 없으며, 성안중이 다시 거주지를 옮겨 가좌촌리에 정착했다가 또다시 대여촌리로 이주한 것이 된다. 결국 성우가 정착한 마을은 마진이거나 가좌촌리이고, 그 아들 성안중이 거주했던 곳은 가좌촌리였다. 그런데 마진은 성우의 묘와 관련된 기록 이외에 별다른 기록이 없다. 반면에 성안중이 대여촌리로 이거한 이후에도 그 셋째 아들 성일휴가 가좌촌리에 거주했고[36] 그 넷째 아들 성일장成

---

35) 『진양지』, 권1, 각리조.

日章도 여전히 그곳에 거주하고 있었다.[37] 그렇다면 성우가 입향한 곳은 마진이라기보다 가좌촌리일 가능성이 높다. 그리고 성여신의 증조부 성안중이 가좌촌리에서 대여촌리로 이주하였으며, 이후에도 가좌촌리에 사회·경제적 기반을 여전히 유지하고 있었던 것이다. 그래서 성여신의 조부 성일휴는 가좌촌리에 거주하다가 만년에 다시 구동촌으로 옮겼던 것이다.

성여신의 증조부 성안중成安重은 1469년(예종 1) 생원시에 합격하고, 1492년(성종 23) 식년시式年試 문과 병과丙科 제4위에 급제하여 종5품직인 승문원교리承文院校理를 지냈다.[38] 성안중이 벼슬살이를 하던 시기는 무오사화·갑자사화·기묘사화 등으로 인해 보신保身조차 쉽지 않은 시기였다. 성여신의 조부 무심옹 성일휴가 과거를 단념하고 향리에서 도의를 연마한 것도 그러한 것과 무관하지 않을 것이다. 성안중은 사헌부지평司憲府持平에 오른 하충河漴의 딸에게 장가를 들어 성일지成日知·성일신成日新·성일휴·성일장·성일진成日進을 두었다.[39]

성여신의 가계가 가좌촌리를 떠나 대여촌리 구동촌으로 옮겨와 살게 된 것은 성안중이 진양하씨 집안으로 장가를 든 것과 관련이 있을 것이다. 성일휴의 외조부 하충은 진양하씨 시랑공파로, 김해부사 등을 역임한 하경리河敬履[40]의 아들이자 의정부좌찬성 양정공襄靖公 하경복

---

36) 『회산집』, 권4, 비표, 「선조증참판무심정공묘비」.
37) 『진양지』, 권3, 인물조.
38) 『國朝文科榜目』(규장각한국학연구원[奎 106]).
39) 이상의 내용은 다음의 글을 참고하였다. 박용국, 「경남의 인물과 역사현장-창녕성씨편」(2013.7.2. 답사 자료).
40) 하경리는 知昆南郡事로서 치적을 남겼고,(『신증동국여지승람』, 권31, 곤양군, 명환조) 知泗川縣事로서 의심되는 옥사를 잘 분변하였으며,(『신증동국여지승람』, 권31, 사천현, 명환조) 知河東縣事로서 치적을 남겼고,(『신증동국여지승람』, 권

河敬復의 조카이다. 하충의 조부 하승해河承海는 병조판서에 증직되었으며, 그의 외조부 강수명姜壽明은 개성유수開城留守를 지냈다. 하충은 1450년 식년시 문과 정과丁科에 급제하여 사헌부지평을 지냈으며, 활 잘 쏘기로 이름이 있었다. [41] 따라서 그는 문무를 겸비한 인물이었던 셈이다. 하충은 대여촌리에 살던 하순경河淳敬의 7촌 조카이며, 하기룡河起龍 형제와 삼종 간이다. 이러한 가계의 인연으로 말미암아 성안중이 대여촌리 구동촌으로 옮겨와 살게 되었던 것이다.

요컨대 성여신 가계의 진주 입향조 성우는 외가 곳인 거창 임내 가조현을 떠나 처향인 진주목 동면 가좌촌리로 옮겨와 살았다. 그리고 그의 아들 성안중은 가좌촌리에서 대여촌리로 거주지를 옮겼지만 여전히 가좌촌리에 전장을 소유하고 있었다. 그래서 성안중의 아들 성일휴가 가좌촌리에 거주하다가 만년에 대여촌리 구동촌에 은거하였던 것이다.

성여신의 조부 무심옹 성일휴는 남명 조식과 교유했을 뿐만 아니라 집안끼리도 왕래가 잦았던 것으로 보인다. 남명은 훗날 그를 찾은 성여신에게 "자네 선대와는 도의로 사귀면서 아주 사이가 좋았다네. 자경子慶(성여신의 조부 성일휴의 자) 씨는 나에게 연장年長의 벗이고, 자화子華(성여신의 종조부 성일장의 자) 씨는 나에게 친한 벗이어서 늘 왕래가 그칠 새가 없었다네. 지금 자네를 보니 그분들을 보는 듯하네"[42]라고 했기 때문이다.

31, 하동현, 명환조) 金海府使로서 청렴·명백한 정사를 하여 아전이 두려워하고 백성이 감사하였다(『신증동국여지승람』, 권32, 김해도호부, 명환조)는 인물이다.
41) 『국조문과방목』(규장각한국학연구원[奎 106]).
42) 『부사집』, 권7, 「연보」.

성여신의 아버지 성두년成斗年은 성품이 효성스럽고 우애가 지극하였으며, 추천으로 경기전참봉에 제수되었는데 벼슬살이에 나아가지 않았다. 성두년은 초계변씨 충순위 변원종의 딸에게 장가들어 아들 세 명을 두었는데, 큰아들 성여충成汝忠이 원종공신에 녹훈되었다. 이로써 조부 성일휴가 호조참판戶曹參判에, 아버지 성두년이 한성부우윤漢城府右尹에 증직되었다. 성두년의 둘째 아들 성여효成汝孝는 임진왜란 때 진주향교의 오성위판五聖位板을 모시고 진양성晉陽城에 들어갔다가 성이 함락되자 위판을 안은 채 죽었다. 막내아들이 성여신이다.[43]

이상에서 보았듯이 성자량의 세 아들 가운데 둘째인 성우는 진주목 동면 가좌촌리로 옮겨와 살았으며, 성여신의 고조부이다. 성여신의 증조부 성안중은 1492년 식년시에 급제하여 승문원교리를 지냈다. 성안중은 사헌부지평 하충의 딸에게 장가를 들어 다섯 아들을 두었는데, 그 셋째 아들이 성여신의 조부인 무심정 성일휴이다. 하충은 대여촌리에 살던 하순경의 7촌 조카이며, 하기룡 삼형제와 삼종 간이다. 성안중이 대여촌리 구동촌으로 옮겨와 산 것은 그러한 혼맥이 작용했다. 이처럼 성안중은 경상우도의 재지사족으로서 사회적 기반을 확고히 하였다. 무심정 성일휴와 종조부 성일장은 남명 조식과 상당히 깊은 교유를 맺었던 인물이다. 성여신의 아버지 성두년은 성일휴의 외아들로서, 과거를 일찍이 포기하고 양친을 봉양하는 데에 힘을 쏟았을 만큼 효성이 지극했다.

그러면 성여신이 태어나고 자란 대여촌리는 어떠한 곳이고, 그곳

---

43) 『부사집』, 권8, 부록, 「행장(안정복 찬)」 참고.

은 그에게 어떠한 영향을 미쳤을까. 전근대 사회에서 배움의 과정은 인문·지리적 환경에 크게 영향을 받을 수밖에 없었다. 성여신이 태어난 구동촌과 만년에 은거한 부사정浮査亭은 당시 대여촌리 남성동南星洞에 속했다. 오늘날 진주시 금산면 가방리 남성동이다.

『진양지』 권1의 각리조各里條에 의하면 대여촌리는 주치에서 동으로 25리에 있으며, 동쪽으로 오곡리吳谷里, 남쪽으로 금산리琴山里, 서북으로 큰 강을 경계로 하였다. 동서 5리, 남북 10리 크기의 대여촌리는 속방이 모두 여덟 곳으로 삽동鍤洞·용심龍心·가방嘉坊·대사大寺·추동楸洞·검당黔堂·남성동·송곡松谷이며, 토지가 비옥하나 수재를 많이 입었다. 풍속은 시서詩書를 숭상하고 화목을 돈독히 하며, 사족이 많이 살아 잠영簪纓이 대대로 배출되었다. 그래서 조식이 이 마을을 일컬어 '관개리冠蓋里'라고 하였다. 대여촌리는 그만큼 벼슬아치가 많이 살았다.

조선 초기에 과거에 급제한 대여촌리 거주자는 다음과 같다. 강흘姜仡[44])이 1417년 식년시에, 하순경[45])이 1444년 식년시에, 이미李美[46])가 1453년 증광시[47])에, 강안중姜安重[48])이 1462년 알성시 장원으로,

---

44) 운봉현감을 지냈다. 『국조문과방목』(규장각한국학연구원[奎 106]) 참고.
45) 하순경은 조상 대대로 살아오던 진주 州內 中安里를 떠나 대여촌리에 옮겨와 살았으며, 아들 하기룡은 沙竹里 丹池洞으로 옮겨 갔다.
46) 이미는 본관이 함안, 호가 滄江, 증조부가 어변갑(1381~1435)의 외조부(『咸從世稿』, 권1, 「集賢殿直提學魚公行狀」)인 茂珍府使 李云吉, 조부가 대구현령 李騭, 아버지가 생원 李元老이다. 이미는 세조가 즉위한 후에 성균관대사성으로 불렸으나 나아가지 않았다고 한다.(『梅軒集』, 권4, 附錄, 「家狀」; 『매헌집』, 권2, 「연보」)
47) 이미는 『진양지』 권4, 문과조에는 식년시에 급제한 것으로 나오지만 『국조문과방목』(규장각한국학연구원[奎 106])에 의하면 증광시에 급제하였다.
48) 강안중은 1462년 알성시에 장원급제하여(『세조실록』, 권29, 세조 8년 8월 28일 [경인]) 불과 3년도 지나지 않아 충청도 감영의 종5품 都事로 출세하였으나, 관찰

성안중이 1492년 식년시에, 이창윤李昌胤[49])이 1492년 별시에 급제하
였다.[50]) 그리고 이미는 함안군의 동쪽 안이대安李岱[51])에서 진주의
대여촌리로 옮겨와 살았으며, 아들 매헌 이인형李仁亨은 1436년 안이
대에서 태어나 대여촌리에서 성장하고 훗날 대여촌리 동쪽의 가좌
리嘉佐里(가좌촌리)로 옮겨 갔다.[52]) 따라서 이미의 네 아들은 대여촌리
출신으로 봐도 지나치지 않을 것이다. 이미의 큰아들 이인형이 1468
년 식년시 갑과 장원으로, 둘째 이의형李義亨[53])과 넷째 이지형李智亨[54])
이 1477년 식년시에 동방 급제하였다.[55]) 한편 하순경의 세 아들 가운
데 장남 하기룡은 1459년 식년시에, 하기린河起麟과 하기서河起犀도
문과에 급제하였다고 전한다.[56]) 이처럼 대여촌리는 50여 년 사이에

사 金震知의 뇌물 건에 엮이어 억울하게 죽임을 당하였다.(『세조실록』, 권36, 세
조 11년 8월 25일[경자])

49) 전의이씨 진주 입향조는 호정 하륜의 둘째 사위인 慶尙左道都節制使 李承幹이다.
(『浩亭集』, 권4, 「墓碣銘 尹淮 撰」) 이승간의 증손 李昌胤은 사헌부장령을 지냈고,
아들이 이공보, 손자가 이득분, 증손자가 설학 이대기, 고손자가 이뇌이다.(『동
계집』, 권4, 묘갈, 「刑曹正郎李公墓碣銘 幷序」) 이창윤의 둘째 동생 李貞胤의 아들
이 李公亮·李公度 형제이다.(『新菴集』, 「繕工監參奉贈資憲大夫吏曹判書兼知義禁府
事全義李公諱公亮墓碣」)

50) 『국조문과방목』(규장각한국학연구원[奎 106]); 『진양지』, 권4, 문과조 참고.

51) 안이대마을은 고려시대 안씨의 세거지여서 安尼라고 칭하였다. 이인형의 선조
가 안니마을에 들어와 거주하면서 안이대라고 칭하였고, 뒤에 다시 安仁으로 개
칭하였다.(『梅軒集』, 권2, 「年譜」) 한편 한강 정구가 편찬한 『함주지』에는 본명이
安尼大인데, 1586년 겨울에 지금의 安仁里로 개명하였다고 했다.(『咸州誌』, 권1,
各里條)

52) 『梅軒集』, 권4, 附錄, 「家狀」; 『매헌집』, 권2, 「연보」.

53) 이의형은 사헌부 지평과 집의를 지냈으며, 임진왜란 때 고성에서 의병을 일으켜
큰 공을 세우고 동지중추부사에 오른 雲圃 李達(1561~1618)의 고조부이다.(『陽
園遺集』, 권12, 諡狀, 「同知中樞府事贈兵曹判書李公諡狀」; 『국조문과방목』[규장각
한국학연구원(奎 106)])

54) 『국조문과방목』(규장각한국학연구원[奎 106])에 의하면 관직이 通禮院引儀이다.
『진양지』 권4, 문과조에 의하면 사간원대사간을 지냈다.

55) 『국조문과방목』(규장각한국학연구원[奎 106]); 『진양지』, 권4, 문과조 참고.

문과 급제자를 열두 명이나 배출하였다.[57] 이로 보아 남명 조식의
말이 빈말이 아니었다.

한편 부사 성여신이 주도하여 1632년에 편찬한『진양지』산천조에
의하면, "월아산月牙山은 월아미리月牙彌里에 있다. 발산鉢山이 서쪽으로
달려와서 원통산圓通山[58]이 되고, 원통산이 서북쪽으로 향하여 와서
이 산이 되었다. 두 봉우리가 서로 대치하여 본주本州의 수구水口를
가렸다. 동쪽에는 비봉飛鳳의 형국이 있고 서쪽에는 천마天馬의 형국이
있어, 산의 동쪽에는 정승이 나고 산의 서쪽에는 장수가 난다고 일컬었
다. 재상으로는 강맹경姜孟卿(1410~1461)·강혼姜渾(1464~1519)을 이르고,
장수로는 조윤손曹潤孫(1469~1548)·정은부鄭殷富(생몰년 미상)를 이른다.
이것만 아니라 산의 사면四面 아래에는 예부터 인재를 배출하였다"[59]
라고 했다. 이렇듯 대여촌리는 천마天馬의 형국에 해당한다고 했으며,
그 대표적인 인물 가운데 정은부[60]가 대여촌리에 거주하였다.

---

56)『진양지』, 권4, 문과조.
57) 성여신이 네 살 때 대여촌리 출신으로 과거에 급제한 이가 新菴 李俊民(1524~
1590)이다. 이준민은 참봉 이공량의 아들이며, 남명 조식의 생질이다. 그는 1549
년 식년시 문과에 급제하고 1556에 중시 병과에 급제하였다. 벼슬이 의정부좌
참찬에 이르렀다.『新菴集』,「孝翼公諡狀(趙復陽 撰)」.
58) 지금의 보잠산이다. 박용국,「진주시」,『한국지명유래집(경상편)』(국토정보지리
원, 2011), 578쪽.
59)『진양지』, 권1, 산천조.
60) 정은부는 1489년(성종 20) 무과에 급제하여 여러 관직을 거쳐 1496년 종3품 평안
도 碧潼鎭의 兵馬僉節制使를 지냈으며, 1509년 慶尙右道水使로 있을 때 아버지 상
을 당하였다. 이 당시 領事 成希顔은 그를 일러 "활 쏘는 재주를 보니 참으로
으뜸갈 勇將이며, 이른바 萬人을 대적할 만한 인물"이라고 하였다. 1510년 三浦倭
變이 일어나 熊川이 함락되는 등 상황이 급박해지자 조정에서 상중의 정은부에
게 출전을 명하였는데, 그 활약상이 軍功 1등이었다. 정은부의 曾孫壻가 남명학
파인 河晉寶(1530~1585)이다. 하진보는 정은부 손자인 鄭壽益의 딸을 계실부인
으로 맞이하여 딸 하나를 두었는데, 정인홍의 아들 정연에게 시집을 갔다. 따라
서 정연은 정은부의 外玄孫壻이다.(박용국,「壬辰倭亂期 晉州地域 南冥學派의 義兵

대여촌리는 성여신의 아버지가 유언으로 과거공부를 게을리하지 말 것을 당부했던 지역·사회적 배경이었다. 그래서 성여신은 늦은 나이에 생원·진사시에 응시하여 1609년(광해군 1)에 모두 합격하였다. 1569년 성두년은 세상을 떠날 때에 성여신에게 "나는 독신으로 부모를 봉양하느라 이른 나이에 과거를 포기했다. 그래서 부모님의 명성을 드러내는 도리를 하지 못했다. 그러니 너는 모름지기 노력하되 내가 죽었다고 게을리하지 말라"고 하였다. 이는 성여신이 경학經學을 강습하는 여가에 과거공부에도 부지런히 힘써 늙을 때까지 그만두지 않았던 주요한 이유이다. 전후로 초시初試에 합격한 것이 24번이었는데, 1609년에 와서야 약간 성취했던 것이다.61) 하지만 그 자신이 품은 경세의 뜻을 실현할 벼슬살이에 나아가지 못했다. 그렇다고 결코 그 품은 뜻을 잊은 것이 아니었으니, 여러 번의 소에서 그것이 드러난다.

요컨대 대여촌리代如村里는 조선 초기에 진양정씨 정신鄭侁 계열의 정은부鄭殷富 가계, 진양강씨 강흘姜仡의 가계, 진양하씨의 하순경河淳敬 가계, 함안이씨의 이인형李仁亨 가계, 전의이씨 이공량李公亮의 가계가 이미 정착하고 있었던 마을이다. 이들 가계는 경상우도 재지사족의 핵심 가문으로, 문과와 무과 급제자를 배출하였다. 이러한 곳에 창녕성씨 가문이 정착하고 사회적 기반을 확고히 할 수 있었던 것은 성여신의 5대조 성자량과 증조부 성안중의 혼맥이 크게 작용하였다.

活動」, 『남명학』 제16집(2011) 한편 노파 이흘은 「부사정상량문」에서 "정은부는 智勇으로 오랑캐를 물리쳤으니 훌륭한 남아였다"라고 했다.(『부사집』, 권4, 상량문, 「부사정상량문(포암 찬)」)
61) 『부사집』, 권8, 부록, 「행장(안정복 찬)」 참고.

4. 배움의 과정에서 본 사회적 기반

앞 장에서 살펴본 지역·사회적 기반을 배경으로 하여 성여신은 여러 스승으로부터 가르침을 받았다. 성여신의 사승관계는 그가 직접 지은 「종유제현록從遊諸賢錄」을 보면 명확하다. 성여신은 그 글에서 남명 조식·구암 이정·약포 정탁을 선생이라 미칭하여 스스로 사승의 관계를 드러내고 있기 때문이다. 하지만 성여신이 다른 글에서 직접 밝힌 사승관계도 살펴볼 필요가 있다. 조계 신점·임계 강심·소고 박승임은 그의 배움과 성취 및 삶의 행로에 적지 않은 영향을 주었기 때문이다.

성여신은 어려서부터 상당히 총명하여 할아버지 무심옹 성일휴가 집안을 일으킬 재목으로 생각할 정도였다. 그래서 성일휴는 비교적 이른 나이에 손자를 바깥의 스승에게 보내어 가르침을 받도록 했다. 성여신은 8세 나던 1553년에 조동리에 은거하던 조계槽溪 신점申霑에게 가서 수학하였다. 물론 성일휴는 신점이 성여신의 이모부가 아니었다면 그런 어린 나이에 바깥의 스승을 찾아 배우도록 하지 않았을 것이다.

성여신은 "조계 신점이 강심姜深[62)]·정몽규鄭夢虯[63)]와 함께 진주의 요역을 의논하여 정하고 합리적으로 시행하니 사람들은 모두 그 균역均役에 복종하면서 그들을 진양삼로晉陽三老라 일컬었다. 지금까지도 이를 편하게 여기고 있다"[64)]라고 했다. 이처럼 성일휴가 어린 성여신으

---

62) 후술하겠지만 강심은 호가 임계이며, 매촌 강덕룡의 아버지이다.
63) 정몽규는 본관이 長鬐, 자가 仲祥으로 일찍이 문명이 있었으나 여러 번의 과거에 급제하지 못했으며,(『진양지』, 권3, 인물조) 그 딸이 台溪 河溍(1597~1658)의 외조모이다.(『台溪集附錄』, 권2, 行狀, 「행장河弘度 撰」; 『台溪集附錄』, 권1, 「年譜」, 丙寅年條)

로 하여금 신점에게 가서 가르침을 받도록 했던 것은 이모부일 뿐만 아니라, 신점이 진양삼로의 한 명으로 당시 진주지역에서 학문이나 명망이 높았기 때문이었던 것 같다.

신점은 자가 군흡君洽, 호가 조계, 본관이 고령으로, 문충공 신숙주申叔舟(1417~1475)의 증손으로서 성여신의 이모부였다. 신점은 사람됨이 편안하고 고요하며 자수自守하였다. 그는 일찍이 과거공부를 그만두고 명리名利를 구하지 않았으며, 날로 거문고를 타고 시를 읊으면서 스스로 즐겼다. 신점은 별도로 서당을 지어 후진을 가르치고 깨우쳐 주었다.65) 그 중에 이질姨姪 성여신도 포함되어 있었다.

성여신은 12세66) 나던 1557년 무렵에 이미 『통사』를 읽고 다음으로 『소학』, 그 다음으로 사서四書를 읽어 문리가 크게 진전되었으며, 글을 짓는 것도 성취하였다. 앉거나 서거나 뛰거나 걷는 모든 행동거지도 이미 소학의 법도를 따랐다. 그래서 신점은 매번 "이 아이는 내가 가르칠 수 있는 아이가 아니다. 훗날 반드시 훌륭한 학자가 될 것이다"라고 탄복하였다.67)

위와 같이 성여신은 조계 신점으로부터 배워 10대 초반에 이미 『통사』와 경전을 모두 읽었으며, 과거에 필요한 문장 짓는 것도 잘하였다. 훗날 성여신은 "내가 어려서부터 공에게 배웠는데, 매번 이치를 밝히는 것으로써 권학하였다"68)라면서 그 배움의 의미를 부여하였다.

---

64) 『부사집』, 권6, 「종유제현록」.
65) 『진양지』, 권3, 인물조; 『부사집』, 권6, 「종유제현록」.
66) 안정복이 지은 행장에는 13, 14세 때라고 나온다.
67) 『부사집』, 권7, 「연보」; 『부사집』, 권8, 부록, 「행장(안정복 찬)」.
68) 『부사집』, 권6, 「종유제현록」.

1561년(명종 15)[69]에 약포藥圃 정탁鄭琢(1526~1605)이 진주향교 교수로 오자 16세 난 성여신은 그에게 가서 『상서(서경)』를 배웠다. 이때 정탁이 성여신을 칭찬하면서 훌륭한 스승을 찾아가 학문을 배우도록 권하였다. 성여신은 그 뒤에 과거를 보러 한양에 가서도 여러 번 그 문하에 나아가 가르침을 받았다.

한편 정탁은 진주교수로 있으면서 남명 조식을 찾아가 학문을 배웠다. 이때 그는 '천 길이나 되는 절벽이 버티고 서 있는 듯한 남명의 기상'을 보았으며, 남명의 가르침으로 인해 시종 절의를 온전히 지킬 수 있었다. 그래서 동계 정온은 약포 정탁의 묘지명에서 "약포가 퇴계 이황과 남명 조식 두 선생을 사사하여 훈도薰陶받은 도움이 많았다. 이에서 위기지학爲己之學을 하고 거기다 실천實踐하는 공부를 해서 구이지학口耳之學을 하지 않았음을 알 수 있다"[70]라고 하였다. 정탁이 남명의 실천지공實踐之功을 공부하였다는 사실을 알 수 있다.

약포 정탁이 남명 조식을 사사師事하여 경의와 실천 위주의 공부를 하였다는 사실은 성여신에게도 알게 모르게 영향을 주었을 것이다. 성여신은 그러한 정탁으로부터 가르침을 받아 이치의 일단을 깨우쳤던 것이다.

성여신은 여러 스승으로부터 배움을 받았는데, 그 스승 가운데 성여

---

69) 성여신의 연보에는 정탁이 1560년에 진주교수로 부임한 것으로 나오지만, 정탁의 연보에 의하면 1561년에 成川教授로 제수되어 재임하다가 진주교수로 옮겨 임명되었다.(『약포집』, 「연보」) 그리고 松巖 權好文(1532~1587)의 연보에 의하면 1561년 5월에 권호문이 진주교수로 임명된 정탁에게 준 贈別詩를 지었다.(『松巖集別集』, 「年譜」; 『松巖續集』, 권2, 詩, 「送晉州教授鄭子精」) 따라서 정탁이 진주교수로 임명되어 부임한 것은 1561년이다.
70) 『동계집』, 권4, 묘지, 「貞簡公西原府院君鄭公墓誌銘 幷序」.

신의 연보·행장에서 빠진 이가 임계臨溪 강심姜深(1522~1594)이다. 성여신은 「종유제현록」과 매촌梅村 강덕룡姜德龍(1560~1627)의 행장에서 강심으로부터 학문을 배웠다고 했다. 아마도 성여신은 정탁에게 배움을 청할 1561년 이전에 임계 강심으로부터 학문을 배웠을 것이다. 1561년부터 2년간 응석사凝石寺에서 독서하고, 1563년 봄에 구암龜巖 이정李楨 (1512~1571)에게서 배웠기 때문이다.

부사 성여신은 1632년 7월 그믐에 매촌 강덕룡 행장에서 "공에게 동서 간의 친분만이 아니라 어릴 적에 참의공에게 학문을 배워 정의情誼가 돈독하여 일가 형제의 정리와 다를 바 없었다. 공의 매부인 함양군수 이대기와 절에서 함께 공부할 적에 공도 또한 따라와서 학문을 하였으니 서로 알고 지낸 것이 거의 여러 해가 되었다"[71]라고 하였다. 성여신에게 가르침을 주었던 강심에 대해서 좀 더 살펴보자.

임계 강심은 앞에서 거론한 조계 신점·정몽규와 함께 진양삼로라고 일컬어졌다. 그는 본관이 진양, 자가 태함太涵으로, 그릇이 웅위하였다. 진주에서 명망이 높고 재예才藝도 비범했으나 여러 번 과거를 보아도 급제하지 못했다. 남들이 다 그를 애석하게 여겼다. 만년에 임계에 초정草亭을 지어 거기서 종로終老하였다. 절구 한 수를 지어 "감암산紺巖山 아래 설매촌雪梅村이요, 시냇가 모옥茅屋에 대나무로 문을 삼았네. 병이 들어 해를 보내니 인적마저 끊어지고, 홀로 앉아 보내는 하루 어느덧 황혼일세"라고 했다. 재상경차관災傷敬差官 김행金行[72]은 자가 주도周道인데, 그 집을 방문하여 그 절구에 "산수가 에워싸 자연히

<hr>

71) 『부사집』, 권4, 묘지, 「장기현감강공묘지」.
72) 金行은 본관이 상산, 자가 周道이며, 벼슬이 만호에 올랐다. 지평 金利用의 현손이며, 조식의 사위이다.

마을이 되었으니, 이곳은 인간세상의 화복禍福으로 가는 문이 아니로세. 마주 앉아 죽림을 대하니 맑은 뜻이 족하여, 한바탕 춘몽에 곤히 취하네"라고 차운했다. 경차관 김행만이 아니라 여러 진주목사가 그의 집을 찾기도 하였다.73)

이상에서 보았듯이 성여신의 배움 과정에서 진양삼로의 한 사람인 임계 강심을 빼놓을 수 없다. 성여신이 강심으로부터 언제 무엇을 배웠는지는 구체적으로 알 수 없으나, 성여신이 어릴 적이라고 했으니 적어도 약관 이전에 가르침을 받았을 것으로 보인다. 강심의 인물됨은 성여신에게 적지 않은 영향을 주었을 것이다. 그리고 의령 가례의 만호 박사신의 둘째 사위인 성여신은 강덕룡이 박사신의 넷째 사위가 되면서 동서지간이 되고, 강심의 사위 설학雪壑 이대기李大期(1551~1628)와도 함께 학문을 닦았다. 그리하여 임계 강심을 매개로 하여 성여신의 사회적 네트워크가 한층 더 강화되는 계기도 되었던 것이다. 부사 성여신이 설매곡리의 감암산 자좌오향子坐午向에 자신의 묏자리를 미리 정했던 것도 그러한 사회적 네트워크가 작용했던 것이다.

1563년 봄에 성여신은 구암 이정에게 가서 배알했다. 구암은 그에게 기대를 갖고서 가르침을 허락하고 『근사록近思錄』을 가르쳐 주었다. 그리고 구암은 성여신에게 위기지학爲己之學을 공부하도록 권했다. 성여신은 1566년 겨울에 구암 이정의 여묘廬墓에 가서 배알拜謁하고, 구암의 손자 이호변李虎變·이곤변李鯤變 및 문하의 여러 생도들과 함께 의리를 강론하면서 침식을 잊기 일쑤였다고 전한다. 1571년 5월에도

---

73) 『부사집』, 권6, 「종유제현록」; 『진양지』, 권3, 인물조; 『부사집』, 권4, 묘지, 「장기현감강공묘지」; 『端磎集』, 권12, 碑, 「贈戶曹參議姜公遺墟碑竝序」.

사천으로 가서 구암으로부터 가르침을 받았다.

1563년 가을에 경상도관찰사가 진주목에 순행을 와서 향시를 베풀 때 '운학부雲鶴賦'를 지어 장원을 차지하였는데, 관찰사가 "세상에 보기 드문 문장이로다"라면서 칭찬하였다고 전한다. 1564년 봄에 향시의 생원·진사 양과에 합격하였는데, 이로 인하여 명성이 온 도내에 떨쳐졌다.

1566년 10월에 소고嘯皐 박승임朴承任(1517~1586)이 진주목사에 제수되어 부임해 왔다.[74] 성여신은 박승임에게 여러 번 나아가 의심난 것을 물어 깨달은 것이 많았다고 했다. 그래서 성여신은 「종유제현록」에서 남명 조식, 구암 이정, 약포 정탁, 조계 신점, 소고 박승임의 순으로 자신에게 가르침을 베푼 제현諸賢의 출처 전말顚末을 간략히 서술하여 집성하였던 것이다. 이 다섯 인물 가운데 조식·이정·정탁을 선생이라고 칭하여 그 사승관계를 명확히 하였다. 또한 성여신은 신점과 박승임 및 강심으로부터 학문을 배워서 익히고 가르침을 받았다고 스스로 밝혔다. 따라서 그들은 성여신의 배움 과정과 성취에 적지 않은 영향을 미쳤다고 보아야 한다. 그들 다섯 인물 가운데 조식은 성여신에게 가장 큰 영향을 끼쳤다. 이에 대해서 좀 더 살펴보자.

1568년 가을에 경상감사인 임당林塘 정유길鄭惟吉(1515~1588)과 진주목사晉州牧使인 송정松亭 최응룡崔應龍(1514~1580)이 진주 인근의 유생들을 모아 시부詩賦를 시험했는데, 성여신이 1등이었다. 이후 동료들과 함께 단속사에 들어가 공부를 했다. 이때 단속사 훼철사건이 있었다. 이 사건은 성여신이 남명 조식으로부터 가르침을 받는 계기가 되었다.

---

74) 『嘯皐集』, 附錄上, 「行狀(門人金中淸 撰)」.

1568년(선조 1) 10월 성여신은 단속사에 보관하던 『삼가귀감三家龜鑑』 판목과 사천왕상을 모두 소각하는 등 훼철하고 이튿날 덕산德山의 남명 조식을 배알拜謁하였는데, 남명이 그를 맞아 들여 매우 친절하게 이야기하였다. 조금 지나서 수우당守愚堂 최영경崔永慶(1529~1590)이 찾아왔는데, 남명은 수우당에게 성여신을 가리키며 불상을 헐어 버린 일을 알려주었다. 이에 수우당이 옷깃을 여미고 일어나 경의를 표하였다. 성여신이 그대로 머물면서 『상서(서경)』의 의심나는 뜻을 질문하자 남명은 성여신을 칭찬하여 "이미 독실한 경지에 이르렀다"라고 하였다.[75] 이로써 조식의 문하에 출입하면서 최영경을 비롯한 여러 동문들과 교유하였다. 이후 1568년 11월 성여신은 부친상을 당하여 여묘살이를 하였는데, 여묘살이가 끝나자 다시 1571년(선조 4) 3월에 덕산으로 가서 남명 조식을 방문하였다. 그래서 순암 안정복은 「묘갈명」에서 "학문은 마음에 근본을 두어 경敬과 의義를 병행했네"[76]라고 하였다.

　　지금껏 살펴보았듯이 성여신은 8세 때에 진주 동면 조동리에 은거하던 조계 신점에게 가서 처음으로 가르침을 받아 10대 초반에 이미 『통사』와 경전을 모두 읽었으며, 과거에 필요한 문장 짓는 것도 잘하였다. 16세 나던 1561년(명종 15)에 그는 진주향교 교수로 온 약포 정탁에게 가서 『상서』를 배웠다. 이 무렵에 진주 북면 설매곡리의 임계 강심에게 학문을 배우기도 했다. 이로써 성여신은 진양삼로 가운데 두 인물로부터 가르침을 받음으로써 학문적 성장만이 아니라 그 삶의 행로에 사회적 디딤돌을 마련한 셈이었다. 성여신은 1563년 봄에

---

　75) 박용국, 『지리산 단속사』(보고사, 2010), 214~219쪽.
　76) 『부사집』, 권8, 부록, 「묘갈명병서(안정복 찬)」.

사천의 구암 이정에게 갔는데, 구암은 그에게 『근사록』을 가르쳐 주며 위기지학을 하도록 권하였다. 이 외에도 성여신은 진주목사 소고 박승임에게 의문 나는 점을 물어 깨우침을 얻기도 했다. 성여신은 1568년 10월에 단속사 훼철사건을 계기로 고대하던 남명 조식을 배알하고 사승관계를 맺어 그 삶의 행로에 결정적인 영향을 받았다. 이처럼 성여신은 배움의 과정에서 그 삶의 행로에 지대한 영향을 끼친 남명학파로서 사회적 기반을 갖추어 갔다. 이러한 사회적 기반의 확대에 대해서 좀 더 살펴보자.

1565년(명종 20) 봄에 성여신은 의령현 가례의 밀양박씨 만호 박사신의 둘째 딸과 혼인하였다. 박사신의 셋째 사위는 재령이씨 갈촌葛村 이숙李滶(1550~1615)이다. 그리고 박사신의 넷째 사위가 강덕룡이다. 성여신의 큰아들 매죽헌梅竹軒 성박成鑮(1571~1618)은 노파蘆坡 이흘李屹(1557~1627)의 맏사위이며, 넷째 아들 성순成錞은 능허凌虛 박민朴敏(1566~1630)의 맏사위이다. 이숙은 모촌茅村 이정李瀞(1541~1613)의 아우이며, 이숙의 맏사위가 창주滄洲 허돈許燉(1586~1632)이며, 넷째 사위가 능허 박민의 아들 박경광朴慶光(1608~1697)이다.[77] 강덕룡의 매부는 설학 이대기이다. 이렇듯 성여신은 혼사를 통해서 경상우도 사족 가문의 핵심인 재령이씨 갈촌 이숙의 집안, 진양강씨 매촌 강덕룡의 집안, 성산이씨 노파 이흘의 집안, 태안박씨 능허 박민의 집안, 김해허씨 창주 허돈의 집안과 인적 네트워크를 형성하였다.

그런데 부사 성여신은 「종유제현록」에서 자신의 인적 네트워크의

---

77) 『부사집』, 권8, 부록, 「행장(안정복 찬)」; 『葛村實紀』, 권2, 附錄, 「行狀(成鼎鎭 撰)」; 『凌虛集』, 권3, 附錄, 「行狀(柳長源 撰)」; 『동계집』, 권4, 묘갈, 「洗馬李公墓碣銘」.

주요한 인물을 거론하면서 자신의 손아래 동서인 갈촌 이숙을 언급하지 않았다. 갈촌의 형님 모촌 이정과 갈촌의 사위 창주 허돈을 거론하면서 왜 갈촌을 언급하지 않았는지 알 수가 없다. 부사가 「종유제현록」에서 언급하지 않은 인물은 이숙만이 아니었다. 부사의 후손이 박민을 비롯해서 여러 인물을 추보했다는 사실에서 보면, 「종유제현록」의 언급 사실만으로 부사의 인적 네트워크의 성격을 단정할 수 없다.

위와 같이 성여신 가계의 사회적 기반은 혼사를 통해서 확대되었다. 성여신 가계가 진주 정착 과정에서 맺은 진주 관향 집안과의 혼사는 성여신 가계의 사회적 기반을 공고히 하였다. 그리고 성여신 자신과 자녀들의 혼사는 주로 남명문인이거나 사숙인의 집안과 이루어졌다. 그래서 성여신 집안은 경상우도 남명학파의 핵심 가문으로 성장하였으며, 그 사회적 기반이 더욱 확대되었던 것이다.

한편 부사 성여신은 1581년(선조 14) 4월에 처향인 의령현 가례嘉禮[78] 로 이주하여 1585년(선조 18) 겨울에 다시 진주로 이주하기까지 만 4년 이상을 처가에 지내면서 이웃의 망우당忘憂堂 곽재우郭再祐(1552~1617)·설학 이대기·지봉芝峯 이종영李宗榮(1551~1606)[79] 등과 서로 어울려 학문을 갈고 닦았다. 이에 앞서 봄에 부사는 창녕으로 가서 선영先塋에

---

78) 오늘날 의령군 嘉禮面 加禮里이다. 退溪 李滉(1501~1570)의 친필을 받아 암각했다는 '嘉禮洞天'이라는 유적에서 지명이 유래했다고 전한다.

79) 이종영은 효행이 지극하기로 소문이 나서 조정에서 1620년에 정려하였다.(『芝峯遺稿』, 권2, 附錄, 「行狀李家淳 撰」) 이종영이 자식을 두지 못하고 세상을 떠나자 문인 李曼勝이 스승의 유훈을 받들어 재종제 화헌 이종욱의 둘째 아들 李亨茂를 후사로 삼았다.(『지봉유고』, 권2, 부록, 「行蹟姜鳳海 撰」) 임진왜란 때 곽재우 진영에서 공을 세워 1605년에 2등에 책훈되고,(『지봉유고』, 권2, 부록, 「墓碣銘 幷序[金相稷 撰」) 1602년에 최영경의 신원을 위해서 정온·성여신 등과 함께 상소하였다.(『지봉유고』, 권2, 부록, 「행록(강봉해 찬)」) 이때 이종영은 「최수우당변무소」를 지었다.(『지봉유고』, 권1, 소, 「崔守愚堂辨誣疏 壬寅」)

참배하고, 당시 창녕현감으로 와 있던 한강寒岡 정구鄭逑(1543~1620)와 처음으로 만났으며, 1586년 가을에 함안으로 가서 황암篁巖 박제인朴齊仁(1536~1618)을 만나고 둘이 함께 군수 한강 정구를 다시 만났다.

지금껏 살펴본 인물을 비롯해서 그가 교유한 주요한 인물을 보면, 성여신과 사승관계인 남명 조식·구암 이정·약포 정탁·조계 신점·임계 강심·소고 박승임, 교유관계의 인물을 생년순으로 보면 도구 이제신(1510~1582)·수우당 최영경·죽각 이광우(1529~1619)·황암 박제인·운당 이염(1538~1588)·각재 하항(1538~1590)·일신당 이천경(1538~1610)·영무성 하응도(1540~1610)·신계 하천주(1540~?)·남계 정승윤(1541~1610)·모촌 이정(1541~1613)·한강 정구·송암 이로(1544~1598)·조계 류종지(1546~1589)·백곡 진극경(1546~1617)·송강 하항(1546~1638)·이계 신가(1546~?)·설학 이대기·망우당 곽재우·노파 이흘(1557~1627)·성고 이대약(1560~1614)·매촌 강덕룡·창주 하징(1563~1624)·능허 박민·동계 정온(1569~1641)·심원당 이육(1572~1637)·매헌 이각(1575~1631) 등으로, 남명문인이거나 사숙인이었다.[80]

5. 공부의 장소로서 사찰과 그의 삶

성여신의 공부 장소로서 사찰을 빼놓을 수 없다. 1561년(명종 16) 16세 나던 해에 그는 집현산 아래 응석사凝石寺에서 독서하였다. 이로써 성여신은 불교 사찰과 처음으로 인연을 맺게 되었다.

---

80) 박용국, 「경남의 인물과 역사현장 ─ 창녕성씨편」(2013.7.2. 답사 자료).

1563년 봄까지 성여신은 좌구명左丘明·유종원柳宗元·한유韓愈·구양수歐陽脩 등의 책을 밤낮으로 부지런히 읽었다. 어느덧 일 년이 지나자 오래도록 어버이 곁을 떠나 있는 것이 걱정되어 집으로 돌아가려고 하였는데 아버지가 와서 보고 계속 머물러 공부하도록 하였다.

　성여신은 1564년 봄에 치러진 향시에서 생원·진사시에 모두 합격하였다. 1565년 봄에 혼례를 치르고 가을부터 다음 해 가을까지 거의 1년 동안 쌍계사雙磎寺에서 독서하였다. 그리고 1567년 가을에 다시 쌍계사에 들어가 독서를 하였다. 1568년 봄에 쌍계사로부터 집으로 돌아올 때까지 3년 동안 몇 번의 왕래를 제외하고는 밤낮을 가리지 않고 읽고 외면서 조금도 게으름이 없었다고 스스로 말했다. 그리고 단속사와 인연을 맺었다. 성여신은 20대 초반에 가장 촉망받던 인물이었을 때 단속사에서 공부를 하였다.

　장년에 접어든 1575년(선조 8)에 성여신은 응석사에서 두 형님과 한 방에 지내면서 낮에는 같은 책상에서 공부하고 밤이 되면 한 이불을 덮고 자는 등 우애가 매우 두터웠다. 또 두 형님은 집안일을 의논하여 처리하였으며, 자신은 오로지 학업에 뜻을 두었다.

　부사 성여신은 1577년에 다시 쌍계사에 들어가서 3년간이나 머물며 독서하였다. 이때 부사는 강구講究가 정밀하지 못한 것을 늘 한스럽게 여겨 경전은 물론이거니와 『심경心經』·『근사록近思錄』·『성리대전性理大全』·『대학大學』·『소학小學』 등의 책을 순서대로 익히면서 읽었다. 부사는 깨치지 못한 부분이 있으면 침식을 잊을 지경까지 묵묵히 탐구하여 완전히 깨달은 다음에야 그쳤다. 그 정도로 부사의 공부는 심성수양에 철저했다. 1582년 여름에 부사는 망우당 곽재우·설학 이대기와 함께 자굴사闍崛寺에서 독서를 하였다. 부사는 1587년 봄에 다시 응석사에 들어가 독서를 하였다. 그 이후 사찰은 더 이상 부사의 공부 장소로서 등장하지 않는다.

요컨대 순암 안정복이 "젊어서부터 탁월하여 남들과 같지 않았으며, 책이란 책은 읽지 않은 것이 없었다"[81]라고 할 정도로 부사 성여신은 사찰에서 쉴 틈 없이 공부하였다. 16세 때부터 장년기까지 여러 사찰을 옮겨 다니면서 남명 조식과 구암 이정 등으로부터 받은 가르침을 스스로 체득하고 깨달아 가는 공부를 하였다. 응석사·쌍계사·단속사·자굴사 등 사찰은 성여신에게 체득하고 깨닫는 공부의 장소였다. 그 가운데 단속사와 청곡사는 그의 삶에서 가장 잊지 못할 사찰이었다.

부사 성여신의 삶에서 전환기적 사건이 일어난 장소가 단속사이다. 단속사의 훼철毁撤사건을 통해서 그 젊은 시절 불교에 대한 생각을 살펴볼 수 있을 것이다.[82]

사찰이 부사 성여신의 공부 장소였다는 점에서 보면 단속사 훼철사건은 약간 의아한 생각이 든다. 단속사 훼철사건은 그의 20대 삶에서 빼놓을 수 없다. 반드시 그 사건으로 인한 것이 아니지만 성여신은 그 사건을 직접적인 계기로 하여 덕산의 남명 조식을 배알하고 가르침을 받기 때문이다.

남명학파의 주요 인물은 모두 단속사에 머물거나 방문하여 그곳과 인연을 맺었다. 남명학파에게 단속사는 어떤 의미였을까. 그들은 분명

---

81) 『順菴集』, 권18, 序, 「浮査集序(乙巳)」.
82) 부사 성여신의 불교관을 단적으로 보여 주는 '단속사 훼철사건'은 다음의 책에서 인용하였으며, 연보의 내용도 전적으로 다음의 책에 의존하였음을 밝혀 둔다. 박용국, 『지리산 단속사』(보고사, 2010).

동질적인 집단으로 이곳 단속사에 모여 조식의 가르침을 받기도 하였지만 단속사와 세상을 향하는 그들의 생각은 제각각이었다. 그러나 그들이 머문 단속사는 잠시 스쳐 간 인연이었을까? 아니면 자신이나 타인의 삶에 이정표里程標였을까? 적어도 성여신에게는 단속사가 하나의 이정표였다.

성여신에 의한 단속사『삼가귀감三家龜鑑』훼판燬板사건은 그의 연보와 행장에 잘 드러나 있다. 『삼가귀감』훼판사건은 단순히 『삼가귀감』만이 아니라 '오백나한五百羅漢'과 '사천왕상四天王像'까지 쪼개어 버렸던 것까지 포함된다. 이 사건에 관해서는 부사 연보의 내용이 행장보다 자세하고 그 사건의 실체를 좀 더 잘 드러내 주고 있다. 다음의 내용은 그의 행장에 보이는 사건의 내용을 연보에 따라 서술하겠다.

성여신은 1568년 봄에 쌍계사로부터 집으로 돌아왔다. 그는 햇수로 3년이나 쌍계사에서 독서를 하면서 낮에는 책을 읽고 밤에는 글을 외우는 생활을 되풀이하였다. 그 사이 잠깐잠깐 진주목사 소고 박승임을 만나거나 구암 이정을 만나기도 하고 집에 다녀온 적이 있지만 조금도 게으름을 피우지 않았다. 단지 식후에 절문 밖의 반석 위에 가서 갈필葛筆로 글을 몇 번 쓰는 정도였다. 그러므로 성여신의 필체가 주경호건遒勁豪健하여 당대 으뜸으로 쳤고, 사람들이 철색鐵索으로 일컬었다. 이처럼 성여신은 쌍계사에서 밤낮으로 열심히 독서를 하였다.

1568년(선조 1)에 가을 경상감사인 임당林塘 정유길鄭惟吉과 진주목사晉州牧使인 송정松亭 최응룡崔應龍이 진주 인근의 유생들을 모아 시부詩賦를 시험했는데, 10인을 선발하여 단속사에서 다 함께 공부하도록 했다. 이때 뽑힌 자는 하면河沔·진극경陳克敬·손경인孫景仁·손경의孫景義·

정승윤鄭承尹·정승원鄭承元·박서구朴瑞龜·이곤변李鯤變·하항河恒이
있는데, 성여신이 그 중 제1등이었다.

그들은 그해 10월에 단속사로 들어가 공부했다. 이에 앞서 서산대사
西山大師 휴정休靜이 『삼가귀감』을 단속사에서 판각하였는데, 편차에
유가儒家의 글이 맨 마지막에 있었다. 또한 불상을 만들어 놓고 사천왕
상이라 불렀는데, 그 형상이 매우 괴이하고 컸다.

그런데 유생 중의 한 사람이 그 『삼가귀감』의 판각을 인쇄하여 가진
것을 보고 성여신은 마음으로 매우 분노하였다. 이에 동접同接을 모아
서 그 사람을 면책面責하고 그 책을 찢었다. 그러고는 "우리 유가의
도를 훼손하고, 우리 유생을 업신여기는 것은 이 불서와 불상이 무고誣
告하기 때문이지 않겠느냐?"라고 하면서 즉시 승도僧徒에게 명령하여
그 판각을 불태우게 하고, 또한 오백나한과 사천왕상을 끌어내 다
쪼개어 버리게 했다. 승려들이 벌벌 떨면서 감히 명령을 어기지 못했다.
성여신이 제군諸君들에게 "여기는 남명선생이 계시는 곳에서 멀지 않
으니, 우리들의 이 거사를 알리지 않을 수 없다"라고 말하고서 먼저
한 유생을 보내 그 일을 아뢰게 하였다.

조식은 "만약 그 일을 먼저 알았다면 어찌 내가 권장했겠는가? 이미
지난 일을 더 이상 허물하지 않겠다. 만년에 큰 인물은 조년早年에
격앙激昻하고, 중년에 점점 평정한 데로 나아가니, 젊을 때부터 조적調適
하여 어찌 진취할 수 있겠는가? 공자께서 광간狂簡한 자를 취한 것은
이 때문이다. 다만 판목을 불태운 것은 애석해할 만하다. 만약 정밀한
톱으로 판목을 절단하여 활자로 삼아 우리 유가의 책을 인쇄할 수
있었다면 저들의 무용지물을 취하여 우리의 유용지기有用之器로 삼을

수 있었을 것이다. 그 또한 좋지 않았겠느냐"라고 하였다.

그 다음날 성여신은 남명 조식을 찾아가서 배알했다. 남명은 즉시 성여신을 방으로 맞아들이고 좌정하여 함께 이야기를 나누었는데 매우 정성스러웠다. 남명은 "그대의 선세先世와 교우의 도리가 매우 좋았다네. 자경 씨는 나에게 연장의 벗이고, 자화 씨는 나에게 친한 동료로서 항상 서로 왕래하며 사이가 멀어지지 않았다네. 지금 그대를 보니 마치 고인을 보는 듯하네"라고 했다.

이와 같은 이야기를 하고 있을 때, 뜰에서 전갈이 와서 "최 생원이 서울에서 와 문밖에 있습니다"라고 했다. 남명이 나가서 맞아들였는데, 곧 수우당 최영경이었다. 인도하여 선생의 오른편에 앉혔다. 인사를 마치자 남명이 성여신을 가리키면서 단속사의 『삼가귀감』 훼판사건을 언급하였다. 그러자 수우당은 더욱 경탄해하면서 늦게 만난 것을 아쉬워했다.

종일토록 정좌靜坐하여 강설하기를 열심히 하니, 보고 듣는 사람들이 모두 영광스럽게 생각했다. 성여신은 드디어 조식으로부터 『상서』를 배웠는데, 조식은 그의 강론이 명철하고 투명하였으며, 은밀함을 천명하고 세밀한 것을 분석하는 것을 보고서 크게 칭찬하고 장려하면서 "이미 공부가 독실한 경지에 나아갔구나"라고 했다.

성여신은 이때부터 남명 조식의 문하에 출입하여 동문의 제현들과 도의를 강론하였다. 제현들과 교유한 것은 남명의 『종유록』에 실려 있다.

성여신의 훼판사건은 단속사 창건 이후 가장 큰 사건이었을 것이다. 청파靑坡 이륙李陸(1438~1498)의 「유지리산록」에는 "뜰 오른쪽에 있는 누각은 신라 때 지은 것인데 벽에 그려진 울긋불긋한 사천왕상은 여전히 새 것 같았다"라고 할 정도였으니, 창건 이후 큰 재앙이 없었다고 볼 수 있다. 그래서 신라 때 지은 전각이 남아 있었던 것이다.

사건의 직접적인 발단이 된 휴정이 지은 『삼가귀감』은 이미 이루어진 일로, 어느 정도 용인되었던 듯하다. 조식은 훼판사건 전에 이미 단속사를 들러 그 존재를 알고 있었을 것이다. 또한 단속사의 현실을 어느 정도 용인했었던 것 같다. 남명 조식은 휴정의 제자인 유정에게 시로써 "서로 단속사에서 보았던 것을 잊지 말자"라고 했을 정도였다.

그런데 접중接中의 1인이 『삼가귀감』을 인출하여 가지게 되면서 휴정의 유가 홀대가 문제로 부각되었다. 게다가 평소 성여신이 '사천왕상'을 괴위魁偉하다고 생각한 것도 사건을 크게 확대한 원인이었던 것으로 보인다. 이것이 23세의 젊은 성여신의 분노를 폭발하게 하였던 것이다. 그 분노는 너무 커서 절의 모든 승려가 다리를 벌벌 떨면서 감히 명령을 거부할 수 없었다.

그런데 성여신은 막상 단속사를 훼손하였지만 가까운 곳에 있는 경상우도의 큰 스승 남명 조식의 태도가 염려가 되었던 것 같다. 그래서 그는 즉시 사람을 보내 자초지종을 아뢰었다. 남명은 자신이 사전에 알았다면 못하게 했을 것이라면서 점잖게 나무랐다. 굳이 그렇게까지 모조리 불태울 필요가 있었겠느냐고 반문한 것이다. 이 말 속에는 진한 아쉬움이 전해진다. 성여신은 다음 날 직접 찾아가서 해명을 하였다.

남명 조식은 그 사건을 사후에 보고 받고, 이미 지나간 일이라 하여 나무라지 않았다. 그래도 남명은 『삼가귀감』을 불태운 것은 그 활용

가치를 생각하면 애석하다고 하였다. 이는 남명이 『삼가귀감』의 존재를 알고 있었음을 반증하기도 한다. 단속사 훼손은 남명이 결코 권장할 일이 아니었다. 그런데 성여신의 연보에 의하면, 조식은 그 사건을 일으킨 장본인 성여신의 기개를 높이 샀다고 하였다.

이상과 같이 성여신은 어린 시절부터 장년 때까지 거의 10년 이상을 진주의 응석사와 화개의 쌍계사, 의령의 자굴사에서 학문을 닦았다. 성여신이 『삼가귀감』을 문제 삼아 단속사를 훼철하였는데, 이 사건은 그가 남명 조식과 사제 관계를 맺는 직접적인 계기가 되었다. 불교 사찰은 그의 삶에서 과거공부의 장소였으며, 교유交遊의 장소이기도 했다. 불교는 성여신의 삶에서 불가분의 관계를 맺고 있었으나, 종교·신앙의 관계가 아니었다. 하지만 그가 만년에 청곡사에 우거할 정도로 불교 사찰은 그에게 익숙한 장소였다.[83]

노년에 청곡사를 들러 노닐고 나서 읊은 「유청곡사游青谷寺」의 네 시 가운데 두 번째 시에서 "젊은 시절 학문을 닦던 곳이 이 산중인데, 굶주리며 부지런히 공부한 것 부질없이 되었네. 모든 일이 한바탕 꿈이 되었으니, 백발로 가을바람 대하기가 부끄럽구나"[84]라고 하여, 경세의 포부를 펼치지 못한 회한의 정을 토로하였다. 무엇보다 청년의 기개는 먼 아득한 옛 기억으로 남아 아스라했으나 못 다 이루고 꺾여버린 꿈조차 잊은 것은 아니었다. 부사 성여신은 사회적 실천을 생애 마지막까지 포기하지 않았다. 그 가운데 『진양지』 편찬과 정리도 포함된다.

---

83) 박용국의 글(「17세기 청곡사의 지역적 의미」, 2013.5.2. 답사 자료)을 참고했다.
84) 『부사집』, 권1, 「游青谷寺四章」.

청곡사는 부사 성여신이 79세 나던 1624년에 봉강鳳岡 조겸趙琳(1569~
1652)과 함께 우거하였던 곳이다. 그래서 청곡사는 부사에게 배움의
장소 가운데 특별한 곳이다. 또한 청곡사는 유람의 대상만이 아니라
그의 삶 자체가 녹아든 기억의 장소로서 그에게 남다른 감회를 불러일
으키는 사찰이었다. 그래서 그는 청곡사에서 그의 삶을 반추하고 회한
의 정리情理를 시로써 읊었던 것이다.

성여신은 청곡사의 역사에서 빼놓을 수 없는 임진왜란 후의 그 중건
의 역사를 기문으로 정리하였다. 성여신은 「청곡사중건기」에서 고려
시대부터 전해져 오던 많은 귀한 물건이 임진왜란 때 적의 불길에
자취도 없이 사라졌다면서 청곡사 중건을 다음과 같이 기술하였다.

> 만력萬曆 임인년 봄에 이 산의 노승 계행戒行이 중창을 자신의 소임으로 생각하고,
> 또 동지의 승려 극명克明에게 권유하여 법당을 짓고 부처님 모실 장소로 삼았다.
> 또 동서의 부속건물을 만들어 여러 사람이 거처할 수 있는 장소로 삼았다. 또 23년이
> 지난 천계天啓 갑자년에 절의 승려 종수宗修가 궁현당窮玄堂·우화루雨花樓·불존
> 방佛尊房·동행랑東行廊 등 40여 칸을 지었다. 푸른 기와와 붉은 난간이 우뚝 솟고
> 찬란하여 널리 이름난 한 곳이 되었다. 앞서서 주장한 이는 계행이요, 뒤에 이은
> 이는 종수이다.[85]

위의 자료는 『진양지』 불우조에 실려 전하는 「청곡사중건기」이다.
이는 부사의 문집에 나오지 않으며, 그 내용도 기략記略이라 한 것에서
알 수 있듯이 온전하지 않다. 이 기문은 부사 성여신이 1624년에 봉강
조겸과 함께 청곡사에 우거하고 있을 때 지었던 것 같다. 「청곡사중건

---

85) 『진양지』, 권2, 불우조.

기』에는 1624년에 승려 종수가 궁현당·우화루 등 40여 칸을 중창했다
는 기록이 보이기 때문이다. 위의 기문에 의하면 청곡사는 임진왜란으
로 많은 유물과 함께 잿더미가 되었으나 다행스럽게도 전쟁이 끝나고
얼마 지나지 않은 1602년에 절의 노승 계행이 대웅전을 중건하였다.
그리고 1624년에 청곡사는 승려 종수에 의해 큰 중창이 이루어졌다.
비록 그 중건기가 온전히 전하지 않지만 성여신은 17세기 청곡사의
역사를 증명하기에 크게 부족함이 없을 정도로 그 중건과 중창의 역사
를 정리하여 남겼다.

요컨대 성여신은 노년에 청곡사에서 거접居接·회강會講하였으며,
만년에 그곳에 우거寓居하면서 『진양지』·「청곡사중건기」 등을 편찬
하거나 지었다. 그만큼 성여신의 삶에서 청곡사는 특별한 장소였다.

6. 향리 은거와 정치·사회적 실천

1) 향리 은거

17세기 초에 진주지역 사족들은 임진왜란을 겪으면서 무너진 향촌
질서 재구축에 나섰다. 그 중심인물은 진주 동면 상사리上寺里의 백암白
巖 김대명金大鳴(1536~1603)과 동면 대여촌리代如村里의 부사 성여신이다.
한편 1623년 서인정변 이후 경상우도 사족들은 중앙만이 아니라 지방
에서도 크게 위축되었다. 크게 보면 17세기는 진주지역의 역사에서
전환기에 해당한다. 긍정적인 측면이 아니라 부정적인 측면의 전환기
였다.[86] 부사의 삶도 그러한 시대적 상황과 무관하지 않게 전개되었다.

부사 성여신은 임진왜란이 끝나고 향리 대여촌리에 돌아왔으나 그 자신이 「금산동약서琴山洞約序」에 밝혔듯이 인연人煙이 십에 구는 병화로 사라져 그가 살던 동리洞里도 금산리에 합해질 수밖에 없었다.[87] 그렇지만 그 명성은 사라지지 않았다. 노파 이흘은 「부사정상량문」에서 금산리를 실로 진양晉陽의 명구名區라 했다. 지역만이 아니라 부사 집안도 임진왜란으로 말미암아 적지 않은 물적·인적인 피해를 입었다. 부사의 중씨仲氏 성여효는 1593년 6월 29일에 진주성이 왜군에게 함락될 때 진주향교 성현의 위판을 안고 죽었으며, 성여신 자신도 1597년 정유재란이 일어나자 임진·계사년과 달리 진주 경내를 벗어나 금릉(김천)으로 피난하였다. 그는 전쟁이 끝난 1599년 봄에 성주 가야산 아래로 이사하고, 초여름에 다시 처향인 의령 가례로 이사하였다. 이해 겨울에 그는 집으로 돌아왔는데, 이때 백형伯兄 성여충이 세상을 떠났다.

의령의 가례에서 돌아온 성여신은 해를 넘긴 1600년에 부사정이라는 정사亭舍를 완성하였으며, 노파 이흘이 그 상량문을 지었다.[88] 이해 여름 5월에 거처하던 부사정 동쪽 백보쯤 떨어진 남강가에 처음으로 정자를 지어 피서하는 곳으로 삼았는데, 이름을 반구정伴鷗亭이라 했다.[89] 정자를 짓고 처음에 이름을 짓지 않았다. 어느 날 주변 사람들이 뛰어난 경치에 팔경을 구비한 정자가 이름이 없다면서 이름 짓기를

---

86) 박용국, 「태계 하진의 家系와 行歷에 대한 연구」, 『경남권문화』 제23호(2013), 202쪽.
87) 『진양지』, 권1, 각리조.
88) 『부사집』, 권7, 「연보」.
89) 『부사집』, 권3, 기, 「반구정기」; 『부사집』, 권7, 「연보」.

재촉하자 부사는 한동안 골몰하다가 강변에 노니는 갈매기를 보고서 자신의 삶에 대비하여 정자 이름을 반구정으로 지었다. 부사는 그 기문에서 반구정으로 명명한 이유를 다음과 같이 직접 밝혔다.

내가 말하기를 "날짐승은 삼백여섯 종류가 있지만 최고로 신령스러운 것은 봉황인데 갈매기는 이런 덕이 없으며, 말할 수 있는 것은 앵무새인데 갈매기는 이런 능력이 없으며, 공격해 새를 잡는 것은 송골매인데 갈매기는 이런 재주가 없다. 덕도 없고 재주도 없어서 강호에 살기를 좋아하며 세상일에 뜻이 없는 것이 야부野夫의 짝이 될 수 있다. 그렇다면 이 정자가 이 이름을 얻은 것이 또한 알맞지 아니한가"라고 했다.90)

위에서 보듯이 부사 성여신은 주변의 어른과 동자들에게 정자가 좋은 이름을 얻은 것만 알고 반구정으로 이름을 지은 참뜻을 모를 것이라면서 정자 이름의 유래를 밝혔다. 그는 자신의 처지를 갈매기에 비유하고 있다. 하지만 그는 세상에 쓰이지 못하는 자신의 처지를 반어적 표현을 빌려 그렇게 말했던 것이 아닐까? 아무튼 반구정의 이름에는 세상에 뜻을 접고 강호에 은거하고자 하는 부사의 삶이 녹아 들어 있다. 반구정은 그와 뜻이 맞는 이와 더불어 회포를 풀고 즐기는 교유의 장소였다. 「반구정기」는 그가 사실상 은거하는 삶을 작정하였다는 것을 잘 보여 준다. 따라서 이 시기는 그의 삶에서 전환기였다.

그런데 부사 성여신은 여한이 없지 않았다. 더구나 아버지가 세상을 떠날 때 과거 공부를 게을리하지 말 것을 유언으로 남겼으니 미련도 남을 만했다. 그래서 1613년(광해군 5) 68세의 늦은 나이에 동당시東堂試에

---

90) 『부사집』, 권3, 기, 「반구정기」.

장원하여 서울에 갔다. 그러나 세도世道가 혼란한 것을 보고는 끝내 과장에 들어가지 않고 돌아왔다고 전한다. 이때부터 영원히 은거하려는 계책을 결정하였다. 그 자신은 사실상 과거를 단념하고, 이제 온전히 향리에 은거하는 삶을 살기 시작하였다. 그렇지만 그의 삶은 향리에서 경의敬義의 실천과 임진왜란으로 무너진 향리의 공동체 질서 회복에 기여하게 되었다. 순암 안정복은 "교화가 향리에 행해지니 가르침이 유생들에게 젖어들었네"91)라고 하였다. 그렇더라도 안정복조차 그러한 부사의 삶에 대한 진한 여운이 남았다. 그래서 안정복은 "뛰어난 재능과 빼어난 기량을 지니고서 산림에 자취를 숨겼으니 시운인가, 천명인가. 백성이 복이 없었도다"92)라고 하였다.

부사 성여신은 "선비가 이 세상에 태어나면 포부를 매우 크게 가지는데, 그것을 얻으면 펼치고 얻지 못하면 물러나 은거한다"93)라고 하였다. 하지만 그가 세상에 나아갈 수 없었던 형편은 오로지 자신만의 문제에 기인한 것으로 보이지 않는다. 지역적 배경과 사승 관계도 상당한 요인으로 작용하였던 것 같다. 즉 부사의 삶에 결정적인 영향을 끼친 것은 남명 조식의 제자라는 것과 내암 정인홍과의 관계가 아닐까 한다.94)

1623년 서인정변은 경상우도 지역인의 삶을 규정하는 주요한 요소였다. 더 나아가 중앙과 지역의 차별화를 심화시키는 계기가 되기도 했다.

---

91) 『부사집』, 권8, 부록, 「묘갈명병서(안정복 찬)」.
92) 『부사집』, 권8, 부록, 「묘갈명병서(안정복 찬)」.
93) 『부사집』, 권5, 잡저, 「계서약록서」.
94) 박용국, 「임진왜란 의병 설화와 남명학파」, 『남명학』 제19집(2014), 196~197쪽 참고.

이는 이중환의『택리지擇里志』팔도총론 경상도조에 잘 나타나 있다. 서인정변 이후부터 경성에 여러 대를 살고 있는 가문의 사람들만 치우치게 등용하였다. 그리하여 서인정변 이후 100년 동안 경상도 전체를 놓고 보더라도 정승 된 사람이 없어 관직이 높다고 해도 3품이고 아래로는 고을 수령 정도였다. 그만큼 차별적인 요소들이 구조화하였음을 반증하는 것이며, 동시에 역사 사건에서 주체와 진리의 분리가 쉽지 않았을 것임을 짐작하게 한다. 이는 경상우도 진주인의 삶과 기억에 서인정변이 결정적인 영향을 미쳤다는 사실을 말해 준다.[95]

성여신의 큰아들 매죽헌 성박(1571~1618)의 행동을 통해서 보면 성여신의 집안은 내암來菴 정인홍鄭仁弘(1536~1623)과 상당히 관련이 깊었던 것으로 생각된다. 왜냐하면 성박은 회퇴변척晦退辨斥을 두고 화헌和軒 이종욱李宗郁(1553~1623)[96]과 행동을 같이하였기 때문이다.[97] 이로 말미암아 박건갑朴乾甲·이종욱·성박 등은 사적에서 삭제되고 과거를 못 보게 되는 벌을 받았다. 그러자 경상우도 유생 정제생鄭悌生 등이 상소하여 그들처럼 자신들도 사적의 삭제와 과거를 못 보게 되는 벌을

---

95) 박용국, 「임진왜란 의병 설화와 남명학파」, 『남명학』 제19집(2014), 190쪽.

96) 이종욱은 본관이 경주, 자가 希文, 호가 화헌으로, 삼성그룹 창업자 이병철의 11대조이다. 그는 재종형인 지봉 이종영과 더불어 조식에게 급문하였다. 임진왜란 때 군공을 세워 원종공신에 녹훈되고 훈련원주부에 제수되었다.(『德川師友淵源錄』, 권4, 門人續集, 李宗郁;『深齋集』, 권25, 墓碣銘, 「文山李公墓碣銘乙卯」)

97) 화헌 이종욱은 1611년(광해군 3) 상소에서 스스로 내암 정인홍의 제자라고 밝히고, 회퇴변척과 관련하여 조식과 정인홍의 억울함을 강력히 주장하고 스승을 변호하였다. 오히려 이황 자신이 "이미 많은 이들로부터 심한 비난을 받았다"라고 스스로 밝히고 있는데, 그때 유적에서 삭제 논의가 있었다고 듣지 못했다면서 스승 내암 정인홍의 유적 삭탈에 대해서 강력히 반발하였다. 이때 성여신의 큰아들 성박도 이종욱과 행동을 함께하였다.(『光海君日記』, 권42, 光海 3年 6月 19日[丁亥];『光海君日記』, 권48, 光海 12月 10日[乙亥])

받겠다고 청하였다.[98] 이렇듯 경상우도 유생들은 이종욱·성박과 함께 행동하고 더불어 책임을 지려고 했다. 1623년 3월에 서인정변이 일어나 4월에 내암 정인홍이 죽임을 당하자[99] 그러한 경상우도의 사정은 크게 바뀌었다. 그래서 서인정변 이후 남명연원 가문은 정인홍 관련 내용을 변개했을 가능성이 높다고 본다. 물론 기억의 변조를 통한 기록도 적지 않았을 것이다.[100] 내암 정인홍과 인적 네트워크를 형성하였던 경상우도의 남명연원 집안은 조선 후기 내내 정인홍 콤플렉스에 사로잡혀 심지어 가문의 기억을 왜곡시키기까지 하였다. 그만큼 서인정변은 경상우도의 남명연원 집안에 지대한 영향을 끼쳤던 것이다. 이제 정인홍 콤플렉스에서 벗어나야 하며, 그 기억의 사소한 변개조차 되돌려 놓아야 할 때이다.

요컨대 부사 성여신은 임진왜란이 끝나고 해를 넘긴 1599년 겨울에 대여촌리代如村里로 돌아왔다. 그는 고향으로 돌아온 다음해에 부사정을 지어 거처의 장소로 삼고, 반구정을 지어 교유의 장소로 삼았다. 반구정은 그가 은거의 삶을 살고자 하는 뜻이 잘 드러나는, 그를 기억할 수 있는 대표적 장소였다. 하지만 부사는 은거의 삶을 살면서도 경의의 정치·사회적 실천에 앞장섰다. 그러나 부사 스스로 선택한 은거의 삶은 서인정변으로 말미암아 행동의 제약을 받을 수밖에 없었던 것 같다.

---

98) 『光海君日記』, 권48, 光海 12月 10日(乙亥).
99) 『인조실록』, 권1, 인조 1년 3월 13일(계묘); 『인조실록』, 권1, 인조 1년 4월 3일(임술).
100) 박용국, 「임진왜란 의병 설화와 남명학파」, 『남명학』 제19집(2014), 193~195쪽.

2) 정치·사회적 실천

부사 성여신은 학문을 하는 데 있어서는 자신이 해야 할 도리를 다해야 하니, 익혀 행하기를 오래도록 하면 위로 천리를 깨닫는 경지에 도달하는 것도 어렵지 않다고 했다. 그런데 아래로 인사를 배우지도 않고 갑자기 위로 천리를 알려고 한다면 뜻이 고원高遠한 데에만 달려 가게 되어 아래로 인사를 배운 것까지도 잃어버리게 된다고 하였다. 그래서 부사는 산수算數·군진軍陣·의약醫藥·천문天文·지리地理 등 의 학문을 연구할 것을 후진에게 권장하였다.101) 이처럼 부사의 학문적 태도를 보면 조식의 그것과 유사하여 남명학파로서의 정체성이 확연 히 드러난다. 그 실천성도 마찬가지이다.

부사 성여신의 정치·사회적 실천은 한마디로 경의의 실천이었다. 그는 남명 조식과 구암 이정의 문하에서 경의와 효제충신의 가르침을 받고서 "두 분 선생의 말은 다르지만 내용은 같은 것이다. 효제충신은 경의가 아니면 행해질 수 없고 경의는 효제충신이 아니면 설 수 없는 것이니, 이것은 일상생활에서 벗어나지 않는 것으로서 나의 마음이 당연히 해야 한다고 여기는 일을 다 할 뿐이다"라고 했다. 부사는 그 가르침을 종신토록 복습하였다. 부사는 자신의 수양과 남을 가르칠 경우에 경의를 최우선으로 삼았다.102)

부사는 "정직하도록 하는 공부는 '경敬'에 있고 방정하도록 하는 공부는 '의義'에 있고 위대하도록 하는 공부는 '성誠'에 있다. 한곳에 집중하여 딴 생각이 없는 것이 '경'이니 이것은 마음의 주장이 되고,

---

101) 『부사집』, 권8, 부록, 「행장(안정복 찬)」.
102) 『부사집』, 권8, 부록, 「행장(안정복 찬)」.

헤아려 적당하게 하는 것이 '의'이니 이것은 일의 주장이 되며, 진실되어 거짓이 없는 것이 '성'이니 이것은 몸의 주장이 된다. 마음과 일과 몸에 주장이 있을 경우에는 군색한 행동이나 부정한 길로 빠지는 데 대한 걱정이 없게 될 것이다. 그러므로 이것을 써서 스스로 경계한다"103)라고 하였다.

부사는 의리(義)를 알지 못하고 실속 없는 문장에만 전심할 경우에 재능만 있고 학덕이 없는 사람처럼 "단지 간웅奸雄의 심술만을 키울 뿐이다"라고 하였다. 그래서 그는 교유한 이들 가운데 억울하게 환란을 당한 사람을 보면 마치 자신의 문제처럼 마음 아프게 생각했다. 그래서 그는 의장義將 김덕령金德齡의 무고, 수우당 최영경의 원통한 죽음, 동계 정온의 득죄得罪에 대해서 모두 상소하여 진상을 밝히기에 힘썼다.104) 특히 수우당의 원통함을 신원하기 위해서 1601년부터 여러 남명학파 인물들과 함께 행동으로 옮겼다. 다음은 그와 관련한 내용이다.

신축년 겨울 11월에 도내의 선비들이 고양高陽(고령)에 모여 수우당의 원통함을 상소하였고, 12월에 김응성金應成·이익수李益壽·이형李泂·이상훈李尙訓 등이 대궐에 나아가 원통함을 풀어달라고 부르짖었다. 임인년 봄 2월에 또 성산星山에 모여서 다시 상소하였는데, 한 도의 선비들이 함께하였다. 윤2월에 성여신成汝信·이대약李大約·정온鄭蘊·강극신姜克新·이육李堉·이수언李秀彦·도응유都應兪 등이 대궐에 나아가 상소하여 성지聖旨를 얻었는데, "이제 조정에 공론이 조금씩 시행되고 시비가 조금씩 바로 잡히니 그대들은 자세히 알고 있을 것이다"라고 하였다.105)

---

103) 『부사집』, 권8, 부록, 「행장(안정복 찬)」.
104) 『부사집』, 권8, 묘갈, 「묘갈명 병서(안정복 찬)」.
105) 『부사집』, 권5, 잡저, 「계서약록기(이종영 찬)」; 『지봉유고』, 권1, 잡저, 「계서약기」; 『지봉유고』, 권1, 소, 「최수우당변무소(임인)」.

위의 내용은 아무런 허물도 없이 원통하게 죽임을 당한 최영경이 신원되고 대사헌에 추증이 되었으나[106] 피해자만 있고 가해자는 없는 원통함을 풀어달라[107]고 영남의 선비들이 1601년부터 다음 해까지 도회都會하고 신원 상소를 올렸던 사실을 보여 주고 있다. 앞의 「계서약록기」는 신원 활동에 참여했던 주요한 인물인 지봉 이종영이 지은 것이다. 앞에서 언급했듯이 이종영은 내암 정인홍의 유적 삭탈에 대해서 강력히 문제를 제기하였던 화헌 이종욱의 재종형이다. 성여신의 큰아들 성박은 이종욱과 함께 정치적 행동을 같이하였다. 또한 부사 성여신은 일찍이 지봉 이종영과 교유하여 서로 간에 정치·사회적 생각을 공유하고 있었다. 그래서 1602년에 두 사람은 아무런 허물도 없이 억울하게 죽임을 당한 수우당의 원통함을 신원하기 위한 행동에 함께 나섰던 것이며, 특히 이종영은 「최수우당변무소」를 지어 그 당위성을 역설하였다.

위의 상소를 주도한 부사 성여신·지봉 이종영·성고 이대약은 1602년에 계서회雞黍會를 조직하였다. 부사는 그 서문에서 "세 사람이 매년 봄과 가을 두 계절의 마지막 달 15일에 돌아가며 서로 방문하여 옛사람

106) 『선조실록』, 권51, 선조 27년 5월 23일(경자).
107) 1602년 2월에 청주 유생 박이겸 등이 최영경의 원통함에 대해 올린 상소에서 그러한 사정을 잘 알 수 있다. 박이겸 등은 "만일 최영경의 원통함을 아신다면 좋아하고 미워하는 격식을 보이셔야만 합니다. 그런데도 성혼의 문생이 아직도 관작을 보전하고 있고, 정철의 심복이 또한 정승의 자리를 차지하고 있으면서 현인을 죽인 무리로 하여금 여러 벼슬자리에 포진해 있게 하고 冤枉을 伸說하는 사람으로 하여금 荒野에 숨어 있게 하니,…… 전하께서는 영남 유생의 소를 유념하고 좋아하고 미워하는 마음을 쾌히 보이시어 시비가 일시에 정해지고 공론이 만세에 행해져서, 간사하고 아첨 잘하며 임금을 속이고 저버리는 무리가 조정에 발을 붙이지 못하도록 하소서"라고 하였다. 『선조실록』, 권146, 선조 35년 2월 2일(을축).

의 계서약[08)]을 본받아 며칠을 머물며 한바탕 담소하면서 회포를 서술하기도 하고 시를 읊기도 하였는데, 그 서술하고 읊은 것을 해마다 기록하여 잊지 않기를 대비한 것이다"라면서 "우리 세 사람은 재주가 옛사람에게 부끄럽지만 서로 허교하는 뜻은 부끄럽지 않고, 덕은 옛사람에 부끄러우나 서로 좋아하는 정은 부끄러운 것이 없다. 강개한 마음을 함께 품고 대궐에서 같이 상소하여 국시國是를 바른 데로 돌려 옛날의 원통한 일이 없어지자 고향으로 돌아와서 각자 천성을 따라 살고 있다"라고 했다.[109)] 부사 성여신과 지봉 이종영은 정치·사회적 생각이 같았음을 알 수 있다.

한편 임진왜란이 끝나고 조정에서는 평시에 했던 것처럼 세수의 안정적인 징수를 위해 양전量田을 논의하고 시행하였다. 하지만 그 폐단도 만만치 않았던 것 같다. 부사 성여신의 「양전시진폐소」는 그러한 폐단의 실제를 보여 주는 동시에 그의 경세제민經世濟民의 모습을 엿볼 수 있는 자료이다.

1600년(선조 33) 6월에 선조는 사도도체찰사四道都體察使로 남방을 순찰한 이항복과 요역·관방·전세 등에 대해 논의하였는데, 이 자리에서 동부승지 민중남閔中男은 양전을 신중하게 할 것을 말하였다.[110)] 같은 해 9월에 비변사에서 인구 안집책과 양전 등의 시무책을 올렸으며,[111)] 이후 양전은 시작되었다. 1601년 2월에 사간원에서 양전으로 인하여

---

108) 계서약은 닭을 잡고 기장밥을 지어 손님을 접대하자는 약속을 말하는 것으로, 먼 곳에 사는 벗을 찾아가겠다는 약속을 의미한다. 한나라 范式과 張邵의 고사에서 비롯했다고 한다.
109) 『부사집』, 권5, 잡저, 「계서약록서」.
110) 『선조실록』, 권126, 선조 33년 6월 15일(병술).
111) 『선조실록』, 권129, 선조 33년 9월 26일(병인).

겨우 안집한 민들이 소요하여 봄 농사의 적기조차 놓치고 있다면서 양전을 추수 이후로 연기할 것을 건의하였으나 임금이 허락하지 않았다.112) 특히 부사 성여신은 영남의 해안 변경의 안민책安民策이 적으로부터 나라를 지키는 최선의 방책이라고 했다.

부사 성여신은 임진왜란 때 영남의 역할과 수군水軍의 중요성을 말하면서 "금년 양전의 수가 반드시 평시 양전의 수에 비슷해야 하고 조금이라도 수의 어긋남이 있으면 수령 및 감관과 서원 등을 극죄로 조치한다고 합니다.113) 그러므로 일을 맡은 사람들이 그 죄를 얻을까 두려워하여 지금의 결수結數에 반이라도 부족함이 있으면 달리 손 쓸 곳이 없어 매번 그 등급을 올립니다. 그러므로 땅의 등급이 높고 낮음을 따지지 않고 원래의 수가 되는지 부족한지만을 계산합니다"114)라고 양전의 폐단을 지적하였다. 부사는 그로 말미암아 영남의 변경, 즉 적로賊路의 민심이 소요騷擾하여 토지를 버리고 유랑함으로써 황무지가 늘어나고 결국 수군을 약하게 할 것이라고 지적하였다. 그래서 부사는 적로에 해당하는 영남이 도탄에 빠진 상황과 이를 감안하여 양전할 것을 건의하였다. 성여신은 양전에 우선해야 할 것은 안민安民이라고 보았다. 부사의 「양전시진폐소」는 그의 경세제민의 실천적 태

---

112) 『선조실록』, 권134, 선조 34년 2월 27일(병신).
113) 비변사에서 올린 시무책에는 "감사로 하여금 직접 수령들을 독촉해서 현재 起耕한 숫자를 각기 打量하되, 해마다 기경하는 대로 타량하여 감사에게 보고하게 하고 감사가 轉啓하게 해야 할 것입니다. 그리고 재상경차관을 보낼 때에도 해조에서 한 고을을 抽性해 빠짐없이 타량하게 하되, 착오가 있을 때에는 그 수령을 중하게 죄주도록 해야 할 것입니다. 해마다 이와 같이 한다면 경계가 차츰 바로잡힐 것이며 세입도 저절로 넉넉해질 것입니다"(『선조실록』, 권129, 선조 33년 9월 26일[병인])라고 하여 그러한 사실을 확인할 수 있다.
114) 『부사집』, 권3, 소, 「양전시진폐소」.

도를 잘 보여 준다고 하겠다.

부사 성여신은 1616년(광해군 8) 봄에 자신이 거주하는 금산리에 여씨 향약呂氏鄉約과 퇴계 이황의 동약을 모방하고 거기에 약간의 조항을 증감하여 약속을 시행하였다. 또 임진왜란을 겪은 이후로 사자士子들이 학문할 줄을 몰랐으므로 사문斯文을 흥기시키는 것을 자신의 책임으로 삼았다. 그래서 옛날『소학』·『대학』의 규칙에 의거하여 양몽재養蒙齋·지학재志學齋를 설립하고 고을의 후생들로 하여금 나이에 따라 나누어 거처하며 학업을 익히게 하였다. 이때 봉강 조겸·태계 하진·한몽일韓夢逸 등 지역의 대표적인 사족 명망가가 믿고 따르면서 협찬하였다. 이에 10년도 채 못 되어 문풍文風이 크게 진작되었다.[115] 특히 태계 하진은 성여신으로부터 배워 1633년 4월 증광시 갑과 3인으로 급제하여 사간원사간 등의 관직을 지냈다.[116] 이처럼 부사 성여신은 향약을 시행하여 지역 공동체를 재건했으며, 교육 기반을 재건하고 그 배운 바로써 후학을 성취시켰다.

끝으로 부사 성여신의 사회적 실천은 지역의 문화와 역사적 자산의 정리에도 커다란 기여를 했는데,『진양지』찬술이 그렇다.『진양지』는 1622년(광해군 14)에 찬술하기 시작하여 1632년(인조 10)까지 이르는 시기에 성여신·하징·박민·조겸·정승훈·하협 등에 의해 공동 집필된 경상도 진주목의 읍지이다. 그러나『진양지』의 편찬에서 성여신·하징이 그 대표 격이나, 하징이 작업이 시작된 지 2년 후에 작고했기 때문에, 결국 성여신에 의해 편찬 작업이 마무리 지어졌다.[117] 이와

---

115)『부사집』, 권8, 부록,「행장(안정복 찬)」.
116) 박용국,「태계 하진의 家系와 行歷에 대한 연구」,『경남권문화』제23호(2013), 217~229쪽.

같이『진양지』편찬의 배경과 그 과정의 인적 구성 등을 보면『진양지』
는 남명학파의 인적 네트워크에 기반하여 편찬되었다. 그러나 성여신
이 그 편찬을 마무리하였다는 점에서 그것은 그의 삶에 빠뜨릴 수
없는 주요한 사회적 실천 행위였다.

　요컨대 성여신은 경의의 정치·사회적 실천에 앞장섰다. 성여신은
수우당 최영경의 원통함을 신원하기 위한 활동, 진주 동면 금산리의
향약 시행과 유교 의례의 복구, 교육 기반의 재건과 후학을 성취시키려
는 교육 활동, 진주 읍지인『진양지晉陽誌』의 편찬, 양전의 폐단을 고칠
것을 건의한 상소 등 정치·사회·경제적 실천에 적극적으로 나섰다.
이 가운데 성여신의 정치·사회적 실천은 남명학파의 인적 네트워크
와 불가분의 관계 속에서 이루어졌다. 하지만 서인정변으로 말미암아
남명학파의 인적 네트워크가 붕괴되고 그 삶의 행로도 예견할 수 없었
다. 이미 세상을 떠났지만 큰아들 매죽헌 성박이 내암 정인홍의 문인이
었기 때문이다. 그의 행동은 위축될 수밖에 없었으며, 결국 부사 성여신
은 봉강 조겸과 함께 청곡사에 우거寓居하였던 것이다. 그렇지만 부사
는 그 우거하는 삶 가운데 민족사나 지역사 연구에서 의미가 적지
않으며, 경상우도의 문화적 자산인『진양지』편찬을 마무리하였다.
그는 사회적으로나 지역으로 봐서 매우 의미 있는 삶을 살다간 17세기
대표적인 경상우도 지식인의 한 사람이었다.

---

117) 오이환,「『晉陽誌』의 출판」,『동방학지』155(2011). 이 글에서 오이환은『진양지』
　　가『함주지』의 목차와 다소 詳略이 있고 순서의 조정이 있으나 거의 일치하는,
　　양자의 성립 시기에 큰 차이가 없다는, 함안과 진주가 서로 인접한다는,『함주
　　지』의 편찬에 참여한 한강 정구·황암 박제인·모촌 이정·죽유 오운이 남명
　　의 문인이라는 점에서 보면『진양지』가『함주지』의 체제를 대체로 답습하여 편
　　찬된 것임을 미루어 짐작할 수 있다고 했다.

7. 맺음말

이 글은 부사 성여신 가계의 변천을 고증하고 그의 삶에 대한 사회적 의미를 구명한 것이다. 본론에서 논의한 바를 정리하면 다음과 같다.

창녕성씨는 940년 군현의 명호 개정 때에 창녕지역의 토성분정의 대상이었다. 하지만 고려 중기 인물인 성인보 이전의 세계는 알려져 있지 않다. 그래서 성인보는 창녕성씨의 시조에 다름이 없다. 창녕성씨는 성인보의 손자 성공필·성한필 대에 이르러 분파하였으며, 후자가 성여신의 12대조이다. 고려 후기에 활동한 성을신과 성사홍 부자는 각각 성여신의 9대조와 8대조로서 모두 감찰사장령을 지냈다. 성사홍은 시와 문장에서 뛰어났으며, 서연에서 시독했던 인물이다. 고려 말기의 성만용과 성경 부자는 창녕 인근의 합천·함안 관향의 재경관인 집안과 혼맥을 이루었다. 그리고 성경의 넷째 아들 성자량은 1419년 증광시에 급제하여 사간원정언·지청송군사 등의 관직을 지냈다. 그는 김숙자의 사우이며, 그의 장인이 동계 정온의 6대조 정전이다. 정온의 5대조 정제안과 성여신의 5대 조모는 남매간이다. 성자량이 관향을 떠나 처향인 거창 임내의 가조현 용산리로 이주함으로써 성여신 직계의 사회·경제적 기반도 경상우도로 확대되었다.

성여신 가계의 진주 입향조 성우는 외가 곳인 용산리를 떠나 처향인 진주목의 가좌촌리로 이주하였다. 그리고 그의 아들 성안중은 가좌촌리에서 대여촌리로 거주지를 옮겼지만 여전히 가좌촌리에 전장을 소유하고 있었다. 그래서 그 아들 성일휴가 가좌촌리에 거주하다가 만년에 대여촌리 구동촌에 은거하였던 것이다. 대여촌리는 조선 초기에 진양정씨 정은부 가계, 진양강씨 강흘의 가계, 진양하씨의 하순경 가계, 함안이씨의 이인형 가계, 전의이씨 이공량의 가계가 이미 정착하고 있었던 마을이다. 이들 가계는 경상우도 재지사족의 핵심 가문인데, 15세기 이전에 이미 문·무과 급제자를 13명 이상 배출하였다. 그래서 대여촌리에 벼슬아치가 많이 살았다. 남명 조식이 그 마을을 '관개리冠蓋里'라고 부른 것은 빈말이 아니었다. 이러한 곳에 창녕성씨 가문이 정착하고 사회적 기반을 확고히 할 수 있었던 것은 성여신의 5대조 성자량과 증조부 성안중의 혼맥이 크게 작용했다. 성여신의 증조부 성안중은 1492년 식년시 문과에 급제하여 승문원교리를 지냈다. 성안중은 사헌부지평 하충의 딸에게 장가를 들어 다섯 아들을 두었는데, 그 셋째 아들이 성여신의 조부인 무심정 성일휴이다. 하충은 대여촌리에 살던 하순경의 7촌 조카이며, 하기룡 삼형제와 삼종 간이다. 성안중이 대여촌리 구동촌으로 옮겨와 산 것은 그러한 혼맥이 작용했다. 이처럼 성안중은 경상우도의 재지사족으로서 사회적 기반을 확고히 했다. 그리고 무심정 성일휴와 종조부 성일장은 조식과 상당히 깊은 교유를 맺었던 인물이다.

성여신은 그러한 가계와 사회적 배경으로 하여 1546년 1월 1일 자시에 진주목 동면 대여촌리 구동촌 무심정에서 성두년의 셋째 아들로 태어났다. 할아버지 성일휴가 벼슬살이에 나아가지 않은 것은 증조부 성안중이 무오사화·갑자사화·기묘사화의 시기에 벼슬살이를 했던 것과 무관하지 않은 것 같다. 아버지 성두년은 성품이 효성스럽고 우애가 지극하였으며, 추천으로 경기전참봉에 제수되었는데 벼슬살이에 나아가지 않았다. 어머니는 초계변씨 충순위 변원종의 딸이며,

이모부가 조계 신점이다. 성여신은 어릴 때 총명하여 성일휴의 큰 기대를 받았다. 8세 때에 진주목 동면 조동리에 은거하던 신점에게 가서 처음으로 가르침을 받아 10대 초반에 이미『통사』와 경전을 모두 읽었으며, 과거에 필요한 문장 짓는 것도 잘 하였다. 16세 나던 1561년(명종 15)에 그는 진주향교 교수로 온 약포 정탁에게 가서『상서』를 배웠다. 이 무렵에 진주 북면 설매곡리의 임계 강심에게 학문을 배우기도 했다. 이로써 성여신은 진양삼로晉陽三老 가운데 두 인물로부터 가르침을 받음으로써 학문적 성장만이 아니라 그 삶의 행로에 사회적 디딤돌을 마련한 셈이었다. 성여신은 1563년 봄에 사천의 구암 이정에게 갔는데, 구암은 그에게『근사록』을 가르쳐 주면서 위기지학을 하도록 권하였다. 이 외에도 성여신은 진주목사 소고 박승임에게 의문 나는 점을 물어 깨우침을 얻기도 했다. 성여신은 1568년 10월에 단속사 훼철사건을 계기로 고대하던 남명 조식을 배알하고 사승관계를 맺어 그 삶의 행로에 결정적인 영향을 받았다. 이처럼 성여신은 배움의 과정에서 그 삶의 행로에 지대한 영향을 끼친 남명학파로서 사회적 기반을 갖추어 갔다. 한편 성여신 가계의 사회적 기반은 혼사를 통해서 확대되었다. 성여신 가계가 진주 정착 과정에서 맺은 진주 관향의 집안과의 혼사는 성여신 가계의 사회적 기반을 공고히 하였다. 그리고 성여신 자신과 자녀들의 혼사는 주로 남명문인이거나 사숙인의 집안과 이루어졌다. 그래서 성여신 집안은 경상우도 남명학파의 핵심 가문으로 성장하였으며, 그 사회적 기반이 더욱 확대되었다.

성여신은 어린 시절부터 장년 때까지 거의 10년 이상을 진주의 응석사와 화개의 쌍계사, 의령의 자굴사에서 쉴 틈 없이 학문을 닦았다.

그래서 안정복은 젊어서부터 탁월하여 남들과 같지 않았으며, 책이란 책은 읽지 않은 것이 없었다고 했다. 성여신은 사찰에서 남명 조식과 구암 이정 등으로부터 받은 가르침을 스스로 체득하고 깨달아 가는 공부를 하였다. 응석사·쌍계사·단속사·자굴사는 성여신에게 체득하고 깨닫는 공부의 장소였다. 그리고 단속사와 청곡사는 그의 삶에서 가장 잊지 못할 사찰이었다. 성여신의 삶에서 전환기적 사건이 일어난 장소가 단속사이다. 성여신이 『삼가귀감』을 문제 삼아 단속사를 훼철하였는데, 이 사건은 그가 조식과 사제 관계를 맺는 직접적인 계기가 되었다. 불교 사찰은 그의 삶에서 과거 공부의 장소였으며, 교유의 장소이기도 했다. 불교는 성여신의 삶에서 불가분의 관계를 맺고 있었으나 종교·신앙의 관계가 아니었다. 하지만 성여신은 노년에 청곡사에서 거접·회강하였으며, 만년에 그곳에 우거하면서 『진양지』·「청곡사중건기」 등을 편찬하거나 지었다. 그만큼 성여신의 삶에서 청곡사는 특별한 장소였다.

부사 성여신은 임진왜란이 끝나고 대여촌리로 돌아온 후에 사실상 은거의 삶을 살면서도 경의의 정치·사회적 실천에 앞장섰다. 성여신의 정치·사회적 실천은 한마디로 경의의 실천이었다. 그는 남명과 구암의 문하에서 경의와 효제충신의 가르침을 받고서 "두 분 선생의 말은 다르지만 내용은 같은 것이다. 효제충신은 경의가 아니면 행해질 수 없고 경의는 효제충신이 아니면 설 수 없는 것이니, 이것은 일상생활에서 벗어나지 않는 것으로서 나의 마음이 당연히 해야 한다고 여기는 일을 다 할 뿐이다"라고 하면서 종신토록 복습하였다. 부사 성여신은 수우당 최영경의 원통함을 신원하기 위한 활동, 진주 동면 금산리의 향약 시행과 지역 공동체의 복원 및 유교 의례의 복구, 교육 기반의 재건과 후학 교육, 진주 읍지의 편찬, 양전의 폐단을 고칠 것을 건의한 상소 등 정치·사회·경제적 실천에 적극적으로 나섰다. 특히 부사의 정치·사회적 실천은 남명학파의 인적 네트워크와 불가분의 관계 속에서 이루어졌다. 하지만 서인정변으로 말미암아 남명학파의 인적 네트워크가 붕괴되면서 그 삶의 행로도 예견할 수 없었다. 이미 세상을 떠났지만 큰아들 매죽헌 성박이 내암 정인홍의 문인이었기 때문이다. 부사 성여신의 행동은 위축될 수밖에 없었으며, 결국 그는 봉강 조겸과 함께 청곡사에 우거하였던 것이다. 그렇지만 부사는 그 우거하는 삶 가운데 민족사나 지역사 연구에서 의미가 적지 않으며, 경상우도의 문화적 자산인 『진양지』 편찬을 마무리하였다. 그는 사회적으로나 지역으로 봐서 매우 의미 있는 삶을 살다간 17세기 대표적인 경상우도 지식인의 한 사람이었다.

제3장 부사 성여신의 교학론

송 준 식

1. 머리말

성여신成汝信(1546~1632, 字 公實, 號 浮查)은 조선 중기의 대표적인 강우지역江右地域의 사림학자이다. 그는 남명南冥 조식曺植(1501~1572), 구암龜巖 이정李楨(1512~1571) 등 강우 사림士林의 학문적 성과를 계승·발전시켰고, 동시에 수우당守愚堂 최영경崔永慶(1529~1590), 한강寒岡 정구鄭逑(1543~1620), 망우당忘憂堂 곽재우郭再祐(1552~1617), 사호思湖 오장吳長(1565~1617), 능허凌虛 박민朴敏(1566~1630), 동계桐溪 정온鄭蘊(1569~1641) 등 강우지역의 대표적인 학자들과 교유하였으며, 다음 시기의 강우학자들에게 계승되는 여러 가지 사상적 요소들을 계발해 내었다.

그는 임진왜란을 전후한 시기에 평생 강우지역에 살면서 이 지역의 사론을 주도하는 대표적인 인물이었다. 일찍이 30대 초반에 덕천서원 건립에 참여하였고, 임진왜란 후 소실된 덕천서원의 중건과 최영경의 배향에도 주도적 역할을 하였다.

또한 최영경의 신원소를 올리는 일이나, 영창대군의 일로 옥에 갇히게 된 동계 정온의 무고함을 상소하는 일에 동참하기도 하기도 하였고, 김덕령金德齡 장군의 억울함을 체찰사 이원익李元翼에게 호소하는 편지, 무성왕묘武成王廟의 건립을 요청하는 편지, 진양晉陽의 유생儒生을 대신하여 서책書冊의 반급頒給을 요청하는 편지 등의 작성을 주도하였으며, 임란 때 진주성 전투에서 김시민 장군의 전공을 기록한 「진양전성기급상락군김공시민각적비명晉陽全城記及上洛君金公時敏卻敵碑銘」을 지었고, 진주목읍지인 『진양지晉陽誌』를 편찬하는 등 향촌사회에서 일정한 역할을 하였다.

한편 임진왜란 전후의 혼란한 당시의 세태는 그로 하여금 다양한 교학활동을 하게 하였고, 다른 한편으로는 향약을 통한 향풍진작鄕風振作을 기도하였다. 『소학小學』과 『대학大學』의 규범을 본받아 양몽養蒙, 지학志學의 두 서재書齋를 세워서 고을의 자제들을 모아 가르쳤고, 자신이 사는 마을인 금산琴山에서 여씨향약呂氏鄕約과 퇴계退溪 이황李滉의 동약洞約을 본받아 이를 약간 보완하여 금산동약琴山洞約을 시행하였다. 또한 조식이 제정한 혼례와 상례를 회복함으로써 지역의 문풍진작과 예교흥기에 크게 기여한 인물[1]로 평가되고 있다.

지금까지의 그에 대한 연구는 고순정高順貞의 「부사 성여신 연구」[2], 이상원李相元의 「부사 성여신의 은일정신」[3], 최석기崔錫起의 「부사 성여신의 지리산 유람과 선취경향」[4] 등이다.

---

1) 『順菴集』, 권26, 碣銘, 「成均進士浮査成公墓碣銘」.
2) 高順貞, 「부사 성여신 연구」(경상대학교 교육대학원 석사학위논문, 1995).
3) 李相元, 「부사 성여신의 은일정신」, 『남명학연구논총』 4집(남명학연구원, 1996).
4) 崔錫起, 「부사 성여신의 지리산 유람과 선취경향」, 『한국한시연구』 7집(1999).

이들 연구들은 성여신의 생애, 학문 성향, 문학 등을 연구하고 있지만, 교육자로서의 성여신의 전모를 밝히고 있지는 못하다. 따라서 본 연구는 위의 연구에 기초하여 그의 교학론을 검토하고 교육자로서의 면모를 밝히는 것이 목적이다.

2. 교학의 목적

유학에서의 교학은 '인을 추구하여 성인이 된다'(求仁作聖)거나 '자기를 이기고 예를 회복한다'(克己復禮)라는 말로 요약할 수 있다. 이는 유학의 본래 목적인 '지극히 선한 경지에 이르거나'(至於至善) '천하를 고르게 다스리기'(平天下) 위하여 전제되는 인간의 덕성이기도 하다. 인간 완성의 표본이라고 할 수 있는 성인이 되는 것을 교학의 목적이라고 할 수 있다.

유학에서는 성인을 현실과 동떨어진 특정 인물로 규정하지 아니하고 누구나 노력하면 될 수 있는 이상적 인간형으로 제시한다. 일반 선비가 현인이 되기를 추구하고 현인은 다시 성인이 되기를 추구한다고 하여 교학의 정점頂點에 성인이 자리한다. 이러한 점에서 성여신도 예외가 될 수 없다. 성여신은 다음과 같이 자신의 인생을 회고하고 있다.

사람이 이 세상에 나서 어려서의 배움은 장년에 그것을 행하고자 함이다. 어려서 요순의 도를 배워서 장년에 요순의 도를 행하여 임금을 바르게 하고, 백성에게 은택을 입게 하며, 후세에 가르침을 내리는 이것이 선비된 자의 소원이다. 이 또한

천명인지라 가히 얻지 못했다. 매양 고인의 명랑明朗한 만남을 보았으니, 감개가 지극할 따름이다.5)

위의 인용에서 알 수 있듯이, 성여신은 당시의 일반 선비들과 마찬가지로 요순과 같은 성인이 되기를 기약하여 요순이 가르친 도를 배워서 그 도를 실행하는 것을 교학의 목표로 삼고 있다. 비록 자신은 그 목표에 도달하지 못하였지만, 이러한 삶을 추구한 자신의 평생의 과업에 자족하고 있다.

41세 때 지은 「학일잠學一箴」6)을 보면, 안자顔子의 '사물四物'(非禮勿視, 非禮勿聽, 非禮勿言, 非禮勿動)과 증자曾子의 '삼성三省'(爲人謀而不忠乎, 與朋友交而不信乎, 傳不習乎)과 맹자孟子의 '양호연지기養浩然之氣'와 자사子思의 '유일惟一' 같은 성인의 가르침은 그들의 책 속에 있다는 것이다. 이러한 책을 공부하여 성인의 가르침에 도달할 것을 명확한 목표로 설정하고 수양공부를 다 하라는 것이 이 잠箴의 내용이다.

성여신은 이러한 목표를 달성하기 위한 삶을 아래와 같이 술회하고 있다.

내가 처음 세운 계획에 따라 누런 책 헤치기를 게을리하지 않았고, 푸른 등불 대하여 그치지 않았다. 배고픔을 참아 가며 끊고 갈기 부지런히 했고, 채소를 씹으면서 쪼고 갈기를 괴롭게 했다. 혹 사서史書를 훑어보고 혹은 자집子集을 흘려 읽으며,

5) 『浮査集』, 권8, 「言行錄」, "人生斯世, 幼而學之, 壯而欲行之也. 幼而學堯舜之道, 壯而行堯舜之道, 致君澤民, 垂敎後世, 此爲士者願. 而是亦有命焉, 不可得也. 每觀古人明良之遇, 感慨至矣."
6) 그 내용은 다음과 같다. "聖賢之訓, 布在方冊, 顔勿曾省, 孟養思一, 昭然的然, 照我心目, 凝思齊慮, 朝益暮習, 明膽晝靜, 淨几夜寂, 事我天君, 主一無適."

혹은 성경聖經의 아름다움을 법하고, 혹은 현전賢傳의 바름을 말하면서, 샘을 팜에 물 근원까지 미칠 것을 기약하고, 산을 만듦에 아홉 길 높이로 할 것을 맹세하였다. 문학文學은 자유子游·자하子夏에 미치고자 하고, 행실行實은 증자曾子·민자건閔子騫에 가지런하고자 하며, 두터이 덕을 쌓고 얇게 표현할 것을 기약하였다.[7]

이러한 목표를 실현하기 위한 노력의 결과 성여신은 자신의 공부가 상당 부분 자신이 세운 목표에 도달했다고 자부한다. 이러한 심정을 표현한 시가 「아유일가我有一歌」[8]이다. 이 시는 모두 5장으로 된 오언고시체五言古時體의 연작시로, 매 장은 20구로 되어 있다. 앞의 4장에서는 자신은 복희·신농이 있을 때 만든 체제가 방정하고 곧은 거문고를 가지고 있으며, 깨끗하고 화려하기가 천지에 으뜸인 옥을 가지고 있으며, 갈기를 십 년 한결같이 한 날카로운 장검을 가지고 있으며, 덕으로 하고 힘으로 하지 않는 천리마를 가지고 있다고 자부하고 있다. 그러나 이러한 자신을 알아주지 않아 세상에 쓰이지 못함을 한탄하고 있다. 제5장은 앞의 4장과는 달리 이상을 실현할 수 없는 자신의 처지를 돌아보고 자연에 묻혀 자손을 가르치며 안빈낙도하려는 정신을 읽을 수 있다. 자신이 거처하는 한 칸의 집은 항상 적적하지만, 요·순·공자·맹자와 같은 성인의 말씀이 들어 있는 시렁 위의 만권의 책을 읽고, 집에서 자손을 가르치면서 조석으로 기갈조차 잊어버리는 안빈낙도하는 자신의 삶에 자족하고 있다.

한편, 성여신은 "학문을 하는 방도는 대략 넷이 있으니, 입지立志·거

---

7) 『浮査集』, 권2, 賦, 「和鎭兒病中述懷賦」, "盡余逐吾初計, 披黃卷而無怠, 對靑燈而不輟. 勤忍飢而切磋, 苦咬菜而磨琢. 或泛覽乎史書, 或流觀於子集, 或聖經之嘉謨, 或賢傳之格說, 期鑿井以及泉, 誓爲山於九仞. 文欲追乎游夏, 行欲齊乎曾閔, 期厚積而薄發."

8) 『浮査集』, 권1, 詩, 「我有一歌」.

경居敬·궁리窮理·반신反身이다"[9]라고 하였는데 여기서 교학 목적의 설정으로서 입지, 교학의 방법으로서 마음의 수양인 거경과 이치의 탐구인 궁리, 교학의 실천으로서 반신을 제시하고 있다. 성여신은 마음이 가는 바를 지志[10]로 파악하여 "지志란 마음의 쓰임으로서 덕에 나아가는 기초요, 지志가 향하는 바 가서 들어가지 못하는 곳이 없고, 단단하고 예리한 무기도 능히 막아 내지 못한다. 지志가 가는 바에는 의意가 바야흐로 경영하니, 순임금과 도척의 나뉨이 다만 지志의 향배가 어떤가에 달려 있다"[11]라고 하여 덕에 나아가는 기초로서 지志가 어디를 향하는가에 주목하고 있다. 순임금을 지향해서 입지立志하면 누구나 순임금이 될 수 있는 것이고, 도척을 지향하면 도척이 된다는 것이다. 결국 성여신에게 있어서 교학의 목적은 성인이 되기를 스스로 기약하여 성인이 가르친 도를 배우고 그 도를 실행하는 것이라 하겠다.

3. 교학의 방법

"마음에는 만 가지 이치理致가 포함되어 있고, 만 가지 이치는 하나의 마음에 갖추어져 있다. 마음을 보존할 수 없으면 이치를 궁구할 수 없고, 이치를 궁구할 수 없다면 마음을 다할 수 없다"[12]라고 한 주희의

---

9) 『浮査集』, 권6, 雜著, 「枕上斷編」, "爲學之方, 大略有四, 曰立志居敬窮理反身."
10) 『浮査集』, 권6, 雜著, 「枕上斷編」, "心之所之之謂志."
11) 『浮査集』, 권6, 雜著, 「枕上斷編」, "志者, 心之用, 而進德之基, 志之所向, 無往不入, 堅甲銳兵, 不能捍禦. 志之所之, 意方經營, 舜跖之分, 只在志之向背如何."
12) 『朱子語類』上, 권9, 「學3·論知行」, "心包萬理, 萬理具于一心. 不能存得心, 不能窮得理, 不能窮得理, 不能盡得心."

말처럼 유학에서의 교학은 마음의 수양修養과 이치의 탐구探究를 통하여 실현된다고 할 수 있다. 마음의 수양으로서의 거경居敬과 이치의 탐구로서의 격물치지格物致知 내지는 궁리가 유학의 대표적인 교학의 방법이라 할 수 있다. 그런데 이 두 가지는 떨어져서는 그 기능을 다할 수 없다고 한다.

> 학자의 공부는 오직 거경居敬과 궁리窮理 두 가지이다. 이 두 가지 방법은 서로 북돋아 주는 것이다. 능히 궁리를 하면 거경공부居敬工夫가 나날이 더욱 진보하고, 거경하면 능히 궁리공부窮理工夫가 더욱 깊어진다. 예컨대 사람의 두 다리와 같다. 이 두 방법은 사실상 한 가지이다.13)

위의 인용에서 알 수 있듯이, 주희는 궁리가 이치의 탐구로서 지적인 공부라고 하여 마음의 수양인 거경과 무관하지 않다는 것이다. 거경과 궁리가 상호 의존적으로 기능하여 교학의 이념을 실현할 수 있다는 것이다. 이를 『중용』에서는 존덕성尊德性과 도문학道問學으로 표현하기도 한다.

여기에 대하여 성여신은 다음과 같이 말하고 있다.

> 군자의 학문은 반드시 먼저 존덕성尊德性으로 하고, 그다음으로 도문학道問學으로 한다. 광대함을 이루고 고명高明함을 지극히 하고 옛것을 익혀 두터이 하는 것은 존덕성의 공이요, 정미精微한 것을 자세히 하고 중용을 말하고 새 것을 알고 예를 높이는 것인즉 도문학의 일을 말한 것이다. 대개 도의 체가 됨이 그 큰 것은 밖이 없고, 작은 것은 안이 없다. 고로 군자는 이미 능히 존덕성하여 그 큰 것을 온전히

---

13) 『朱子語類』上, 권9, 「學3·論知行」, "學者工夫唯在居敬窮理二事. 此二事互相發. 能窮理則居敬工夫日益進, 能居敬則窮理工夫日益密. 譬如人之兩足其實. 只是一事."

하고, 문득 잠시 도문학하여 그 작은 것을 온전히 하니, 사귀어 서로 이익을 더하고(滋益) 서로 발명한즉, 자연히 모두 뚫어지고 통달되어서 그 도체의 온전한 것에 빠져 부족함이 없으리라.[14]

위의 인용에서 알 수 있듯이, 성여신은 마음의 수양으로서의 존덕성과 이치의 탐구로서의 도문학의 방법을 모두를 강조하고 있다. 그리하여 그는 "학문의 도리는 다름이 아니라 격물하고 치지하여 이치를 궁구한즉 일만 이치가 밝아지고, 성의하고 정심해서 존심성찰存心省察하면 곧 한 마음이 바르게 되는 것이니, 이치에 밝으면 사물이 오는 것이 번잡하고 엇갈려도 그것을 분변하기에 의혹됨이 없으며, 마음이 바르면 곧 사물에 접하는 것의 수작이 일만 번 변해도 그것에 응하기를 의심 없이 할 수 있을 것이다"[15]라고 하였다.

1) 마음의 수양

주희가 체계화한 마음을 수양하는 요체는 경敬이다. "경敬은 일심一心의 주재主宰요 온갖 일의 근본根本"[16]으로 간주되기 때문에 "경敬은 성학의 시종을 이루는 것"[17]으로 거경을 통하여 마음의 본체를 보존할

---

14) 『浮查集』, 권6, 雜著, 「枕上斷編」, "君子之學, 必先之以尊德性, 次之以道問學. 致廣大極高明, 溫故敦厚, 則尊德性之功也, 盡精微道中庸知新崇禮, 則道問學之事也. 盖道之爲體, 其大無外, 其小無內. 故君子旣能尊德性, 以全其大, 便須道問學, 以全其小, 交相滋益, 互相發明, 則自然該貫通達, 而其於道體之全, 無所欠闕矣."

15) 『浮查集』, 권5, 「疑」, "學問之道, 無他, 格致而窮理焉, 則萬理明, 誠正而存省焉, 則一心正, 理明, 則事物之來, 紛紜錯戾, 而辨之無所惑, 心正, 則事物之接, 酬酌萬變, 而應之無所疑."

16) 『大學或問』, "敬者, 一心主宰, 萬事之根本也."

17) 『心經附註』, 권1, 「坤六二敬以直內章」, "朱子曰, 敬者, 聖學之所以成始成終者也."

수 있게 된다. 결국 거경은 인간이 이루어야 할 최고 도덕 원리인 성誠을 성취하는 방법의 요체가 된다.

성여신도 "놓아 버린 마음을 구하여 이 마음을(본체를) 기르고, 자기를 이겨 예에 돌아가서 마음을 잡아 두는 것이 모두 이 경敬으로부터 얻은 것이니 오래하여 쉼이 없으면 택선고집擇善固執에 이르러서, 가히 유정유일惟精惟一하게 될 것이다"18)라고 하여 수양의 요체로서 경敬을 파악하였다.

> 경자敬字 공부는 이내 성문聖門에 제일 의리가 된다. 처음도 통하고 끝에도 통하니 가히 잠시라도 사이를 두거나 끊임이 있어서는 안 된다. 조금이라도 간단이 있으면 경敬이 아니니, 경은 곧 동정을 꿰고, 시종을 통하며 존양存養과 성찰省察을 갖춘 것이다.19)

이리하여 성여신은 "경敬이란 한 글자는 학자가 도에 들어서는 문으로, 일용의 사이에 잡아 두는 것을 중단하지 아니하여 오래되고 오래되면 절로 진보가 있을 것"20)이라 하여 일상에서의 거경공부를 강조하고 있다.

> 거경공부는 모름지기 신체를 단속하고 심지心志를 견고하게 하도록 힘써서, 게으르고 교만한 기운이 사체四體에 머물지 못하게 하고, 방종하고 나태한 생각을 일념에

---

18) 『浮査集』, 권6, 雜著, 「枕上斷編」, "求放心養此心, 克復操存, 皆自此敬得, 久而無息, 則 至於擇善固執, 而可以至於惟精惟一."

19) 『浮査集』, 권6, 雜著, 「枕上斷編」, "敬字工夫, 乃聖門第一義也. 徹頭徹尾, 不可頃刻間斷 者也. 少有間斷則不敬, 敬是貫動靜徹始終, 其存省者也."

20) 『浮査集』, 권6, 雜著, 「枕上斷編」, "敬之一字, 乃學者入道之門, 日用之間, 操存不斷, 則 久久自有進步處."

싹트지 못하게 한 연후에 가히 거경居敬한다고 할 수 있다. 고로 머리 모양은 곧고 발의 모습은 무겁고, 앉을 때는 시동尸童 같이 하며, 서 있을 때는 재계齋戒하듯이 하라. 이것이 모두 거경한다는 뜻이요, 학자가 손을 끼고 단정히 앉는 것이 마음을 거두어 경에 들어가는 길이다.[21]

그리하여 성여신은 거경공부의 하나로서 정신을 항상 맑고 또렷이 하여 깨어 있는 각성의 상태인 성성惺惺을 강조하고 있다. 이것은 그의 아들에게 지어 준 「성성재잠惺惺齋箴」에 잘 나타나고 있다.

일신의 주인은 오직 마음이요, 일심의 주인은 오직 경敬이라.
마음은 몸의 주인이요, 경敬은 마음의 주인이라.
주인이 주인 노릇하면 문호를 빛내고,
주인이 주인 노릇 못하면 집에 띠풀 가득하리라.
그것을 지키는 법은 성성惺惺할 따름이라.
손님 맞듯 제사 모시듯, 의관을 바로하고 시선을 높이라.
닭이나 개 같이 내버려져 있으면, 구하여 반드시 있게 하라.
어둡기가 술 취해 빠짐과 같으면 깨워서 잠들지 못하게 하라.
고요할 때는 모름지기 존양存養하고, 움직일 때는 반드시 성찰省察하라.
닭이 알을 품듯, 고양이가 굴을 지키듯 하라.
반드시 삼가고 반드시 경계하여 잠시라도 그침이 없게 하라.
이를 돌아보고 부지런히 하면 짐승을 면할 것을 기약하리라.
아비가 잠언을 지어서 네가 착하게 되길 힘쓰게 하노라.[22]

---

21) 『浮查集』, 권6, 雜著, 「枕上斷編」, "居敬之工, 須束筋骨, 務固心志, 惰慢之氣, 不留於四體, 放怠之念, 不萌於一念, 然後可以居敬. 是故頭容直足容重坐如尸立如齊者. 皆居敬之義, 學者, 拱手危坐, 是乃收心入敬之道."

22) 『浮查集』, 권4, 箴, 「惺惺齋箴」, "一身之主, 曰惟心矣, 一心之主, 曰惟敬耳. 心爲身主, 敬爲心主. 主而爲主, 光生門戶, 主而失主, 茅塞堂宇. 守之之法, 惺惺是已. 賓焉祭焉, 正

위의 글에서 알 수 있듯이, 성여신은 그는 일신一身의 주인을 심心으로 보고, 일심一心의 주인을 경敬으로 본다. 그리고 이를 지키는 방법으로 '성성惺惺'을 들었다. '성성'은 송유宋儒 사양좌謝良佐가 제시한 경공부敬工夫의 하나로서 정신을 항상 맑고 또렷이 하여 깨어 있는 각성의 상태를 말한다. 깨어 있는 각성의 상태에서, 손님 맞듯 제사 모시듯이 의관을 바로하고 시선을 높이고, 내버려져 있는 마음의 본체를 찾아서 보존하고, 술에 취한 것 같이 혼매한 마음을 깨워서 닭이 알을 품듯이 고양이가 굴을 지키듯이 전일하게 항상 삼가고 경계하여 잠시라도 그침이 없게 하라는 것이다.

한편, 주희는 경敬과 더불어 의義의 중요성을 강조하고 있다.

> 경敬으로써 내심內心을 바르게 함이 가장 긴요하고 절실한 공부라고 하면서 경敬으로써 내심內心을 바르게 하면 능히 의義로써 외행外行을 방정方正하게 할 수 있으니 이는 별도의 의義가 있는 것이 아니다. 경敬을 거울에 비유하면 의義는 곧 비추어지는 것이다.[23]

위의 인용에서 보듯이, 주희는 의義를 경敬과의 관련성 속에서 파악하고 있다. 성여신도 "경敬과 의義는 가히 두 개의 일로 나누어 볼 수 없다. 경敬에 바로 의義가 있고, 의義에 바로 경敬이 있다. 고요하면 그 경敬과 불경不敬을 살필 수 있고, 움직이면 그 의義와 불의不義를 살필 수 있다. 모름지기 경과 의가 갖추어 진 연후에 안팎에 투철해지는

冠尊視. 放如鷄犬. 求而必在. 昏若沉醉. 喚而勿寐. 靜須存養. 動必省察. 如鷄伏卵. 如描守穴. 必謹必戒. 無間食息. 顧諟孜孜. 期免走肉. 父作箴告. 勉爾式穀."
23) 『心敬附註』, 권1, 「坤六二敬以直內章」, "朱子曰, 敬以直內, 最是緊功工夫, 又曰, 敬以直內, 便能義以方外, 非是別有箇義. 敬譬如鏡, 義便是能照底."

것이다"24)라고 하기도 하고, "경이직내의이방외敬以直內義以方外 여덟 개 글자는 학자가 종신토록 행하여도 다함이 없고 그침이 없는 것이다. 경敬인즉 일만 이치가 갖추어 있고, 의義인즉 이 경敬은 항상 있다"25)라고도 하면서 경敬과의 관련 속에서 의義를 설명하고 있다. 그리고 아래와 같이 양자를 구분하기도 한다.

평소에 하는 말을 삼가고 평소에 하는 행동을 삼가서 반드시 나쁜 생각, 나쁜 일이 능히 틈을 엿봐 일어나지 못하게 하여 사특함을 막음이 경敬을 보존하는 도리이고, 사물이 유래하는 당연한 이치를 처하는 곳에 따라 재도裁度해서 오직 마땅하게 행하여 이치를 따라 의義를 정밀하게 하는 도리이다.26)

'의義' 자는 본래 사람의 용모와 행동거지를 가리키는 것으로 쓰이다가 그 용모와 행동거지의 가장 마땅한 것으로서의 당위규범으로 발전하였고, 행동거지와 당위규범이 맞아들었을 때를 평가한 '선善' 개념이 되었으며, 나아가서 불선不善, 즉 당위규범에 어긋나는 행위를 바르게 하는 규제의 힘을 갖게 되었다. 성여신은 의義를 사물의 당연한 이치를 처하는 곳에 따라 재도裁度하는 기능으로 파악하고 있다.

'경敬'과 '의義'의 관계는 체體와 용用, 표表와 리裏, 내內와 외外, 정靜과 동動, 지知와 행行, 선先과 후後 등 다양하게 설명되기도 하고,27) 경이직

---

24) 『浮査集』, 권6, 雜著, 「枕上斷編」, "敬與義, 不可作兩箇. 看敬便有義, 義便有敬. 靜則察其敬與不敬, 動則察其義與不義. 須敬義夾持然後, 內外透徹."

25) 『浮査集』, 권6, 雜著, 「枕上斷編」, "敬以直內義以方外八箇字, 學者終身行之, 而不窮不息者也. 敬則萬理具在, 義則此敬常存."

26) 『浮査集』, 권6, 雜著, 「枕上斷編」, "庸言之謹, 庸行之謹, 必使惡念惡事, 不得闖發者閑邪, 存敬之道也, 事物之來當然之理, 隨處裁度, 唯宜行之則順理, 精義之道也."

27) 崔海甲, 「南冥의 敎學思想에 關한 小攷」, 『晋州文化』 2(晋州敎大 晋州文化硏究所,

내敬以直內, 의이방외義以方外, 거경집의居敬集義, 경의협지敬義夾持, 주경행의主敬行義 등으로 설명되기도 한다. 정이程頤의 경우 집의集義를 경敬과 함께 해석하여 거경집의居敬集義라는 표현을 쓰고 있고 주희도 경의협지敬義夾持라고 하고 있으나, '경敬'은 마음에서 주인 노릇을 하고 '의義'는 밖에서 막아 주는 역할을 한다(敬主乎中, 義防乎外)고 하기도 하고, "두 다리로 반듯하게 서는 것은 경敬이요, 여기에 의거하여 나아가는 것은 의義요, 정신을 두 눈에 모으는 것은 경敬이요, 눈을 떠서 사물을 보는 것은 의義"[28]라고 하였으니, 경敬은 의義를 위해 선결되어야 하는 조건이고 의義는 경敬의 보조자로서의 역할을 한다고도 볼 수 있다.[29] 결국 정주 성리학에서는 경敬으로써 함양하고 이를 바탕으로 궁리격물窮理格物하는 것을 학문의 목표로 삼기 때문에 의義는 경敬에 비하여 상대적으로 소홀히 취급되고 있다.

한편, 성여신은 62세 때 직直·방方·대大에 대한 '삼자해三字解'를 지었는데, 이 삼자三字를 그는 평생 동안 지킬 덕목德目으로 삼아 그가 거처하던 부사정浮查亭 북쪽 창문 벽 위에 크게 써서 붙였다. 「삼자해三字解」는 『주역』 곤괘坤卦 육이효六二爻에 나오는 '직直·방方·대大'를 '경敬·의義·성誠'에 연관시킨 것으로, 성여신이 추구한 교학의 요체를 드러낸 글이다.

왜 직直이라고 하는가? 마음이 곧을 것을 바라기 때문이다. 왜 방方이라고 하는가? 일이 방정方正한 것을 바라기 때문이다. 왜 대大라고 하는가? 국량局量이 크기를

1981), 25~27쪽.
28) 金忠烈, 「南冥學의 要諦 — 敬義」, 『南冥學研究論叢』 1(南冥學研究院, 1988), 103쪽.
29) 申炳周, 「南冥 曺植의 學問傾向과 現實認識」, 『한국학보』 58(1990), 94쪽.

바라기 때문이다. 이에 이를 풀이하면, 마음이 곧지 않으면 사특하게 되고 일이 방정하지 않으면 굽게 되고 국량이 크지 않으면 좁고 막힌다. 사특하고 굽고 막힘을 군자는 하지 않는 것이다. 곧은 것의 공功은 경敬에 있고, 방정한 것의 공功은 의義에 있고, 큰 것의 공功은 성誠에 있다. 하나에 집중하여 다른 데 가지 않으면 곧 경敬은 마음의 주인이요, 헤아려 마름하기를 알맞게 하고 마땅하게 하면 곧 의義는 일의 주인이요, 진실眞實해서 망령되지 않으면 곧 대大는 몸의 주인이다. 마음에 주인이 있고 일에 주인이 있고 몸에 주인이 있으면 곧 길을 가는 발걸음이 좁은 길이거나 굽은 길을 걸어도 군색하지 않을 것이다. 그리하여 이를 써서 스스로 경계하고자 하는 것이다.30)

위의 인용에서 알 수 있듯이, 마음의 주인인 경敬은 내 마음이 하나에 집중하여 다른 데 가지 않게 하는 것이요, 일의 주인인 의義는 행동을 헤아려 마름하기를 알맞게 하고 마땅하게 하는 것이고, 몸의 주인인 성誠은 진실해서 망령되지 않게 하는 것이다. 곧 경을 통하여 마음을 곧게 하고 의義를 통해 일을 방정하게 처리하고 성誠을 통해 국량을 크게 하여 좁고 막히는 것을 제거하는 공부를 강조한 것으로 볼 수 있다.

성誠·경敬·의義의 관계에 대하여 성여신은 경敬으로써 안을 곧게 하고, 의義로써 바깥을 마름한 연후에 성誠에 이르는 것31)으로 보아 성誠은 경敬과 의義를 통해 이를 수 있는 것으로 파악하고 있다. "성誠이

---

30) 『浮査集』, 권5, 雜著, 「三字解」, "何謂直曰. 心要直. 何謂方曰. 事要方. 何謂大曰. 量要大. 乃解之曰, 心不直則邪, 事不方則曲, 量不大則隘, 邪也曲也. 隘也君子不爲. 直之功在敬, 方之功在義, 大之功在誠. 主一無適則, 敬爲心之主矣, 裁度適宜則, 義爲事之主矣, 眞實无妄則, 大爲身之主矣. 心有主事有主身有主則, 無窘步於旁磎曲逕之患矣. 故書之目之以自警焉."

31) 『浮査集』, 권6, 雜著, 「枕上斷編」, "敬以直內義以方外, 然後至誠."

란 하늘의 도요, 성誠하려 하는 것은 사람의 도"[32)이고 "하나에 집중하는 것을 경이라 하고 이른바 하나라는 것은 성誠일 따름이다"[33)라고 하였으니, 경敬의 집중이나 수렴 등의 다양한 방법을 통해 성誠에 도달할 수 있다는 것이니 경敬이 성誠에 선행한다고 할 수 있다.

경敬을 통해 천리天理가 깃든 성誠에 도달할 수 있으니, '경敬→성誠'의 관계가 성립되고, '경敬'의 확산에 의해 '의義'를 실천할 수 있으니 '경敬→의義'의 관계가 성립된다. 여기서 '경敬'이 중심 역할을 한다. 즉 '성경誠敬'에서는 '성誠-내內', '경敬-외外'가 되고, '경의敬義'에서는 '경敬-내內', '의義-외外'가 된다. '경敬'은 수렴을 통해 '성誠'으로 나아가고, 다시 확산을 통해 '의義'로 나아간다는 것이다. '경敬'의 이와 같은 역할을 소통이라 해도 무방할 것인데, '경敬'에 구심력이 작용되어 '성誠'으로 수렴되고, 원심력이 작용되어 '의義'로 확산되었다고 할 수 있을 것이다.

한편, 성여신은 거경공부에서 존양성찰存養省察과 신독愼獨을 중시하고 있다.

성여신은 아래와 같이 존양성찰에 대하여 설명하고 있다.

존양存養이란 앞생각은 이미 지났고, 뒷일은 오지 않은 사이에 하는 것이고, 성찰省察이란 일이 바야흐로 오고 생각도 바야흐로 싹이 틀 때 하는 것이다. 사람의 양지양능良志良能은 본래 모두 하늘에서 부여 받아 처음부터 현명하고 어리석은 차이가 있는 것이 아니니, 능히 그 본연의 양심을 보존하고 경敬으로써 그것을 가지고, 의義로써 그것을 기르는 것이 존양存養이요, 계근戒謹하고 공구恐懼해서 감히 조금

32) 『浮査集』, 권6, 雜著, 「枕上斷編」, "誠者天道, 誠之者人道."
33) 『浮査集』, 권6, 雜著, 「枕上斷編」, "主一者謂之敬, 所謂一者則誠而己矣."

도 기미의 움직임에 소홀함이 없으며, 그 의리와 이익을 살펴 의로우면 그것을 두어서 행하고, 이익이 되는 일은 이겨서 버리는 것이 성찰이다.[34)

위의 인용에서 알 수 있듯이, 존양은 미발일 때 마음의 본체를 보존하여 경으로써 그것을 가지게 하고 의義로써 그것을 기르는 것이고, 성찰은 이발일 때 의리義利를 분별하는 것으로 보고 있다. 이리하여 성여신은 "일어나기 전에 경敬으로써 가지고 기르며, 이미 발한 뒤에 성찰로써 살펴서 사사로움의 유혹을 이겨 버려 그 본래 착한 것을 채우라"[35)라고 하기도 하고, "그 마음을 보존하여 그 본체를 기르고, 그 기幾(조짐)를 살피고 미微(숨겨진 것)를 찾아서 일어나기 전에 경敬으로 잡고 의義로 기른다면 이미 일어난 뒤에 어긋나 거스르거나 바름을 어기는 길이 없이 자연히 절도에 맞게 될 것이니, 먼저 모름지기 그 근본을 존양하여서 성찰의 발판으로 삼아야 할 것이다"[36)라고 하여 성찰의 바탕으로서 존양을 강조하고 있다. 그리고 "마음을 보존하고 일을 살피는 것은 다만 마땅히 의리를 주로 삼을 것이니, 의리에 당연한 바인즉 비록 손해가 있어도 근심하지 말고, 의리에 당연치 못한 것이면 비록 이익이 되어도 꾀하지 말아야 한다. 혹시 살피지 않으면, 의리義理의 사이에 한번 나가고 한번 들어서 마침내는 이익이 이기는

---

34) 『浮査集』, 권6, 雜著, 「枕上斷編」, "存養者, 前念已過, 後事未來之際也, 省察者, 事之方來, 念之方萌時也. 人之良能本皆稟賦於天, 而初不以賢愚而有異矣, 能存其本然之良心, 而敬以持之, 義以養之, 則存養矣, 戒謹恐懼, 無敢少忽幾微之動, 審其義利, 義則存之行之, 利則克之去之, 則省察矣."

35) 『浮査集』, 권6, 雜著, 「枕上斷編」, "未發之前, 敬以持養, 已發之後, 以審察克去私誘, 充其本善."

36) 『浮査集』, 권6, 雜著, 「枕上斷編」, "存其心養其體, 審其幾察其微, 敬持義養於未發之前, 則於其已發之後, 無悖戾違正之道, 而自然中節, 先須存養其本, 以爲省察之地矣."

수도 된다. 의義는 비유하면 군자요, 이利는 비유하면 소인이니, 임금이 만약에 공평정대하게 변별하지 못하면 군자와는 마음 맞는 일이 적을 것이요, 소인과 쉽게 익숙해질 것이니, 마음에 있어서 의리와 이익이 또한 이와 같은 것이다"37)라고 하여 성찰은 의리義理에 근거하여야 함을 강조하고 있다.

한편, 성여신은 신독愼獨을 여러 사람들이 보지도 못하고 듣지도 못하는 때에도 존성存誠하는 공부38)로 파악하고 있다. 여기서 신愼이란 단지 삼가는 것만이 아니라 또한 살핀다는 뜻39)도 내포하는 것으로, 신愼을 근謹에 비교하면 신愼이 더 정밀하여 기미를 살핌에 더욱 자세하고 더욱 정밀한 것40)으로 보고 있다.

그리하여 그는 '항상 닭이 알을 품듯, 고양이가 쥐를 지키는 듯이 하여 모름지기 이 마음을 어둡지 않게 항상 깨어 있게 하여서, 그윽하여 어둡고 저물어 깜깜한 곳에 처하여도 마치 큰 손님을 상대하는 듯하여, 방구석에도 부끄러움이 없게 하는 것'41)으로 신독의 모습을 그리고 있다.

여기서 성여신은 "신독愼獨의 공부工夫는 기미 살피는 것을 귀하게 여긴다. 기미幾微란 움직임의 미세한 것이니, 움직이고자 하나 움직이

---

37) 『浮査集』, 권6, 雜著, 「枕上斷編」, "存心省事, 只當以義理爲主, 義理所當然者, 則雖害不恤, 義理不當然者, 則雖利不計. 倘不存察, 則一出一入於義理之間, 而終爲利所勝. 義比則君子, 利比則小人, 人君若不以公平正大而辨之, 則君子寡合而小人易狎, 義利之於心亦猶是也."

38) 『浮査集』, 권6, 雜著, 「枕上斷編」, "愼獨則是衆人不睹不聞之際, 存誠之工夫."

39) 『浮査集』, 권6, 雜著, 「枕上斷編」, "愼者, 非特謹之而己, 又有審之之意焉."

40) 『浮査集』, 권6, 雜著, 「枕上斷編」, "愼比於謹, 愼爲密, 察幾之愈精愈密者也."

41) 『浮査集』, 권6, 雜著, 「枕上斷編」, "常如鷄之伏卵, 猫之守鼠, 須使此心, 惺惺不昧, 雖處幽暗昏黑, 而如對大賓, 無愧乎屋漏, 則加謂愼矣."

지 않은 사이 한 생각이 겨우 싹트려 하여, 선과 악이 장차 여기에서 나누어진다"[42]라고 하면서, "그윽하여 어둠침침한 가운데 미세한 일의 자취는 비록 나타나지는 않았으니 기미인즉 이미 움직였으니, 타인은 알지 못하는 바이되 자기는 먼저 홀로 아는 것이니, 이러한 때에 깊이 반성하고 사심을 이겨서 제재하지 않는다면, 전일에 공부한 정성이 다 거짓에 돌아가고, 사특하고 망녕된 생각에 곧 감히 팔림을 보나니, 이로써 군자는 마음을 항상 공경과 두려움에 두어서, 비록 보이거나 들리지 않아도 또한 감히 소홀히 하지 말아야 한다"[43]라고 신독의 중요성을 강조하였다.

2) 이치의 탐구

유학에서는 교학의 한 방법으로서 이치의 탐구를 일반적으로 격물치지, 궁리, 도문학 등으로 부르고 있다. 주희는 "격물치지格物致知는 단지 궁리窮理일 뿐이다"[44]라고 하여 격물치지를 궁리의 의미로 보고 있다.

주희는 『대학장구大學章句』에서 "격格은 지至요, 물物은 오히려 사事이다. 사물지리事物之理에 궁지窮至하여, 그 극처極處에까지 이르지 아니함이 없고자 한다. 치致는 추극推極이요, 지知는 오히려 식識이다. 나의

---

42) 『浮査集』, 권6, 雜著, 「枕上斷編」, "愼獨之工, 貴於察幾. 幾者動之微, 欲動未動之間, 一念乍萌, 善惡將分於此."
43) 『浮査集』, 권6, 雜著, 「枕上斷編」, "幽暗之中, 細微之事跡, 雖未形而幾則已動, 人所不知而已先獨知, 於此之時, 不加猛省克制, 則前日用工之誠, 皆歸於僞矣, 而邪妄之念, 乃敢售見, 是以君子之心, 常存敬畏, 雖不見聞而亦不敢忽."
44) 『朱子大全』中, 권51, 「答黃子耕」, "格物致知, 只是窮理."

지식知識을 추극推極해서 그 지知한 바를 다하지 아니함이 없고자 한 다"45)라고 하였고, "격물格物이란 단지 하나의 사물事物에 나아가서 그 사물의 이치理致를 극진히 궁구하는 것이고, 치지致知란 단지 사물의 이치를 궁구하여 얻은 것"46)이라 하였으니, 결국 격물은 사물에 나아가 이치를 궁구하는 행위 자체를 말하고, 치지는 한 개인의 앎의 획득 내지는 앎의 완성을 말한다.

주희는 격물치지에 관한 견해를 『대학』의 「격물보전格物補傳」에서 다음과 같이 말하였다.

이른바 치지致知가 격물格物에 있다는 것은, 나의 앎을 이루려는 노력이 사물에 나아가 그 이치理致를 탐구探究하는 데 있음을 말한다. 대개 인간의 마음의 영특함은 온전한 인식 능력을 갖고 있으며, 세상의 모든 사물은 이치를 다 지니고 있다. 오직 이치에 대한 탐구가 없어서 그 앎이 모두 발휘되지 않은 것이다. 이 때문에 『대학』의 처음 가르침은 반드시 학자로 하여금 천하의 만물에 나아가 이미 알고 있는 이치에 의거해서 그것을 더욱 탐구하여 그 지극함에 이르도록 하는 것이다. 이렇게 노력함이 오래되어 어느 날 아침에 탁 트여 꿰뚫어 보게 되면 여러 사물의 겉으로 드러난 모습과 내면에 감추어져 있는 것과 큰 윤곽과 세밀한 곳까지 (앎이) 이르게 되며 내 마음 전체의 큰 작용이 밝게 되지 않음이 없다. 이것이 바로 사물이 깊이 탐구되었다고 하는 것이며, 이것이 바로 앎의 지극함이라 이르는 것이다.47)

45) 『大學章句』, "格至也, 物猶事也. 窮至事物之理, 欲其極處, 無不到也. 致推極也, 知猶識 也. 推極吾之知識, 欲其所知, 無不盡也."
46) 『朱子大全』 中, 권51, 「答黃子耕」, "格物, 只是就一物上, 窮盡 一物之理, 致知便只是窮 得物理."
47) 『大學』, 「格物補傳」, "所謂致知在格物者, 言欲致吾知, 在卽物而窮其理也. 蓋人心之靈莫 不有知而天下之物莫不有理. 惟於理有未窮, 故其知有不盡也. 是以大學始敎, 必使學者卽 凡天下之物, 莫不因其知之理而益窮之, 以求至乎其極. 至於用力之久而一但豁然貫通焉, 則衆物之表裏精粗, 無不到而吾心之全體大用無不明矣. 此謂格物此謂知之至也."

위의 인용에서 알 수 있듯이, 인간은 온전한 인식 능력을 갖고 있고, 모든 사물은 이치를 다 지니고 있는데, 이치에 대한 탐구가 없어서 앎이 발휘되지 않는다는 것이다. 주희는 '나의 앎을 이룬다(致吾 之知)를 이치'로, '사물에 나아가 그 이치를 탐구하는 것(即物而窮其理)을 격물'로 해석하면서 격물을 치지의 수단으로 보고 있다. 궁리의 목적은 '안으로는 내 마음의 본체와 큰 작용(吾心之全體大用)의 밝음(明)을 회복하려는 데 있으며, 밖으로는 모든 사물의 관통된 이치(貫通之理)에 대한 파악'에 있다는 것이다. 이렇게 보면 외부의 사물은 버리거나 막아야 할 대상이 아니라 참된 인식을 위해 반드시 공부해야 할 대상이 된다. 여기서의 사물은 객관적 존재 자체라기보다는 인간의 실천과 결부된 대상 즉 일(事)이며, 그렇기 때문에 사물의 이치는 존재 그 자체의 법칙이라기보다 실천과의 관련 속에서 파악된 존재의 원리이며 실천의 원리이다.[48]

그런데 주희가 말하는 격물은 경험적 과학적인 지식에 대한 탐구라고 말하기는 어렵다. 주희에게 있어서 격물은 물건 하나하나 위에서 그 지극한 이치를 캐물어 가는 것이며, 치지는 내 마음이 알지 못하는 것이 없는 것이다.[49] 결국 격물은 치지를 달성하기 위한 공부이고 치지의 완성은 곧 마음의 영명함을 밝히는 것이 되어 본성을 회복하게 되는 것이다.

격물의 목적은 결코 대상 사물의 리理를 인식하는 데 있는 것이 아니라 도덕률 혹은 도덕적 시비를 깨닫고자 하는 데 있는 것이다.[50]

---

48) 김용헌, 「사물의 이치를 보는 공부」, 『조선유학의 개념들』(예문서원, 2002), 353쪽.
49) 『朱子語類』 上, 권5, 「性理2」, "格物是物物上窮其至理, 致知是吾心無所不知."

결국 격물은 소이연所以然의 까닭에 대한 궁구를 통하여 소당연所當然의 법칙을 이해하는 데 있는 것이다. 따라서 격물치지는 모든 사물의 이치를 탐구하여 종국에는 인간과 사물을 관통하는 이치를 얻는 것이고, 이 이치를 미루어 자신의 마음속에 내재한 이치인 본성을 회복하여 자신이 성인이 된다는 데 있는 것이다.

성여신도 이러한 격물치지론을 계승하고 있다. 모든 사물에는 이치가 있는데 이 이치는 하나의 근원에서 나왔고, 하나의 본질을 갖는다. 그리고 이 이치는 단순히 바깥 사물 속에만 있는 것이 아니라 사람의 마음속에도 존재한다는 것이다. 이에 대하여 성여신은 다음과 같이 말하고 있다.

사물에는 이치가 있으니, 이치를 떠난 사물이 없고 사물을 떠난 이치가 없다. 한 사물이 있으면 바로 한 이치가 있고, 이 일이 있으면 바로 이 이치가 있다. 고로 아비가 있은즉 자식이 마땅히 효도하고, 임금이 있은즉 신하가 마땅히 충성하고, 형제인즉 우애하고, 벗인즉 믿음이 있으니, 거처에서 공집사경恭執事敬에 이르기까지 이 이치가 아님이 없다. 경우에 따라서 궁구하여 나의 지식을 지극히 한즉, 물물을 모두 궁구하게 되고, 사사를 모두 궁구하게 되어, 나의 지식이 지극해지지 않은 바가 없어 사물의 이치가 모두 나에게 있게 되는 것이다. 미루면 만물의 많음과 천지의 큰 것에도 알지 못하는 바가 없을 것인즉 능히 천지만물의 이치를 알고, 능히 천지만물의 이치를 안즉 천지만물로 더불어 하나가 되는 것이다.[51]

---

50) 이강대, 「朱子의 格物致知論」, 『哲學硏究』 62(대한철학회, 1997.9), 268쪽.

51) 『浮査集』, 권6, 雜著, 「枕上斷編」, "物者理之所在, 理外無物, 物外無理. 有一物則便有一理, 有此事則便有此理. 故有父則子當孝, 有君則臣當忠, 兄弟則友, 朋友則信, 至於居處, 恭執事敬, 無非是理也. 隨遇而格之以致吾之知, 則物物皆格, 事事皆窮, 吾之知無所不致, 而事物之理盡在我矣. 推而萬物之衆天之之大無所不知則能知天地萬物之理, 能知天地萬物之理則與天地萬物爲一矣."

위의 인용에서 알 수 있듯이, 이치를 떠난 사물은 없고 사물을 떠난 이치도 없기 때문에 사물의 이치를 궁구하여 천지만물의 이치를 알게 되면 나의 지식이 지극해져서 천지만물과 더불어 하나가 된다는 것이다. 곧 이치는 외부 사물 속에도 있지만 사람의 마음 안에도 있다는 것이다. 이렇게 만물의 이치와 마음 안의 이치를 통일하는 방안이 필요한 것이다.

천지만물이 모두 하나의 이치를 가지고 있기 때문에 이 이치를 탐구하는 방법으로 격물치지가 필요한 것이다. 따라서 일에 따라 사물에 따라 이치를 궁구하여 지식을 극진히 하여서 그 당연의 법칙을 구하는 일로서 격물치지는 하나의 일이 되는 것이다.[52] 그리하여 우주 간에 허다한 대소정조의 일을 모두 알아야 하니 주수籌數, 병진兵陣, 의약醫藥, 천문天文, 지리地理에 이르기까지 또한 가히 다 연구해야 하는 것이다.[53] 또 배우는 자는 경전에서 널리 구하고, 제자백가가 널리 통해야 한다. 그런 연후에 번거로움을 거두어 간략한 데 나아가고, 자신에 돌이켜 요약하는 데로 나아가서 스스로 일가의 학문을 이루어야 한다.[54] 그리하여 성여신은 대학의 삼강령팔조목의 요점이 단지 격물格物과 치지致知에 있으니, 사물의 이치를 궁구하길 지극히 하여 나의 지식을 완전에

---

52) 『浮査集』, 권6, 雜著, 「枕上斷編」, "格物致知只是一事, 隨事隨物窮理致知, 以求其當然
之則, 物理既格, 吾知日廣, 讀書則窮其書之理, 以致吾之知, 作事則窮其事之理, 以致吾之
知."

53) 『浮査集』, 권8, 「言行錄」, "宇宙間許多大小精粗之事, 不可不知, 至於籌數, 兵陣, 醫藥,
天文, 地理, 亦可盡究, 然學力不立而遽欲留心於此等, 則志荒而業不專矣, 必當立脚實地,
然後餘力看究, 有才而無德則此邵子所謂徒長奸雄者也, 不識義理而專心浮詞者, 其弊亦
然."

54) 『浮査集』, 권8, 「言行錄」, "且學者博求經傳, 旁通百家. 然後斂煩就簡, 反躬造約, 自成一
家之學."

이르도록 하는 것[55]으로 대학의 가르침을 요약하고 있다. 여기서 성여신은 스스로 일가一家의 학문을 이루는 중요한 요인으로서 자득自得을 중시하고 있다. "학문의 요체는 궁리를 귀히 여기는 것이요, 궁리에서는 또한 자득을 귀하게 여겨야 한다"[56]라고 하면서 자득의 중요성을 강조하고 있다.

맹자가 말하길 "군자가 깊이 나아가기를 도로써 하는 것은 자득함을 위한 것이니, 자득하면 거처함이 편안하고, 거처함이 편안하면 의뢰함이 깊고, 의뢰함이 깊으면 좌우에서 취하여 씀에 그 근원을 만나게 된다. 그러므로 군자는 그것을 자득하고자 하는 것이다" 하였으니, 만약에 자득하지 않고 한갓 배워 들은 것만 따른다면 이치와 학문이 서로 관계함이 없어져서 이치가 나에게 있는 것이 아니게 된다.[57]

이리하여 성여신은 자득의 조건으로 격물치지를 통한 반궁反躬을 강조한다. "학문을 하는 데 있어서 반드시 반궁을 귀중하게 하여야 하는데, 자신에 돌이키는 것은 또 격물과 치지에 있으니, 능히 그 자신에 돌이키지 못하고 그 직분을 닦지 못한즉 자기를 위하는 것이 아니다"[58]라고 하기도 하고, "군자의 학문은 장차 반궁일 따름이며, 반궁은 치지에 있고 치지는 격물에 있다"[59]라고 하기도 하였다.

---

55) 『浮查集』, 권6, 雜著, 「枕上斷編」, "大學之三綱八條其要只在格物致知, 窮至事物之理, 推極吾之知識也."
56) 『浮查集』, 권8, 「言行錄」, "爲學之要, 貴於窮理, 而窮理又貴自得."
57) 『浮查集』, 권6, 雜著, 「枕上斷編」, "孟子曰, 君子深造之以道, 欲其自得之也, 自得之則居之安, 居之安則資之深, 資之深則取之左右逢其原. 故君子欲其自得之也, 若不自得而徒徇聽聞, 則理與學不相關, 而理非我有矣."
58) 『浮查集』, 권6, 雜著, 「枕上斷編」, "爲學必以反躬爲貴, 而反躬又在格致, 不能反其躬修其職, 則非爲己者也."
59) 『浮查集』, 권6, 雜著, 「枕上斷編」, "君子之學, 將以反躬而己, 反躬在致知, 致知在格物."

결국 성여신에 있어서 이치의 탐구로서 격물치지는 한편으로는 만물의 이치를 탐구하는 것이지만 한편으로는 내가 가진 고유한 지식을 극진히 하여 도道에 이르게 하는 것[60]으로 볼 수 있다. 이리하여 성여신은 "격물은 이치로써 말한 것이요, 치지는 마음으로써 말한 것이다. 마음 밖에 이치가 없고, 이치 밖에 사물이 없다. 격물은 이치를 궁구하는 바요, 궁리는 지식을 지극히 하는 것이다"[61]라고 하고 있다.

결국 성여신에 있어서 격물치지는 모든 사물의 이치를 탐구하는 것을 의미하지만 격물치지를 하는 이유는 인간과 사물을 관통하는 이치를 얻고자 하는 것이고, 이 이치를 미루어 자신의 마음속에 내재한 이치인 본성을 회복하는 것을 말한다. 이것은 결국 교학을 통한 성인자기聖人自期 방법의 하나인 것이다.

4. 교학의 내용

1) 덕행 중심의 교학

성여신은 "성현의 학문은 가히 달리 구할 것이 아니라, 일용행사日用行事의 사이에 순리에 이르면 곧 이것이 도道이다"[62]라고 하면서 일용행사 사이의 순리에 따르는 도道로서의 교학을 중시하고 있다.

---

60) 『浮查集』, 권6, 雜著, 「枕上斷編」, "知者, 吾之所固有者, 然不致則不能致之, 致之有道, 故曰, 致知在格物."
61) 『浮查集』, 권6, 雜著, 「枕上斷編」, "格物以理言, 致知心言. 心外無理, 理外無物. 格物所以窮理也, 窮理所以致知也."
62) 『浮查集』, 권8, 「言行錄」, "昔者竊聞之, 曰, 聖賢之學, 不可他求, 日用行事間, 到底順理, 便卽是道."

선생이 평상시 거처할 때 용모와 말씀이 온화하고, 가르치고 인도함이 부지런하되 효제충신 넉자를 넘지 않았을 따름이다. 혹시 성리의 설을 물으면 문득 말하길 "학자는 모름지기 나에게 있는 도리를 다한즉 성명과 천인의 이치를 아는데 무슨 어려움이 있으리오? 능히 아래(사람의 일)를 배우지 아니하고 갑자기 위(하늘의 이치)를 구하고자 한즉, 뜻이 고원한 데로만 달려져 배운 바가 모두 공허에 돌아가게 되나리라. 또한 내가 어찌 능히 성명을 알랴?" 하셨다[63]

위의 인용에서 알 수 있듯이, 성여신의 교학은 효제충신 중심으로 이루어지고 있다. 이것은 나에게 있는 도리에서 나온다는 것이다. 성여신은 맹자의 말을 빌려 "요순의 도는 효제일 따름이니, 사람마다 모두 능히 효제하다면 천하가 평화로워질 것이라 하면서, 효제란 처음에 사람이 불가능하다가 배운 뒤에 가능한 것은 아니라, 효제란 것은 사람의 양지양능이니, 이 양지양능을 보존하여 잃지 아니한즉 가히 효제를 할 수 있을 것이다"[64]라고 하여 인간의 선천적 덕성을 보존하고 길러야 함을 주장하고 있다. 그 가르치는 것은 족히 마음을 다스리고 기운을 길러서 도덕에 나아가게 하는 것[65]으로 교학의 내용으로 해야 한다는 것이다.

내가 처음 구암龜巖 이 선생에게 배울 때에 선생이 가르치길 "효제충신孝悌忠信으로

---

63) 『浮査集』, 권8, 「言行錄」 "先生平居, 和容溫語, 敎導勤勤, 而不越乎孝悌忠信四字上而已. 或問性理之說則輒曰, 學者須盡在我之道, 則何難乎識性命天人之理乎. 不能下學而遽欲上求, 則志騖高遠, 竝與所學而盡歸空虛矣. 且余焉能知性命乎."

64) 『浮査集』, 권6, 雜著, 「枕上斷編」, "孟子曰堯舜之道孝悌而已, 人人皆能孝悌, 則天下平矣, 孝悌也者, 初非人所不可能, 而學而後可能者也, 孩提之童, 無不知愛其親也, 乃其長也, 無不知敬其兄也, 然則孝悌也者, 人之良知養能也, 存其良知良能, 而不失則可以孝悌矣."

65) 『浮査集』, 권8, 「言行錄」, "其所以敎之者, 足以爲治心養氣而進於道德."

써 반드시 마음에 구하라"라고 하여 학문에 마음으로 강마하였고, 남명南冥 조 선생에게 배울 때에는 경의敬義 두 자를 얻어들었으나, 나이 어려서 두 선생의 그 가르치는 뜻을 알지 못했더니, 이제는 이미 늙었음인지 때로 혹 고요한 밤에 생각해 본즉 두 선생의 가르친 뜻이 비록 이름은 달리했으나, 그 실상은 둘이면서 하나인 것이었다. 효제충신은 경의가 아니면 행할 수 없고, 경의는 효제충신이 아니면 설 수가 없으면서 일용행사 사이에 내 마음에 당연한 바일 따름이다. 어찌 가히 듣기를 넓게 흡족히 하는 것으로 될까? 두 선생의 사람을 가르치는 뜻이 지극하고 다하였으되, 능히 일찍이 스스로 체험하여 마음에 얻지 못하고, 지금 창창悵悵(갈팡질팡)하여 방황하면서 궁인窮人이 돌아갈 바가 없는 듯하도다.[66]

위의 인용에서 알 수 있듯이, 성여신은 이정을 통하여 일상생활 속의 실천윤리의 핵심이라 할 수 있는 효제충신의 덕목을 배웠고, 조식을 통하여 정주 성리학의 요체인 경의를 배웠으며, 이들을 하나의 교학의 내용으로 만들었다. 일상생활 속에서 효제충신은 경의가 아니면 행할 수 없고, 경의는 효제충신이 아니면 설 수 없다는 것이다. 곧 효제충신과 경의와의 상보적 관계 속에서 심성수양과 덕행을 이룰 수 있다는 것이다.

성여신은 내 자식에게 바라는 것으로 내 어버이 섬기는 것을 효[67]라고 정의한다. 그는 "아비와 자식은 하늘로부터 받은 육친이니 부모는 낳아서 기르고 사랑해서 기르니 자식은 가히 받들어 승계하고 효도해

---

66) 『浮查集』, 권6, 雜著, 「枕上斷編」, "余初拜龜巖李先生, 先生教之, 以孝悌忠信, 而必使求之心, 心講之於學, 及拜南冥曺先生, 而得聞敬義二字, 其時年少, 未知兩先生教之之意, 今己老矣, 時或靜夜思之, 則兩先生教之之意, 雖有名命之異, 而其實則二而一者也. 孝悌忠信非敬義則不行, 敬義非孝悌忠信則不立, 而不越乎日用行事間, 盡吾心之所當然者而已. 豈可以博治聽聞爲哉. 兩先生教人之意至矣盡矣, 恨不得早自體驗而心得, 今至悵悵然, 如窮人之無所歸也."
67) 『浮查集』, 권6, 雜著, 「枕上斷編」, "吾之子者以事吾親, 則可謂孝矣."

서 봉양하지 아니할 수 없다. 천하에는 옳지 않은 부모가 없으니, 부모가 비록 사랑하지 않더라도 자식은 가히 불효할 수 없는 것이며, 오형五刑의 종류가 삼천이로되 죄가 불효보다 큰 것이 없다"68)라고 하면서 효의 중요성을 설명하고 있다.

성여신은 내 아우에게 바라는 것으로 나의 형을 섬기는 것을 제悌69)라고 정의한다. 그는 "어른과 어린이는 하늘의 질서이다. 형을 공경한즉 어른을 제悌(공경)한다. 어른 뒤에서 천천히 가는 것을 일러서 '제悌한다' 하고, 어른에 앞서 빨리 가는 것을 '부제不悌한다'라고 한다. 형제는 한 기운의 사람이요, 골육의 친족이니, 형은 사랑하고 아우는 공손할 것이다. 형에게 공경치 아니하면서 어른에게 공경하는 자는 아직은 없다"70)라고 하면서 제悌의 중요성을 설명하고 있다.

성여신은 내 아래에게 바라는 것으로 위를 섬기는 것을 충忠71)이라 정의한다. 그는 "임금과 신하는 천지의 나뉨이니, 높고 귀하며, 낮고 또 천한 것이다. 천지의 상경常經이요 고금의 통의通誼이다. 어버이에게 효도한 연후에 가히 임금에게 충성할 것이다. 어버이에게 불효하고서 능히 임금에게 충성하는 자가 있지 않았다"72)라고 하면서 충을 설명하고 있다.

---

68) 『浮査集』, 권6, 雜著, 「枕上斷編」, "父子天性之親, 父母生而育之, 愛而敎之, 則子不可以奉而承之, 孝而養之乎. 天下無不是底父母, 父雖不慈, 子不可以不孝, 五刑之屬三千, 而罪莫大於不孝所求乎."

69) 『浮査集』, 권6, 雜著, 「枕上斷編」, "所求乎吾之弟者, 以事吾兄, 則可謂悌矣."

70) 『浮査集』, 권6, 雜著, 「枕上斷編」, "長幼, 天倫之序. 敬於兄則悌於長. 徐行後長者謂之悌, 疾行先長者謂之不悌. 兄弟同氣之人, 骨肉之親, 兄則愛, 而弟則恭. 未有不恭於兄, 而悌於長者."

71) 『浮査集』, 권6, 雜著, 「枕上斷編」, "所求乎吾之下者, 以事吾上, 則可謂忠矣."

72) 『浮査集』, 권6, 雜著, 「枕上斷編」, "君臣, 天地之分, 尊且貴, 卑且賤焉. 天地之常經. 古今之通誼. 孝於親然後, 可以忠於君矣. 不孝其親, 而能忠其君者, 未之有也."

성여신은 벗에게 바라는 바를 먼저 그에게 베푸는 것을 신(信)[73)]이라 정의한다. 그는 "벗은 동류의 사람이요, 인륜의 하나이다. 경(敬)은 벗을 사귀는 도요, 신(信)은 경(敬)의 실상이다. 천자로부터 서인에 이르기까지 모름지기 벗과 함께하지 않고 성공한 자가 없다. 공자가 말하길 '벗에게 불신이면 어버이에게 대한 도리도 얻을 수 없다. 벗에게 믿음에는 도리가 있으니, 어버이에게 불순하면 벗에게 불신이 된다'라고 하였으니, 그러한즉 오상의 가운데 벗의 도리가 매우 긴요한 것이 된다. 오상이 이로 말미암아 강구함이 밝아지고 밑천을 더하게 되니, 곧 벗이 사람에게 큰 것이로되 세상 사람들이 많이 강구하지 않으니 어찌 슬프지 않으리오"[74)]라고 하면서 신(信)의 중요성을 강조하고 있다. 더욱이 그는 "신(信)에 능하면 능히 효제충신孝悌忠信할 수 있으며 소위 도道라는 것도 신(信)에 벗어나지 않아 군자가 실마리를 만드는 도(造端之道) 또한 그 가운데 있는데, 그것이 행해지게 하는 것은 경(敬)과 의(義)요, 그것이 충실해지게 하는 것은 성誠일 따름이다"[75)]라고 하여 신(信)을 경의敬義 및 성誠과 연결시켜 주는 주요 고리로 보고 있다.

한편, 성여신은 그의 아들이 지어 온 교자당敎子堂이라는 서당의 당호를 지은사知恩舍로 고쳐 지어 "아들을 길러 봄에 바야흐로 부모의 은혜를 안다"[76)]라는 말에 근거하여 당호를 짓는 등 일용행사 속에서

---

73) 『浮査集』, 권6, 雜著, 「枕上斷編」, "所求乎朋友先施之, 則可謂信矣."
74) 『浮査集』, 권6, 雜著, 「枕上斷編」, "朋友同類之人, 人倫之一. 敬者友之道, 信者敬之實. 以其久而能敬也, 自天子以至於庶人, 未有不須友以成者. 孔子曰, 不信乎朋友, 不獲乎親矣. 信乎朋友有道, 不順乎親, 不信乎朋友矣, 然則五常之中, 朋友之道甚爲緊要. 五常由是而講明資益, 則朋友之於人大矣, 而世人多不講豈不哀哉, 所求乎朋友先施之, 則可謂信矣."
75) 『浮査集』, 권6, 雜著, 「枕上斷編」, "信能, 能此四者, 則所謂道者, 不外乎此, 而君子造端之道, 亦在其中矣, 然其所以行之者, 敬與義, 而所以實之者, 則誠而已矣."

덕행을 실천하고 있다. 또한 지은사의 방마다 이고재, 사유재, 삼어당 등의 이름을 지어 붙이는데, 이고재二顧齋는 말은 행실을 돌아보고 행실은 말을 돌아보라는 의미로, 사유재四有齋는 낮에는 하는 것이 있어야 하고, 밤에는 얻는 것이 있어야 하고, 순간마다 기르는 것이 있어야 하고, 쉴 때도 보존하는 것이 있어야 한다는 의미이고, 삼어당三於堂은 효어친孝於親, 제어장悌於長, 신어우信於友의 의미이다.[77] 이러한 것은 덕행 중심의 교학 내용을 일용행사에서 실행했음을 보여 주는 예라 할 수 있다.

2) 실천 중심의 교학

성여신은 조식의 실천유학적 전통을 이어받아 "학자들이 손으로 물 뿌리고 비질하는 절도도 모르면서 입으로 천인의 이치를 말하며, 겉으로는 근엄하고 공손한 체하면서 안으로는 방탕하고 게을리한 다"[78]라고 하여, 당시 학자들이 일상의 실천을 외면한 채 공리공담하는 병폐를 비판하고 있다.

일찍이 선비의 포부가 가볍지 않은 것이니, 우주 간에 허다한 대소정조의 일을 모두 알아야 한다. 주수籌數, 병진兵陣, 의약醫藥, 천문天文, 지리地理에 이르기까지

---

76) 『浮査集』, 권3, 序, 「知恩舍揭號序」.

77) 『浮査集』, 권3, 記, 「知恩舍名堂室記」, "舍在浮査第之東, 制凡四間, 東西兩角, 各安一室, 爲溫突明窓, 是兒曹讀書所也, 東曰二顧齋, 取言顧行, 行顧言之義, 西曰四有齋, 取畫有爲, 宵有得, 瞬有養, 息有存之意, 中二間, 編竹爲牀, 坐臥於斯, 枕藉碧琅玕, 名曰三於堂, 是孝於親, 悌於長, 信於友也."

78) 『浮査集』, 권8, 「言行錄」, "學者手不知灑掃之節, 而口談天人之理, 外爲莊恭, 而內實放惰, 欺內欺外, 以盜人爵者, 是乃盜天也, 後必有菑焉."

또한 모두 연구해야 한다. 그러나 배운 힘이 서 있지 않으면서 갑자기 이런 일에 마음을 주고자 한다면, 곧 뜻이 거칠고 과업이 오로지 되지 않는다. 반드시 마땅히 실지에 입각한 연후에 그 나머지 힘으로써 보고 연구해야 할 것이다.79)

학자는 경전에서 널리 구하고 제자백가의 글에 널리 통한 연후에 번다한 것을 수렴하여 간략하게 해서 자신에 돌이켜 요약하는 데로 나아가서 스스로 일가의 학문을 이루어야 한다. 이것이 맹자가 이른 바의 "박학해서 상세히 말하는 것은 장차 돌이켜 간략히 말하고자 하기 때문이다"라는 것이다.80)

위의 인용에서 알 수 있듯이, 궁구할 교학 내용으로 주수籌數, 병진兵陣, 의약醫藥, 천문天文, 지리地理, 경전, 제자백가서 등 광범위하다. 이러한 다양한 내용의 궁구는 박문약례博文約禮를 위한 것이라 할 수 있다. 그리하여 성여신은 "독서의 요점은 그 마음을 평온하게 하고 그 기상을 편하게 하여, 의심나는 것은 줄이고 아는 것은 익혀서, 조심스레 생각하고 밝게 분별하여 자득自得하여 실천하는 데 힘써야 한다. 진실로 능히 자득하여 실천하지 못하면 곧 읽는 것은 서사書肆가 되고 오경 또한 빈 말이 된다"81)라고 하여 교학에 있어 자득과 실천을 강조하고 있다. 결국 "그 읽은 글이 반드시 자기에게서 나온 것같이 한 연후에 학문을 했다"82)라고 할 것이며, 학문을 하는 데 있어서 반드시 실천을 귀중하

---

79) 『浮查集』, 권8, 「言行錄」, "昔曰, 士之抱負不輕, 宇宙間許多大小精粗之事, 不可不知. 至於籌數, 兵陣, 醫藥, 天文, 地理, 亦可盡究. 然學力不立而遽欲留心於此等, 則志荒而業不專矣. 必當立脚實地, 然後餘力看究."

80) 『浮查集』, 권8, 「言行錄」, "且學者博求經傳, 旁通百家, 然後斂煩就簡, 反躬造約, 自成一家之學. 此孟子所謂博學而詳說之, 將以反說約者也."

81) 『浮查集』, 권6, 雜著, 「枕上斷編」, "讀書之要, 平其心, 易其氣, 疑者闕之, 知者溫之, 愼思明辨, 務爲自得而躬行. 苟不能自得而躬行, 則所讀卽書肆, 而五經亦空言耳."

82) 『浮查集』, 권6, 雜著, 「枕上斷編」, "使其所讀之文, 必若自己出然後, 可使爲學."

게 하는[83] 이유가 여기에 있는 것이다.

따라서 의리義理의 요점에 있어서 학자는 그 근본을 세운 연후에 통사通史와 백가百家의 말을 참고하고 고금사변古今事變의 유래를 고찰하여 치란안위治亂安危의 기미와 길흉정위吉凶情僞의 변화에 있어서 큰 것은 강령綱領으로 이끌고, 세밀한 것은 자세하게 분석하여 내 마음과 눈 사이에 요연하게 밝아져서, 가는 곳마다 내가 처사處事할 방법을 찾는 데 있는 것이다.[84]

이리하여 성여신은 "사람을 가르치는 도는 자기 몸으로써 그것을 먼저 하는 것보다 간절함이 없다. 눈으로 보고 귀로 들어 마음이 기뻐 진실로 받아들이면 쉽게 성취할 수 있고, 진실로 자신이 솔선하지 아니하면 말과 행실이 각기 달라서 그것을 행할 방법을 알지 못한다"[85] 라고 하여 교학에 있어서 실천의 중요성을 강조하고 있다.

3) 학습자 중심의 교학

성여신은 "성품은 착하지 않음이 없으나, 기품은 청탁이 있으니, 그 맑은 것을 품부 받은 자는 재주가 있고 그 흐린 것을 품부 받은 자는 재주가 없다"[86]라고 하기도 하고, "재주에는 영민함과 노둔함이

---

83) 『浮查集』, 권6, 雜著, 「枕上斷編」, "爲學必以反躬爲貴."
84) 『浮查集』, 권6, 雜著, 「枕上斷編」, "學者於義理之要, 立其根本, 然後, 參之以通史百家之語, 攷之以古今事變之來, 則治亂安危之機, 吉凶情僞之變, 大者, 綱提領挈, 細者, 縷折毫分, 曒然於吾心目之間, 無適而非吾處事之方."
85) 『浮查集』, 권6, 雜著, 「枕上斷編」, "敎人之道, 莫切於以身先之. 目睹耳聞心悅誠服則易以成就, 苟不身率則言與行各異, 而不知所以行之之道."
86) 『浮查集』, 권6, 雜著, 「枕上斷編」, "性無不善, 而氣有淸濁, 禀其淸者爲才, 禀其濁者爲不才."

있고, 기질에는 맑고 흐림이 있으니, 어찌 반드시 모두 어진 재주만
얻어서 가르칠 수 있는가! 너그러움과 넉넉함으로써 용납하고, 의리로
써 높여 주며, 충신으로써 이루게 하고 그 의혹을 떨쳐 버리게 하여
그 밝음이 열리어 세월이 흐르면 가히 도에 나아갈 것이다. 이것이
맹자가 '재주 있는 자가 재주 없는 자를 길러 주며, 도에 맞는 자가
도에 맞지 않는 자를 길러 주어서, 사람들이 어진 부형이 있는 것을
좋아한다'라고 가르친 이유이다"[87]라고 하여 학습자의 자질에 따른
교학을 주장하고 있다.

> 사람이 무리에서 뛰어나고 세속에서 빼어난 재주를 가진 자가 아니면 능히 자득自得
> 하여 그 학문을 하는 방법을 아는 이가 드물다. 반드시 마땅히 손질하여 바로잡아
> 주고 권장해서 재질에 따라 순서를 따르게 하여, 지나친 자는 억제하고 미치지
> 못한 자는 나아가게 하여서, 넉넉히 노닐고 함양하여 기질을 변화시켜 그 높은
> 자는 능히 허무적멸虛無寂滅로 돌아가서 달아나는 것을 막고, 낮은 자는 자신의
> 자질이 거칠고 둔하다고 단정하여 자포자기하는 영역에 침체·고질되지 않게 한
> 연후에야 이내 가히 스스로 능히 궁리해서 각기 그 재질을 다할 수 있는 것이다.[88]

이리하여 성여신이 "인재를 세우는 규범을 작성하고, 양몽, 지학
등의 서재를 지어서 순서에 따라 가르치고 재질을 따라서 나아가길
장려하여, 반드시 먼저 경전을 익히어 성리를 밝히게 하고, 능히 내외경

---

87)『浮査集』, 권6, 雜著,「枕上斷編」, "才有敏鈍, 質有淸濁, 何必盡得賢才而敎之乎. 寬裕以
容之, 義理以漸之, 忠信以成之, 祛其惑, 而開其明, 優遊歲月, 則可以進道. 此孟子所以有
才也, 養不才中也, 養不中, 而人樂有賢父兄之敎也."
88)『浮査集』, 권6, 雜著,「枕上斷編」, "人非超倫拔俗之才, 則鮮能自得而知其爲學之方. 必
當矯揉獎勸, 困材循序, 過者抑之, 不及者進之, 優遊涵養變化氣質, 使其高者不得走作於
虛無寂滅之歸, 下者不爲滯痼於暴棄鹵盡之域然後, 乃可自能窮理, 而各盡其材矣."

중의 분별을 알게 한 연후에 과업에 종사하게 하니, 한 마을의 사람들이 모두 훈도를 입고 각기 성취하였고, 고을로부터 먼 지방의 선비들이 소문을 듣고 배우러 오는 자가 많았다"[89]라고 한다.

한편 성여신은 주돈이周敦頤의 말을 인용하여 교학 내용 구성의 원리를 아래와 같이 말하고 있다.

> 사람의 한 몸이 일에 응하고 사물에 접하는 것이 의리가 아님이 없다. 사람이 비록 능히 다 알지 못하나, 그 요점은 자기가 이미 아는 것은 힘써 행하고, 그 오지 않은 바를 힘써 구해야 할 것이니, 곧 가까운 곳부터 하여서 먼 곳에 이르고, 거친 데서부터 하여 정밀한 데에 들어가서, 순순히 행하여 차례가 있으면 날로 가히 보이는 공이 있으리라.[90]

학문에는 반드시 차례가 있으니, 가까운 것을 말미암아 멀리 미치고, 거친 것부터 정밀함에 이르는 것이 곧 학문을 하는 방법[91]이라는 것이다. 그리하여 성여신은 "학문에는 반드시 차례가 있으니 옛사람은 사람이 태어나 팔 세가 되면 먼저 『소학』에 들어가 물 뿌리고 비질하며, 응대하고 진퇴하는 절차와 예, 음악, 활쏘기, 말몰이, 글씨, 셈의 문물을 익히고, 넉넉히 놀고 흠뻑 젖어 기르게 하여 본 바탕을 실천하게 하였다. 그 후 열다섯이 되면 『대학』에 들어가서 가르치기를 궁리, 정심,

---

89) 『浮查集』, 권8, 雜著, 「言行錄」, "又立人才作成之規, 作養蒙, 志學等齋, 循序授敎, 因材獎進, 而必使先習經傳, 以明性理, 得知內外輕重之分, 然後兼令從事科業, 一里之人, 咸被薰陶, 各得成就, 自鄕而至於遠方之士, 多有聞風而就學焉."

90) 『浮查集』, 권6, 雜著, 「枕上斷編」, "周子曰, 人之一身, 應事接物, 無非義理之所在. 人雖不能盡知, 然其要在於力行其所已知, 勉求其所未至, 則自近及遠, 自粗入精, 循循有序, 而日有可見之功矣."

91) 『浮查集』, 권6, 雜著, 「枕上斷編」, "學必有序……由近及遠, 自粗至精, 此爲學之方也."

수기, 치인의 도로써 하고, 의리를 살피고 덕업을 닦게 하나니, 『소학』
의 성공을 거치고 나서 나아가기를 『대학』의 명법으로써 하는 것이다.
만약 먼저 그 얕고 작은 것을 알게 하지 않고, 넘어서 깊고 큰 것을
구한다면 근본이 서지 않을 것이다"[92]라고 하여, 연령에 따른 『소학』과
『대학』의 입학 시기와 수학해야 할 교육 내용을 설명하고 있다.

　　그리고 『소학』, 『대학』, 『논어』, 『맹자』, 『중용』의 독서 순서와 이들
책에서 취해야 할 요점을 아래와 같이 설명하고 있다.

　　『대학』이란 처음 배우는 자가 덕에 들어가는 문이다. 고로 반드시 먼저 하기를
『소학』으로써 하여 그 덕성을 기르고 그 품절品節을 알게 한 뒤에, 다음으로써
『대학』을 하여 궁리정심窮理正心하고 그 기질氣質을 변화시키며, 또 다음에 『논어』
와 『맹자』로써 하고, 끝에 『중용』으로써 한다. 대개 『대학』이란 것은 규모가 광대
하되 본말을 버리지 않았고, 절목이 자상하고 밝되 시종이 어지럽지 않으며, 조리
를 다 갖추고 있고, 강유綱維(三綱, 四維: 禮義廉恥)가 다 제시되어 있어, 즉 실로 여러
경서의 강령이다. 이런고로 학자가 반드시 먼저 그것을 읽어서 그 규모를 정하고,
다음은 『논어』로써 그 근본을 세워서 조존操存과 함양涵養의 실제를 가지게 하며,
또 다음은 『맹자』로써 그 발월發越을 보고 체험하여 채워 넓히는 단서로 삼은
연후에, 『중용』을 계속 읽어 그 지취를 돌리고, 그 지극함을 모아서 옛사람의
미묘한 뜻을 구할 것이다.[93]

92) 『浮査集』, 권6, 雜著, 「枕上斷編」, "學必有序, 故古之人, 人生八歲, 先入小學, 習之以灑
　　掃應對進退之節, 禮樂射御書數之文, 優遊涵養踐履有素. 然後十有五而入于大學, 敎之以
　　窮理正心修己治人之道, 使之察義理, 修德業, 因小學之成功, 而進之以大學之明法. 若不
　　先知其淺者少者, 而超求乎深者大者, 則根本不立矣, 奚望其條暢乎."
93) 『浮査集』, 권6, 雜著, 「枕上斷編」, "大學者, 初學入德之門也. 故必先之以小學, 養其德性,
　　知其品節, 然後, 次之以大學, 窮理正心變化其氣質, 又次之以論孟終之以中庸. 盖大學者,
　　規模廣大而本末不遺, 節目詳明而始終不紊, 條理備具綱維盡提, 則實群經之綱領也. 是故,
　　學者必先讀之, 以定其規模, 次之以論語立其根本, 以爲操存涵養之實又次以孟子觀其發
　　越以爲體驗充廣之端, 然後繼之以中庸, 歸趣會其極, 以求古人微妙之旨矣."

주희는 "나는 사람들에게 먼저 『대학』을 읽혀 학문의 규모를 정립토록 하고, 그다음에는 『논어』를 읽혀 그 근본을 세우도록 하고, 그다음 『맹자』를 읽혀 그 발월한 기상을 관찰토록 하고, 그다음에 『중용』을 읽혀 옛사람의 미묘처微妙處를 구하도록 하였다. 『대학』이라는 한 권의 책은 등급과 차례가 있으므로 이를 한곳으로 총괄하여 보면 쉽게 이해할 수 있기에 마땅히 먼저 보아야 하며, 『논어』는 실질적이지만 언어가 산발적으로 나타나 처음 보기에는 어려우며, 『맹자』에는 사람의 마음을 감격시켜 분발토록 하는 힘이 있으며, 『중용』 또한 읽기 어려운 책이니 위의 세 책을 본 뒤에 읽어야 한다"[94]라고 하였으니, 성여신의 독서론은 주희의 독서론을 기반으로 하여 자신의 견해를 추가한 것으로 볼 수 있다.

5. 맺음말

성여신은 당시의 일반 선비들과 마찬가지로 요순과 같은 성인이 되기를 기약하여 요순이 가르친 도를 배워서 그 도를 실행하는 것을 교학의 목표로 삼고 있다. 비록 자신은 그 목표에 도달하지 못하였지만, 이러한 삶을 추구한 자신의 평생의 과업에 자족하고 있다. 그에 있어서 교학의 목적은 성인이 되기를 스스로 기약하여 성인이 가르친 도를

---

94) 『朱子語類』上, 권14, 「大學1・綱領」, "某要人先讀大學, 以定其規模, 次讀論語, 以立其根本, 次讀孟子, 以觀其發越, 次讀中庸, 以求古人之微妙處. 大學一有等級次第, 總作一處易曉, 宜先看, 論語却實但言語散見, 初看亦難, 孟子有感激興發人心處, 中庸亦難讀, 看三書後, 方宜讀之."

배우고 그 도를 실행하는 것이라 하겠다.

유학에서의 교학은 마음의 수양과 이치의 탐구를 통하여 실현된다. 마음의 수양으로서의 거경과 이치의 탐구로서의 격물치지 내지는 궁리가 유학의 대표적인 교학의 방법이다. 성여신도 마음의 수양으로서 거경과 이치의 탐구로서 격물치지 내지는 궁리 모두를 강조하고 있다. 성여신도 이러한 유학의 교학방법론을 계승하고 있다. 이러한 교학방법론은 인간과 사물을 관통하는 이치를 얻고자 하는 것이고, 이 이치를 미루어 자신의 마음속에 내재한 이치인 본성을 회복하는 것을 의미하는 것이다.

성여신이 중점을 둔 교학의 내용은 덕행 중심, 실천 중심, 학습자 중심이었다. 이러한 교학의 내용은 정주성리학의 전통을 발전적으로 계승한 것으로 볼 수 있다. 성여신은 이정에게서 배운 일상생활 속의 실천윤리의 핵심이라 할 수 있는 효제충신의 덕목과 조식을 통해서 배운 정주 성리학의 요체인 경의를 바탕으로, 학습자의 입장에서 일상생활에서 실행할 수 있는 것을 중심으로 교학의 내용을 구성한 것으로 볼 수 있다.

제4장 부사 성여신의 은일정신

이 상 원

1. 서언

조선 중기 영우학파嶺右學派의 종장인 남명南冥 조식曹植의 문인 중에서 부사浮査 성여신成汝信(1546~1632)은 진주晉州를 중심으로 향풍을 흥기시킨 한 은일隱逸로서 독특한 위치를 차지한다. 그의 행적을 살펴보면 크게 두 가지로 나누어 볼 수 있겠다. 하나는 출처出處에 있어 스승인 남명 조식과 같은 궤적을 그리며 평생 동안 위기지학爲己之學에 힘쓰고 학행學行을 여일如一하게 실천하였으며, 다른 하나는 향풍을 일으키는 데 남다른 진력盡力을 하였다는 점을 들 수 있다. 그는 『진양지晉陽誌』 편찬과 금산동약琴山洞約을 시행하였으며 또한 향리에 옛 『소학小學』, 『대학大學』의 규범을 본받아 양몽養蒙과 지학志學의 두 서재書齋를 세웠다.

졸고에서는 부사 성여신의 가계와 행적, 학문, 사상, 향풍의 진흥에 대하여 개괄적인 검토를 하고자 한다. 아울러 산해학통山海學統에 대한 시야를 넓히는 데에도 일조가 되었으면 한다.

2. 생애와 사상

1) 가계

부사 성여신은 명종 원년(1546) 정월초하루 진주 동면東面 대여촌代如村[1] 구동龜洞 무심정無心亭에서 태어났다. 그의 자字는 공실公實이고 호號는 부사浮査이며 본관은 창녕昌寧이다. 그의 선대는 원조遠祖인 송국松國이 고려시대에 문하시중門下侍中을 지냈으며, 조선조에 들어 경蹕은 현감인데 좌사간左司諫 벼슬을 지낸 자량自諒을 낳았고, 사간공이 우祐를 낳았다. 벼슬은 장흥고부사長興庫副使에 이르렀는데 이가 고조가 된다. 그의 고조인 우祐로부터 진주에 살게 되었는데, 이때부터 창녕성씨昌寧成氏의 집성촌으로 남성南星에 자리 잡게 된다. 즉 조선 초에 우祐가 거창에서 이곳 진주로 옮겨 온 이후 그의 아들인 안중安重이 정촌면 가좌촌加佐村에 정착하게 된다. 그리고 안중의 삼자三子인 일휴日休 즉 성여신의 조부 때부터 정촌면 가좌촌에서 진주의 대여촌 곧 현재의 진주시 금산면 남성마을로 이주하여 집성촌을 이루어 오늘에 이르고 있다. 남성의 동족촌락은 50년대 말 해체되기 시작하여 현재는 약 10호가 살고 있다.[2]

한편, 성여신의 증조는 안중인데 승문원교리承文院校理를 지냈고, 조부는 일휴日休이며 호號는 무심옹無心翁으로 호조참판戶曹參判으로 증직되었다. 그의 아버지는 두년斗年이며 경기전참봉慶基殿參奉에 제수되었으나 나가지 않았고 한성우윤漢城右尹으로 증직되었으며 초계변씨草溪

---

1) 당시의 代如村은 오늘날의 琴山面 加芳里와 龍牙里, 長沙里를 포괄하는데, 특히 加芳里의 南星부락이 昌寧成氏 集姓村으로 지금도 10여 戶數가 남아 있다.

2) 조구호, 「琴山面의 歷史와 文化」, 『慶南文化研究』(慶尙大 慶南文化研究所, 1991), 15쪽.

卞氏 충순위忠順衛 원종元宗의 딸에게 장가들었다.

성여신은 위로 백형伯兄 여충汝忠과 중형仲兄 여효汝孝가 있으니, 여충은 원종훈原從勳으로 조부 양대에 추은追恩되었던 까닭이며, 여효汝孝는 임진란에 진양성晉陽城에서 오성위판五聖位版을 안고 죽었다.

한편 성여신의 배배配는 밀양박씨密陽朴氏 만호萬戶 사신士信의 딸로, 병조판서兵曹判書 증贈 좌의정左議政 익翊의 6대손으로 5남 2녀를 낳았다. 장남은 박鏄이며 진사進士로 세마洗馬이고 이흘李屹의 딸에게 장가들었다. 차남은 용鏞이며 조광현趙光玹의 딸에게 장가들었고, 삼남은 횡鑛이며 호號가 삼재三齋인데 문집文集으로『삼재집三齋集』이 있으며 유제柳霽의 딸에게 장가들었고, 사남은 순錞이며 진사 박민朴敏의 딸에게 장가들었다. 오남은 황鐄인데 직장直長 하경河瓊의 딸에게 장가들었다. 장녀는 이윤생李玧生에게 시집가고, 차녀는 동지同知 최설崔渫에게 시집갔다.

참고로 성여신의 세계를 간략하게 도표로 보이면 다음과 같다.

【성여신의 세계도】

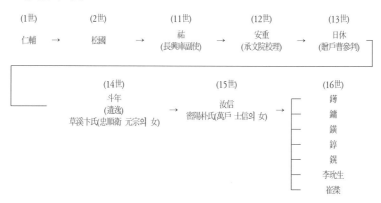

2) 학문과 사상

성여신은 명종 원년(1546) 초하루 자시에 진주 대여면代如面 구동龜洞의 조부 참판공 일휴의 무심정에서 태어났다. 그는 8세 때 조계槽溪 신점申霑[3]에게 나아가 처음 수학하였는데, 신점은 문충공文忠公 숙주叔舟의 증손으로 이모부가 되는 셈이다. 다시 15세 때 진주교수로 와 있던 약포藥圃 정탁鄭琢에게 가서 『상서尙書』를 배웠으며, 18세 때에는 구암龜巖 이정李楨에게 나아가 배웠다. 이때 이정은 『근사록』을 주면서 위기지학에 힘쓰게 하였다.

그리고 23세(무진년)에 감사 임당林塘 정유길鄭惟吉[4]이 진주목사 송정松亭 최응룡崔應龍[5]과 같이 단속사斷俗寺에서 유생을 뽑아 강학을 하였는데 중 휴정休靜이 『삼가귀감三家龜鑑』을 지어 유가를 맨 끝에 놓았고 또 불상을 만들어 사천왕四天王이라 이름 지으니, 성여신은 분연히 일어나 그 판본을 불사르게 하였다. 이에 남명 조식이 그를 '광간狂簡'의 일사를 들어 허여하였다.[6] 이즈음 수우당守愚堂 최영경崔永慶이 왔는데 조식이 그를 가리키면서 앞의 일을 말하니 최영경이 기경起敬하였고 『상서』의 의심난 곳을 질문하였는데 조식은 독실한 경지에 이르렀다고 칭찬하였다.

그는 일찍이 남명 조식과 구암 이정의 문하에서 수학하였는데 각각 경의敬義와 효제충신孝悌忠信의 가르침을 얻고 이에 대하여 말하기를

---

3) 申霑의 字는 君洽으로 高靈人이며 槽洞에서 살았다. 『晉陽誌』, 권3, 「人物條」, "爲人, 恬靜自守. 不求名利. 別構書堂. 訓誨後進. 日彈琴詠詩以自娛."
4) 『東來府邑誌』, 「人物條·鄭惟吉」, "光弼之孫, 登魁科, 官至左議政."
5) 『晉陽誌』, 권3, 「名宦條·崔應龍」, "勤政督學."
6) 『浮査集』, 권8, 「墓碣銘」.

"두 선생의 말은 다르되 실상은 같다. 효제충신이 경의가 아니면 행할 수 없고 경의가 효제충신이 아니면 설 수 없다. 이는 일용행사日用行事에 마음의 당연한 바를 다 하는 것일 뿐"이라고 하고 이를 평생 동안 닦고 사람을 가르치는 것도 이것으로써 하였다.

그는 널리 경전經傳을 연구하고 또 제자백가에도 널리 통하였다. 30세 때에는 하동의 쌍계사에 들어가 경서經書와 『심경心經』, 『근사록』, 성리서性理書 등을 읽었다.

이와 같이 성여신의 학문적 바탕은 크게 두 줄기로 형성되어 있음을 엿볼 수 있다. 구암 이정을 한 갈래로 한 효제충신孝弟忠信의 일용행사에 있어서 위기지학의 면모와 남명 조식을 한 갈래로 한 경의의 실천적 학풍의 면모이다. 그러나 이 두 갈래는 한 줄기로서 관통하고 있으며 그의 사상과 학문의 기저에 서로 혼재되어 있다는 점을 지나칠 수 없다. 그는 학자들에게 '학문은 모름지기 널리 한 뒤에 그 번거로움을 거두고 간략한 대로 나아가야 할 것과 자신에게 돌이켜 간략함을 지을 것'을 말하였다. 이는 맹자가 말한 "널리 배워서 상세히 말하는 것은 장차 자신에게 돌이켜서 간략하게 말하고자 함"이라는 점을 들었다. 또 그는 예禮가 사람에게 큰 것이며 사람이 금수와 다른 것은 예로써 그 행동을 절제할 수 있음을 들고, 후술後述하게 될 향약鄕約의 실시를 대여촌에서 행한 바 있다.

성여신은 이미 언급한 바대로 제가백가뿐만 아니라 실용적 학문에도 힘썼음을 살펴볼 수 있다. 그는 "선비의 포부는 지극히 크니 우주 간에 많은 일을 알지 못함이 없을 것이로되, 셈하는 법, 진 치는 법, 의약, 천문, 지리 등도 모두 다 연구해야 하지만 배운 바의 힘이 서지 않고서 마음을 오롯이 이에 두면 뜻만 거칠어지고 과업을 온전히 못하여, 재주는 있으되 덕이 없어 소강절邵康節 선생의 이른바 한갓 간웅奸雄으로 키워져서 의리義理는 알지 못하고 또 문장文章에만 힘쓴다"라고 하여 이를 경계할 것을 말하였다.[7]

그는 임진란 이후에 쓰러져 가는 향풍을 진작시키고자 향촌의 풍속을 바로잡는 향약을 거행하였는데, 이는 성여신의 비둔肥遯한 은일정신의 실천적 면모를 가늠하는 징표가 된다.

성여신은 당시 선비들의 출처에 대하여도 자신의 인재관을 피력하고 있다. 즉 그는 당시의 인재등용의 폐단을 지적한 바 있는데 "고을에서 인재를 천거하거나 뽑는 법이 없어지고 후세에 와서 오직 과목科目으로 사람을 취하니, 명경과明經科에 응시하는 자는 오로지 한갓 입으로 외는 것만 힘써서 능히 체득한 바가 없고, 제술과製述科에 응시하는 자는 오로지 아름답고 화려한 글을 짓는 데만 힘써서 나라를 다스리는 원대한 뜻은 모르니 경박하고 부미浮靡한 무리들이 조정에 나아가 임금의 덕을 가리고 조정이 바로 서지 못하게 되어 백성이 불안해한다"[8]는 점을 지적하기도 하였다.

성여신은 64세에 생원 진사에 합격하였고, 68세에 동당東堂시험에 나아갔으나 당시의 세도世道가 어지러움을 보고서 돌아와 향리에 은둔할 것을 생각하고 향촌의 학풍과 풍속을 바로 세우고자 하였다.

71세 때 봄에는 금산琴山에서 여씨향약呂氏鄕約과 퇴계동약退溪洞約을 본받아 이를 약간 보완하여 금산동약琴山洞約을 시행하였으며, 『소학』

---

7) 『浮査集』, 권8, 「言行錄」.
8) 『浮査集』, 권8, 「言行錄」.

과 『대학』의 규범을 본받아 양몽養蒙, 지학志學의 두 서재書齋를 세워서 향리의 후생들을 가르쳤다.

따라서 조식이 정한 바의 혼례와 상례를 회복하고 문풍이 크게 진작되었으며 예교가 흥행하게 되었다.

87세 때 봄에 병이 들어 누웠는데 이때 「침상단편枕上斷編」을 지었다. 모두 18편으로 된 단편에서 그의 학문하는 지향을 엿볼 수 있다.

「침상단편」의 짜임을 살펴보면, 모두 18편으로 구성되어 있는데, 그 내용을 보면 태극太極, 이기理氣, 오행五行, 오상五常, 심통성정心統性情, 지의志意, 체용體用, 중화中和, 충서忠恕, 성정誠正, 경의敬義, 신독愼獨, 존양성찰存養省察, 격물치지格物致知, 효제충신孝悌忠信, 위학지도爲學之道, 교인지술敎人之術, 역행力行으로 되어 있다.

원래 이 단편은 성여신의 외손서 안창한安彰漢의 아들 시진時進9)이 그에게 수업受業했는데, 임신년 그가 돌아가던 해(87세)에 시진이 학문을 하는 요점을 청해 물으니 그가 입으로 18조를 불러 적게 하고 이름하여 '침상단편'이라 한 것으로, 이기의 근원, 심정의 나뉨으로부터 학문의 공工에 이르기까지 조례를 들어 명석明析하여 놓은 것이다. 즉 내용은 모두 학인들에게 요지가 되는 것을 추려서 간결하게 조목으로 삼은 것이다. 단편의 말미에는 이 내용에 부쳐 몸소 그 대의大意를 일관부석一貫剖析하여 놓고 있는데, 이를 살펴보면10) 다음과 같다.

---

9) 『晉陽續誌』, 권2, 「人物條 · 安時進」, "慶州人, 顯宗庚子中生員. 受業於成浮查之門. 浮查寢疾. 公侍座隅. 請爲學之要. 浮查著枕上斷編十八篇. 以受之. 公爲之服膺. 又嘗往來河謙齋門受益焉."

10) 『浮查集』, 권6, 「枕上斷編」.

천지의 사이는 이치가 하나일 따름이니, 하늘이 얻으면 하늘이 되고, 땅이 얻으면 땅이 되는 것이다. 무릇 천지의 사이에 난 사람이 또 각자 그것을 얻어서 성性이 되고 장대해져서 삼강三綱이 되고 기강紀綱하여 오상五常이 되니 이 모두 한 이치로 유행流行해서 가는 곳마다 있지 아니함이 없는 것이다. 그 차고 비며 쉬고 자라는 것들이 돌고 돌아서 그침이 없으니 곧 처음 사람과 사물이 있기 전부터 그러한 것이 다한 뒤에 이르기까지 잠시라도 정체停滯함이 없으나 사람들은 어리석어 그 본연本然을 잊는다.

오직 선비들이 그 본연을 얻어서 겸하여 배우기를 힘쓰고 자신을 수양修養하고 남을 다스리며, 세상에 법을 드리우고 가르침을 세우기를 터럭만큼도 가볍거나 사사로움을 짓지 않는다. 이로써 그 자연의 이치로 인하여 그 자연의 공을 이룬 것이 지극하게 되었으니 대저 하늘과 땅에 참여하여 화육化育을 돕고 이승과 저승, 크고 작은 것에 한 사물도 버림이 없으니 이것이 어찌 천지의 밖에서 구한 것이겠는가. 그것을 본연本然에 얻어서 당연히 이치를 행하였을 따름이로되 학문이 아니면 그 이치를 연구하여 미묘한 이치를 지극히 할 수가 없는 것이다.

학문을 하는 요점은 이치를 궁구하는 데에 있고 이치를 궁구하는 요점은 또 자득自得하는 것을 귀하게 여긴다. 맹자가 말하기를 "군자가 깊이 나아가기를 도道로써 하는 것은 이치를 자득함을 위한 것이니 자득하면 거처함이 편안하고, 거처함이 편안하면 의뢰함이 깊고, 의뢰함이 깊으면 좌우에서 취하여 씀에 그 근원을 만나게 된다. 그러므로 군자는 그것을 자득하고자 하는 것이다"라고 하였으니 만약에 자득하지 않고 한갓 배워 들은 것만 따른다면 이치와 학문이 서로 관계함이 없어져서 이치가 나에게 있는 것이 아니게 된다.

내가 처음 구암龜巖 이 선생에게 배울 때에 선생이 가르치길 "효제충신孝悌忠信으로써 하여 반드시 마음에 구하라"라고 하여 학문을 함에 마음으로 강마講磨하였고, 남명南冥 조 선생에게 배울 때에는 경의敬義 두 자字를 얻어 들었으나 나이가 어려서 두 선생의 가르침을 알지 못하였더니 이제는 이미 늙었음인지 때로 고요한 밤에 생각해 보니 두 선생의 가르친 뜻이 비록 이름은 달리했으나, 그 실상은 둘이면서 하나인 것이다. 효제충신이 경의가 아니면 행할 수 없고 경의가 효제충신이 아니면 설 수가 없으며 일용행사간日用行事間에 내 마음에 당연한 바일 따름이다. 어찌 가히 듣기를 넓게 흡족히 하는 것으로 될까. 두 선생의 사람 가르치는 뜻이 지극하고 다하였으니 능히 일찍이 스스로 체험하여 마음에 얻지 못하고 지금 방황하면서 궁한 사람이 돌아갈 바가 없는 듯하다.

이제 너희들이 도道에 대하여 한마디 듣고자 청함은 지당한 것이로되, 성性과 천도天道는 자유子遊, 자하子夏의 무리들도 능히 듣지 못했거늘 하물며 내가 도道에 있어서랴. 그러나 비록 너희가 어린 나이에 이에 뜻을 두니 그 마음이 극히 아름다우며 내 죽음도 멀지 않은즉, 혹 한마디도 아니하고 떠나는 한이 될까 두렵다. 그래서 병이 나 누운 베게 위에서 거친 생각으로 뽑아내어 단장斷章을 불러 이를 이름하여 침상단편枕上斷編이라 하고 너로 하여금 쓰게 하여 주느니, 이는 모두 옛사람들의 남은 말이거늘 어찌 감히 억지로 붙이고 지리하게 파고들어 나의 말로 삼겠는가. 그 가운데 충서忠恕가 이상인즉 진실로 처음 배우는 자가 가히 그 말이나 들음에 나아갈 바가 아니로되 글의 처음은 도道의 큰 근원이 하늘에서 나왔음을 보이기 위함이요 그 이하로는 대개 일용상행의 도리이다.

효제孝悌는 위인爲人의 근본이요 성경誠敬은 효제를 하는 근본이니 이것이 곧 인간의 본연의 마음이나 오로지 외물이 분연히 앞을 가려 귀, 눈, 입, 코, 손, 발의 욕심이 마음 안에서 녹아 잠재해 있으므로 마음에 둔 바가 날로 위태롭고 없어지는 것이다. 아마도 성경이 없다면 어찌 그 욕심을 제어하여 그 없어진 것을 둘 수 있겠는가. 대저 하늘과 사람의 이치는 지극히 묘하니, 지극한 것은 옛 성현이 혹 그림으로 그리고 혹 해석을 기록한 것이 책에 있으니 이치로써 그것을 구하면 어찌 얻지 못함을 걱정하리오 그 널리 구하고 연구하는 것은 경전에 있으니 많이 인용할 필요가 없고 내가 이미 능치 못하면서 그것을 일컬어서 말한다면 내가 말한 바가 모두 바른 데에서 나오지 못한 것이 된다.

그러나 독서하는 여가에 참고하여 널리 추구하면, 하늘이 하늘답고 땅이 땅답고 사람이 사람답게 되는 것이 천지간에 한 이치라는 것을 알기 어렵지 않게 될 것이다. 오직 힘쓰도록 하라.

이상의 관통하는 요지를 살펴보면 평생 동안 그가 어떻게 학문하고, 독신하며 공업을 이루었는지를 가히 짐작할 수 있다.

한편 성여신은 62세 때 「삼자해三字解」를 지었는데 이는 그가 평생 동안 용공지지用工之地로 삼으며 실천적 위기지학爲己之學의 수양덕목修養德目으로 삼은 것이었다. 즉 삼자三字란 직直, 방方, 대大로서 이를 스스로의 경계로 삼아 그가 거처하던 부사정浮査亭11) 북쪽 창문 벽 위에 크게 써서 붙었다. 그의 「삼자해」를 엿보면 성여신의 학문하는 또 다른 지향을 읽을 수가 있다.

"왜 직直이라고 하는가. '마음이 곧을 것을 바라기 때문이다.' 왜 방方이라 하는가. '일이 방정方正한 것을 바라기 때문이다.' 왜 대大라고 하는가. '국량局量이 크기를 바라기 때문이다'" 하고 이에 다음과 같이 풀이하였다. "마음이 곧지 않으면 사특하게 되고 일이 방정하지 않으면 굽게 되고 국량이 크지 않으면 좁고 막힌다. 사특하고 굽고 막힘을 군자는 하지 않는 것이다. 곧은 것의 공功은 경敬에 있고, 방정한 것의 공功은 의義에 있고, 큰 것의 공功은 성誠에 있다. 하나에 집중하여 다른 데 가지 않으면 곧 경敬은 마음의 주인이요, 헤아려 마름하기를 알맞게 하고 마땅하게 하면 곧 의義는 일의 주인이요, 진실眞實해서 망령되지 않으면 곧 대大는 몸의 주인이다. 마음에 주인이 있고 일에 주인이 있고 몸에 주인이 있으면 곧 길을 가는 발걸음이 좁은 길이거나 굽은 길을 걸어도 군색하지 않을 것이다. 그리하여 이를 써서 스스로 경계하고자 하는 것이다."12) 『주역周易』 중지곤重地坤(☷☷)에 보면, "직直

---

11) 『晋陽誌』, 권2, 「亭臺條 · 浮査亭」, "在龜洞東岡上, 扶疎古木. 大可五十餘圍. 四方陰覆, 可坐百餘人. 進士成汝信就其傍構精舍."
12) 『浮査集』, 권5, 「雜著 · 三字解」.

은 기정야其正也며 방方은 기의야其義也니 군자君子가 경이직내敬以直內하고 의이방외義以方外하여 경의립이덕불고敬義立而德不孤하니 직방대불습무불리直方大不習无不利는 즉불의기소행야則不義其所行也"[13]라 하고 있는데, 성여신이 만년에 직방대直方大로서 자수自修의 지침으로 삼은 것은 조식의 이른바 경이직내敬以直內하며 의이방외義以方外[14]하는 언표를 승순承順한 바에 다름이 아닐 것이다. 곧 그의 수양의 기틀은 경敬과 의義의 천리踐履에 있었음을 알 수 있다.

3) 은일정신

부사 성여신은 만년에 양직당養直堂을 지었다. 자신의 거처하는 당명을 양직으로 지은 까닭은 그가 향리의 집에서 은거하며 스스로 수양의 기틀을 삼고자 한 것이다. 「양직당기문養直堂記文」을 살펴보자.[15]

당의 북쪽에 일천 대나무가 높이 솟고 많이 늘어서 있으니 곧은 마디는 하늘 높은 줄 모르고 서리를 능멸하여 홀로 섰다. 이를 보고 이름을 지었다.
양養이란 진실로 사물에 자라지 않는 바가 없음의 뜻을 얻고자 한 것이다. 군자는 사물을 한갓 사물로만 보는 것이 아니라 반드시 자신에게 돌이켜 보는 것이니 국풍에 푸르른 대숲이 무성한 것으로 위무공衛武公의 덕德을 일으켰으며 백낙천白樂天이 속이 비고 성질 이 곧은 것으로써 어진 사람의 절개에 비하였으니, 한갓 사물을 볼 줄만 알고 자신에게 돌이키지 못한다면 군자의 양심하는 도리가 아니다. 공자께서, "사람의 사는 것은 곧은 것이다" 하시고 맹자께서 "곧게 길러서 해침이 없게 한즉 천지에 가득하다"라고 하였으니 이에 내가 두 군자로서 그 기틀을 삼고 이를

---

13) 『周易』, 上經, 重地坤.
14) 『南冥集』, 「銘」, "內明者敬, 外斷者義."
15) 『浮査集』, 권3, 「記・養直堂記」.

위해 잠蔵을 지었다. 당堂의 북쪽 일천 장대나무는 그 속이 비어 있고 그 마디는 곧았도다. 불꽃같은 더위조차 물리치고 서리 내리는 눈조차도 밀쳐내도다. 군자는 이를 취하여 법을 삼아 나의 사람된 형상을 실천하고 나의 천성天性을 회복하는 것이다. 그 수양하기를 착하게 하고 곧게 하기를 공경으로 하여 항상 이를 돌아봄으로써 스스로를 경계하라.

이보다 앞서 성여신은 54세 되는 해에 고향으로 돌아와서 그 이듬해에 반구정(伴鷗亭16)을 짓고 스스로 숨어 사는 뜻을 정기亭記에서 밝히고 있다. 즉 선조 32년(1599) 겨울에 그는 진양의 대여촌에 돌아와서 다음 해 여름 오월에 청천강菁川江의 하류 남쪽 언덕 위에 반구정을 지었다.17) 근처에는 아름다운 나무가 울창하게 덮여 있고 강 위의 경치가 그윽하게 뛰어난 곳으로 은거의 풍광이 있었다. 그는 정유란丁酉亂을 피해 금릉에 떠돌다가 거처하였고 기해己亥 봄에는 성산星山 서로西路로부터 가야산 밑에 의탁했다가 또 의령의 서쪽으로 옮겨 다소의 어려움을 겪었다. 그가 반구로 정亭의 이름을 삼은 것은 자신의 처지를 정자의 이름에 빗댄 것이라 할 수 있다.18)

날개 달린 족속이 삼백하고 또 여섯이 있는데 가장 신령스러운 것은 봉황이로되 해오라기는 능히 이러한 덕이 없고, 능히 말할 수 있는 것은 앵무새로되 해오라기는 또 이러한 능함이 없고, 능히 쳐서 잡는 것은 매와 송골매로되 또한 해오라기는 이러한 재주가 없다. 덕도 없고 능함도 없고 재주도 없이 강호에서 살기 좋아하면

---

16) 『晉陽誌』, 권2, 「亭臺條 · 伴鷗亭」, "在臨江上流一里許. 佳木數株. 蔭覆江上. 景致絶幽. 進士成汝信. 所占而名之者也."
17) 진양군 금산면 가방리 남성에 있는 이 정자는 오늘날 가장골 들녘에 자리 잡고 있는데, 옛날의 터에서 지금의 부사정 자리로 옮긴 것이다.
18) 『浮査集』, 권3, 「記 · 伴鷗亭記」.

서 세사에 뜻이 없는 것이 가히 야부野夫의 짝이 됨직하여 이 정자의 이름을 얻었다.

이러한 의표儀表에 나타난 그의 정신은 바로 절세은일絶世隱逸의 세계에 노니는 청기淸氣의 표현이라 볼 수 있다. 그러나 성여신은 세사에 뜻을 완전히 끊은 것이 아니라 향풍의 발흥을 위하여 더욱 도저到底하게 내연內燃하고 있었다.

그런데 그의 시문에서도 한거閑居의 정취를 곳곳에서 살필 수 있다. 「관물觀物」이란 칠언시七言詩에 보면 이러한 그의 정신세계를 엿볼 수 있다.

대빛은 춘추로 절의에 건고했고, 흐르는 시냇물은 주야로 티끌과 탐욕을 씻어 내리네. 만약 능히 사물을 봄에 세 번 돌이킬 줄 안다면 하늘을 우러르고 땅을 굽어보아도 어찌 부끄러움이 있겠는가.[19]

이어서 「강호만흥江湖晩興」에서는 청천菁川가에서 반구정을 짓고 음풍하던 그의 정취를 살필 수 있다.

만 가지 일에 머리 흔들고 강호에 의탁한 몸 모래밭 갈매기와 짝하였네. 복사꽃 비단결 같은 물결에 살면 쏘가리 많으니 모름지기 상류의 고깃배는 푸른 물질하리라.[20]

또 「이인위미里仁爲美」란 시에서는 풍속의 소박함을 노래하고 있다.

---

19) "竹色春秋堅節義, 川流日夜洗塵婪. 若能觀物知三反, 俯仰乾坤豈有慚."
20) "萬事如今入掉頭, 江湖身世伴沙鷗. 桃花錦浪多肥鱖, 須上漁舟沂碧流."

이 칠언시는 성여신이 향리에 은거하면서 향약을 거행하고 풍속을 교정하는 데 진력하였음을 엿볼 수 있는 하나의 단서가 될 것이다.

개 짓고 닭 울음이 인근 고을에 미치니 남북에 이웃한 마을이 서로 친하구나. 풍속이 순박하여 아름다우니 지금 사람이여 옛사람에게 부끄러워 말아라.[21]

또 「우거가방월야영회寓居嘉坊月夜詠懷」란 칠언시에서는 비록 향촌에 숨어 살되 그의 풍도는 시국을 걱정하며 위국의 충정을 나타내 보이고 있다. 세상에 완전히 절연한 것이 아니라 우국하는 산림고사로서의 심경을 엿볼 수 있다.

시국을 걱정하는 마음이 해가 갈수록 깊어 가니 눈물 흘리며 한갓 칠실우漆室憂[22]를 품도다. 모문룡毛文龍의 꾀함이 무엇일까 알 수 없는데 압록강가에서 군사가 머문 지 십 년이 넘었구나![23]

또 「섭빈음鑷鬢吟」이란 오언시는 그가 73세 되던 여름에 부사정에 누워서 가아家兒들로 하여금 귀밑머리를 뽑게 하여 그 정회를 읊은 것이다. 부시附詩하기를, "성인이 이르시기를 '칠십에 하고자 하는 바를 행하여도 법도에 넘지 않는다'라고 하셨다. 그러나 나는 범인이라 어찌 감히 성인에 스스로 기대할 수 있으리오. 아름다운 산수에 자유로이 놓아져 하고자 하는 바를 쫓아서 논다면 또한 거의 종심從心에 가까우리라" 하였다. 즉 성여신은 나이 종심從心을 넘어 성인지학에 미치지

---

21) "犬吠雞鳴達四鄰, 村南村北自相親. 風淳俗朴斯爲美, 莫使今人愧古人."
22) 『烈女傳』에 나오는 故事로, 노나라 칠실읍의 노처녀가 나라를 근심한 것을 이름.
23) "傷時一念轉悠悠, 揮淚徒懷漆室憂. 不知毛將謀何事, 鴨綠留兵已十秋."

못함을 술회하고, 다만 자연에 유유로이 자적하는 한거의 자유로움을 담담하게 노래하고 있다.

　설契의 무리에 비교하니 빈말이 되었고 신선이 되고자 하였으나 또한 다하지 못하였네. 군민계君民計도 이미 어긋났으니 두어라, 귀밑 흰머리는 뽑아서 무엇 하리.[24]

　「도초사刌樵辭」에서는 푸른 강물에서 고기 잡고 산에서 나무하며, 배워도 시사時事가 맞지 않아 누년累年을 조슬操瑟하며 독서하는 자유로운 무애無碍의 정신을 읊고 있다.
　또한 성여신은 여러 번 두류산頭流山을 올라 호연한 기상을 「유두류산시遊頭流山詩」에 담아내고 있다.
　그는 부의附意한 바대로 유산遊山하는 것을 스스로 벽癖이라 일컬으면서 186구句로 된 유산시를 남겼는데, 이 「유두류산시」는 구양공歐陽公 여산고의 체제를 본받고 한창려韓昌黎의 남산시체南山詩體를 어법으로 썼다. 그는 자연을 완미하면서 자유지성自由知性의 길을 노년에 이르도록 묵묵히 걸어갔다.
　그런데 성여신의 은일정신은 내적 수양으로서의 치열한 성찰을 통하여 한갓 걸림이 없는 자유지성에 머물지만은 않았다. 그는 몸은 비록 산수에 있되 은덕은 나라와 백성을 위하여 끊임없이 내연內燃하면서 더욱 큰 도리와 의리를 위하여 외연外延하고 있었다.
　그는 「경계책經界策」에서 정사와 위민에 대하여 일단의 견해를 피력하고 있다.[25] 즉 정사의 요령을 백성의 재산을 제도하는 것보다 더

24) "比契徒虛言, 求仙亦未詳. 君民計已左, 休鑷鬢邊霜."
25) 『浮査集』, 권5, 「雜著・經界策」.

먼저 할 것이 없고, 백성의 재산을 제도하는 것은 경계를 바르게 하는 것보다 먼저 할 것이 없으니, 경계가 바르게 되면 곧 백성들이 이에 힘을 입어 살 수 있으며 나라가 이에 힘을 입어 편안해질 수 있을 것이며, 경계가 바르지 못하면 곧 백성이 국가의 혜택을 입지 못하고 나라가 넉넉히 쓰지 못할 것이니 경계가 나라를 다스림에 큰 것임을 주장하였다. 그리고 이어서 국가의 재용財用과 전제田制에 대해서 이를 바로 세울 것을 말하면서, 임진壬辰, 계사癸巳의 왜란倭亂으로 피폐해진 백성의 곤궁함을 들어 그 부당함을 지적하고 있다.

> 뜻밖에 국운이 불행하여 섬 오랑캐가 화禍를 일으켜 도읍이 함락되고 백성이 어육魚肉의 꼴이 되었으며 공사公私의 장부와 서적들이 거의 불타 재가 되었으니 비록 능히 살피고 징험하여 해마다 거두어야 할 세수稅收가 간사한 소인들로 인해 마음대로 탕진되니 돈으로 관리에게 주는 백성도 있으나 스스로 자수自首하는 아전은 없으니 공전公田은 많이 새어 나가고 국세는 조금 들어오니 이 일이 오래가면 나라는 이름만 남고 실상은 나라가 아니게 될 것이니 전제田制를 거론하지 않을 수 있겠습니까. 그러나 부역賦役을 고르게 하고자 한즉 양전量田의 법을 가히 시급히 하지 않을 수 없다고 의논하는 것은 경상經常의 의논이며, 십 년 안에 백성을 상傷하게 한 역사役事를 가히 다시 들 수 없다고 한 것은 어떤 이의 때를 살펴서 해야 한다는 의논이니, 두 가지 의논이 모두 이치는 있으되 그 근본을 놓고 본다면 근본이 아닌 것입니다.

이로 미루어 보면, 양전과 부역을 시급히 공평하게 하여야 할 것을 주장하고 전란으로 피폐해진 민심을 수습하여 경계의 근본을 세워야 할 것을 피력하였다.

또 「양전시진폐소量田時陳弊疏」에서 성여신은 당시 양전을 실시함에 있어서 그 폐단을 직시하여 이의 실시를 일부 지역에서 유보할 것을 상소하였다. 즉 양전을 실시하는 데 있어서 급한 기한으로 인하여 백성들의 원성이 높아가는 폐해를 바로잡아 줄 것을 주장하였다. 그는 민심이 가히 항산恒産이 없으면 항심恒心이 있을 수 없다고 하여 백성이 사방으로 흩어지고 이러한 일이 계속되면 변방에는 사람이 없어지고 이로써 울타리가 견고하지 못하여서 근본 또한 흔들리며 이런 지경에 이르면 무엇으로 나라를 지탱할 것인가를 묻고 있다.[26]

이어서 그는 울타리의 중함을 임금이 돌아보고 헤아리어서 연해沿海 열세 읍에는 그 소행하여 회복할 때까지 양전을 중지하고 일어남에 따라서 세금稅金을 따라 매겨 흩어진 백성을 모으게 하여 나머지 지역도 그 기한을 늦추고 또 그 등수에 알맞게 하여 평시의 결복結卜수에 준하지 말 것을 상소하였다.

이상에서 나타난 양전의 기한과 그 실시를 보류할 것을 주장하고 있는 「양전시진폐소」는 왜란 이후에 핍박한 유민들의 민정에 대하여 성여신이 향촌에서 직접 눈으로 보고 느낀 그 적폐를 잘 지적하고 있다. 따라서 그는 비록 천석泉石에 한유閑遊하는 고사高士로되 현실을 외면한 위치에만 안주하지는 않았음을 알 수 있다. 그는 은일한 현실주의자로서 또 향촌의 장로로서 민정과 풍속을 이끌었던 지도자였음을 알 수 있다.

---

26) 『浮查集』, 권3, 「疏·量田時陳弊疏」, "嗚呼, 民心如此. 則其可謂有恒心乎. 旣無恒心則其可謂有恒産乎. 無恒心無恒産. 而散之四方者相繼焉. 則邊圉無人. 則藩不固藩籬不固, 則根本亦搖根本旣搖則將何以爲國. 云云."

3. 향풍의 진흥

1) 향약의 시행

성여신은 71세 되던 해 봄에 금산에서 여씨향약과 퇴계동약을 본받아 금산동약을 짓고 이를 시행케 하여 풍속의 순화를 꾀하였다. 금산동약 서문에 보면, 금산이 대여촌과 합하여 한 마을이 된 것은 병화로 인하여 빈 집이 많이 생긴 까닭이라고 밝히고, 먼저 여씨향약의 條에 의지하고 퇴계동약의 規를 모방하고 또 예부터 마을에서 전해 온 例를 미루어 짠 것이라고 하였다. 즉 옛날에는 마땅했으나 지금은 그렇지 않은 것은 덜어 내고 지금은 합당하나 옛날에는 그렇지 않은 것은 더하여, 사람들의 뜻에 맞추어 함께 미워하는 것은 버리고, 좋아하는 것은 취해서 綱은 크게 쓰고 目은 다음 크기로 쓰고 줄을 잡아 분류하고 註를 달아 그 뜻을 쉽게 해서 보는 자로 하여금 알기 쉽게 하였다. 향약은 당시 조선시대의 향당의 규범이었고 사회도덕이었다. 유교적 가족질서의 규범으로서의 가례가 사회 규범으로서 확대·재생산된 지도이념이라고 할 수 있다. 조선 성리학의 내면화, 실천화의 시대인 명종 연간에 이르러 향약은 '화민성속 化民成俗의 이상사회 실현'이라는 면이 강조되면서 등장한다. 중종 12년(1517) 6월에 경상도 함양 유생이었던 김인범金仁範이 여씨향약을 준행하여 풍화의 敎를 홍포弘布케 하자고 상소를 하였으며 중종은 이를 "일개 초야의 한 선비가 날로 인심이 상하여 탄식하고 풍속이 날로 약해지므로 이를 고쳐 당우唐虞의 다스림으로 회복시키고자 하니 그 뜻이 가상함이라" 하고 예조로 하여금 8도 감사에게 널리

포고토록 하였다.[27]

이와 같이 중종 대부터 향약은 각 도에서 실시되기 시작하여 진주지방에서는 성여신이 임진란 이후의 피폐해진 풍속을 바로 세우기 위해 금산동약을 세우게 된다.

그러면 금산동약의 조목의 구조를 구체적으로 살펴보기로 한다. 먼저 향약의 일반적인 사강목四綱目으로서, 금산동약 또한 사조목四條目을 주축으로 삼고 있다. 이는 바로 덕업상권德業相勸, 과실상규過失相規, 예속상교禮俗相交, 환난상휼患難相恤의 사조四條로서, 여씨향약 절목을 덜고 더해서 만든 것이다. 이상의 조목은 당시 여느 다른 향약의 내용과 같은데 그 하위에 있는 세목을 보면, 먼저 덕업상권은 덕德과 업業으로서 크게 두 가지의 내용으로 나누어져 있다.

먼저 덕德의 내용을 열거해 보면, 행선行善, 개과改過, 치신治身, 치가治家, 사부형事父兄, 교자제敎子弟, 목친족睦親族, 수염개守廉介, 상예양尙禮讓, 구환난救患難, 규과실規過失, 해투쟁解鬪爭, 결시비決是非 등으로 되어 있다.

이어서 업業의 내용을 열거하면, 가사家事와 외사外事로 나누어 앞선 덕德의 각 내용을 실천하는 방도를 제시하고 있다.

과실상규는 의리義理를 범하는 과실 여섯 가지와 수양하지 않는 과실 다섯 가지를 각각 열거하고 있다.

예속상교는 혼인婚姻, 상장喪葬, 제사祭祀를 당하여 상호 부조할 것을 정하고 있다.

---

27) 『中宗實錄』, 권28, 12年 6月 戊申 及 同7月 庚辰條, "以草野寒生, 傷嘆人心日, 偸風俗日惡, 欲變薄俗而回唐虞之治, 其志亦可嘉也."

환난상휼은 어려운 7가지 일을 당했을 때 서로 구휼할 것을 정하였는데, 물, 불, 도적, 질병, 죽음과 초상, 고아, 노약, 무고로 연좌된 일, 가난이 그것이다.

이상의 조목에 대하여 선행이 있으면 기록하고 허물이 있으면 또한 기록하되 세 번 범하면 벌을 행하고 고쳐지지 않는 자는 끊는다고 하였다.

그리고 행벌지조行罰之條는 모두 상중하上中下 3등等으로 나누고 있다. 그 중에서 상벌上罰인 극벌極罰은 6가지로 나누었다. 즉, 부모에게 불손한 자, 형제간에 싸우는 자, 가도家道를 어지럽힌 자, 망녕되게 위세威勢를 부리고 방자한 행동으로 꺼림이 없는 자, 기운을 뽐내어 남을 업신여겨 귀장자貴長者에게 욕보인 자, 몸을 지키는 과부를 꾀어 위협하여 범한 자가 그것인데, 이들이 범한 일에 따라서 3등급으로 나누어 처벌토록 하였다. 상등급上等級은 관에 고발하여 죄를 헤아려서로 왕래를 끊고, 중등급中等級은 제적除籍시켜서 쫓아내어 이웃에서 멀리하고, 하등급下等級은 무리에서 들어내어 내치며 공회公會에 참여시키지 않는다.

그리고 극벌 아래에 있는 중벌中罰은 모두 17개 세목으로 열거하여 놓고 있다. 이 중벌 또한 상중하 3등급으로 나누어 그 경중에 따라 처리할 것을 의논한다고 정하였다.

그리고 하벌下罰은 공회 운영에 대한 4가지 벌칙을 규정하고 있다.

이상은 퇴계동약에 의거하여 절목을 증감한 것이다.

이상에서 보인 금산동약의 구성을 표로 구조화해 보면 다음과 같다.

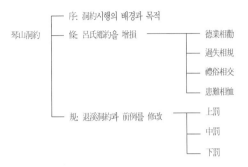

```
                    ┌─ 序: 洞約시행의 배경과 목적
                    │
        琴山洞約 ─────┼─ 條: 呂氏鄕約을 增損 ──────────┬─ 德業相勸
                    │                              │
                    │                              ├─ 過失相規
                    │                              │
                    │                              ├─ 禮俗相交
                    │                              │
                    │                              └─ 患難相恤
                    │
                    └─ 規: 退溪洞約과 前例를 修改 ──────┬─ 上罰
                                                    │
                                                    ├─ 中罰
                                                    │
                                                    └─ 下罰
```

2) 『진양지』 찬집

성여신은 77세 되던 해 창주滄洲 하증河燈, 능허凌虛 박민朴敏, 봉강鳳岡 조겸趙璥, 진사進士 정승훈鄭承勳, 진사進士 하협河恢과 함께 주지州誌를 만들었다. 『진양지晉陽誌』는 광해군 14년(1622)에 시작되어 10년 만인 인조 10년(1632)에 완성되었는데, 당시의 수필본手筆本은 전하지 않고 다소 증보된 필사본筆寫本이 오늘날에 전한다. 『부사집浮查集』에서 그는 광해군 14년에 『진양지』를 찬하였다고 하였으나, 『진양지』에 의하면 여기에 참여한 하증은 탈고에 미치지 못하고 다음 해(1623)에 타계하였고, 또 『진양속지晉陽續誌』에 의하면 같이 참여한 정승훈과 박민은 성여신이 타계한 인조 10년(1632)에 모두 타계했을 것으로 고찰되기에, 오늘날 전하는 『진양지』는 이 두 사람에 의해서 증보된 것으로 보인다.[28]

4권 3책 한 질의사찬私撰 지방지地方誌인 『진양지』는 당시 진양의 역사, 지리, 풍속, 인물, 호구, 전결, 문화 등을 다루고 있는 이 지방의

---

28) 『國譯 晉陽誌』, 「解題」(晉陽文化院 刊, 1991).

귀중한 사료로서 그 가치가 높다.『진양지』의 내용은 한강寒岡 정구鄭逑가 펴낸『함주지咸州誌』의 체제와 거의 동일하다. 종합적인 인문지리서의 성격을 지닌『진양지』의 편차와 서목을 살펴보면 다음과 같다.

제1권: 京師相距, 四隣彊界, 建置沿革, 屬縣, 鎭管, 官員, 州名, 形勝, 風俗, 各里, 戶口田結, 山川, 林藪, 土産, 舘宇, 城郭, 壇廟

제2권: 學校, 書院, 書齋, 亭臺, 驛院, 軍器, 關防, 烽燧, 提堰, 灌漑, 橋梁, 佛宇

제3권: 任官, 牧使, 兵使, 名宦, 姓氏, 人物, 孝行, 烈女

제4권: 文科, 武科, 司馬, 南行, 流配, 塚墓, 古跡, 叢談

『진양지』는 당시의 생활과 사회경제활동 및 인물을 살펴보는 데 많은 유용한 자료를 담고 있다. 특히 남명연원의 탐색에 있어서 많은 보충적 자료를 담고 있다. 당대의 남명문인과 학통을 살피는 데 있어서 다양한 단서를 제공하고 있다는 점에서『진양지』는 남명 조식 관계 연구 자료로서도 가치가 높다.『진양지』에 나타난 인물을 그 위인별로 나누어 살펴보면 다음 표와 같다.[29]

시대	문과	무과	사마	남행	인물	효행	열행
신라						1	
고려					12	4	1
조선	80	153	233	80	96	40	47

---

29)『國譯 晉陽誌』,「解題」(晉陽文化院 刊, 1991).

4. 결어

남명 조식 연원에 대한 탐구의 일환으로서 부사 성여신은 독특한 자리 매김을 하였다고 생각한다. 그는 진주지방을 중심으로 한 남명학통을 살펴보는 데 기초적인 자료로서 『진양지』 편찬에 참여하였고, 은일로서 이 지방에 많은 업적을 남겼다고 볼 수 있다. 임진왜란 이후의 쇠락한 향풍을 흥기시키는 데 진력하였으며 임천에 은거하면서도 외연하는 위민정신을 보이는 데 주저하지 않았다.

그는 남명 조식과 구암 이정의 문하에서 경의와 효제충신의 가르침을 독실하게 천리하여 만년에 이르도록 흐트러짐이 없이 위기지학의 외길을 걸어갔다.

본고는 성여신의 생애와 정신, 그의 향풍 교화에 대한 개괄적인 검토에 한정하고 있다. 성여신에 대한 다른 시각의 심층적인 연구는 다음으로 미루어 놓았으며 특히 『진양지』에 나타난 남명연원가에 대한 검토도 앞으로 한 과제가 되기에 부족함이 없다고 생각한다.

【부사 성여신 연보 약초】

1세(1546)	(명종 원년) 1월 1일, 진주 동면 대여촌에서 태어남.
8세	槽溪 申蕈에게 就學함.
15세	晋州教授 藥圃 鄭琢에게서 『尚書』 수업.
16세	凝石寺에 가서 독서함.
18세	봄에 龜巖 李楨을 찾아뵙고 수업함.
19세	봄에 鄕試에 합격.
22세	명종 승하. 가을에 쌍계사에서 독서.
23세	(선조 원년) 단속사에서 佛板을 태우고 德山에서 南冥 曺植을 뵙고 『상서』를 배우고 崔永慶과 定交.
26세	3월, 덕산에 가 남명 조식을 찾아 뵘. 5월, 泗川에 가 구암 이정을 찾아 뵘. 7월, 母夫人 丁憂를 당함. 龜巖先生 訃音을 들음.

27세	남명 조식의 부음을 듣고 곡함.
30세	凝石寺에 가서 독서함.
31세	남명선생의 德川書院 건립을 제현과 의논.
32세	쌍계사에서 독서함.
36세	봄에 창녕의 선영을 참배 후 寒岡 鄭逑를 찾아 봄. 4월에 嘉禮로 옮겨 삼.
37세	여름에 閻崛寺에서 독서함.
40세	겨울에 舊居로 돌아옴.
44세	鄭汝立逆獄事件으로 崔永慶과 柳宗智가 被禍됨.
47세	여름에 倭亂으로 피함.
50세	봄에 體察使 梧里 李元翼 내방함. 겨울에 金德齡 장군의 伸寃을 體察使에게 구함.
55세	浮査亭 지음. 여름, 伴鷗亭 지음.
56세	兵火로 소실된 덕천서원을 제현과 중건.
57세	「守愚堂得伸疏」 올림.
58세	3월, 보름 難泰會를 부사정에서 會設키로 함.
61세	3월, 李大約의 집에서 계서회를 가짐. 가을에 한강 정구를 덕천에서 만남. 겨울, 약포 정탁을 곡함.
62세	「三字解」와 「晩悟箴」을 지음.
63세	선조 승하.
64세	(광해 원년) 가을 향시 생진 양장에 합격.
68세	별시 東堂에 나아가지 않고 돌아옴.
69세	여름, 「惺惺箴」 지음.
71세	봄, 琴山洞約을 이룸. 가을, 두류산에 가서 유산록 지음.
73세	봄, 관포 어득강 선생의 쌍계사 팔영루 시판을 씀.
74세	「晋陽全城記」 및 「上洛君金公時敏卻敵碑銘」 지음.
77세	『晋陽誌』를 제현과 펴냄.
78세	(인조 원년) 「王字草隸文」 씀.
87세(1632)	봄, 병으로 누움. 「枕上斷編」 지음. 가을, 동방제현 찬贊 이룸. 겨울, 11월 1일 부사정 양직당에서 돌아가심.
인조 11년(1633)	정월 진주 북쪽 卄巖山(晋州市 대곡면 월암리)에 묻힘.
숙종 28년(1702)	臨川祠[30] 창건.
숙종 45년(1719)	2월, 位版 봉안.
정조 9년(1785)	5월, 한산인 순암 안정복이 행장을 짓고 묘갈명을 병서하였으며 『浮查集』 서문을 지음.

---

30) 臨川書院은 李俊民, 姜應台, 成汝信, 河橙, 韓夢參 5位를 享祀하고 있는데, 賜額書院이 되지 못하였다.

제5장 부사 성여신의 선불관仙佛觀

김 경 수

1. 생애의 특징

성여신(자는 公實, 호는 浮査)은 명종 원년(1546) 정월 초하루 즉 설날 자시子時에 태어나 인조 10년(1632) 동짓달 초하루에 세상을 떠났다.[1) 향년 87세이니, 당시로서는 매우 장수했다고 하겠다. 그는 47세에 임진왜란을 몸소 겪었으며, 정유재란 때에는 망우당 곽재우가 수성하고 있던 화왕산성으로 들어가 군사의 일을 논의하는 등 격변의 세월을 보내기도 하였다. 계사년의 진주성 전투에서는 형이 죽임을 당하여 그 시체를 찾아 장례를 치르기도 하였다.

그의 생애를 살펴보면 몇 가지 특징을 찾을 수 있다. 첫째, 그가 스승으로 섬긴 인물이 네 명인데, 그들 모두 독특한 이력의 소유자라

---

1) 역학의 관점에서 보면, 정월은 지천태괘(䷊)에 해당하고 동짓달은 지뢰복괘(䷗)에 해당한다. 집안 부흥의 큰 기대를 받고 태어나 당대의 문장으로 이름난 성여신이었지만 결국 과거에 급제하여 뜻을 이루지 못하고, 64세에 비로소 생원 진사의 사마양과에 급제하고 말았으니, 역학적으로 출생과 사망의 날이 바뀌었으면 어떻게 되었을까 하는 부질없는 생각을 해 본다.

는 것이다. 그는 8세에 이모부인 조계博溪 신점申霑에게서 글을 배웠는
데, 신점은 신숙주의 증손이다. 15세에는 약포藥圃 정탁鄭琢이 진주교
수로 부임하자, 부친의 명으로 그에게 나아가 『상서』를 배웠다. 정탁
은 남명 조식의 제자로서 임진왜란 당시 조정에 있으면서 난의 극복에
크게 기여하였으며 청백리로 이름을 떨친 인물이다. 60세 때에 정탁이
죽자 성여신은 다음 해에 가서 조문하였다. 18세에는 응석사에 머물면
서 독서하던 중에 당시 경주부윤으로 있던 구암龜巖 이정李楨이 임기가
만료되어 잠시 귀향하자 그를 찾아가 스승으로 섬기고 평생 인연을
이어갔다. 이정은 문과에 장원급제한 수재였으며, 조식과는 11살의
나이 차이를 극복하고 종유한 인물이다. 과거에 뜻을 둔 성여신이
그를 스승으로 섬긴 것은 당연한 선택으로 볼 수 있다. 성여신은 이후
21세에 이정이 모친상을 당하여 시묘살이를 하고 있을 때 두 번이나
찾아가 이정의 손자들 및 다른 제자들과 더불어 학문을 강론하였다.
26세에 다시 한 번 사천으로 이정을 방문하였고, 그해 겨울 이정이
죽자 어머니의 상중임에도 스승의 예로써 상복을 입었고, 그의 손자들
과도 교유를 이어갔다. 23세에는 단속사에서 공부하던 중에 『삼가귀
감』의 목판과 사천왕상을 불태우고서 가까운 곳에 거주하는 조식에게
그 사실을 고하기 위하여 찾아갔다가 사제지간의 인연을 맺고 『상서』
를 받게 된다. 이후 26세 때에 한 번 더 조식을 만나고, 다음 해에
조식이 돌아가자 5월에 문상을 가 이정의 예와 같이 하였다. 그는
조식의 아들과도 교유를 이어갔는데, 조식은 측실로부터 늦게 얻은
아들 셋이 있었으므로 대략 이정의 손자들과 나이 차이가 많지는
않았다. 그런데 재미있는 사실은, 조식과 이정 두 사람은 만년에 이웃

하여 살기로 약속할 만큼 친한 관계였지만, 두 사람 모두와 인척으로 연관된 집안의 이른바 '음부사건'으로 말미암아 결국 절교에 이르게 되었다는 점이다. 이에 대해서 성여신은 두 스승이 끝내 다시 화합하지 못하고 돌아간 것에 대하여 깊이 애석해하고 있기도 하다. 조식과 이정 두 사람을 스승으로 섬기고, 두 집안의 자손들과 깊은 교유를 가진 성여신이 이후 두 집안의 논쟁에서 두드러진 조정 역할을 한 흔적이 없다는 것도 하나의 특징이다.

둘째, 그가 평생에 사귄 인물들에게서 한 특징을 찾을 수 있다는 것이다. 그는 조식의 만년 제자이다. 그의 조부와 종조부는 조식과 상당한 교분이 있었다. 그런 점에서 본다면 그가 15세 무렵에 덕산으로 들어온 조식을 먼저 찾아가 스승과 제자의 관계를 맺지 않고, 18세에 이정을 찾아가 스승으로 섬긴 것은 쉽게 납득이 되지 않는다. 아무튼 조식을 처음 찾았을 때 그는 서울에서 조식을 스승으로 섬기고자 찾아온 최영경을 만나게 되고, 이후 둘은 그리 멀지 않은 곳에서 살았다. 최영경은 성여신보다 17세나 연상이었거니와 그 외 조식의 고제들도 모두가 성여신보다는 최소 10세 이상의 연장자들이었으며, 오건 같은 경우는 무려 25세나 연장이었다. 성여신은 나중에 기축옥사에서 최영경이 억울하게 죽임을 당하자 벗들과 함께 그의 신원을 위해 노력한다. 그리고 진주지역에서 남명학파의 대표적 인물로서의 역할을 수행하였다.[2] 따라서 그의 교유는 당연히 조식의 제자들이나 사숙인들이 주류를 이루었다. 그가 사회적으로 왕성한 활동을 한 시기는 임진왜란이 끝난 후부터

---

2) 그가 77세 때 친구 여섯과 더불어 편찬한 『진양지』의 「인물」조에서는 남명 조식과 최영경에게만 '先生'이라는 표현을 사용하고 있다.

라고 할 수 있다. 난 후 3년째인 55세에 부사정을 지었고, 2년 뒤에 최영경의 신원소를 주동하여 뜻을 이루었다. 이때에 함께한 인물들과 '계서회鷄泰會'를 만들어 평생 모임을 이어갔다. 그는 또 조식의 외손서이자 제자인 망우당 곽재우와 특별한 교분을 가졌다. 정유재란 때 화왕산성에서 함께 성을 방어하였으며, 난이 끝난 후 곽재우의 삶을 보면서 안타까움을 가졌고, 곽재우의 죽음에 당해서는 날씨의 이변으로 이상한 조짐을 감지하기도 하였다. 그의 교유에서 다소 색다른 점 하나는 벗을 사귐에 나이의 구애를 받지 않았다는 것이다. 그의 아들들과 그 친구들도 벗으로 대하면서 산수유람을 함께 하고 있는 모습을 보였다. 물론 이러한 점은 그들 모두가 남명학파의 인물로서 남명문인의 자손이거나 사숙인이었기에 가능한 것이었다고 볼 수 있다.

셋째, 그가 향촌교화에 많은 힘을 쏟았다는 점이다. 성여신은 조식이 그러했던 것을 본받아 향촌의 예제를 성리학적 예제로 정착시키고자 많은 노력을 한 인물이다. 그러한 활동의 대표적인 경우가 그가 살던 마을에 '금산동약'을 만들어 정착시킨 일과, 이웃의 뜻 있는 젊은이들을 모아 교육시킨 일이었다. 특히 그는 왜란이 끝난 후인 56세에 향촌의 자제들을 모아서 교육시켰는데, "난리 후에 습속이 크게 변하여 문학에 힘쓰지 않았다. 선생이 개연히 후학을 흥기시키는 것으로써 자기의 임무로 여겼다. 배움에 뜻을 둔 젊은이들을 모아 강독을 그치지 않으니, 학자들이 다투어 따랐다"[3]라고 한 것에서 그 정황을 알 수 있다. 나아가 71세 때에는 금산동약을 만들어 풍속을 교화하였는데, 당시의 풍속이 예법에 어긋난 것이 많았기 때문이었다. 동약의 뒤에는 퇴계 이황의

---

3) 『부사집』, 권7, 「연보」, 56세조 참조.

향약鄕約을 따라서 '마을 규약'을 만들어 붙임으로써 어른들로 하여금 '가르침'을 알게 하고 젊은이들로 하여금 '배움'을 알게 하였다.[4] 또한 그의 이러한 활동은 77세 때에 동지 여섯 명과 함께 편찬한 『진양지』의 간행으로까지 이어진다. 이 책의 간행은 풍속의 교화에 지대한 영향을 미쳤다.

넷째, 그는 기질적으로 도연명과 이태백을 매우 좋아했다고 할 수 있다는 점이다. 집안 부흥의 기대를 한 몸에 받고 태어나 자란 성여신은 어려서부터 그 재능이 남달랐다고 보인다. 그러나 그는 과거의 운이 따르지 않았고, 64세에 비로소 생원과 진사 양시에 합격하였다. 그리고 68세에 별시 동당시에 장원하여 서울로 올라가 문과에 응시하고자 하였으나 '그릇된 방법'(詭遇之路)을 권유하는 자가 있어 시세를 한탄하면서 시험장에 들어가지 않고 귀향하고 말았다. 그런데 그는 일찍부터 기질적으로 벼슬과는 거리가 먼 것 같은 행적을 보이고 있었다. 그는 18세 때 감사가 진주에 이르러 시험을 보았는데 여기에서 그는 「운학부雲鶴賦」로 장원을 하였다. 그 내용 중에 "도팽택陶彭澤이 심양으로 돌아감에 구름은 산골짝에서 나오고, 이적선李謫仙이 서쪽으로 동정호를 바라보니 물 가득하여 끝을 볼 수 없네"[5]라고 하였는데, 감사가 이를 보고서 '불세출의 문장'이라고 극찬한 일이 있었다. 도팽택은 도연명을 말하고, 이적선은 이백을 지칭한다. 도연명은 관직생활에 염증을 느껴 귀거래사를 읊고서 고향으로 돌아간 인물이며, 이백은 처음부터 관직생활과는 어울리지 않는 대자유인이었다. 두 인물 모두 산수간에 몸을

---

4) 『부사집』, 권7, 「연보」, 71세조 참조.
5) 『부사집』, 권7, 「연보」, 18세조, "陶彭澤歸去潯陽, 無心出岫, 李謫仙西望洞庭, 水盡不見."

의지하여 시를 읊조리며 자유로운 영혼의 삶을 누렸는데, 18세의 성여신이 그들을 동경하여 그와 같은 시를 지었다는 사실은 그의 기질을 살피기에 시사하는 바가 적지 않다고 할 수 있다. 이런 그의 기질은 산수유람을 병적으로 좋아하는 마음과 맥을 같이하고 있다고 할 수 있는데, 유람 중에 남긴 많은 시에서 그들과 비슷한 흥취를 풍기고 있음을 느낄 수 있다. 또한 그는 66세 때에 김윤안이 체직되어 돌아감에 즈음하여 한유의 「별지부別知賦」에 차운하여 부를 지어 주었는데, 이 시에서도 그러한 느낌을 다분히 포함하고 있다.

다섯째, 평생에 걸쳐 산수유람을 매우 즐겼다는 점이다. 성여신은 스스로 유람하는 것이 벽癖이라고 하였다. 말하기를 "세상에서 병의 고치기 어려운 것을 의원이 벽癖이라고 한다. 옛사람은 좋아함이 중도를 지나친 것을 또한 벽이라 하였다. 이런 까닭에 두씨는 좌전의 벽이 있었고, 등공은 말을 좋아하는 벽이 있었다. 나로 말하자면 나의 유람이 거의 벽이라고 말할 수 있을 것이다"[6]라고 하였다. 그리하여 『부사집』에는 칠언절구에 「동도유적」 27수 및 「서도유적」 20수가 실려 있고, 칠언율시에 「동도회고」, 「서도회고」가 실려 있다. 여기서 말하는 동도와 서도는 각각 경주와 평양을 가리키는 것으로, 그는 고대 역사의 흔적을 방문하기도 하였던 것이다. 그 밖에도 여러 사찰에서 노닌 시들이 산재하며, 특히 그는 지리산을 매우 좋아하여 자주 찾았다. 그는 78세에 쓴 「유두류산시」의 서문에서 이어서 말하기를 "나의 벽이 이와 같은 까닭에 젊어서 서울에 놀러 가서 백운대에 올랐고, 중년에는 중원에

---

6) 『부사집』, 권2, 「유두류산시」, "世稱病之難, 醫者謂之癖. 故人之嗜之過於中者, 亦謂之癖. 是以, 杜氏有左傳癖, 鄧公有好馬癖. 余謂余之遊覽, 其殆謂之癖."

놀면서 계족산에 올랐으며, 늘그막에는 동해 연변의 여섯 고을을 지나면서 유람하였다.…… 근래의 일을 말하면 지리산 홍류동으로 들어간 것이 두 번, 청학동으로 들어간 것이 다섯 번, 신흥동으로 들어간 것이 세 번, 백운동으로 들어간 것이 한 번, 이제 또 두류산 정상에 올라 유람하니 이는 늙은이의 유람벽이 죽어서도 고치기 어려우니 매우 가소롭다"[7]라고 하였다. 그는 71세에 지리산을 유람하고서 「방장산선유일기」를 남겼다. 그가 지리산을 좋아하여 자주 찾은 것이나 유람일기를 남긴 것은 모두가 조식의 행적을 본받은 느낌이 완연하다. 옛 선비들이 지리산을 유람하고 유람록을 남긴 전통은 매우 오래되었고, 하나의 전통처럼 학자들 사이에서 유행이었다고 할 수 있다.[8]

이 글에서 살펴보고자 하는 성여신의 불교관과 도교관은 바로 그의 유람벽에서 남긴 글들이 주된 자료로 분석될 것이다. 그는 벗들과 사찰에서 자주 회동을 가졌으며, 조용히 학문에 정진하고자 할 경우에도 사찰을 찾았다. 그에게 사찰은 유람의 도중에 쉬어 가는 장소였으며 동시에 학문에 전념하는 장소이기도 하였다. 또한 유람의 도중에 들른 사찰에서 그는 신선을 동경하였으며, 세상에서 뜻을 펼치지 못한 그에게는 유람이 바로 마음의 안식처이자 이상과 현실의 괴리를 넘나드는 통로이기도 하였다. 그는 개방적이고 자유로운 사상을 가진, 그러면서도 성리학으로 무장한 유학자의 틀 속에서 살 수밖에 없었던 조선 중기의 한 선비였다.

---

7) 『부사집』, 권2, 「유두류산시」.
8) 지리산유람록을 수집하여 연구, 번역하고 출판하는 작업이 경상대학교 한문학과에서 이루어지고 있는데, 그 중심에 최석기 교수가 많은 역할을 맡고 있다. 그 성과로 출판한 『선인들의 지리산유람록』은 이미 여러 권에 이른다.

2. 배척과 이해의 불교관

성여신의 학문관은 당대의 저명한 학자들과는 다소 차이점이 있다. 이황이나 조식 같은 경우는 제자들에게 성리서 이외의 다른 책들을 보지 말도록 권하였다. 그러나 그들 자신은 제자백가의 서적들을 두루 섭렵했다고 나타난다. 자신들이 두루 섭렵하고 보니 그러한 제자백가의 서적들이 공부에 도움이 되지 않는 것을 알았기 때문이라고 후학들에게 말하였던 것이다. 그런데 그들의 제자들은 스승에 대해서 평가할 때 '온갖 분야의 서적들을 모두 섭렵하여 알지 못하는 분야가 없었음'을 자랑스럽게 서술하고 있는 모순을 범하고 있음을 볼 수 있다. 이에 반해 성여신은 그 스스로 "일찍이 크게 그 힘을 문장에 쏟아 혹은 산사山寺에서 혹은 학사學舍에서 문을 닫고 섭렵한 것이 거의 사십여 년이었다. 까닭에 읽지 않은 책이 없었으니 널리 경전에서 구하고 곁으로 백가에 통하였다"[9]라고 하였고, 또 "선비의 포부는 가볍지 않으니 우주간의 허다한 크고 작고 정밀하고 조잡한 일들을 알지 않을 수 없다. 산수와 병진, 의약과 천문지리에 이르기까지 또한 모두 연구해야 한다"라고도 하였다. 또 배우는 자들에게 말하기를, "배우는 자는 경전에서 널리 구하고 곁으로 제자백가에 통한 연후에 번거로움을 거두어 간략함에 나아가며, 자신에게 돌이켜 간략히 하여야 스스로 일가의 학문을 이룰 수 있다"라고 하였다. 이는 학문에 대한 그의 개방적인 견해를 대변하는 것이며, 제자백가의 학문도 실지에서는 모두 쓰임이 있음을 인정하는 것이다.

---

9) 『부사집』, 권8, 「언행록」.

이와 같은 학문적 태도를 견지한 그에 대해서 오늘날 상당한 오해가 있다고 여겨지는 부분은 그의 불교관이다. 한국학중앙연구원에서 제공하는 인터넷 사이트 '한국역대인물 종합정보시스템'에서 성여신을 검색하면 다음과 같은 내용으로 소개되어 있다.

1553년 8세에 신점申霑에게 글을 배웠다. 일찍부터 문명을 떨치다 1609년(광해군 1) 64세로 사마양시에 합격하였다. 그는 불세출의 문장으로 이름을 떨쳤는데, 스스로 호를 '부사야로浮査野老'라 하였다. 그는 특히 불교배척에 힘썼으며, 임진왜란 이후 투박하고 문란해져 가는 풍속을 바로잡기 위하여 여씨향약呂氏鄕約과 퇴계동약退溪洞約을 본떠 이를 지방에 심는 데 힘썼다. 진주의 임천서원臨川書院과 창녕의 물계서원勿溪書院에 제향되었다.

이 글은 이원근이 집필한 것으로 되어 있는데,[10] 그 내용 중에 "그는 특히 불교배척에 힘썼으며, 임진왜란 이후 투박하고 문란해져 가는 풍속을 바로잡기 위하여 여씨향약과 퇴계동약을 본떠 이를 지방에 심는 데 힘썼다"라고 하여, 그의 일생의 업적에서 이 두 가지를 가장 두드러진 것으로 묘사하고 있다. 그러나 그가 불교배척에 힘썼다는 것은 사실보다 지나친 표현이라고 보이며, 풍속교화를 위하여 여씨향약과 퇴계동약을 본떴다는 것은 한 가지 중요한 사실을 놓치고 있다고 보인다. 물론, 엄밀히 말하자면 불교배척과 풍속교화는 별개의 일이 아니다. 이른바 당시에 민간에 유행하던 예제가 많은 경우 불교식 예제를 사용하고 있었기 때문이다. 이러한 것을 성리학적 예제로 바꾸기 위하여 이황이나 조식뿐만 아니라 조선 초중기 대부분의 성리학자

---

10) 아마도 경상대학교 사학과의 이원근 교수인 듯하다.

들이 노력을 경주했던 것이다.

　성여신의 불교배척은 이와 같이 민간의 예제가 불교식이었던 것과 많은 관련이 있으며, 나아가 미신적인 요소를 경계한 것이지 무조건적인 배척은 아니었다. 또한 "요즘 상례, 제례, 혼인의 예가 남명선생이 참작하여 정하고 준행한 것으로 인하여 거의 옛 법도를 회복하였으나 또 병란 후로부터 그 예가 드디어 폐하였다. 선생이 개연히 일으키고 이끌어 드디어 남명이 정한 예를 회복하였다"[11]라고 한 바와 같이, 풍속교화에서 향약을 참고하여 동약을 만든 것은 이와 같은 작업의 연장선에 있는 것이지 그것 자체가 일차적인 일은 아니었던 것임을 알 수 있다.

　성여신이 불교배척의 대표적인 인물로 오해받게 된 데에는 다음과 같은 일이 원인이 되었다고 볼 수 있다. 그의 「연보」 23세조에 있는 내용을 그대로 옮겨 본다. "겨울에 동지들과 더불어 단속사에 거주하였는데, 불상을 훼철하고 불판을 불에 태웠다. 인하여 덕산으로 들어가 남명선생을 배알하고 『상서』를 받았으며, 최수우당 영경과 교분을 맺었다"[12]라고 되어 있고, 그 주註에 다음과 같이 되어 있다.

　이해 가을에 임당 정유길과 진주목사 정응용이 가까운 고을의 유생을 모아 시詩와 부賦를 시험하여 열 사람을 얻고서 단속사에 거주하게 하였다. 뽑힌 자는 하면, 진극경, 손경인, 손경의, 정승윤, 정승원, 박서구, 이곤변, 하항 등이었는데, 선생이 제1등이었다. 10월에 비로소 절에 들어갔다. 이에 앞서 승려 휴정이 『삼가귀감』을

11) 『부사집』, 권8, 「언행록」.
12) "冬與同儕, 居接于斷俗寺, 毀佛像, 焚佛板. 因入德山, 謁南冥先生, 受尙書, 因與崔守愚永慶定交."

저술하여 절에서 판각하였는데, 유가를 끝에 두었다. 또 불상을 만들어 이름을 사천왕이라 하였는데 형상이 매우 괴상하였다. 일행 중 한 사람이 그 책을 인출하므로 선생이 마음으로 매우 분하게 여겨 일행이 모인 자리에서 그 사람을 꾸짖고 그 책을 찢어버렸다. 그리고 말하기를 "우리 도를 훼손하고 우리 유가를 모욕한 이 책과 불상을 더럽히지 않을 수 있겠는가?" 하고서 곧 승려들에게 명하여 그 책판을 불 지르게 하고, 또 명하여 오백나한과 사천왕을 끌어내 모두 불태우게 하니, 승려들이 모두 두려워 떨면서 그 명령을 어기지 못했다.

선생이 여러 사람에게 말하기를 "이곳은 남명선생께서 사시는 곳과 거리가 멀지 않으므로 우리들은 이 일을 고하지 않을 수 없다"라고 하고서 먼저 동료를 보내어 그 일을 아뢰게 하니, 남명선생이 말하기를 "만약 먼저 알았다면 내가 어찌 권하였겠는가? 하지만 지나간 일이니 허물하지는 않겠지만 올바른 방법은 아니었다. 사람들이 어려서는 과격하다가 중년에는 점점 평정으로 나아가는 것이니, 어려서부터 조소와 책망으로만 나아간다면 어떻게 성취를 이루겠는가? 공자께서 우활한 사람을 취한 것도 이와 같은 것이다. 다만 책판은 아까운 바가 있으니, 만약 잘게 잘라서 활자로 만들어 유가의 책을 인쇄하였다면 저쪽에서 쓸데없는 것을 취하여 나에게 쓸모 있는 도구로 삼는 것이니 또한 좋은 일이 아니겠는가?" 하였다.

다음날 선생이 남명선생을 찾아가 절하니, 선생이 바로 맞아들여 앉아 더불어 이야기함에 매우 탄식하며 말하기를 "나는 그대 선대와의 교분이 매우 좋았다. 자경 씨는 선생의 조부 휘 일휴의 자이니 나에게는 나이 많은 벗이요, 자화 씨는 선생의 종조부 휘 일장의 자이니 나와는 서로 도우는 벗으로서 항상 서로 오고 감이 그치지 않았는데, 지금 그대를 보니 옛사람을 보는 것 같구나" 하였다.

이와 같이 이야기를 나눌 때 뜰에서 보고하여 아뢰기를 "최 생원께서 서울로부터 내려와 문밖에 있습니다" 하였다. 남명선생이 나아가 맞이하여 들이니 바로 수우당이었다. 남명선생 자리의 오른쪽에 끌어 앉히고 인사를 나누었다. 잠시 후 남명선생께서 부사선생을 가리키면서 불상을 훼철한 일을 말하니, 수우당이 매우 경탄하면서 늦게 만난 것을 한스러워하였다. 조용히 앉아 종일 강설에 힘쓰니 보고 듣는 이가 모두 영광으로 생각하였다. 선생이 드디어 남명선생으로부터 『상서』를 받았다. 남명선생이 그 강의가 밝고 투철하며 미묘함을 드러내고 나던 것을 종합함을 보시고 크게 격려하고 장려하면서 이르기를, "이미 독실한 경지에 이르렀구나" 하셨다. ○ 선생은 이로부터 조 선생의 문하에 출입하고 동문의 제현들과 더불어 도의를 강마하고 제현과 교유하였으니 모두 종유록에 실려 있다.13)

이 기록에 의하면, 이 사건으로 인하여 조식과 성여신이 스승과 제자의 관계를 맺은 것으로 나타난다.14)

위 인용문의 내용을 분석하여 사건의 발단 및 경위 그리고 이 일에

---

13) "是秋鄭林塘惟吉與本州牧崔應龍, 聚近邑儒生, 制詩賦, 選得十人, 居接于斷俗寺. 被選者 河公沔·陳公克敬·孫公景仁景義·鄭公承尹承元·朴公瑞龜·李公鯤燮·河公恒, 而 先生居第一. 十月始入接. 先是僧休靜者, 撰三家龜鑑, 入梓於寺, 而儒家居末. 且造佛像, 名曰四天王, 形甚怪偉. 接中一人, 印取其書, 先生心甚憤然, 聚會同接, 面責其人, 而裂其 書. 仍曰, 毁吾道, 侮吾儒, 是書與佛, 不以誣乎, 卽命僧徒, 火其板, 又令曳出, 五百羅漢及 四天王者, 幷火之, 僧皆股慄, 莫敢違越. 先生謂諸君曰, 此去南冥先生居不遠, 吾儕, 此擧 不可不告, 先送接人, 往陳其事, 南冥先生曰, 若先知之, 吾豈勤爲. 旣往勿咎, 然末路. 人 物, 早年激昻, 中年漸就平正, 自少調適, 何以進就. 夫子之取狂簡者, 此也. 且板子則, 有 可惜者, 若截以細鉅, 爲活子, 而吾家書則, 取彼無用之物, 爲吾有用之器, 不亦善乎. 翌日, 先生往拜南冥先生, 先生卽迎引入, 座與語甚歡已, 與君先世, 交道甚好. 于慶氏, 先生之祖 父, 諱曰休之字, 於我, 爲年長之友, 子華氏, 先生之從祖考, 諱曰章之字, 於我, 爲相執之 友, 常往來無間矣, 今見君, 如見故人矣. 如是敍話之際, 庭奚入報曰, 崔生員, 自京下來, 在門外. 南冥先生, 出而迎入, 乃守愚堂也. 引坐於先生之座右, 叙寒喧. 訖南冥之先生, 而 語其毁佛事, 守愚深加欽敬, 恨其晩見. 靜坐終日, 講說亹亹, 觀聽之人, 皆以爲樂. 先生遂 受尙書于南冥先生. 先生見其講義, 明透闡微縷析, 大爲稱奬, 曰已造篤實地頭. ○ 先生, 自是出入曺先生之門, 與同門諸賢, 講磨道義, 交遊諸賢, 俱載從遊錄."

14) 이보다 한 해 앞선 22세조에서는 "가을에 덕산으로부터 쌍계사로 들어가 독서 하였다"라고 되어 있고, 그 주에 "7월에 최순경, 권세인, 유장, 하천주 등과 더불 어 걸어서 응석사로부터 광제산, 단속사, 덕산사 등을 탐방하였고 남명선생을 배알하고자 하였으나 선생께서 마침 김해로 가셨으므로 배알하지 못하였다. 시 내 위에 초정이 있고 정자의 기둥에 선생께서 직접 쓰신 시 한 수가 있었으니, '請看千石鐘, 非大扣無聲, 爭似頭流山, 天鳴猶不鳴'의 구절이었다. (부사)선생이 한참 동안 음미하고서 지극히 칭탄하면서 여러 사람들에게 말하기를 '선생의 모습은 비록 배알하지 못했지만 선생의 역량은 이를 미루어 상상할 수 있으니, 어찌 이번 행차의 큰 다행이 아니겠는가' 하고서 드디어 복숭아 시내 위로 산보하였 으니, 곧 지금의 서원의 터이다……"라고 되어 있어, 성여신이 실제로 이 일이 있기 1년쯤 전에 조식을 배알하고서 제자가 되기를 원했던 사실을 알 수 있다.

대한 조식의 견해를 살펴보면 다음과 같다. 진주 인근의 유생을 대상으로 하는 향시에서 10명을 선발하여 단속사에서 공부하게 하였는데, 그 절에는 서산대사 휴정의 저술인 『삼가귀감三家龜鑑』의 목판이 있었다. 이 책은 불가, 도가, 유가의 순서로 요점을 정리한 것이었다. 그리고 사천왕상을 만들었는데 형상이 괴이하였다. 마침 일행 중의 한 사람이 그 책을 인출하므로 성여신이 이를 꾸짖고 책을 찢어 버리면서 유가를 모욕한 책과 불상을 모두 불에 태우게 하였는데 아무도 이를 저지하지 못했다. 그리고 이 사실을 가까운 곳에 거주하고 있는 남명선생에게 알리지 않을 수 없다고 하여 우선 동료로 하여금 먼저 가서 알리게 하였다. 그 소식을 들은 조식은 그것이 올바른 방법이 아니었음을 말하지만 젊은 혈기로 인해 이미 저지른 일이니 허물하지 않겠다는 입장을 표방하였다. 그리고 다만 목판에 대해서는 잘게 잘라서 목활자로 만들어 유가의 책을 간행하는 일에 사용하였으면 좋았을 것이라는 현실적인 견해를 나타내었다. 다음 날 성여신이 직접 조식을 찾아뵙고서 인사를 드리고 집안 간의 교분을 이야기하고 있는 동안에 서울로부터 최영경이 조식을 스승으로 섬기고자 찾아와 상면하게 되었다. 이에 조식이 최영경에게 성여신이 한 행동을 말하니 최영경이 경탄하고서 서로 교분을 맺었다는 내용이다.

여기서 우리는 몇 가지 중요한 사실을 살필 수 있다. 첫째, 당시 성여신은 벼슬도 하지 않은 일개 유생이었는데, 거의 단독적으로 절에 보관되어 있는 책판과 불상들을 불에 태우게 하였다는 점이다. 그리고 그 과정에서 아무도 이를 저지하지 못했을 뿐만 아니라 궁극적으로는 관官으로부터도 실질적으로 아무런 제재를 받지 않았다는 사실이다.

이는 당시의 정치적 상황이 숭불정치를 표방한 문성왕후가 이미 죽었다는 사실과도 무관하지 않을 것이라고 생각된다. 그리고 오랜 투쟁 끝에 불교를 다시 혁파하여 유생의 기개가 살아나고 실질적으로 사림파에 의해 정국이 주도되기 시작한 선조 원년이었다는 사실이 이 일을 가능하게 했다고 여겨진다.

둘째, 당시 조식은 이미 69세의 고령으로, 그 명성이 조야朝野에 널리 알려진 인물이었다. 게다가 경상우도 지역을 주축으로 하여 거대한 학문적 집단의 영수로서 자리를 잡고 있었던 시기인 만큼, 조식이 거주하는 산천재와 불과 30리 안팎에서 저지른 이러한 중대사를 알리지 않을 수 없었던 것이다.

셋째, 이 일을 보는 조식의 입장이 상당히 온건하다는 점이다. 즉 성여신의 그와 같은 과격한 행동은 자신이 곁에 있었다면 권하지는 않았겠지만, 지나간 일이니 허물하지는 않겠다고 하였다. 이는 그동안 잘못된 불교정책에 대한 조식 나름대로의 평가를 반영한 것으로 볼 수도 있다. 또한 오히려 한편으로는 젊은 유생에게서 후일을 기대하고 있는 듯한 인상을 받을 수 있다. 또한 책판에 대해서는 대단히 실용적인 관점을 드러내어 아쉬움을 표명하고 있는 점이 특징이라고 하겠다.

넷째, 이 글의 내용에 등장하는 수우당 최영경의 관점을 통하여 당시 유생들이 이 일을 바라본 관점을 유추해 볼 수 있다는 점이다. 즉 최영경이 이 일을 조식으로부터 듣고서 '매우 경탄했다'고 하였으니, 당시의 시대적 분위기에서는 하나의 쾌거로 여겨질 수도 있는 일이었다고 보는 것이 별 무리가 없을 것이다.[15]

15) 이상의 내용은 김경수, 「남명의 불교관」(『유학의 본질 남명학의 본질』, 글로벌

그러나 여기서 분명히 알 수 있는 사실은, 성여신이 책의 목판과 사천왕상을 불에 태워 버린 이유가 『삼가귀감』에서 유가를 끝에 배치하여 욕되게 하였기 때문이며, 또 오백나한과 사천왕상이 괴이한 형상을 하고 있는 미신의 대상이었기 때문이지, 불교 그 자체를 배척하기 위해서는 아니라는 점이다. 성여신의 불교에 대한 견해는 다른 곳에서도 나타나고 있다. 나이 칠십팔 세에 지리산 정상을 유람하고서 쓴 시인 「유두류산시 병서」가 그것이다. 그 중에 다음과 같은 내용이 있다.

집 가운데 무슨 물건 있는가? 서남의 벽 아래 석불이 앉았구나. 항상 수많은 복 구하는 사람 있어, 갓 벗고 손 모아 종처럼 절을 하네. 원근의 남녀노소, 양식 가득 비단 가져오네. 면면하고 연연히 이어지네. 먼저 온 사람 내려오는 사람, 위에는 마당 가득 길에도 가득 끊이질 않구나. 심하도다! 혹세무민의 설이 능히 어리석은 백성들로 하여금 다투어 빠지게 함이여. 천왕봉 정상에는 또 성모사가 있어, 세속에서 고려 태조의 어머니 죽어서 여기에 신이 되었다고 전하네. 혹은 석가를 낳은 마야부인이 와서 앉은 신령스런 산이라고도 하네. 서역으로부터 온 황당한 온갖 설들을 어찌 족히 믿을까. 단지 보기에 진흙상에 분칠하고 붉은 비단옷이라. 어떤 이가 이와 같은 무계한 말을 지어내어, 온 세상에 넘쳐서 방자하게 더럽히나! 슬프구나! 오염된 습속 씻어내기 어려움이여. 아아! 오래된 잘못 변혁하기 어려움이여. 옛날에 천연이란 불자가 있어, 문 밀치고 돌입하여 신당을 부수고, 소상은 절벽에 던졌도다. 우리 유가 다만 '공경하되 멀리하라'는 가르침 지켜서, 의심하지도 말고 더럽히지도 말 것이라.16)

콘텐츠, 2014)에 수록된 내용을 다소 수정한 것임을 밝힌다.
16) 『부사집』, 권2, 「유두류산시 병서」, "堂中有何物. 西南壁下坐石佛. 便有無窮求福人, 脫冠攢手拜僕僕. 遠近男女老少, 贏糧齎帛. 綿綿焉延延焉. 前來者下來者, 上盈庭塡路無時絶. 甚矣. 惑世誣民之說, 能使愚氓競陷溺. 天王峰上又有聖母祠, 俗傳高麗太祖母, 死而

이 내용을 보면, 성여신은 불교에 대해서 그것이 가지고 있는 진리의 측면이 아니라 돌로 만든 부처에게 복을 구하는 행위를 혹세무민이라 하여 비판하고 있음을 알 수 있다. 뿐만 아니라, 천왕봉 위에 있는 성모사에 대해서도 그것이 고려 태조의 어머니가 죽어서 신이 되었다는 설과 부처의 어머니 마야부인이 와서 신이 되었다는 설두 가지를 소개하면서 결국 신에게 복을 구하기 위해 행하는 모든 행위의 어리석음을 꾸짖고 있는 것이다. 특히 부처에 관한 설은 서역에서 온 것으로 황당무계하다고 비판한다. 그리고 옛날 천연이란 승려가 사당을 부수고 신상을 절벽에 던져 버린 일을 듣고서 이를 칭탄하고 있다.

불교의 이와 같은 기복신앙에 대해서 성여신이 가지고 있었던 기본적인 입장은 위 인용문의 끝에 있는 바대로 귀신에 대한 공자의 견해를 따르라는 것이다. '경이원지敬而遠之' 즉 공경하되 멀리하라는 공자의 귀신론이 바로 인간이 지녀야 할 귀신에 대한 가장 합리적인 생각이라는 것이다. 귀신은 복을 빌어야 할 대상이 아니라, 언제나 존재는 인정하되 일정한 거리를 두어야 할 대상으로 보아야 한다는 관점이다.

그의 불교에 대한 핵심적인 관점은 또 다른 곳에서도 나타나고 있다. 바로 「방장산선유일기」가 그것인데, 그 중 10월 3일의 일기 내용 끝부분에 다음과 같은 내용이 있다.

爲神此焉. 託或云釋迦之所誕摩倻夫人, 來坐神山. 自西域荒唐象說何足信. 但見塑像塗粉, 施丹衣錦帛. 何人倡此無稽語, 擧世波奔妄淫瀆. 嗟哉. 汚俗難滌去. 噫乎. 舊染難變革. 昔有浮屠天演者, 排門突入撞碎神, 驅投絶壁, 吾儒只守, 敬而遠之之訓, 不爲謟不爲瀆."

(신응사 승려 태능과) 돌아와 법당에 들어 베개를 나란히 하고 잤다. 저녁에 등불을 밝히고 이야기를 나누었다. 이 절의 승려 태능이 절구 두 수를 지어 내어 보이기에 내가 그 시에 차운하였다.

산을 보고 물을 봄은 내가 능하지만,
현묘와 적멸을 담론함에 내 어찌 능하리!
이 집엔 스스로 진여의 법 있으니,
묻노니 태능은 이에 능한가 불능한가?

청허당 노장을 일찍이 서로 만나,
여기서 을축년에 문장을 논하였네.
오늘 선사 만나 옛일을 담론하니,
맑은 시 백여 편을 눈앞에 보는구나.[17]

성여신은 71세에 벗들과 지리산을 유람하고서 이 일기를 남겼다. 앞에서 살펴본 그의 23세 당시 단속사에서의 일과 비교하면 참으로 판이한 입장을 드러내고 있다고 할 수 있다. 이 시를 보면, 성여신은 사찰의 승려들과 편안히 교유하였음을 알 수 있고, 특히나 서로 시를 주고받는 등의 일을 아무런 거리낌 없이 즐기고 있었음도 알 수 있다. 이는 그가 평생 동안 많은 사찰들을 유람하기도 하고 또 독서의 장소로 활용했다는 사실과도 연관하여 생각해 볼 수 있다. 첫 번째 시에서는 자신과 승려 태능의 숭상하는 바가 같지 않음을 먼저 이야기하였다. 자신은 유학자로서 산수유람을 즐길 뿐이며, 도가의 현묘나 불가의

---

17) 『부사집』, 권5, 「방장산선유일기」, 10월 3일, "還入法堂, 連枕而宿. 昏明燈敍話. 寺僧太能投進二絶句, 余次其云曰. 觀水觀山是我能, 談玄談寂又何能. 渠家自有眞如法, 爲問太能能不能. 淸虛堂老僧相見, 此地論文乙丑年. 今日逢師談舊事, 淸詩照眼百餘篇."

적멸에 대해서는 잘 알지 못하는 바라고 말한다. 그리고 절에는 그들만의 세계로서 진여의 법이 있음을 인정하고 승려 태능이 이에 능한지 아닌지를 묻고 있다. 불교적 진리의 경지인 진여의 세계를 인정하고 있는 것이다.

두 번째 시는 의미하는 바가 많다고 하겠다. 성여신은 을축년에 신응사에서 서산대사 즉 청허당을 만나서 문장을 논하였다고 하였다. 그는 시에서 "청허당 노장"이라고 표현하였는데, 서산대사 휴정은 1520년에서 1604년까지 생존하였으니 성여신보다는 26년 연상이다. 그렇다면 당시 그들이 만났을 때 성여신은 20세였고, 청허당은 46세였다. 한 가지 아이러니한 것은 두 사람의 이름이 다 같이 '여신汝信'이었다는 것이다. 동명이인의 두 사람이 1546년 겨울에 신응사에서 만나 문장에 대해 논한 사실이 있었다는 것은 흥미로운 일이다. 이해에 성여신은 봄에 부인을 맞고서 가을에 쌍계사로 들어가 독서하였다고 「연보」에 기록되어 있다. 이 무렵 남쪽지방을 순행한 청허당은 여러 곳을 돌아다닌 것으로 확인되고 있으며, 그 중 하나의 경우가 당시 산천재에서 강학하고 있던 조식을 찾아가 인사를 드리기도 했다는 것이다.[18] 그런데 그로부터 불과 3년 뒤에 성여신이 단속사에서 청허당의 저술인 『삼가귀감』의 목판과 불상들을 불에 태우는 사건을 유발하였다. 앞에서 언급한 바와 같이 그 목판을 불에 태운 것은 단지 유가를 가장 뒤에 배치하여 모욕하였다는 것이었다. 만약 유가를 맨 앞에 배치하였다면 그와 같은 사건을 일으키지 않았을 가능성이 매우 높았을 것이라

---

18) 김경수, 「남명의 불교관」, 『유학의 본질 남명학의 본질』(글로벌콘텐츠, 2014) 참조.

고 추측해 볼 수 있다.

성여신은 벗들과 사찰에서 노닐고, 가끔은 혼자서 또는 벗들과 절에서 학문을 위하여 독서에 매진하는 시간을 많이 가졌다. 그리고 사찰의 풍광을 읊조리는 시도 많이 지었고, 문장에 능한 승려들과 시를 주고받기도 하였다. 그렇지만 사실 불교의 교리에 대해서 언급한 바는 남아 있는 것이 없다. 단지 불교가 서역으로부터 전래된 것이며, 나아가 불상을 모셔 놓고서 복을 비는 기복신앙에 대해서는 매우 부정적인 태도를 취했다. 그가 불교를 배척한 바는 그와 같은 관점에서였으니, 귀신에 대한 견해가 유가의 그것과 크게 달랐던 점에 기인한다고 하겠다. 그는 유학자로서 당시의 풍속을 유교의 예법으로 바로잡고자 노력한 인물이었다. 그래서 그는 조식이 참정하여 준행한 예법을 본받아 왜란 이후에 새롭게 그 예를 회복하는 데 힘썼으며, 주희와 이황을 모방하여 자기가 살던 고향에 향약을 제정하였던 것이다. 이러한 일은 당시의 사회적 분위기가 민간뿐만 아니라 사대부의 집에서도 음사淫事 즉 불교식 예법이나 무당의 주선에 의한 관혼상제의 예가 많이 행해지고 있었다는 사실을 반증하는 것이라고 할 수 있다.[19] 유교의 일차적인 기능은 예법으로부터 시작되는 것이기 때문에 그 당시로서는 성리학적 이념에 근본 한 예법 즉『소학』과『주자가례』에 의한 예법의 보급이 유학자들의 일차적인 과제였던 것이다.

---

19) 김경수,「사림파의 전통에서 본 남명의 실천성리학과 예학」,『유학의 본질 남명학의 본질』(글로벌콘텐츠, 2014) 참조.

3. 선유의 도교관

성여신은 73세에 읊은 「섭빈음鑷鬢吟」이란 시의 서문에서 스스로 "옹이 일찍이 두보杜甫로 가만히 비교해 보고, 후직后稷과 설契로 가만히 나에게 비교해 보았으나 후직과 설은 이루지 못했고, 만년에 스스로 소선少仙이라 칭했으나 진선眞仙은 또한 이루지 못했다"라고 하였다. 이 말의 의미를 헤아려보면, 그는 스스로 시에 대해서는 두보에 비길 만큼 상당한 자신감을 가지고 있었다는 뜻을 담았으나 벼슬에 나아가 후직과 설처럼 경륜을 펼치고자 한 뜻은 이루지 못하였음을 한스럽게 생각하고 있다. 그래서 노년에는 스스로 '소선'이라 칭하면서 산수간에서 은거하는 삶을 즐기고자 하는 뜻을 담고 있다고 하겠다. 산수에 대한 그의 유람벽은 앞에서 살핀 대로 거의 병적인 수준이었다. 그리고 그것은 벼슬길에 나아가지 못한 여한을 해소하는 한 방법이었는지도 모를 일이다.

그는 조식을 본받아 지리산을 매우 좋아하였고 또한 자주 찾았다. 특히 71세 때에는 벗들과 대단위로 지리산 쌍계사 방면을 유람하고서 「방장산선유일기」를 남겼으니, 조식의 「지리산유람록」과 너무나 닮은 형식이다. 그리고 또 78세 때에는 지리산 천왕봉을 유람하고서 「유두류산시 병서」를 남겼는데, 이는 전에 쌍계사 방면을 유람했을 때 함께한 매촌 문홍운의 시를 본뜬 듯한 모양새로 보인다.

여기서 살피고자 하는 그의 도교관은 노자나 장자의 도가 학설도 아니고, 후한 때에 발생한 천사도天師道나 오두미도五斗米道와 같은 도교도 아니다. 단지 만년의 성여신이 그저 신선 흉내를 내고자 지리산을 유람하면서 드러낸 심정을 그가 스스로 말한 바와 같이 '선유仙遊'로 보고 그 내용을 찾아서 분석하여 신선에 대한 그의 견해를 엿보고자 하는 것일 뿐이다.

「방장산선유일기」와 「유두류산시」를 좇아 그 속에서 드러나는 신선에 대한 동경을 살펴본다. 1616년 9월 24일부터 10월 8일까지 이어진 지리산 유람은 처음부터 '선유'를 목적으로 이루어졌다. 여덟 신선이 주축이 되고 이에 추가로 두 신선을 합하여 10월 1일 쌍계사의 요학루邀鶴樓 벽 위에 그들의 이름을 남겼다. "부사소선浮査少仙, 옥봉취선玉峰醉仙, 봉대비선鳳臺飛仙, 능허보선凌虛步仙, 동정적선洞庭謫仙, 죽림주선竹林酒仙, 매촌낭선梅村浪仙, 적벽시선赤壁詩仙이다. 또 두 신선을 추가하였는데, 용담수선龍潭水仙은 하응일河應一이요, 학동후선鶴洞後仙은 최비崔玭이다. 강이원姜以元은 약 찧는 아이로 삼고, 정시특鄭時特은 단약丹藥 만드는 아이로 삼았다"라고 한 것이 그것이다. 부사는 성여신이고, 옥봉은 정대순(1552~?)이며, 능허는 박민(1566~1630), 봉대는 강민효, 동정은 이중훈, 매촌은 문홍운(1577~1610), 죽림은 성박(1571~1618), 적벽은 성순(1590~1659)이다. 성여신이 일흔한 살로 가장 연장자이고, 다음이 여섯 살 적은 정대순이며, 나머지는 모두 성여신의 아들인 성박과 비슷한 나이이고, 성순이 스물일곱 살로 가장 어리다.

성여신은 26일 곤양을 지나면서 오언과 칠언 절구를 1수씩 읊었다.

나는 세속에 사는 사람,
처음부터 세상 밖 인간 아니었네.
가을바람에 높은 흥취 일어,
장차 신선 배우는 사람 되리!

곤산 서쪽 언덕 송림 있고,
숲 아래 긴 버들 푸른 그림자 짙네.
비로소 도연명이 문 밖에 심은 뜻 아니니,
갈건 쓰고서 영웅심 버렸구나.[20]

앞의 시에서는 스스로의 환경을 읊었다. 그는 평생 벼슬길에 뜻을 두었으나 그 목적을 이루지 못했음을 말하고 있다. 가을바람에 흥취 일어 신선을 배우고자 한다는 말은 실제로 늦가을에 행한 유람을 말하고 있기도 하지만, 사실은 자신의 나이가 이미 늙어서 인생의 황혼기에 접어들었음을 나타내고 있다고 볼 수 있다. 뒤의 시에서는 도연명이 벼슬을 버리고 전원으로 돌아간 일을 들어 자신의 처지가 그와 비슷함을 말한 것이라고 하겠다. 그는 18세에 이미 도연명의 행적을 시로 읊었지만 여기서 다시 그에 대한 인식을 새로이 하고 있다. 그리고 신선을 배우겠다는 그의 표현은 진정한 그의 뜻이 아님을 결국 알 수 있게 된다. 그가 산행에 동참하는 사람들이 모두 신선의 이름을 가지게 된 이유를 정대순과의 대화에서 밝히고 있으니, "우리의 산행은 선유를 목적으로 하여 모두 신선으로 호를 부르기로 했네"[21]라고 한 것이 그것이다. 즉, 이번의 산행에 즐거움과 의미를 더하고자 '선유'라고 하고서 '신선'의 호를 각자 붙인 것이라는 말이다. 그런 뜻은 그가 정대순의 시에 차운한 구절 "이 한 몸 이미 큰 비에 뒤집혀, 온갖 계획 긴 탄식으로 돌아갔다네"(一身已瀟倒, 百計入長噓)[22]라고 한 데서 잘 드러나고

20) 『부사집』, 권5, 「방장산선유일기」, "我是實中人, 初非物外人. 秋風動高興, 將作學仙人"; "昆山西畔有松林, 林下張楊翠影深. 始知陶潛門外植, 葛巾空負援英心."
21) 『부사집』, 권5, 「방장산선유일기」, 9월 28일조.
22) 『부사집』, 권5, 「방장산선유일기」, 9월 28일조.

있다. 그의 '선유'는 처음부터 순수한 '선유'가 아니었던 것이다.

성여신은 이 유람일기에서 다수의 신선 이름을 들고 있다. 당말송초
唐末宋初 내단도교 형성기의 저명한 도사 진단陳摶과 여동빈呂洞賓을
비롯하여, 전설 속의 광성자와 옥황상제 및 적송자赤松子 그리고 부구浮
丘나 장량張良 등이 그들이다. 그가 진단을 언급하면서 깊게 잠든 것과
연관시킨 것이라든지, 여동빈을 언급하면서 청사검靑蛇劍을 거론한
것은 그들의 특징을 잘 알고 있었다는 말이다.[23] 뿐만 아니라 그 외의
신선들에 대한 언급도 실은 앞에서 살펴본 바와 같이 그가 제자백가의
서적을 두루 섭렵했었던 것에서 기인한다고 볼 수 있다. 그가 비록
도가나 도교의 교리나 학설에 대해서는 전혀 언급하고 있지 않지만,
이와 같은 도교의 신선과 인물들에 대한 풍부한 상식을 가지고 있었던
것으로 보아 '선유'란 명칭의 유람에 어울리는 산행이었다고 할 수
있겠다.

일기의 10월 2일 기록에는 불일암을 찾아가는 여정을 '진인을 찾아가
는 유람'이라고 표현하여 불일폭포 일대를 신선이 사는 곳으로 여긴
오랜 전통을 계승하고 있음을 알 수 있다. 그 중에 "진인 찾던 옛날의
꿈, 마땅히 이 산속에 있었네"(尋眞他日夢, 應在此山中)라는 구절의 시는 그
사실을 잘 나타내고 있다고 하겠다. 그리고 이어서 "표연히 낭풍閬風에
올라 신선세계에 가까이 온 듯하고, 공동空洞에 올라 광성자廣成子를
방문한 듯하였다. 드디어 「선유사仙遊辭」 한 장을 지었다"라고 하였다.
그 뒤의 네 구절만 옮겨 본다.

---

23) 김경수, 「진단의 내단이론과 삼교회통론」(『한국철학논집』 제31집, 한국철학사
연구회, 2011)에 진단과 여동빈의 관계에 대한 내용이 수록되어 있다.

홍애洪崖를 왼쪽으로 함이여, 부구浮丘를 오른쪽으로 하도다.
고운孤雲을 부름이여, 참된 비결을 묻노라.
적송자赤松子를 당김이여, 붉은 퉁소를 부네.
머리 위 지척의 거리! 옥황玉皇이 사는 곳이네.24)

　이 시에서는 불일폭포 부근의 정경을 신선의 이름이나, 신선의 이름
과 연관된 고사故事 몇 가지를 들어 묘사하고 있다. 홍애와 부구는
신선의 이름인 동시에 지명이며, 고운은 신라 말기의 최치원을 지칭한
다. 적송자는 중국 고대의 신선을 말하고, 옥황은 도교에서 말하는
상제上帝의 명칭이다.

　이 일기에서는 우리나라 신선으로 최치원만 등장하지만 그의 「동도
유적」과 「서도유적」에서는 우리의 옛 전설들을 그대로 수록하고 있음
도 볼 수 있다. 「동도유적」에서는 백결선생으로부터 시작하여 최치원
의 전설, 그리고 박제상과 그의 아내의 이야기를 주제로 다루고 있다.
또 진평왕 때에 신인神人이 전한 옥대며, 동해 용왕이 바친 옥피리,
만파식적, 서출지書出池의 전설, 계림과 알영정의 전설, 나정에서 혁거
세가 나온 이야기와 미추왕릉에서 신병이 나온 전설 등등이 등장한다.
「서도유적」에서는 단군묘檀君墓와 기자사箕子祠 그리고 동명왕이 기린
을 타고 하늘에 조회 갔다는 기린굴 이야기로부터 시작하여 고기와
자라가 다리를 놓은 엄사수 이야기, 그리고 웅녀의 전설과 주몽 탄생
설화 등이 등장하고 있다. 이러한 이야기 주제들은 모두가 우리 역사에
서 나타나는 선가仙家의 전설들이다.

---

24) 『부사집』, 권5, 「방장산선유일기」, "左洪崖兮右浮丘. 喚孤雲兮問眞訣. 挽赤松兮弄紫
　　簫. 頭邊咫尺兮玉皇攸宅."

여기서 한 가지 언급하고 넘어가야 할 내용이 있다. 성여신의 이 일기는 1616년 가을의 유람을 기록한 것이지만, 그 일기의 끝부분에는 1617년 4월에 덕산으로 해서 지리산을 유람한 사실이 간단하게 언급되어 있다. 그 내용은 망우당 곽재우의 죽음과 관련한 것으로 다음과 같이 기록되어 있다.

우리들이 진주 서쪽 광탄 위에 도착했을 때 검은 구름 한 조각이 북쪽에서부터 남쪽으로 몰려오더니 바람이 몰아치고 소나기가 퍼붓고 우레가 치고 번개가 번쩍였다. 모자 쓰고 도롱이를 걸칠 틈도 없었다. 잠시 후에 개었는데, 긴 무지개가 하늘에 걸리고 붉은 기운이 동북간에 자욱하였다. 일행이 서로 돌아보고 의아해했다. 이는 실로 비상한 이변으로 아마도 기이한 일이 있을 것이라고 나는 생각하였다. 11일 동안 유람하고 돌아오는 길에 함께 박민의 침류정에 들렀다. 밥상을 물리고 술상을 차리려 할 때 전 관찰사 곽공[25]의 부음을 듣고 헤어졌다. 날짜를 계산해 보니 광탄 위에서 우레와 번개가 치던 때가 바로 그가 세상을 떠난 시각이었다.…… 공이 중년에 도인술을 하고 반평생 솔잎을 먹고[26] 산 것에 대해 공을 아는 사람은 범상한 사람이 아니라 하고, 공을 알지 못하는 사람도 범상한 사람이 아니라고 한다. 타고난 자질이 평범한 사람보다 특이한 점이 많고 많지만, 공이 그렇게 행동한 은미한 뜻에 대해 어찌 보통 사람들이 그 전말을 헤아릴 수 있겠는가? 바람에 옷깃을 날리고 달빛에 도포를 펄럭이며 은거한 것은 후한의 수경水鏡 사마휘司馬徽[27]와 같았고, 명성과 벼슬을 얻은 것은 전한의 유후留侯 장자방張子房[28]과 같았다. 어찌 생각이나

---

25) 망우당 곽재우를 가리키는 말이다.
26) 導引術은 도교 연단술의 한 종류이고, 솔잎을 먹는 것도 辟穀의 한 방법으로 도교 연단술의 일종이다.
27) 『삼국지연의』에 나오는 인물로, 제갈량을 유비에게 천거한 인물로 등장한다.
28) 진나라 때 인물인 귀곡자의 제자로 알려졌고, 유방의 참모로서 한나라의 창건에 큰 공을 세웠다. 천하가 통일된 후 유방과는 어려운 세대에 고생은 함께할 수 있는 인물이지만 평안한 세상에서 부귀를 함께할 수 있는 인물은 아니라고 하고서 홀연히 종적을 감춘 도교의 인물이다.

했으리오! 병도 없던 고사高士가 갑자기 구름을 타고 비바람을 몰고 우레를 재촉하여 떠나기를 이처럼 신비롭고 기이하게 할 줄 어찌 생각했으랴? 소하蕭何[29]가 묘성昴星[30]의 정기를 받고 태어난 것과 부열(傅說[31])이 기성箕星[32]을 타고 승천한 것을 이를 통해 더욱 믿을 수 있겠다.[33]

이는 훌륭한 인물의 죽음에는 이변이 따른다는 일반적인 이야기의 부류에 속하는 것이지만, 도교와 관련한 곽재우의 생애에 대해서 자신의 생각을 서술한 점이 특이하다. 곽재우가 죽은 시간에 천둥번개가 치고 비가 쏟아졌다가 순식간에 무지개가 걸치고 동북간에 붉은 기운이 가득 찬 모습의 이변이 발생하였다. 성여신과 곽재우는 정유재란 당시 화왕산성에서 함께 수성한 일이 있었고 교분도 깊었던 사이였다. 이에 성여신은 특별한 이변이 있을 줄 짐작하였었는데, 나중에 알고 보니 그 시각이 바로 곽재우가 죽은 시각이었다고 확인하고 있다.

---

29) 한나라 유방의 참모로 개국공신이다. 그는 진나라의 아방궁이 불에 탈 때 황실 도서관에서 고대로부터 전해지던 많은 진귀한 서적들은 버려두어 불에 타게 하고서, 다만 刑名에 관한 책들만을 수습하여 한 왕조의 법률제정과 통치에 참고한 인물로 알려지고 있다.
30) 28수 중 동방 7수의 하나이다.
31) 은나라 高祖의 명재상이다.
32) 28수 중 동방 7수의 하나이다.
33) 「방장산선유일기」, '丁巳春'조, "行至州西廣灘上, 黑雲一片, 自北而南, 風顚雨急, 雷震電閃. 帽不及開, 蓑不暇披. 須臾開霽, 長虹亘天, 紫氣沖綴於東北間. 一行人相顧嗟訝. 余以爲, 此實非常之變, 意者, 豈有異事乎. 遊十一日而歸, 齊到朴公敏上枕流亭. 水飯繞撤, 酒肴將設, 忽聞觀察使忘憂郭公訃而散. 以日計之, 則廣灘上電霆之變, 乃其乘化之時也.……若其中年導引, 半世松葉, 則知公者, 爲之非凡骨, 不知者, 亦以爲非凡骨. 則稟賦之異於常人者萬萬, 而至於隱微之所在, 亦其衆人所不測其端倪哉. 風襟月袍, 後漢之水鏡司馬, 名稱爵位, 前漢之留侯子方. 豈意不病高人, 遽爾乘雲, 駕風雨, 策電霆, 若是之神且異也. 蕭何之孕昴, 傅說之乘箕, 從此益信." 이 구절의 번역은 최석기, 『선인들의 지리산유람록』을 참고하면서 다소 수정하였음을 밝힌다.

곽재우가 중년에 도인술을 행하고 솔잎을 먹고 산 일은 널리 알려진 사실이다. 그로 인하여 그가 우리나라 도교사에서 특별한 위치를 차지하고 있다고 보는 견해도 상당하다. 그러나 성여신은 "공이 그렇게 행동한 은미한 뜻에 대해 일반인들이 그 전말을 헤아릴 수 있겠는가?"라고 표현하였다. 이 말은 임진왜란이 끝나고 난 뒤, 거의 모든 창의 의병장들이 무고로 죽임을 당한 당시의 현실에서 곽재우가 거짓 미친 체하거나 세속을 벗어나 도교의 연단술을 연마하는 등의 기이한 행동을 보임으로써 자신의 생명을 보전한 깊은 뜻을 두고서 한 말로 해석된다. 성여신 자신도 당시의 실정에서 이러한 표현 이상으로 적나라하게 그 상황을 묘사하기는 어려웠을 것으로 생각되기 때문이다. 또한 성여신은 곽재우의 그러한 행동을, 도교적 색채를 다분히 드러내었던 인물로 묘사되는 사마휘와 장량 그리고 소하와 부열 등의 고사를 인용하여 그 유사성을 언급함으로써 각별한 의미를 가진 것으로 보고 있었다고 하겠다.

성여신이 중국이나 우리나라의 신선 이야기들을 사실로 믿었느냐 아니냐 하는 것은 전혀 중요한 문제가 아니다. 단지 그러한 고사들을 자신의 유람에 인용하면서 스스로 '선유'의 흥취를 즐기고자 하였다는 사실이 중요한 것이다. 불교에 대한 인식과 마찬가지로 도교 신선에 대한 성여신의 인식도 결국은 철저히 유가적인 입장에서 펼친 견해라고 보아야 한다. 그러한 그의 관점은 5장에서 다시 정리할 것이다.

4. 문홍운과 성여신의 지리산 선유시仙遊詩

　1616년 늦가을에 성여신 등 이른바 자칭 팔선八仙과 그 밖의 몇몇 선비들이 지리산을 유람하였고, 그 과정을 성여신은 선현들의 예를 본받아 「방장산선유일기」로 남겼다. 그 일기에는 선유 기간 동안의 일정이 매우 자세하게 기록되어 있어 마치 어제의 일처럼 유추할 수 있다. 그런데 그 유람과 관련한 또 하나의 기록이 있으니 바로 함께 참여했던 매촌 문홍운(1577~1620)의 「두류팔선유편頭流八仙遊篇」34)이라는 장편의 시가 그것이다. 이 시는 성여신의 일기를 시의 형태로 압축해 놓은 것이라도 해도 과언이 아니다. 매일의 날짜는 기록하지 않았지만, 일정에 따라 그날그날의 일들을 시로써 표현하고 있다. 성여신의 일기와 문홍운의 이 시를 함께 읽으면 그 일정의 의미가 한층 새롭게 다가온다. 뿐만 아니라, 이 시를 읽으면서 성여신의 일기를 함께 보면 시에 압축해 놓은 일들의 자세한 내용을 잘 이해할 수 있게 된다.

　게다가 더욱 재미있는 사실이 하나 더 있다. 성여신의 일기를 보면 그 말미에서 말하기를, 그 여행의 흥취를 아쉬워하며 다음 해에 다시 지리산을 유람하기로 약속하고 있다. 그리고 그 약속은 지켜진 것으로 나타난다. 바로 성여신의 일기 끝에 부록처럼 붙은 '추기追記'의 내용을 통해서 그 사실을 알 수 있다. 그리고 『부사집』에는 「유두류산시 병서」라는 모두 86구로 된 장편의 시가 별도로 수록되어 있다. 이 시는 다시 성여신이 78세 되던 해에 지리산 천왕봉을 여행하고서 그 느낌을 장편의 시로 남긴 것이다. 문홍운이 장편의 유람시를 남긴 때로부터 7년 후이며,

---

34) 문홍운의 이 시는 『南平文氏嘉湖世稿』에 수록되어 있다.

성여신보다 31년이나 젊은 문홍운이 1620년에 이미 죽고 3년이 지난 때였다. 성여신의 일기와 문홍운의 장편시는 같은 때에 지어진 것이라고 보아야 한다. 형식은 다르지만 같은 여행에 대한 기록이기 때문이다. 그러나 7년 뒤에 지은 성여신의 장편 유람시는 아마도 문홍운의 시에 촉발 받은 바가 없지 않을 것으로 보인다.

날짜별로 써 내려간 문홍운의 시는 5언의 형식으로 290구에 이르며, 제목의 아래에 유람에 참여한 인물들의 호와 신선의 별호 및 이름을 나열하였다. 첫 구절은 다음과 같이 시작된다.

> 적룡계추월赤龍季秋月, 이십유사일二十有四日. 부사소선浮査少仙이 서찰 보내, 나를 일으켜 말하기를, 두류산頭流山 꿈속에도 아련하니, 선경仙境 찾아 떠나자고 하였다. 내 따라 유람하기 원했으니, 등산 나막신에 밀랍蜜蠟 함께 발랐다.[35]

'적룡계추월'이란 '병진년(1616) 9월'이라는 말이니, 곧 '적룡赤龍'의 적은 오행의 화火에 해당하는 천간天干의 병丙을 뜻하고, 룡은 십이지의 진辰을 뜻하기 때문이다. 이 구절에서 그들이 함께 지리산을 유람한 사실을 확인할 수 있다. 또 내용 중에 "최고운崔孤雲이 동정적선洞庭謫仙 보내어, 우리의 원유遠遊 행차 위로했다. 이 모임 실로 이에 무쌍하니, 일당一堂에 팔선八仙이 자리했다"라는 구절도 있다.

이 시에서 특별히 '선유仙遊'를 강조한 내용은 볼 수 없지만, 그와 같은 색채를 지닌 곳은 몇 구절 찾을 수 있다. 즉 "부구浮丘 소매 오른편

---

35) 문홍운, 「두류팔선유람편」(『남평문씨가호세고』, 권1), "赤龍季秋月, 二十有四日, 浮査少仙人, 馳書起余曰, 頭流入夢想, 可邃尋眞約. 我願從之遊, 共蠟登山屐." 이하의 번역은 이창호 씨의 『남평문씨가호세고』를 따른다.

에 다잡고, 홍애洪崖 어깨 왼쪽에 끼고는"이라든가, "간간이 왕사진王子
晋36)의 피리소리 들리고, 또 황초평黃初平37)의 양 떼도 보였다" 등의
구절은 도교의 전설을 인용한 것으로, 앞 구절의 부구나 홍애는 성여신
의 일기에도 나오는 내용이다. 또 "선인仙人이 우리 일행 맞이함에,
우의羽衣가 바람 앞에 펄럭였다. 꿇어앉아 보결寶訣을 물어보니, 연단鍊
丹하는 방법을 이야기했다"라는 구절은 성여신의 일기 10월 2일조에
보이는 불일폭포를 보고 난 후에 승려 신섬이 차와 과일을 준비해
준 것과, 이어서 성여신이 「선유사」 한 편을 지은 일을 아울러 지칭함을
알 수 있는 말이다.

그러나 문홍운의 이 시도 '두류팔선유람편'이란 제목을 붙였지만,
결국은 그들이 신선이 되고자 한 것은 아니었음을 자인하고 있다.
"쌍계雙溪는 앞뒤로 흐르고, 사자四字38)는 이끼에 파묻혔다. 팔영루八詠
樓는 이미 허물어져, 삼척비三尺碑만 홀로 서 있었다. 절묘한 글귀39)를
읊으면서, 유선儒仙의 글씨를 감상했다"40)라는 구절에서 알 수 있듯이,
문홍운은 최치원조차도 '유선儒仙'으로 인식하였던 것이다. 도교의 신

---

36) 王子晋은 일명이 王子喬이다. 전설 중의 神仙 이름인데 周나라 靈王의 太子 晋이라
고도 한다. 笙簧이란 악기를 잘 불러 鳳凰이 우는 소리를 냈다고 전한다.
37) 黃初平은 漢나라 丹溪人이다. 初平은 15세에 羊을 치다가 道士를 따라 金華山에
들어가 돌아오지 않았다. 그의 형 初起가 수소문하여 찾아가 羊은 어찌했느냐고
물으니 동쪽 산등성이를 가리켰다. 그곳에는 흰 바위만 숱하게 널려 있을 뿐
羊은 보이지 않더니, 이에 初平이 고함을 지르자 모두 羊으로 변했다고 하는 전
설이 있다.
38) 四字란 崔致遠이 雙溪寺 앞의 좌우 바위에 썼다는 '雙溪'와 '石門' 네 글자를 지칭
하는 것이다.
39) 원문의 '幼婦詞'란 말 중에 幼婦는 黃絹幼婦의 준말로 黃絹은 색깔(色) 있는 실(糸)
이니 이 두 글자를 합치면 絶字가 되고, 幼婦는 어린(少) 여자(女)이니 이 두 글자
를 합치면 妙字가 된다. 절묘한 문장이란 뜻이다.
40) "雙溪前後流, 四字苔鮮蝕. 八詠樓已毁, 三尺碑獨立. 浪吟幼婦詞, 閑賞儒仙筆."

선을 동경한 것이 아니라는 말이다.

이에 비해서 성여신의 「유두류산시」는 '서문'에서 밝히고 있는 바와 같이 '구양공歐陽公의 「여산고盧山高」의 체體를 본받고, 한창려韓昌黎의 「남산시南山詩」의 어법語法을 사용한' 것으로, 형식이 보다 자유롭고 모두 86구로 되어 있다. 재미난 점은, 문홍운은 첫머리에서 여행의 날짜를 기록하였는데 반해, 성여신은 시의 끝에서 시를 지은 날짜를 다음과 같이 기록하고 있다는 점이다. "연시소양대연헌年是昭陽大淵獻, 월내풍단국화절月乃楓丹菊花節, 서어경의서익실書於敬義西翼室, 일즉청룡방사백日則靑龍旁死魄"이 그것인데, '소양대연헌'은 '계해'년이고, '풍단국화절'은 '구월'이며, '청룡방사백'의 '청룡'은 '갑진'일을 지칭하고 '방사백'은 초이틀을 가리킨다. 즉 '계해년 구월 초이틀 갑진일'이라는 말이다. 문홍운은 '적룡'의 해라고 표현했는데, 성여신은 '청룡'의 날이라고 한 것이다. 성여신은 아마도 부사정의 서익실을 '경의실'이라고 명명한 듯하다. 조식의 사상을 이어받은 정신을 엿볼 수 있다.

성여신의 시는 앞의 일기와는 내용상 판이하다고 할 수 있다. 일기에서는 '선유'를 말했지만 7년이 지난 시에서는 그러한 느낌이 배제되고 있다. 단지 "부사정에 갈매기 짝하여 그윽이 살면서, 한 표주박 물로 만 권 책과 생활했네. 성세를 만났으나 버린 물건 되었으니, 은자의 즐거움을 결단코 말 않으리. 이제는 한가로이 물외에 노니나니, 세상일 분분함이 황록隍鹿의 일이로다"41)라는 구절이 있어, 평생 벼슬에의 뜻을 이루지 못하고 살았던 늙은 선비의 쓸쓸한 심정을 다분히 묻혀

---

41) 『열자』에 나오는 고사로, 정나라 사람이 사슴을 잡아서 골짜기에 숨겨 두었는데 깨어 보니 꿈이었다는 이야기이다.

내고 있다. 그러고는 왜구가 일으킨 임진왜란의 참혹함이 지리산에까지 미친 사실을 슬퍼하고, 광해군의 정치가 덕화德化임을 칭송하고 있기도 하다. 나아가 그는 지리산의 이름이 다양함을 고증하여 두류산은 이인로로부터 유래하고, 지리산은 정몽주로부터 비롯하며, 방장산은 두보의 시에서 등장하는 이름으로서 모두 같은 산을 칭하는 것임을 말하고 있기도 하다. 또한 끝부분에 이르러서는 속세를 떠나 신선이 된 몇 인물들의 고사를 들면서, 그러한 일들이 결코 오늘 자신들이 노는 유쾌함에는 비길 바가 못 되는 것이라고 말하고 있다.

성여신의 일기와 문홍운의 시 속에 나타나는 지리산 유람의 느낌과, 문홍운의 시와 성여신의 시에 나타나는 지리산 유람에 대한 감상은 각각이 매우 다른 모습이다. 이 세 글들을 비교하여 충분히 검토하는 일도 재미있는 작업이 될 것으로 보인다. 다만, 어느 글에서나 그들이 궁극적으로는 '유학자'로서의 모습을 잃지 않으려는 자세를 일관하고 있다고 보인다. 성여신의 경우에 있어서 그러한 특징은 다음 장에서 논한다.

5. 경세의 학문과 선유의 유람

성여신은 73세에 쓴 「섭빈음」이란 시에서 "설契에게 비유함도 모두 헛말 되었고, 신선을 구함도 또한 제대로 못했네. 어진 임금의 신하될 계획 이미 어긋났으니, 아서라 귀밑 흰머리 뽑아 무엇하리!"[42]라고

---

42) 『부사집』, 권1, 「섭빈음 병서」, "比契徒虛語, 求仙亦未詳. 君民計已左, 休鑷鬢邊霜."

하여, 자신의 일생을 한탄했다. 어진 임금을 보필하는 설과 같은 신하로서의 삶을 꿈꾸었지만 이루지 못했고, '선유'를 통하여 세속을 잊고자 했지만 그 또한 제대로 하지 못했다는 탄식인 것이다. 그에게 있어 세상이란 끝내 버릴 수 없는 멍에였다고 할 수 있다.

그가 불교를 배척한 것은 미신으로서의 기복신앙을 싫어한 것이지 불교의 교리가 가진 특수한 진리성을 인정하지 않은 것이 아님은 앞에서 언급하였다. 또 그가 현묘玄妙와 적멸寂滅과 같은 도가道家나 불가佛家의 진리에 대해서는 능하지 못함을 인정하였고, 그들에게는 그들만의 진리세계가 있음을 인정하고 있음도 보았다. 그리고 그러한 견해 속에서 스스로는 끝내 유학자의 길을 갈 수밖에 없음을 드러내는 심정의 일단도 엿보았다.

그가 불교에 대해서 가지는 심정의 일단을 다음의 시에서도 볼 수 있다.

겨우 다섯 살에 문장을 마음대로,
만년에 미치광이 흉내 어찌 진짜리오
불교로 피했으나 누가 그 뜻 알리,
다만 옛 임금 끝내 잊지 못함을[43]

이 시는 그가 제목 아래의 주에서 밝히고 있는 것처럼 김시습의 삶을 노래한 것이다. 김시습은 중년에 금오산에 용장사를 짓고서 생활했었다고 하였다. 김시습과 같은 사람에게는 불교가 하나의 피난처이

---

43) 『부사집』, 권1, 「茸長寺」, "年才五歲擅文章, 晚節伴狂豈是狂. 逃禪誰識逃禪意, 只爲舊君終不忘."

자 마음의 안식처가 될 수도 있다는 사실을 인정한 것이라고 볼 수도
있다.

그의 산수유람벽을 만년에는 스스로 '선유'라고 말하면서 즐겼지만
그것은 다만 겉으로만 '선유'였던 것이지 속으로는 결코 '선유'가 아니었
던 것이다. 그는 절친한 벗 조겸趙璨(조지서의 증손자)에게 준 「유선사증조
봉강遊仙辭贈趙鳳岡」이라는 시의 끝부분에서 다음과 같이 읊고 있다.

평상 머리 또 다시 이적선의 시 있어,
아름다운 구절 읊으니 능히 참을 기르네.
그대여! 그대여! 나의 노래 들어 보소.
하필 방호를 밟고 자진을 벗으로 한 후에라야,
바야흐로 신선이라 말하는가?[44]

'방호方壺'는 신선이 산다는 섬을 말하고, '자진子眞'은 한나라 때 매복
梅福의 자字로서 벼슬을 버리고 신선이 되었다는 인물을 말한다. 따라서
이 시는 그가 이태백과 같은 마음으로 자신 속의 참된 본성을 기르기만
한다면, 굳이 신선의 세계로 가지 않더라도 속세에서 탈속한 모습으로
살아갈 수 있음을 노래하고 있는 것이다. 이는 다시 한 번 그가 추구하
는 신선이 '유선儒仙'임을 강조하는 것이라고 하겠다.

성여신의 이러한 정신은 사실 「방장산선유일기」의 끝에 자세히 묘
사되어 있다. 처음 지리산으로 여행을 떠날 때의 심정과는 달리 여행을
마치는 날의 심정을 다음과 같이 기록하고 있는 것이다.

---

44) 『부사집』, 권2, 「유선사증조봉강」, "床頭又有謫仙詩, 麗句吟來能養眞. 君乎君乎聽我
歌, 何必躡方壺友子眞, 然後方可謂之神仙人."

저물녘에 부사정에 도착하였다.

산속에 들어가니 눈에 보이는 사람이 모두 선인仙人이었고, 산 밖으로 나오니 만나는 사람 모두가 범인凡人이었다. 한 몸이 산으로 들어가고 나오는 것에 따라서 선인과 범인으로 다르게 보이니, 마치 곤鯤이나 붕鵬이 북쪽 바다로 옮겨가는 것과 자고새가 산 남쪽으로 돌아가는 것과 같은 차이가 있다. 한 마음이 지향하는 바를 높이 기르지 않으리! 그러나 선비의 한 몸은 경세제민을 그 책략으로 삼고, 선비의 한 마음은 더불어 선을 행함으로 뜻을 삼는다. 그러하지 않으면 산에는 어찌 들어갈 수 없겠으며, 신선은 어찌 배울 수 없겠는가?

명도明道(정호)선생의 유산시遊山詩에서 다음과 같이 말하였다. "옷소매에 삼일 동안 티끌 끊었다가, 남여 타고 머리 돌려 돌아가고자 하네. 평생토록 경세제민 뜻하지 않았다면, 한가한데 다투어 산을 나오려 할까?" 이는 산에 들어감이 불가함을 말한 것이다.

회암晦庵(주희)선생의 감흥시感興詩에서는 말하였다. "표연히 신선과 짝이 되길 배워서, 세상 버리고 구름에 노닐거나, 선약 숟가락 한 번 입에 들어가면, 대낮에도 날개가 돋는다네. 세속 벗어나기 어렵지 않으나, 생명을 훔침이 어찌 편하리오!" 이는 신선 배우는 것이 불가함을 말한 것이다.

그러므로 지금 우리의 선유는 이름은 비록 신선이지만 실제로는 신선이 아니다. 그러므로 이 끝에 그 뜻을 밝힌다.[45]

위의 인용문에서 "저물녘에 부사정에 들었다"라는 구절 아래의 내용들은 사실을 기록한 것이 아니라 여행에 대한 그의 느낌을 '부기附記'

---

45) 『부사집』, 권5, 「방장산선유일기」, 10월 8일조, "暮入浮查亭. 入山中也, 所見皆仙, 出山外也, 所遇皆凡. 一身出入, 仙凡不同, 有如鯤鵬之徙北海, 鷓鴣之還山南. 一心所向如何不高養也. 然士之一身, 經濟其策, 士之一心, 兼善其志. 不然, 山何可入, 仙何可學. 明道先生遊山詩曰. 衿裾三日絶塵埃, 欲上藍輿首更回. 不是平生經濟志, 等閒爭肯出山來. 言入山之不能也. 晦庵先生感興詩曰. 飄飄學仙侶, 遺世在雲間, 刀圭一入口, 白日生羽翰. 脫屣諒非難, 偸生詎能安. 此言學仙之不可也. 然則, 今我仙遊, 名雖仙也, 實非仙也. 故於其尾也, 以見其志."

형식으로 서술한 것으로, 문집에서는 글자를 한 칸 내려서 표시하고 있다. 성여신은 그들의 지리산 유람이 '선유'의 이름을 표방하였지만, 실은 '선유'가 아니라 유학자의 '산 나들이'였을 뿐임을 말하고 있다. '경세제민'과 '여인겸선與人兼善'이 몸과 마음이 지향해야 할 바의 뜻임을 분명히 하고 있는 것이다. 또한 정호의 시를 인용하여 산을 유람하여도 세속에서 해야 할 '경세제민'의 임무가 있음을 드러내고, 주희의 시를 인용하여 도교에서 말하는 신선을 구하는 일이 단지 '생명을 훔치는 일' 즉 세상에 도움이 되지 못하고 헛되이 오래 살기만을 바라는 것일 뿐이라고 비판하고 있는 것이다. 그러면서 그는 이러한 뜻을 일기의 끝에 밝혀서 혹시라도 '선유'를 표방한 여행에 대해서 세상의 비난이 있을까를 미리 경계하고 있다.

그는 이 유람을 '형체를 잊고 구속을 버리고서 꾸밈이 없는 태초의 세계로 자연스레 흘러 들어간' 여행으로 인식하였다. 일상으로부터 잠깐의 '일탈'을 함께한 '팔선八仙'과의 여행을 '선유仙遊'라고 표현한 것이다. '팔선'은 또한 중국 도교에서 '곤륜팔선', '팔선인', '음중팔선' 등 여덟 명의 신선이 등장하는 사례가 많으며 당말송초의 대표적 내단 신선을 지칭하는 말이기도 하기에, 그 이름에 가탁한 것이리라.

제6장 부사 성여신의 지리산 유람과 선취경향

최 석 기

1. 머리말

이 글에서 다루게 될 부사浮査 성여신成汝信(1546~1632)은 우리 문학사에서 거의 언급되지 않고 있지만, 주목해 볼 만한 인물이다. 그를 종유從遊한 조임도趙任道(1585~1664)는 만사挽詞에서 "문장이 당대에 제일인 분이었는데, 재주는 높지만 도를 펴지 못해 강가에 누워 지냈네"라고 하였으며,1) 역시 그를 종유한 정윤목鄭允穆(1571~1629)도 시에서 "와서 전하는 아름다운 시구 문득 사람을 놀라게 하니, 그대는 문단의 주인이고 나는 손님일세"2)라고 하는 등 후생들이 그의 문학적 성취에 대해 높이 인정하였다. 이렇듯 성여신은 17세기 전반 경상우도 지역에서 문장으로 이름이 난 분이었다.

---

1) 『浮査集』(1775년 刊 초간본, 경상대학교 남명학연구소 소장), 제8권, 「附錄・挽詞」, "翰墨當年第一人, 才高道屈臥江濱."
2) 『부사집』, 제1권, 「頭流歸路遇鄭察訪允穆吟贈一絶」 아래에 붙인 정윤목의 次韻詩, "來傳佳句忽驚人, 君主騷壇我作賓."

그의 자는 공실公實, 호는 부사浮查, 본관은 창녕昌寧이다. 성여신은 1546년(명종 원년) 1월 1일 진주 동면東面 대여촌代如村(지금의 晉州市 琴山面 加芳里) 구동龜洞 무심정無心亭에서 부친 성두년成斗年과 모친 초계변씨草溪卞氏 사이의 셋째 아들로 태어났다. 성여신의 집안은 고조 성우成祐 때부터 진주에 살기 시작했다. 증조 성안중成安重은 1492년 문과에 급제하여 승문원교리를 지냈고, 조부 성일휴成日休는 기묘사화 이후 출사를 포기하고 강호에 은거하였으며, 부친 성두년도 기묘사화로 일찍 과거를 포기했다. 이런 내력으로 볼 때, 성여신 집안은 조선 전기 사림파의 일원임을 알 수 있다.

이 글은 문장과 공업으로 경세제민의 이상을 펴 보려던 한 사인이 뜻을 이루지 못하자 만년에 산수유람을 즐기며 선취경향仙趣傾向을 보이는 점에 주목하여, 그의 문학적 성향과 시세계를 살피는 데 목적이 있다. 다만 성여신이 널리 알려진 인물이 아니기에, 이 글에서는 우선 그의 생애·학문 성향 등을 살펴보고 나서, 지리산智異山 유람시遊覽詩를 중심으로 그의 시세계를 논의하기로 하겠다.

기왕의 성여신에 대한 연구는 고순정高順貞의 「부사浮查 성여신成汝信 연구研究」3)와 이상원李商元의 「부사浮查 성여신成汝信의 은일정신隱逸精神」4)이 전부이다. 고씨의 논문은 성여신의 생애와 학문 및 문학적 성향과 시세계를 논하였는데, 성여신을 본격적으로 연구한 최초의 논문이라는 점에 그 의의가 크다.

이 글은 성여신의 6대손 성동익成東益과 7대손 성사렴成師濂 등이

---

3) 高順貞, 「浮查 成汝信 研究」(경상대학교 교육대학원 석사학위 논문, 1995).
4) 李商元, 「浮查 成汝信의 隱逸精神」, 『남명학연구논총』 제4집(남명학연구원, 1996).

1775년 순암順庵 안정복安鼎福(1712~1791)의 교정을 받아 간행한 초간본 『부사집浮査集』5)을 기본 텍스트로 삼았다. 이 자료는 8권 4책으로 되어 있다. 이 『부사집』이 근기 남인인 안정복의 서문을 받고 그의 교정을 거쳤다는 점에서 문집 간행 당시의 후손들은 남인의 당색을 가졌으며, 근기 남인계와 가까웠음을 시사한다.6)

2. 생애 및 문학적 · 학문적 성향

1) 생애와 시대상황

성여신은 8세 때부터 이모부인 조계槽溪 신점申霑의 문하에서 『소학』· 사서·삼경 및 역사서를 읽었고, 15세 때에는 진주향교 교수로 부임한 약포藥圃 정탁鄭琢(1526~1605)에게 『상서』를 배웠으며, 18세 때에는 구암 龜巖 이정李楨(1512~1571)을 찾아가 『근사록』을 배웠고, 23세 때에는 남명 南冥 조식曺植을 찾아가 문인이 되었다. 이처럼 성여신은 젊은 시절 지역의 명유들 문하를 두루 출입하며 학문을 익혔는데, 특히 이정과 조식의 영향을 많이 받았다.

---

5) 『浮査集』은 민족문화추진회에서 간행한 한국문집총간 제56책에 수록되었는데, 이 책에는 제5, 6권이 缺帙되어 있다. 경상대학교 남명학연구소에는 이 책의 완 질이 복사, 소장되어 있다.
6) 인조반정으로 광해군 때의 북인정권이 무너진 뒤, 온건 노선을 견지했던 中北의 인사들은 상당수 근기남인계로 재편된다. 근기남인계는 학문적으로 退溪 李滉─ 寒岡 鄭逑─眉叟 許穆으로 이어지는 학맥을 설정하고 있지만, 상당 부분 선조· 광해 연간의 북인계와 인맥이 닿아 있다. 문집의 序跋이나 墓道文字 및 傳記資料 의 撰述을 통해, 경상우도 지역의 일부 사족들과 근기남인계의 상호 友誼的인 유대가 지속되었다.

15~16세를 전후해서 기초적인 서적을 다 읽고 난 성여신은, 인근의 응석사凝石寺·쌍계사雙磎寺 등 사찰에서 폭넓은 독서와 문장수업에 들어간다. 그는 16세 때부터 응석사에서 『춘추좌씨전』 및 유종원柳宗元·한유韓愈·구양수歐陽修 등의 고문을 탐독하였으며, 19세 때부터 부친상을 당한 23세 때까지 쌍계사에서 독서하였는데, 주로 『춘추좌씨전』과 『사기』를 읽었다.[7] 특히 그는 사서와 당송고문을 즐겨 읽었다.

23세 때인 1568년 11월 부친상을 당하여 삼년상을 치르고, 1571년 조식과 이정을 찾아뵈었다. 그러나 동년 7월 다시 모친상을 당하여 여묘살이를 하였다. 성여신은 부친상을 당하기 전 두 차례나 서울에 올라가 과거에 응시했으나 낙방하여 실의에 빠졌던 것 같다.[8] 그러나 그는 상기를 마친 뒤, 응석사·쌍계사에서 다시 경전 및 『심경』·『근사록』·『성리대전』 등을 꼼꼼히 읽기 시작하였다. 그 이전의 공부가 주로 문장가들의 고문에 치중해 있었음을 반성하고, 경전 및 성리서에 대한 정밀한 독서를 다시 시작한 것이다.

성여신은 36세 때인 1581년 의령宜寧 가례嘉禮로 이거移居하여 약 5년 동안 처가에서 살았다. 이때 그는 곽재우郭再祐·이대기李大期·이

---

7) 『부사집』 제2권 「和鐄兒病中述懷賦」에 "二載秋分繼往, 三冬史分涉獵"이라 하였다.
8) 성여신이 언제 서울에 올라가 과거에 응시했는지는 자세하지 않다. 다만 자신의 생애를 술회한 「和鐄兒病中述懷賦」에서 "遽投足於南宮, 觀國光而飮墨, 齎落魄之行裝, 返故園之秋風, 徒定省之久曠, 拜北堂而冬烘, 又再進而再屈, 命耶數耶. 誰問, 縱處困而思亨, 孰不知而無悶, 嗟荏苒之光陰, 愍西日之易冥, 泣皐樹而欒欒, 攀王柏而慽慽, 草土中之六載, 春秋迫於而立, 瞻一身而孑子, 顧萬事而悠悠"라고 하였다. 이 자료에서 '草土中之六載'는 부친·모친상을 당해 삼년상을 치른 6년간을 말하고, '春秋迫於而立'은 30세가 다 되었다는 말이니, 親喪을 당하기 전인 20대 초반에 상경하여 과거에 응시한 것을 알 수 있다.

대약李大約·이종영李宗榮 등과 교유하며 함께 학문을 강마하였다. 이때 사귄 벗들과는 평생 동지적 우의를 유지하였다. 그는 40세 때 고향으로 돌아가서, 과거를 위한 공부에만 전념하지 않고 심성수양을 할 것을 다짐한다.

47세 때 임진왜란이 일어나 산속으로 피란하였다가 1594년에 돌아왔다. 그때 김덕령金德齡이 인근에 진을 치고 있어 함께 군사를 논의하였다. 1595년 김덕령이 무고로 구금되자 신원소를 올려 적극 구원하였다. 1597년 왜적이 다시 침입하여 김천으로 피란하였다가, 곽재우가 진을 치고 있던 화왕산성으로 들어가 함께 군사를 도모하였다.

54세 때인 1599년 고향으로 돌아온 성여신은 부사정浮査亭 정사精舍와 반구정伴鷗亭을 짓고 강호에 묻혀 지내는 은일의 삶을 지향한다. 한편 남명 조식의 문인으로서 덕천서원을 중건하는 일에 동참하였으며, 동문인 수우당守愚堂 최영경崔永慶(1529~1590)을 신원하는 상소를 올리는 데 적극 참여하기도 하였다. 또한 조식이 정한 예를 가지고 임진왜란으로 무너진 예속을 회복하는 데 앞장섰다. 성여신은 이 시기에 경세적 포부를 접고 강호에 은거하는 삶을 지향하지만, 사족으로서의 본분을 충실히 수행하고 있었다.

성여신은 1602년 최영경을 신원하는 소를 올리고 돌아오는 길에 계서회鷄黍會를 결성하였다. 이 계서회는 성여신과 이대약(1560~1614)·이종영李宗榮(1551~1606)이 주축이었다. 이 가운데 이종영은 『덕천사우연원록德川師友淵源錄』 속록續錄에 들어 있는 조식의 문인이며, 이대약은 최영경崔永慶·하항河沆·정인홍鄭仁弘에게 배운 이대기李大期(1551~1628)의 동생이다.9) 이들은 모두 성여신과 마찬가지로 벼슬길에 나아가지 못한 불우한 사류士類로서 동병상련의 처지에 있었다. 성여신은 이 세서회의 모임을 뜻을 얻지 못하여 물러나 사는 사람들의 진정한 사귐으로 그 의미를 부여하였다.[10] 이 시기 역시 퇴처退處의 삶을 지향하지만, 사대 부로서의 자세를 잃지 않으려 하고 있다.

성여신은 1609년 64세 때 생원·진사시에 모두 합격하였다. 또한 1613년 68세의 나이로 문과 회시에 응시 차 상경하였다가 '궤우지로詭遇之路'를 써 보라는 관인의 말을 듣고서, 시험을 치르지 않고 돌아왔다. '궤우詭遇'라는 말은 『맹자』에 나오는 말로, 짐승을 사냥하는 데 마부가 법도대로 말을 몰지 않고 속이는 방법을 써 짐승을 잡는 것을 말한다. 곧 정당한 방법이 아닌 편법을 쓰는 것이다.

여기서 잠시 역사를 되돌아보자. 선조 연간은 '목릉성세穆陵盛世'라 하여 인재가 많이 배출된 시기로 일컫는다. 그러나 이는 훈구·외척 정치가 청산되고 사림정치가 열렸다는 것을 의미하기도 한다. 사림정 치가 열린 뒤에는 과거의 청산과 새로운 훈구세력의 등장을 막기 위해 군자소인론君子小人論 등 도덕적 명분론이 대두되었다. 이런 가운데 도덕적 선명성을 내세우며 이른바 헤게모니 쟁탈전이 벌어졌고, 결국 당파싸움으로 전개되었다. 처음에는 동인·서인으로 나누어졌다가 동인이 다시 북인과 남인으로 분열하였고, 북인 정권이 수립된 뒤에는 다시 대북·소북으로 나누어졌으며, 대북에서 다시 중북中北이 갈렸다.

---

9) 李相弼, 「南冥學派의 形成과 展開」(고려대 박사학위논문, 1998).

10) 『부사집』, 제5권, 「鷄黍約錄序」, "噫, 士牛兩間, 抱負至大, 得之則展布之, 不得則退藏 焉. 展布之時, 得遇心同而道同者, 則與之相隨而同濟, 同寅而協恭, 以之而澤被生民, 化及 四海, 退藏之際, 或遇志同而業同者. 則與之相許而相從, 相從而相好, 江東渭北散處, 則思 之樽酒, 論文會合, 則樂之樂之, 而忘其年忘其形, 以至於忘生忘死, 而金失其利, 蘭失其 馨, 如管鮑之知己, 期牙之知音, 韓孟之貧交, 羊左之死友, 播美於當時, 流芳於後世者也."

곧 선조 연간과 광해 초기는 사림이 분당하여 치열한 권력다툼을 하던 시기였다.

이런 정치적 변화 속에서, 그가 문과 회시에 응한 1613년의 상황을 좀 더 구체적으로 살펴볼 필요가 있다. 1608년 광해군이 즉위하면서 소북의 유영경柳永慶 정권은 실각했지만, 광해군 초기는 대북과 소북의 연합정권이었다. 이런 정국 구도 속에서 소북과 대북은 치열한 당쟁을 했고, 결국 내암來庵 정인홍鄭仁弘(1536~1623)의 절대적 지지를 받은 이이첨李爾瞻 일파가 정국을 주도하였다.[11] 1613년 4월 계축옥사로 영창대군의 외조인 김제남金悌男이 처형되고, 서인계가 정계에서 완전히 축출되었다. 한편 동년 6월 정인홍은 영창대군의 우익세력을 완전히 제거하자는 상소를 올렸고, 왕권 강화를 위해 이이첨의 정국주도를 적극 지원하였다. 곧 이해는 이이첨 등이 완전한 정권장악을 위해 토역討逆을 강하게 추진하였고, 정인홍은 향리에서 여론을 주도하였던 시기였다.

성여신은 이해 문과 회시에 응시 차 상경하였다가 '궤우지로'를 써 보라는 말을 듣고서 과거를 포기한 채 귀향하였다. 그리고 이로부터 산수유람의 길로 나선다. 그러나 그가 정치현실에 등을 돌린 것은 '궤우지로'가 성행하는 정치적 부패상만은 아니었다. 보다 근본적인 요인은 정인홍·이이첨 등의 집권세력이 추진하는 정치적 부도덕성에 있었다. 그는 '궤우지로'를 써 보라는 관인의 말을 듣고서 "지금 너의 말을 듣고 보니 세도를 알 만하다. 더구나 시사時事가 안정安靖되지 못하여 삼강三綱이 무너지려 하니, 과거에 합격한들 무엇하겠는가"[12]

---

11) 禹賢玖,「내암 정인홍과 광해조 정국주도세력」(영남대 석사학위논문, 1989).

라고 하였다. 곧 그는 영창대군을 처단하는 집권층의 처사를 삼강오륜을 무너뜨리는 것으로 보아 동조하지 않았던 것이다.

당시의 정국은 매우 급박하게 돌아가고 있었다. 1613년 6월 영창대군을 죽이자는 논의가 일어나자, 조식의 문인이며 성여신과 절친했던 망우당忘憂堂 곽재우郭再祐(1552~1617)가 전은全恩을 가장 먼저 상소했고, 8월 영의정 이덕형李德馨(1561~1613) 역시 전은소를 올렸다가 삭탈관작 당했으며, 11월 한강寒岡 정구鄭逑(1543~1620)가 또 전은소를 올렸다.[13] 그리고 1614년 2월 영창대군이 강화부사 정항鄭沆에 의해 살해당하자, 정인홍의 문인이었던 동계桐溪 정온鄭蘊(1569~1641)이 정항을 목 베고 영창대군의 위호位號를 추복追復할 것을 상소하였다. 이에 이이첨 등은 정온을 호역護逆으로 몰아 처단하려 하였다. 이때 정인홍은 정온에 대해 '만사무석萬死無惜'이라 하여, 비판세력에 대한 강력한 대처를 주장하였다.[14]

이전까지 남명학파는 임해군臨海君 옥사獄事 때 한강 정구가 전은全恩을 주장한 것 외에는 대체로 여론이 일치되었다. 그것은 조식의 문인 최영경·유종지柳宗智 등이 1589년 기축옥사로 서인계에 의해 화를 당한 뒤 강한 결속을 갖게 되었기 때문이다. 1601년 정인홍의 문인 문경호文景虎·박성朴惺 등이 최영경 신원을 상소하면서 성혼成渾을 탄핵할 때 경상우도의 유생들이 대거 참여한 것이 이를 반영한다. 그러나 1613년 영창대군의 처리를 놓고 토역討逆의 강경책을 고수하자, 정인홍

---

12) 『부사집』, 제7권, 「연보」, "今聞汝言, 則世道可知. 況時事不靖, 三綱將淪, 得科奚爲."
13) 최석기, 「망우당 곽재우의 절의정신」, 『남명학연구』 제6집(경상대 남명학연구소, 1996).
14) 禹賢玖, 「내암 정인홍과 광해조 정국주도세력」(영남대 석사학위논문, 1989).

에 의해 주도되던 경상우도 지역의 여론은 분열되고, 정인홍의 문인들 조차 이탈하여 이른바 중북中北으로 갈라진다.[15)]

1614년 정온이 갑인봉사甲寅封事로 옥에 갇히자, 성여신을 비롯하여 오장吳長·이회일李會一·이각李殼 등이 의령에 모여 그를 구원하는 상소를 올렸다. 성여신과 친했던 정구·곽재우·정온 등이 영창대군의 옥사 때 모두 전은설을 주장했던 점, 성여신이 정온을 구원하는 소회疏會에 참여했던 점, 성여신이 정인홍과 절교한 능허凌虛 박민朴敏(1566~1630)[16)]을 만년에 가까이 한 점 등으로 미루어 볼 때, 성여신은 이 시기에 중북의 입장에 섰던 것이 분명하다. 이는 곧 정인홍과의 결별을 선언한 것으로 받아들일 수 있다.

이상에서 살펴본 바와 같이, 1613~1614년 경상우도 지역의 여론이 분열하여 정치적 입장을 달리하는 시점에서, 성여신은 집권층인 정인홍 일파와 갈라짐으로써 현실정치에 등을 돌리고 산수유람의 길로 나선 것이다. 과거에 오르지 못한 불평한 심경에다 현실정치의 모순이 겹쳐 불화가 극대화된 것이다. 이후 그는 70이 넘은 나이에도 불구하고 지리산을 3번씩이나 유람하며 선취에 빠져든다.

2) 문학적 성향

성여신은 18세 때부터 과거에 응시해 20여 차례나 향시에 합격하였으나, 회시에는 번번이 떨어지고 말았다. 이런 자신의 불우에 대해

---

15) 禹賢玖, 「내암 정인홍과 광해조 정국주도세력」(영남대 석사학위논문, 1989) 및 李相弼, 「南冥學派의 形成과 展開」(고려대 박사학위논문, 1998) 참조.
16) 朴敏은 1606년 8월 정인홍의 집으로 찾아가 절교를 선언하였다.(『凌虛集』, 제3권, 부록, 「연보」)

한탄하기도 하고 반성하기도 하였는데, 그는 뒤에 자신이 낙방한 원인을 다음과 같이 술회하고 있다.

세상 사람들은 모두 화려하게 꾸미는데, 나만 유독 실질을 힘쓰는 글을 지었네.
세상 사람들은 모두 지름길로 달려가는데, 나만 유독 대로大路를 따라갔도다.
어찌 모난 것과 둥근 것이 서로 어울리리. 의당 모난 자루로 둥근 구멍에 끼우는
격이리라.17)

"자신은 유독 실질을 힘썼다"는 말은 고문의 박실함을 추구하였다는 말일 터이니, 문장의 형식미에 치중하여 수식修飾하거나 조탁彫琢하지 않고 내용미를 위주로 하였다는 뜻일 것이다. 그는 자신의 문장을 '모난 것'으로 평가하여 '둥근 구멍'을 뚫지 못한 것에 비유하였다.

성여신은 기본적으로 조선 전기 사림파의 문학관을 가지고 있었다. "시는 성정性情이 발하여 소리가 된 것으로 성정지정性情之正을 드러내야 한다"18)라는 그의 시론은 주희의 그것과 흡사하다.19) 그래서 그는 생각이 성정에서 나와 조화자연造化自然의 기미機微를 참조하고, 읊조리는 것이 사물의 이치를 드러내 만변무궁萬變無窮의 지취志趣를 모범으로 해야 한다고 하였다.20) 이런 관점에서 그의 시론은 육조시대六朝時代

---

17) 『부사집』, 제2권, 「和鎭兒病中述懷賦」, "世皆餙乎葩藻, 我獨爲之務實. 世皆趨於捷迳,
我獨遵夫大路. 孰方圓之相周. 宜與之以枘鑿."
18) 『부사집』, 제3권, 「聯珠詩跋」, "詩者, 性情之發, 而爲聲者也. 人之心, 主一身而統性情,
聞善言則感發焉. 見惡事則懲創之, 其所以感發焉懲創之者, 無非性情之正也."
19) 『논어』 「爲政」 제2장 "子曰, 詩三百, 一言以蔽之, 曰思無邪"에 대해, 주희는 『논어집
주』에서 "凡詩之言, 善者, 可以感發人之善心, 惡者, 可以懲創人之逸志, 其用歸於使人得
其性情之正而已"라고 하였다.

의 영향을 받은 당시唐詩의 화려함과 이상은李商隱(812~858)의 영향을
받은 송시宋詩의 섬세함을 탈피하여 이아爾雅하고 평담한 것을 추구하
였는데, 특히 한유韓愈와 구양수歐陽修를 본받고 있다.[21)

　다 알다시피, 한유는 육조시대 이래 변려문의 영향을 받은 부화浮華
한 문장을 반대하고 박실樸實한 고문을 주장한 사람이며, 구양수는
이상은의 서곤체西崑體를 반대하고 고문의 방법으로 시를 쓰는 새로운
풍격을 이룩한 사람이다. 구양수가 새로 이룩한 시풍은 당송고문과
마찬가지로 형식미보다는 내용미를, 화려함보다는 풍격을 중시하며
이론의 전개나 서사적인 서술도 피하지 않는 방식이었다.[22) 성여신은
한유와 구양수를 전범으로 함으로써, 기고부화奇高浮華보다는 이아평
담爾雅平淡한 것을 주로 하여 이치理致를 수승殊勝하게 하는 문예의식을
견지하였다.[23)

　후대 박태무朴泰茂(1677~1756)가 성여신의 시문을 "넉넉하고 법도에
맞으며 맑고 아름답고 반듯하여 전혀 경박하고 각박한 기상이나 조탁
하고 수식한 자태가 없다"라고 평하면서 평평한 길을 법도대로 달리
는 것에 비유한 것[24)이나, 안정복이 "공의 시문은 호건豪健하여 이치理

---

20) 『부사집』, 제3권, 「聯珠詩跋」, "學之者, 苟能尋章而得其格, 逐句而中其調, 思出性情而
　　參造化自然之機, 吟形物理而模萬變無窮之趣, 輿於之訓, 學夫之戒, 遵而勿失, 則學者之
　　初, 庶有益矣."
21) 『부사집』, 제3권, 「聯珠詩跋」, "唐人環麗之習, 沿六朝也. 而韓愈氏痛正之, 宋朝織巧之
　　態, 襲西崑也. 而歐陽子力攻之, 然後緒繼之章, 化而爲爾雅, 靡曼之句, 換而爲平淡."
22) 金學主, 『중국문학사』(신아사, 1989).
23) 『부사집』, 제8권, 附錄, 「言行錄」, "爲文未嘗留意, 如寫宿搆, 不尙奇高浮華, 唯以理勝
　　爲主."
24) 『西溪集』, 제6권, 「題成浮查先生遺卷後」, "先生所著述詩若文, 亦非拘曲士弄觚墨者所
　　能幾及, 而紆餘典贍, 淸麗雅正, 了無輕浮刻薄之氣, 彫琢粉飾之態, 而比之, 如平路逸駕範
　　驅, 而不失其馳, 則先生平日所養, 粹然而深, 卓然而高, 推之文章之末, 而自如是, 沖澹和

致가 있다"라고 평한 말25)은 이런 각도에서 볼 때 매우 적절한 평가로 여겨진다.

여기서 잠시 우리 문학사를 되돌아보자. 우리 문단은 고려 중기 이후 소식蘇軾・황정견黃庭堅 등의 영향권에서 벗어나지 못하였고, 15・16세기는 황정견・진사도陳師道 등 강서시파江西詩派와 비슷한 시풍이 유행하여 박은朴誾・이행李荇・정사룡鄭士龍 등 걸출한 시인이 배출되었다.26) 이를 보면, 조선 전기의 시단은 소식・황정견 등의 영향을 받은 송시풍이 유행했다고 할 수 있다. 그러다 16세기 후반에 이르러 이런 송시풍을 버리고 당시를 따라야 한다는 주장이 대두되었는데, 박순朴淳(1523~1589)이 그 선두에 섰고, 이른바 삼당시인三唐詩人이라 불리는 이달李達・최경창崔慶昌・백광훈白光勳에 이르러 뚜렷한 성과가 나타났다.27)

앞에서 살펴보았듯이, 성여신은 화려하게 꾸미기를 좋아하지 않고 실질을 힘쓰는 문학을 추구하였으며, 육조시대의 영향을 받은 당시의 화려함이나 서곤체의 영향을 받은 송시의 섬세함보다는 한유・구양수의 경우처럼 아정雅正하고 평담平淡한 시를 좋아하였다. 이런 맥락에서 보면, 성여신이 추구한 문학은 조선 전기를 풍미한 소식・황정견 등의 송시풍과 뚜렷이 구별되며, 조선 중기에 새롭게 대두된 당시풍과도 다른 경향이다. 요컨대 그의 시문학은 당송고문의 정신을 바탕으로 한 이치를 위주로 하는 시풍으로, 한유・구양수 등의 시풍에 가깝다고 하겠다.

平, 得性情而中軌度者耳."
25) 『부사집』, 제8권, 부록, 「墓碣銘」, "公之詩文, 豪健有理致."
26) 閔丙秀, 『한국한시사』(태학사, 1996).
27) 조동일, 『한국문학통사』 제2책, 「7.7.4. 삼당시인과 임제의 기여」 참조.

3) 학문 성향과 경세적 포부

성여신의 학문 성향은 이정을 통해 계발된 효제충신孝悌忠信의 도道와 조식을 통해 전수된 경의敬義로 요약될 수 있다. 효제충신은 공자 사상의 핵심으로, 충신은 글을 배우기 이전의 성실한 자세이며, 효제는 일상생활 속에서의 실천 윤리이다. 이는 원시유학의 기본정신이다. 경의는 성리학의 수양론에 있어 핵심 명제가 되는 것으로, 경敬은 마음이 발하기 전에 존양存養하는 것이며, 의義는 마음이 발한 뒤에 자신을 성찰省察하는 것을 말한다. 그러므로 이정은 그에게 유학의 근본정신을 일깨워 주었고, 조식은 성리학의 요체要諦를 일러 주었다고 할 수 있다.

성여신은 이 두 스승의 가르침을 하나로 융합하여, "효제충신은 경의가 아니면 행해지지 않고, 경의는 효제충신이 아니면 확립되지 않는다"[28]라고 하였다. 이런 사상은 심성수양을 통한 사회적 실천을 의미하는 것으로, 성리학에서 우주와 자연과 인간의 문제를 탐구하는 존재론·인식론의 범주와는 구별되는 것이다. 조선 전기의 성리학이 재야 사림에서 발달하였고, 그들은 훈구와의 대립에서 도덕성을 드높이기 위해 철저한 자기 수양과 실천을 강조하였다. 이를 극명하게 보여 준 분이 바로 조식이다. 조식은 성리학이 꽃피는 16세기 중반 철저하게 수양론 위주로 학문의 방향을 잡았다. 그는 만년에 주자학의 이론적 탐구에 치중하는 학풍을 경계하여 "손으로 물 뿌리고 비질하는 절도도 모르면서 입으로 천리天理를 말한다"라

---

28) 『부사집』, 제6권, 「枕上斷編」, "孝悌忠信, 非敬義, 則不行, 敬義, 非孝悌忠信, 則不立."

고 하면서, 인사상人事上에서 천리를 구하지 않으면 실득實得이 없다고 하였다.29)

성여신의 학문 성향도 조식의 이런 정신을 그대로 이어받고 있다. 그는 "학자들이 손으로 물 뿌리고 비질하는 절도도 모르면서 입으로 천인天人의 이치를 말하며, 겉으로는 근엄하고 공손한 체하면서 안으로는 방탕하고 게을리한다"30)라고 하여, 당시 학자들이 일상의 실천을 외면한 채 우주와 인간의 이치를 함부로 말하는 병폐를 비판하였다. 그가 퇴계 이황의 맥을 이은 이정에게 배웠으면서도 성리설을 펴지 않은 것은 조식의 이런 학문 정신을 이어받았기 때문이다.

성여신의 학문 성향이 조식의 학문과 유사한 것은 이뿐만이 아니다. 그는 조식과 마찬가지로 광박廣博한 학문을 추구하여 산수算數·병진兵陣·의약醫藥·천문天文·지리地理 등에 모두 마음을 두고 궁구해야 한다고 하였다.31) 또한 그는 학문 자세에 대해 다음과 같이 말하고 있다.

학자들은 경전經傳에서 널리 구하고, 백가百家의 글에 널리 통해야 한다. 그런 뒤에는 번다한 것을 수렴하여 간결하게 해서 자신에게 돌이켜 요약하는 데로 나아가서 스스로 일가의 학문을 이루어야 한다.32)

---

29) 최석기, 「南冥의 成學過程과 學問精神」, 『남명학연구』 창간호(경상대 남명학연구소, 1991).
30) 『부사집』, 제8권, 「言行錄」, "學者手不知灑掃之節, 而口談天人之理, 外爲莊恭, 而內實放惰."
31) 『부사집』, 제8권, 「言行錄」, "嘗曰, 士之抱負不輕, 宇宙間許多大小精粗之事, 不可不知, 至於算數·兵陣·醫藥·天文·地理 亦可盡究."
32) 『부사집』, 제8권, 「言行錄」, "且學者博求經傳, 旁通百家. 然後斂煩就簡, 反身造約, 自成一家之學."

이 말은 본디 내암 정인홍이 지은 조식의 행장에 있는 내용이다.[33] 그러나 성여신이 이를 문인들에게 강조한 것은 이런 자세를 자신의 학문관으로 견지한 것이라 할 수 있다. 성여신에게 있어 이와 같은 학문의 광박성廣博性은 퇴계 이황 이후 존신주자주의로 흐른 당시의 일반적 학문 성향과 다르다고 할 수밖에 없다.

그는 중년에 접어들어 과거시험의 거듭된 낙방에서 오는 좌절을 극복하기 위해 마음을 다스리는 노력을 기울인다. 41세 때 지은 「학일잠學一箴」[34]을 보면, 안자顏子의 사물四勿[35]과 증자曾子의 삼성三省[36]과 맹자孟子의 양호연지기養浩然之氣[37]와 자사子思의 유일惟一[38]을 마음에 새기며 밤낮으로 고요히 심성수양을 다짐한다. 이 잠箴의 말미에 "나의 천군을 섬겨, 마음 전일함을 주로 해 흩어짐이 없게 하라"라고 한 것은, 성리학의 경공부敬工夫를 말한다. 여기서 말하는 '천군'은 '마음'을 비유한 것으로, 조식의 「신명사도神明舍圖」에 보이는 '천군'일 것이다.

이처럼 40세 이후의 강호에 퇴장退藏하는 삶 속에서 그의 학문은 심성을 수양하는 쪽으로 옮겨진다. 그는 69세 때 자식들을 위해 「성성재잠惺惺齋箴」[39]을 지었는데, 이 역시 심성수양의 두 축인 존양存養・성

---

33) 『南冥集』(한국문집총간, 제31책), 458쪽에 "盖先生既以博求經傳, 旁通百家, 然後斂煩就簡, 反躬造約, 而自成一家之學"라고 하였다.

34) 전문은 다음과 같다. "聖賢之訓, 布在方冊, 顏勿曾省, 孟養思一, 昭然的然, 照我心目, 凝思齊慮, 朝益暮習, 明牎晝靜, 淨几夜寂, 事我天君, 主一無適."

35) 『논어』에 나오는 "非禮勿視, 非禮勿聽, 非禮勿言, 非禮勿動"을 가리킨다.

36) 『논어』에 나오는 "爲人謀而不忠乎, 與朋友交而不信乎, 傳不習乎"를 가리킨다.

37) 『맹자』에 나오는 浩然之氣를 기르는 것을 가리킨다.

38) '惟一'은 『서경』에 나오는 말로 마음을 전일하게 하는 것을 가리키는데, 子思가 『중용』을 지으면서 이 점을 강조하였다.

39) 전문은 다음과 같다. 『부사집』, 제4권, 「惺惺齋箴」, "一身之主, 曰惟心矣, 一心之主,

찰省察의 요지를 뽑아 만든 것이다. 이 잠箴에서도 성여신은 조식의 경敬·의義로 요약되는 수양론을 그대로 이어받고 있다. 그는 일신一身의 주인을 심心으로 보고, 일심一心의 주인을 경敬으로 본다. 그리고 이를 지키는 방법으로 '성성惺惺'을 들었다. '성성'은 송유宋儒 사양좌謝良佐가 제시한 경공부敬工夫의 하나로, 조식이 「신명사도」에서 '혼昏·몽夢'과 대對로 일컬은 것이다. 또 이 잠箴에는 마음을 전일하게 하는 방법으로 '닭이 알을 품고 있듯이'(鷄伏卵)와 '고양이가 쥐구멍을 지키고 있듯이'(猫守穴)를 인용하고 있는데, 전자는 조식이 삼가三嘉 토동兎洞에 세운 '계복당鷄伏堂'의 뜻과 같으며, 후자는 선가禪家에서 참선할 때 마음을 전일하게 하는 비유로 쓰이는 말이다.

성여신의 학문이 조식의 경의학敬義學에서 연원한 것임을 보여 주는 또 하나의 자료가 「삼자해三字解」[40]이다. 이 「삼자해」는 성여신이 62세 때 쓴 글로, 만년의 삶의 지표였다고 보인다. 이 글에서 그는 삶의 세 가지 지표로 직直·방方·대大를 내세우는데, 이는 『주역』 곤괘坤卦 육이효六二爻의 효사爻辭에 나오는 말이다. 성여신은 직直은 경敬에, 방方은 의義에, 대大는 성誠에 달려 있다고 보아 경敬을 심지주心之主로, 의義를 사지주事之主로, 성誠을 신지주身之主로 삼았다. 조식은 곤괘

日惟敬耳, 心爲身主, 敬爲心主, 主而爲主, 光生門戶, 主而失主, 茅塞堂宇, 守之之法, 惺惺是己, 賓爲祭焉, 正冠尊視, 放如鷄犬, 求而必在, 昏若沉醉, 喚而勿寐, 靜須存養, 動必省察, 如鷄伏卵, 如猫守穴, 必謹必戒, 無間食息, 顧諟孜孜, 期免走肉, 父作箴告, 勉爾式穀."

40) 전문은 다음과 같다. 『부사집』, 제5권, 「三字解」, "翁於對坐北窓上壁面書三大字, 以粘焉, 曰直也, 方也, 大也, 何謂直, 曰心要直, 何謂方, 曰事要方, 何謂大, 曰量要大, 乃解之曰, 心不直則邪, 事不方則曲, 量不大則隘, 邪也, 曲也, 隘也, 君子不爲, 直之功在敬, 方之功在義, 大之功在誠, 主一無適, 則敬爲心之主矣, 裁度適宜, 則義爲事之主矣, 眞實无妄, 則大爲身之主矣, 心有主, 事有主, 身有主, 則無窘步於旁蹊曲逕之患矣, 故書之曰之, 以自警焉."

「문언文言」의 '경이직내敬以直內 의이방외義以方外'에서 자신의 경의철학敬義哲學을 완성하였는데, 성여신은 육이효 효사의 '직直·방方·대大'를 바탕으로 직直·방方과 관련된 경·의는 물론, 대大를 성誠과 연관지었다.

이상에서 성여신의 학문 성향을 살펴보았는데, 조식의 경의학을 그대로 이어받고 있음을 확인할 수 있었다. 성여신의 이런 학문 성향은 기실 만년에 완성된 것이다. 그는 젊은 시절 대부분을 과거를 위한 독서와 문장수업으로 보냈다. 곧 과거를 통해 벼슬길에 나아가서 경세제민經世濟民하겠다는 큰 포부를 가지고 있었다. 또한 그는 이런 포부 외에 문학文學으로 성취하겠다는 이상을 가지고 있었다. 그는 만년에 자신의 포부를 이루지 못한 아쉬움을 술회하면서, "나는 일찍이 두공부杜工部로 자신을 비유하고, 직稷·설契의 말로 자신을 비유했다"[41]라고 하였다. 곧 그는 두보杜甫처럼 시대와 민생을 걱정하는 위대한 시인이 되고 싶었고, 순임금 조정의 농사를 담당했던 후직后稷 또는 교육을 담당했던 설契처럼 되고자 했던 것이다.

이런 포부는 결국 자신을 구속하는 장애 요인이 되었지만, 한편으로는 자신의 뜻을 높게 하는 긍정적인 면도 있었다. 그의 시 가운데 대표작이라 할 만한 「아유일가我有一歌」는 모두 5장으로 된 오언고시체五言古詩體의 연작시인데, 매 장은 20구句로 되어 있다. 이 시에서 시인은 자신의 재주를 거문고·옥·장검·천리마에 비유하면서, 이런 재주를 아무도 알아주지 않아 쓰이지 못함을 한하고 있다. 이 시의 제1장부터 제4장까지는 자신이 가지고 있는 각각의 재주가 모두 옛날 성왕 시절부

---

41) 『부사집』, 제1권, 「錦鬢吟幷序」, "翁嘗用杜工部竊比, 稷契之語竊比於己."

터 쓰이던 것임을 강조하면서, 마지막 결구에 가서는 지금은 쓰이지 못함을 안타까워하고 있다.

제1장을 보면, "나에게 거문고 하나 있으니, 복희伏羲·신농神農 때 만든 것. 일찍이 성인의 손을 거쳐, 체제가 방정하고도 곧도다"라고 시작하여, 요임금의 궁전에서도 쓰이고 주나라에서도 쓰임을 노래하고, 결구에 가서 "그 뒤 백대를 표류해 내려왔는데, 줄이 끊어져도 이어 놓는 사람 없네. 종자기鍾子期는 이미 멀리 떠나갔으니, 보배 담은 상자에 먼지만 생기누나"라고 읊조리고 있다. 결국 자신의 재주는 옛 성인이 쓰던 고도古道인데, 오늘날의 세상에서는 아무 쓸모가 없다는 탄식이다. 이를 보면 성여신은 문장에서 고문古文을 좋아했듯이, 세상을 경륜하는 데 성왕의 조정에서 쓰던 고도를 추구했음을 알 수 있다.

성여신은 이 시의 마지막 제5장에서 자신의 재주를 펼 수 없게 된 현실을 담담히 받아들이며, 사인士人으로서의 지조와 은일의 삶을 다짐한다. 비록 가난한 살림이지만 요堯·순舜·공孔·맹孟의 도가 담긴 만 권의 책을 읽으며 강호에 은거하는 안분의 삶을 지향한다. 제5장 마지막 대목을 인용해 본다.

집안에서 자손들 가르치다 보면,	室中敎仔孫
하루 종일 굶주리고 목마름도 잊네.	昕夕忘飢渴
바라는 바는 질병이 없는 것,	望以無疾病
힘쓰는 바는 과실이 적은 것,	勉以少過失
이와 같이 남은 생을 보내면,	如斯送餘年
길이 끝나도 통곡은 면하리라.	途窮知免哭

마지막 구의 "길이 끝나도 통곡은 면하리라"라는 말은 중국 위진시대 죽림칠현의 한 사람인 완적阮籍이 마음 내키는 대로 길을 가다가 끝나는 곳에 이르면 문득 통곡을 하고 돌아왔다는 고사를 인용한 것이다. 성여신은 만년에 자아와 세계의 괴리를 냉철히 인식하고 자신의 포부를 접어 둔 채 은일의 삶을 지향한다.

이처럼 은일의 삶을 추구한 성여신은 안연顔淵과 같은 안빈낙도安貧樂道의 삶을 노래한다. 그는 「도초사樵樵辭」에서 "강호에 한 늙은이 있는데, 학문을 해도 시대에 맞지 않아, 십 년 동안 비파 잡고 지내다 보니, 귀밑머리 하얗게 세고 바람만 쓸쓸하네. 농사지어도 풍년을 만나지 못해, 쌀독엔 남아 있는 쌀이 없어, 안자처럼 빈한한 삶 굶주리는 날만 늘 뿐. 걱정 없이 생업을 경영할 생각은 않고, 누런 책만 읽으며 여유롭게 지내네"라고 하였다. 그의 만년의 삶을 단적으로 드러내 주는 말이다.

3. 산수벽과 지리산 선유시

성여신은 중년 이후 자신의 불우를 달래기 위해 여러 곳을 유람한 듯하다. 그는 만년에 이런 자신의 유람을 치유하기 어려운 '고질병'(癖)으로 표현하였다. 중년에 그는 충주의 계족산鷄足山을 유람하였고, 영해寧海·영덕盈德 등 6읍을 둘러보았다.42) 또 경주와 평양을 유람하고 「동도유적東都遺跡」 27수와 「서도유적西都遺跡」 12수를 남겼는데, 영사

---

42) 『부사집』, 제2권, 「遊頭流山詩幷序」.

악부詠史樂府와 유사한 형태이다. 또한 지리산의 경우 홍류동紅流洞 2번, 청학동靑鶴洞 5번, 백운동白雲洞 1번, 천왕봉天王峯 1번을 유람하였다. 그러나 그의 산수벽山水癖은 만년 신선처럼 선계를 노닐면서 빛을 발한다. 여기서는 만년의 선유시仙遊詩[43]를 중심으로 그의 시세계를 살펴보고자 한다.

그는 71세 때인 1616년 음력 9월 24일부터 10월 8일까지 15일 동안 하동河東을 거쳐 쌍계사雙磎寺・불일암佛日庵・신응사神凝寺를 유람하였는데, 이때 동행한 사람이 정대순鄭大淳(1552~?)・강민효姜敏孝(?~?)・이중훈李重訓(?~?)・박민・문홍운文弘運(1577~1610) 및 큰아들 성박成鎛(1571~1618)과 넷째 아들 성순成錞(1590~1659)이다. 이들은 자신들을 팔선八仙이라 칭하였는데, 성여신은 부사소선浮査少仙, 정대순은 옥봉취선玉峯醉仙, 강민효는 봉대비선鳳臺飛仙, 이중훈은 동정적선洞庭謫仙, 박민은 능허보선凌虛步仙, 문홍운은 매촌낭선梅村浪仙, 성박은 죽림주선竹林酒仙, 성순은 적벽시선赤壁詩仙이라 불렀다. 이 유람이 신선들의 놀이

---

43) 여기서 말하는 仙遊詩란 '신선처럼 노닐며 읊은 시'라는 의미로, 세속을 초탈하여 선계를 노니는 意境을 노래한 遊仙詩와는 구별된다. 鄭珉 교수는 「16,7세기 遊仙詩의 자료개관과 출현동인」(『한국도교사상의 이해』, 아세아문화사, 1990)에서 유선시의 개념을 '신선전설을 제재로 仙界傲遊나 鍊丹服藥을 통해 불로장생의 염원을 노래하거나, 혹은 離塵去俗하는 선계에서의 노님을 통해 현실에서의 갈등과 질곡을 서정, 극복하려 한 詩'로 정의하였다. 그러나 여기서 말하는 '선유시'는 현실세계의 갈등을 해소하기 위해 仙界를 유람하지만 선계에 머물지 않고 다시 현실세계로 돌아오는 儒者로서의 仙趣傾向에 관한 시를 말한다. '유선시'란 말은 『文選』에서 시의 한 유형으로 구별하였듯이, 문학상의 용어로 예전부터 널리 쓰였다. 晉의 郭璞이 그 대표적 작가이며, 신선사상에 몰입하여 탈속적인 정서를 노래하는 것이 그 특징이라 할 수 있다. 이 글에서 다루고 있는 성여신의 경우는 의식 성향 면에서 이런 유선시의 성향과는 구별된다. '선유시'라는 말이 문학상의 용어로 적절한지는 모르겠으되 성여신이 '仙遊'라는 말을 썼고, 또 그의 정서가 儒者로서의 仙趣이기 때문에 시험 삼아 '선유시'라는 용어를 사용해 본다.

였기 때문에 성여신은 이 유람록을 「방장산선유일기方丈山仙遊日記」라고 이름 붙였다.

이 유람 셋째 날, 성여신은 곤양昆陽 땅을 지나다가 다음과 같이 읊었다.

나는 이 세상 사람,　　　　　　　　　　　　　　我是寰中人

애초 물외인物外人이 아니었네.　　　　　　　　初非物外人

가을바람에 높은 흥취이니,　　　　　　　　　秋風動高興

신선을 배우는 사람이 되리.　　　　　　　　　將作學仙人

이 시에서 성여신은 자신의 심경을 밝혀, 자신이 본디 방외方外의 삶을 추구하지 않고 현실권에서 살아온 사람이지만 이제는 신선을 배우는 사람이 되고 싶다고 노래하고 있다. 왜 그랬을까? 앞에서 언급하였듯이, 영창대군의 옥사에 얽혀 있는 정치현실에 대한 혐오와 정온鄭蘊을 구원하는 상소를 올림으로써 닥친 신변의 위험을 느낀 것이다.[44] 이것이 직접적인 요인이다. 그리고 그 내면에는 자신의 경세적 포부를 펴지 못하고 마는 한이 서려 있다. 이 점이 근원적인 요인이다.

그래서 그는 유람길에 올라 정대순鄭大淳에게 화답한 시에서 "이 한 몸 이미 노쇠해졌으니, 온갖 계획 긴 탄식만 자아낼 뿐. 소매를

---

44) 성여신은 이듬해 忘憂堂 郭再祐가 졸하자 挽詞에서 "신선술로 살 길 찾아 몸을 온전히 하였네"(刀圭計活任全身)라고 하였고, 또 "솔잎 먹으며 신선술 일삼은 것 말하지 말라. 留侯가 어찌 신선을 배운 사람이리"(莫道茹松追異術, 留侯豈是學仙人)이라고 하여, 곽재우가 결코 仙家에 빠진 사람이 아님을 말하였다. 그렇다면 성여신의 선취경향도 이런 측면을 전혀 배제할 수 없다.

떨치고 진眞을 찾아나서는 길, 아름다운 약속 어기지 않아 기쁘이"⁴⁵⁾라
고 읊조렸다. 그의 불화는 과거에 오르지 못한 것만은 아니었다. 학문을
해도 시대에 맞지 않고,⁴⁶⁾ 재주를 가지고 있어도 세상에서 알아주지
않기 때문이었다.⁴⁷⁾

성여신은 이 유람 기간 중 신선의 세계에 매료된다. 쌍계사에 이르
러 "선원仙源으로 가고픈데 어느 곳일까, 향로봉 위에서 고운孤雲을
부르리라"⁴⁸⁾라고 노래하고, 또 "난새를 곁말로 삼청三淸에 가고자 하
니, 누가 학을 타고 나와 함께 돌아가리"⁴⁹⁾라고 읊었다. '삼청三淸'은
신선의 세계를 말한다. 이처럼 이때 성여신은 극대화된 불화를 풀기
위해 신선세계를 강하게 희구하고 있었다. 현실세계를 잊고 싶었던
것이다. 이런 그의 갈망은 71세의 나이에도 불구하고 험하기로 소문난
불일암佛日庵·고령대古靈臺까지 오르게 한다.

그는 고령대에 올라 다음과 같은 선유사仙遊辭를 지었다.

호랑이·표범에 걸터앉음이여, 용을 타도다.	踞虎豹兮登虯龍
붉은 난새 곁말로 함이여, 백학을 끌어당기네.	驂紫鸞兮控白鶴
홍애洪崖를 좌로 함이여, 부구浮丘를 우로 하도다.	左洪崖兮右浮丘
고운孤雲을 부름이여, 진결眞訣을 묻노라.	喚孤雲兮問眞訣
적송자赤松子를 잡아당김이여, 자소紫簫를 부네.	挽赤松兮弄紫簫
머리 위 지척이여, 옥황玉皇이 사시는 곳.	頭邊咫尺兮玉皇攸宅

---

45) 『부사집』, 제5권, 「方丈山仙遊日記」, "一身已潦倒, 百計入長嗟, 拂袖尋眞路, 佳期喜不
　　差."
46) 『부사집』, 제2권, 「刈樵辭」 참조.
47) 『부사집』, 제1권, 「我有一歌」 참조.
48) 『부사집』, 제5권, 「方丈山仙遊日記」, "欲泝仙源何處是, 香爐峯上喚孤雲."
49) 『부사집』, 제5권, 「方丈山仙遊日記」, "驂鸞欲向三淸去, 駕鶴何人共我廻."

호랑이·용·난새·학은 모두 신선이 타고 다니는 동물이며, 홍애·부구·적송자는 중국 고대 신선들이며, 고운은 신라 말기 최치원崔致遠의 호이다. 다 알다시피, 고운은 우리나라 신선사상의 비조로 일컬어지는 인물로, 지리산에는 그와 연관된 전설이 무수히 많다. 특히 쌍계사·불일폭포 주변에는 고운의 발자취가 곳곳에 스며 있다.

또한 불일암 주변은 예전 사람들이 청학동靑鶴洞이라 부르던 곳이다.[50] 폭포가 떨어지는 곳을 학연鶴淵이라 하고, 그 아래의 못을 용추龍湫라 하여[51] 청학靑鶴이 노니는 신선세계로 인식된 곳이다. 성여신은 이런 선계에 올라, 최치원을 불러 삶의 진결眞訣을 묻는다. 전날 읊은 시에서도 '진眞을 찾아 나서는 길'이라고 하였는데, 우리는 여기서 '참된 삶'이 무엇인지를 다시 생각하는 작가의 진지한 성찰을 만나게 된다. 곧 작가는 세상사에 대해 회의하면서 갈등과 불화가 없는 '진眞의 세계'를 찾고자 한 것이다.

그의 산수벽의 절정은 78세 때인 1623년 9월 조겸趙㻛(1569~1652) 등과 법계사法界寺를 거쳐 천왕봉에 오른 유람이다. 그는 이 유람을 통해 86구의 「유두류산시遊頭流山詩」를 지었다. 저자가 '86구'라고 한 것은 운자韻字를 말한 것으로, 이 시는 모두 86개의 입성운자入聲韻字로 된 172구의 장편고시이다. 이 시는 구양수歐陽修의 「여산고廬山高」를 본받고, 한유韓愈의 「남산시南山詩」의 어법을 써서[52] 지었는데, 만년의 선취

---

50) 濯纓 金馹孫 및 南冥 曹植 등의 유람록에 보인다.
51) 浮查 成汝信의 「方丈山仙遊日記」에 보인다.
52) 구양수의 「廬山高」는 한 구의 글자 수가 일정치 않은 자유로운 형식의 古詩이며, 한유의 「南山詩」는 五言으로 된 장편고시이다. 「遊頭流山詩」는 그의 문학적 성향을 그대로 드러낸 작품으로, 격식에 구애되지 않고 자유롭게 노래한 시이다.

경향이 곳곳에 잘 나타나 있다. 이 시는 내용상 몇 개 단락으로 나누어 볼 수 있다.

제1단락: 極·國·覓·惻 4개 운자를 쓴 8구

제2단락: 岻·崔·妾·埯·屹·北 6개 운자를 쓴 12구

제3단락: 特·屬·仡·色·苗·末·錫 7개 운자를 쓴 14구

제4단락: 石·白·竹·突·數·窟·腹·輟·日·落·及·俗·寒·力·越·利 16개 운자를
　　　　쓴 32구

제5단락: 廓·蟻·出·角·億·越·柏·立·跡·覿 10개 운자를 쓴 20구

제6단락: 佛·僕·帛·絶·溺·託·域·帛·瀆·革·璧·藝·束 13개 운자를 쓴 26구

제7단락: 麓·榻·告·鹿 4개 운자를 쓴 8구

제8단락: 穴·毒·覆·木·鑿·澤 6개 운자를 쓴 12구

제9단락: 摘·矚·籍·鶴·衲·說·滅·一·藥·屐·格·合 12개 운자를 쓴 24구

제10단락: 得·日·目·樂·縶 5개 운자를 쓴 10구

제11단락: 躅·節·魄 3개 운자를 쓴 6구

이 시는 만년의 성여신의 심경을 모두 토로했다고 보인다. 제1단락에서 그는 지리산이 국토 남단의 중앙에 위치한 가장 높은 산임을 상기하면서, 그 위에서 북쪽 궁궐을 바라보며 "아름다운 님이시여, 아름다운 님이시여. 조운朝雲이 되고 모우暮雨가 되는 줄 모르시니, 님 그리는 마음 안타깝기만 하네"[53]라고 읊조렸다. '아름다운 님'은 임금을 가리킨다. 조운·모우는 초회왕楚懷王이 유람하다 무산巫山의 여자를 만나 정을 나누었는데 여자가 헤어질 때 "아침엔 구름이 되고, 저녁엔 비가 되겠다"라고 한 고사로, 남녀의 만남을 의미한다. 여기서

---

53) 『부사집』, 제2권, 「遊頭流山詩」, "美人兮美人兮, 不知爲朝雲爲暮雨, 使我思之心惻惻."

는 임금과 신하의 만남을 남녀의 일에 비유한 것으로, 임금을 만나지 못한 슬픔을 그리고 있다. 자신의 재주를 펴 보지 못한 한은 선계에 들어와서도 잊을 수 없었던 것이다.

제2단락에서 성여신은 천왕봉을 왕王에, 뭇 산들을 신첩臣妾에 비유한다. 천왕봉을 중심으로 서쪽으로는 서석산瑞石山·월출산月出山이, 남쪽으로는 금오산金烏山·와룡산臥龍山이, 동쪽으로는, 자굴산闍崛山·가야산伽倻山이, 북쪽으로는 덕유산德裕山·주흘산主屹山이 엎드려 있거나 읍을 하고 있는 모습으로 그려지고 있다. 그가 천왕봉에 오른 것은, 평생 그리워하기만 하고 만나지 못한 임금을 만나는 상징적인 의미를 갖는다. 작자는 동행한 사람들을 거론한 제3단락과, 법계사에 오르기까지의 일정을 읊은 제4단락을 뒤로 돌리고, 그 앞에 임금을 만나지 못한 불우와 임금을 상징하는 천왕봉을 전면에 드러내었다. 이 또한 시인의 수법이겠으나, 우리는 여기서 작자가 품고 있는 평생의 회한을 읽을 수 있다.

제5단락은 법계사에서 보고 느낀 정취를 읊었는데, 그 가운데 "정신을 가다듬고 편히 누우니 온갖 생각 사라지고, 인간 세상 굽어보니 하루살이처럼 부질없어 보이네"[54]라고 하였다. 현실세계의 번민을 떨쳐 버리기 위해 그가 선계를 찾은 이유이다. 맺힌 불화가 풀림으로써 자연과 합일된 청신쇄락清新灑落의 경지를 느끼게 한다.

제6단락에서 그는 법계사에 많은 사람들이 찾아와 복을 비는 광경을 목격하고 불교의 혹세무민하는 점을 비판한다.[55] 또한 천왕봉

---

54) 『부사집』, 제2권, 「遊頭流山詩」, "頤神安寢屢念灰, 俯視人間等蠓蛾."

55) 성여신은 불교에 대해 매우 비판적인 인식을 가지고 있었다. 그는 23세 때 斷俗寺에서 居接할 적에 승려 休靜이 『三家龜鑑』을 간행하면서 儒家를 맨 뒤에 둔 것

위에 있는 성모상聖母像에 대해서도 고려 태조 어머니의 신이라는 설과 석가 어머니 마야부인이라는 설을 모두 황당한 말로 여긴다. 그리고 세상 사람들이 이 석상 앞에 찾아와 기도하는 습속을 나무란다. 이런 점을 보면, 그는 사의식士意識을 철저히 가지고 있었음을 알 수 있다.

제7단락에서는 천왕봉에서 자신이 사는 월아산月牙山 기슭을 바라보면서 백구白鷗와 벗하여 안빈낙도하는 자신의 삶을 다시 한 번 다짐한다. 제8단락에서는 남해를 바라보면서 임진년 왜구의 만행을 술회하며 지금의 평온을 다행스럽게 여긴다. 제9단락에서는 지리산의 신이神異함을 말하고, 신선이 살기에 좋은 이 산에 자신이 들어왔음을 읊으며 티끌과 안개로 뒤덮인 인간세상을 돌아본다. 그리고 제10단락에서는 이런 선유仙遊를 통해 활달해진 자신의 마음을 다음과 같이 노래하였다.

신선 놀이 마치고 새날이 밝으니,	仙遊旣了返颷輪
몸은 날아갈 듯하고,	飄飄乎身世
정신은 씻은 듯하여,	灑灑乎精神
넓고 넓은 세계를 얻은 듯하네.	浩浩然如有得
공자孔子께서 태산과 동산에 오르셨을 때와,	吾不知夫子之登泰山登東山
정자가 남여藍輿로 3일 동안 유람했을 때와,	程子之藍輿三日
주자가 눈 내리는 남악南嶽을 유람했을 때도,	晦翁之雪中南嶽
오늘 나처럼 마음과 눈이 활달했을까?	亦如今日之豁心目

을 발견하고 그 木板을 불살랐으며, 五百羅漢像과 새로 조성한 四天王像도 끌어내 불 질렀다.

222 부사 성여신

장건張騫이 뗏목 타고 은하수에 오른 일,	又不知張騫之乘槎
유안劉安의 닭과 개가 약을 먹고 하늘에 오른 일,	劉安之鷄犬
왕자교王子喬가 학을 타고 하늘에 오른 일이,	王喬之控鶴
어찌 오늘 우리들이 마음껏 노닌 것과 같을까?	孰如吾儕今日之恣遊樂
고금의 인물이 같고 다른지는 모르겠지만,	古今人同不同未可知
다만 조물주와 한 무리 되어,	只與造物者爲徒
산천의 언덕을 소요하기도 하고,	而逍遙乎山川之阿
인간 세상에 마음껏 노닐기도 하니,	放曠乎人間之世
구애됨도 없고 얽매임도 없도다.	無所拘而無所縶

성여신은 이 선유仙遊를 통해 육체와 정신의 청량함을 얻는다. 그리고 그는 그런 마음의 활달함을 공자·정자·주희 등 유학자들의 유산遊山과 장건·유안·왕자교 등 선가의 유선遊仙에 비해 못할 것이 없다는 청량감을 한껏 누린다.

그러나 그는 선유를 즐긴다고 하여 선계에 완전히 빠져들지도 않는다. 유가와 선가 그 중간쯤에 서 있다. 그런 인식이 마지막 대목에 잘 나타나 있다. 조물주와 한 무리가 되어 산천의 언덕을 소요하기도 하고, 인간 세상에 마음껏 노닐기도 하는 그런 구속과 얽매임이 없는 삶을 그는 지향한다. 그가 찾던 '진眞의 세계'도 바로 이런 걸림이 없는 정신세계임을 우리는 짐작할 수 있다.

제11단락에서는 유람에서 돌아와 이 시를 쓴 날짜와 장소를 적고 있다.

이상에서 살펴보았듯이, 그의 선유시仙遊詩는 현실세계에서의 좌절과 갈등에 대한 영회와 선계에서의 오유傲遊를 통한 청량감으로 가득

채워져 있다. 하나는 '우수憂愁'이고 하나는 '쾌락快樂'인데, 이는 맺힘과 풀림의 미학을 동시에 지향하므로 대립적으로 파악될 성질의 것은 아니라고 여겨진다.[56]

4. 유선적 선취와 그 의미

위에서 살펴본 것처럼, 성여신은 70이 넘은 나이에 돌연 신선세계를 찾아 떠나는 기이한 행적을 보인다. 50~60대 강호에 묻혀 안빈낙도하는 삶에서 신선을 희구하는 쪽으로 의식의 변화를 보인 것이다. 그러나 그의 선유는 어디까지나 현실과의 부조화를 달래기 위한 것이었다. 쌍계사 방면 유람을 마치고 돌아오는 마지막 날 "평생 경세제민의 포부 품지 않았다면, 학을 타고 난새를 곁말로 할 수 있었으리"라고 읊조린 데서 알 수 있듯이, 그는 현실세계를 등지지 않았다. 그의 말을 빌리면, 그의 선유는 일심一心이 향하는 바를 높게 기르기 위함이었다.[57]

그래서 그는 선계에 머물지 않고 다시 현실세계로 돌아오며, 사士 본연의 자세를 잊지 않는다. 쌍계사 쪽을 유람하고 돌아와 쓴 「방장산 선유일기方丈山仙遊日記」 말미에 "사士의 일신一身은 경제經濟를 그의 계

---

56) 鄭珉, 「16,7세기 遊仙詩의 자료개관과 출현동인」, 『한국도교사상의 이해』(아세아문화사, 1990) 참조.

57) 성여신은 「方丈山仙遊日記」 말미에서 "入山中也, 所見皆仙, 出山外也, 所遇皆凡, 一身出入, 仙凡不同, 有如鵬鵾之徙北海, 鷗鳥之還山南, 一心所向, 如何不高養也"라고 하여, 仙遊의 목적이 범부들이 사는 세계를 떠나 높은 정신세계를 기르기 위함임을 말하였다.

책으로 하고, 사士의 일심一心은 겸선兼善을 그의 뜻으로 한다. 그렇지 않다면 산에 어찌 들어갈 수 없겠으며, 신선을 어찌 배우지 않을 수 있겠는가"[58]라고 하였다. 사士의 본분이 경세제민經世濟民 및 남과 선善을 함께 하는 데 있음을 분명히 하고 있다. 그는 산에 들어갈 수 없음을 말한 정호程顥(明道)의 유산시遊山詩와 선仙을 배울 수 없음을 말한 주희(朱子)의 감흥시感興詩를 예로 들면서, 자신의 유람이 명목상으로는 선유仙遊지만 실제로는 선仙이 아님을 강조하였다.[59]

그는 70살이 넘어 선유를 즐기며 선취경향을 보이지만, 실제로 벽곡辟穀을 하거나 선단술仙丹術을 쓴 기록은 없다. 그와 절친했던 망우당 곽재우가 만년에 선단술에 심취한 것과는 다른 양태이다. 또한 고운孤雲 최치원崔致遠이 만년에 가야산·지리산에 들어가 선계에 자취를 감춘 것과도 다른 모습이다. 최치원과 곽재우는 모두 유자로서 경세제민의 큰 포부를 가지고 벼슬길에 나갔었지만 현실정치와 괴리되면서 선가에 몰입한 사람들이다.

이를 통해 볼 때, 그의 선취는 현실세계에서의 갈등을 해소하고 활달한 정신을 회복하기 위한 것이었다. 다시 말해, 그는 원대한 포부를 펼 수 없는 현실의 불합리를 피부로 느끼고 선계에 발을 들여놓았지만, 그것은 현실에 등을 돌리고 선가로 귀의한 것이 아니다. 어디까지나 맺힘을 풀림으로 바꿔 주는 청량제였던 것이다. 그러기 때문에 그는 끝까지 유자로서의 사의식士意識을 저버리지 않았다.

이런 그의 의식은 곽재우에 대해 "솔잎 먹으며 신선술 일삼은 것

---

58) 『부사집』, 제5권, 「方丈山仙遊日記」, "士之一身, 經濟其策, 士之一心, 兼善其志. 不然 山何可不入, 仙何可不學."
59) 『부사집』, 제5권, 「方丈山仙遊日記」, "然則今我仙遊, 名雖仙也, 實非仙也."

말하지 말라, 유후留侯가 어찌 신선을 배운 사람이랴"60)라고 하여, 그가 결코 유가를 떠난 사람이 아님을 드러냈다. 또한 최치원이 쌍계사 앞의 바위에 새긴 '쌍계석문雙磎石門' 4자에 대해서도 "하늘이 유선을 위해 빼어난 자취를 남겨, 지금까지 운물雲物이 암문巖門을 보호하고 있네"라고 하여, 최치원을 '유선儒仙'으로 표현하였다.

우리는 성여신이 최치원을 '유선'이라고 부른 것에 주목해 볼 필요가 있다. 성여신이 보기에 최치원은 전적으로 선인이 아니다. '유자로서 선가에 발을 들여놓은 사람'일 뿐이다. 그것은 물론 현실세계와의 부조화 때문이다. 따라서 그가 말하는 '유선'은 뒤의 '선仙' 자에 비중이 있다기보다는, '유儒' 자에 더 무게중심이 느껴진다. 그가 매월당梅月堂 김시습金時習의 유적지인 경주 남산 용장사지茸長寺趾에 가서 읊은 시에 "선가로 도피한 것, 누가 알리 그 속내를. 단지 옛 임금 위해 끝내 잊지 못한 줄을"이라고 하여, 세상사와 맞지 않아 방외方外의 세계에 의탁한 점을 부각시킨 것도 그런 의식의 소산이라 보인다.

그렇다면 우리는 성여신의 선취경향仙趣傾向을 이와 연관하여 이해할 필요가 있다. 곧 그는 기본 바탕이 유자儒者이다. 다만 자신의 이상이 현실과 괴리되면서 그 갈등을 해소하기 위해 선계仙界에 발을 들여놓았던 것이다. 그러나 그는 선유仙遊를 즐겼을 뿐, 선가仙家에 귀의하지 않았다. 사士로서의 본분을 저버리지 않은 것이다. 이런 점에서 그의 선취는 유자의 본분을 잃지 않은 선유, 다시 말해 '유선적儒仙的 선취仙趣'라 하겠다.

현실세계에서의 불화가 극에 달하자 그는 선유의 길을 택했지만,

---

60) 『부사집』, 제2권, 「挽郭忘憂堂」, "莫道茹松追異術. 留侯豈是學仙人."

몇 번의 선유를 한 뒤에는 굳이 선경仙境에 들어가지 않고서도 선취를 맛본다. 다음 시는 이런 경지를 잘 말해 준다.

용은 깊은 연못에만 사는 것이 아니니,	龍不必在深淵
한 말 물속에도 비늘을 잠길 수 있고,	斗水可以潛其鱗
범은 깊은 산속에만 사는 것이 아니니,	虎不必在深山
한 줌 풀포기 뒤에도 몸을 숨긴다네.	叢薄猶能隱其身
신선은 삼신산에만 있는 것이 아니니,	仙人不必在三山
티끌세상에서도 정신을 수양할 수 있다네.	塵間尙可頤精神
……	……
책상머리에 적선謫仙의 시가 결려 있으니,	床頭又有謫仙詩
아름다운 시구 읊조리며 능히 진眞을 기르리.	麗句吟來能養眞
그대여, 그대여, 내 노래를 들어보소,	君乎君乎聽我歌
굳이 방호方壺를 밟고 자진子眞을 벗한 뒤에야	何必躡方壺友子眞
바야흐로 신선이라 말할 수 있겠는가?	然後方可謂神仙人[61]

이 시는 성여신이 사는 인근의 청곡사靑谷寺에서 지은 것으로, 78세 때 함께 천왕봉에 올랐던 조겸에게 준 시이다. 방호方壺는 신선이 사는 곳이고, 자진子眞은 한나라 사람 매복梅福의 자이다. 시의 주제는 삼신산이 아닌 인간세상에서도 얼마든지 진眞을 기를 수 있다는 것이다.

그는 만년에 절친했던 박민의 서루書樓에 기문記文을 지으면서 "누각 안에는 책이 천 질, 누각 밖에는 티끌이 천 척. 누각에 사는 사람은 신선, 티끌에 사는 사람은 속인. 누각의 주인은 선인인가 속인인가"라는 해학諧謔을 하였다. 선仙과 속俗을 물외物外와 현실권의 영역에서

---

61) 『부사집』, 제2권, 「遊仙辭贈趙鳳岡」.

찾지 않고, 이제는 마음에서 찾은 것이다. 서루書樓는 진세塵世에 세워져 있다. 그렇지만 이 서루에서 '진眞의 세계'를 찾을 수 있다. 따라서 속세의 영욕을 추구하느냐 물욕을 떠난 담담한 삶을 추구하느냐에 따라 선인仙人도 속인俗人도 될 수 있다.

이런 그의 의식은 자신이 사는 곳인 금천구곡琴川九曲을 주희가 은거했던 무이구곡武夷九曲보다 못할 것이 없다고 하며, 자신이 사는 곳을 선구仙區로 여기게 한다. 그러면서 그는 시비是非·영욕榮辱이 없는 이곳에서 자연과 조화된 참된 즐거움을 찾고 있다.62) 여기서 성여신의 선취仙趣는 완성되는 느낌을 주며, '진眞의 세계'도 현실과 동떨어진 곳이 아닌 현실에 있음을 깨닫게 한다. 그는 만년에 강호에서 이런 삶을 누리며 87세를 일기로 생을 마쳤다.

5. 맺음말

정민鄭珉 교수는 16~17세기 유선시遊仙詩의 출현 동인에 대해, 문예사조적인 측면에서 학당풍學唐風이 대두되었고, 사상사적인 측면에서

---

62) 『부사집』, 제1권, 「九曲詩幷序」, "今此琴川九曲之佳絶, 亦何異於武夷之仙區, 但因其地, 占其名, 摸寫風流, 如晦菴者, 無之, 勝之埋沒, 迄無傳之者, 今据此地, 考驗其實, 則頭流卽方丈, 方丈乃三神山之一也, 秦皇漢武, 願見而未得者, 則山之靈異, 奚啻武夷, 萬壑千巖, 玉溪爭流, 流過矗石樓前, 則矗石乃嶺南第一溪山也, 菁川芳草, 豈減於漢陽鸚鵡, 琴川之水源, 發於頭流, 滙而爲菁川, 下而爲南江, 走而爲琴川, 則琴川之九曲, 實由於頭流之萬壑, 其與武夷千疊之流而爲九曲, 有何讓焉, 今余旣名其地, 爲九曲水, 又詠其旨, 爲九曲詩, 係寫於洞約之後, 惟我一洞諸員, 共遵條約, 共成美俗, 共遊勝地, 共賞勝事, 熙熙然, 皞皞然, 自然流入於洪荒朴略之世界, 不知, 何者爲是, 何者爲非, 何者爲榮, 何者爲辱, 朝如是, 暮如是, 春如是, 秋如是, 今年如是, 明年如是, 不知年數之將至, 可以終吾生而倘佯矣, 天壤之間, 復有逾於此樂者乎."

신선사상이 크게 진작되었으며, 작가의식의 측면에서 인조반정 이전 동인 집권 아래 몰락한 서인의 시세불우時勢不遇의 탄식과 당로자當路者들에 대한 분노, 여기에 겹쳐진 전쟁의 참상이 이들로 하여금 선계를 노닐며 정신적 자유를 마음껏 외치게 하였다고 하였다.[63] 이런 세 가지 지적과 성여신의 경우를 비교해 볼 필요가 있다.

우선 첫째 문예사조적인 측면에서 볼 때, 성여신의 경우는 소식·황정견의 송시풍宋詩風에서 벗어난 측면이 있지만, 한유·구양수의 고문정신을 본받고 있어 당시풍唐詩風과도 거리가 있다. 기본적으로 그의 문학관은 사림파의 문예의식과 유사한 면이 많다. 이런 점에서 보면, 그의 선유시는 학당풍學唐風이 대두된 그 시대 문예사조와 유관하다고 보이지 않는다.

둘째 신선사상을 가지고 있었다는 측면에서 볼 때, 성여신이 주자학만을 존신하지 않고 광박한 학문을 추구하여『열선전列仙傳』등 도가道家 관련 서적을 읽었다고 생각되지만, 그는 조식의 경우처럼 성리학의 수양론에 치중한 유가사상에 근본을 두고 있었다. 따라서 이 점도 성여신의 학문이 광박廣博했다는 측면에서 논의될 성질이지, 신선사상을 가지고 있었다고 보기는 어려울 듯하다. 다만 이 시대에 널리 유행한 신선사상이 그에게 일정한 영향을 주었던 것은 틀림없다.

셋째 문제와 관련하여서는 좀 더 구체적인 논의가 필요하다. 현실세계와의 불화를 해소하기 위해 선유仙遊의 길로 들어서는 것은 선유시를 남긴 작가들의 동일한 성향일 것이기 때문에 성여신의 경우도 다른

---

63) 鄭珉,「16,7세기 遊仙詩의 자료개관과 출현동인」,『한국도교사상의 이해』(아세아 문화사, 1990) 참조.

사람들과 마찬가지로 보인다. 다만 그 불우의 요인은 정치적·시대적 상황에 따라 각자 다를 수 있다. 선유시를 남긴 대다수 시인이 광해군 시절 실세한 서인계의 불우한 지식인들이었지만, 남명학파에서도 이런 경향이 나타나고 있다.

우선 망우당 곽재우의 경우, 1600년 자신의 건의가 받아들여지지 않자 경상좌병사의 직을 버리고 떠나 선가에 몰입하였다. 이때 올린 그의 상소문에서 "대소의 신하들이 패를 나누고 당을 세워 자기 당에 들어오면 그를 진발하고 자기 당에 들어오지 않으면 그를 배척하고 있습니다. 각자 사사로이 당파를 만들어 상호 시비하며 날마다 헐뜯고 공격하는 것으로 임무를 삼으며, 국세國勢의 위급함과 생령生靈의 이해와 사직社稷의 존망은 그들 마음에 생각지도 않습니다"라고 하여, 현실과의 불화 원인을 당쟁에 두고 있다.[64]

여기서 단순히 광해군 때의 서인계만을 문제 삼지 않고 시각을 넓혀 볼 필요가 있다. 앞에서 언급했듯이 선조 연간은 사림정치시대가 열린 시기였다. 따라서 헤게모니 쟁탈전이 벌어졌고, 그 와중에서 끝없는 분열과 치열한 당파싸움이 전개되었다. 또한 사림정치가 열리면서 관계官界에 진출한 사람뿐만 아니라 재야의 사림들도 여론을 형성하는 데 한몫을 담당하였다. 이런 시대상황으로 인해, 정계에 진출한 사람이든 진출하지 못한 사류이든 간에 모두 정치적 현실과 긴밀하게 연관되었고, 그렇기 때문에 언제 어떻게 화를 당할지 모를 어지럽고 긴장된 분위기가 지속되고 있었다.

이런 시대상황은 현실의 허위적인 삶보다는 영욕을 떠난 진솔한

---

64) 최석기, 「망우당 곽재우의 절의정신」, 『남명학연구』 제6집(남명학연구소, 1996).

삶을 생각하게 했고, 현실과의 불화와 갈등이 깊은 사인士人일수록 회한懷恨의 탄식이 깊을 수밖에 없었다. 따라서 이 시기는 사림의 입장에서 볼 때 뚜렷한 타도 대상이 있던 중종·명종 연간의 상황보다 더 혼란스러울 수밖에 없었다. 이런 시대상황 속에서 뜻을 얻지 못한 지식인들이 갈등을 해소하거나 보신保身의 일환으로 선계仙界에 몰입하는 현상이 나타난다. 앞에서 살펴보았듯이, 성여신의 경우도 자기가 속했던 남명학파의 북인이 분열되는 과정에서 집권세력인 정인홍과 다른 입장을 취함으로써 선유仙遊의 길로 나서는 것을 우리는 확인해 보았다. 따라서 이 시기 성여신과 유사한 양태를 보이는 이흘李屹·박민·이대약·조겸 등의 의식성향을 아울러 면밀히 검토해 볼 필요가 있다.

제7장 부사 성여신론

조 구 호

1. 머리말

부사 성여신(1546~1632)에 대한 연구는 미미하다. 고순정의 석사학위 논문[1] 이후, 이상원[2], 최석기[3], 송준식[4] 등의 연구가 있기는 하지만, 그의 사회적 활동이나 200여 편의 다양한 시문에 비하면 미미한 실정이다. 부사는 임진왜란 중 역모의 누명을 쓰고 목숨을 잃은 김덕령 장군을 변호하고, 기축옥사로 목숨을 잃은 수우당 최영경의 신원을 위해 노력하는 등 당대의 민감한 정치적 문제에 대해 적극적으로 견해를 피력하였고, '금산동약'을 결성하고 향토지 『진양지』를 편찬하는 등 향촌 교화를 위해 많은 노력을 기울였다. 부사의 그런 노력은 17세기 전반의 사인士人

---

1) 고순정, 「부사 성여신 연구」(경상대학교 교육대학원 석사학위논문, 1995).
2) 이상원, 「부사 성여신의 은일정신」, 『남명학연구논총』 4집(남명학연구원, 1996).
3) 최석기, 「부사 성여신의 지리산 유람과 선취경향」, 『한국한시연구』 7집(1999); 「『부사집』 해제」, 『남명학연구』 10집(경상대학교 남명학연구소, 2000); 「聖世의 逸民이었던 불우한 학자」, 『부사집』(경상대학교 경남문화연구원 남명학연구소, 2015).
4) 송준식, 「부사 성여신의 교학론」, 『남명학보』 9권(남명학회, 2010).

의 역사인식을 살피는 데 유용한 자료[5]일 뿐만 아니라, 향토사 연구에도 소중한 자료이다. 또한 200여 편의 다양한 시문은 부사의 학문적 성향과 당시 영우지역의 학풍 등을 살펴볼 수 있는 자료이기도 하다. 이러한 점에서 부사에 대한 연구의 여지는 많다.

한 인물에 대한 연구는 역사·사회적 측면뿐 아니라, 개인의 철학·문학적 특징 등에 대해서도 다양하게 시도된다. 연구자의 착안에 따라 다양한 방법으로 연구가 수행되는 것이다. 그래서 연구자에 따라 같은 사건이나 자료에 대한 해석이 다르게 나타나기도 하고, 기존의 해석을 뒤엎는 새로운 해석이 나타나기도 한다. 새로운 해석은 연구의 지평을 넓히고, 학문 발전을 이끄는 지렛대가 된다.

이러한 점들을 염두에 두고, 이 글은 기존의 연구 성과를 바탕으로 부사의 시문에서 드러난 사상과 당대의 현실에 대한 인식, 그리고 사회적 활동과 그 의의 등을 살펴보고자 한다.

2. 출사의 좌절과 사회적 활동

기존의 연구에서 부사를 이해하는 중요한 단서로 '효제충신과 경의'[6], '은일사상'[7], '유람벽과 선취경향'[8], '존양성찰과 거경궁리의 교

---

5) 최석기, 「聖世의 逸民이었던 불우한 학자」, 『부사집』(경상대학교 경남문화연구원 남명학연구소, 2015), 53쪽.
6) 고순정, 「부사 성여신 연구」(경상대학교 교육대학원 석사학위논문, 1995).
7) 이상원, 「부사 성여신의 은일정신」, 『남명학연구논총』 4집(남명학연구원, 1996).
8) 최석기, 「聖世의 逸民이었던 불우한 학자」, 『부사집』(경상대학교 경남문화연구원 남명학연구소, 2015).

학[9] 등을 언급했다. 이들 요소는 부사의 삶과 사상을 이해하는 데 중요한 점들이다. 그렇지만 개인의 삶은 그가 처한 갖가지 상황에 따라 크고 작은 변화가 있고, 그가 추구하는 이상도 연륜과 사회적 환경에 따라 변화가 적지 않다. 그리고 그것을 보는 시각도 다양하다. 따라서 여기서는 부사의 삶을 이해하는 중요한 단서로 그가 68세까지 '과거에 응시한 이력'과 당대의 '정치적인 문제와 지역사회에서의 활동'에 초점을 두고 그 특징을 살펴보고자 한다.

1) 과거급제에 대한 꿈과 좌절

부사의 삶을 이해하는 단초 중의 하나가 그의 과거응시 이력이다. 부사는 19세(1564) 봄에 치러진 향시에서 생원시와 진사시에 모두 합격한 이후 향시에 24차례[10]나 합격했지만, 벼슬길에 나아가는 대과에는 합격하지 못하다가 68세(1613)에 비로소 동당시東堂試에 급제했다. 그런데 문과 회시에 응시하기 위해 서울에 갔다가 궤우지로詭遇之路를 써 보라는 관인의 말을 듣고 과거를 포기하고 만다. 부사가 68세라는 나이에 동당시에 급제하고, 또 합격한 과거를 포기했다는 것은 부사의 삶을 이해하는 데 중요한 단서이다. 그가 68세라는 나이에 과거 합격했다는 것은 출사에 대한 열망이 강했다는 것이며, 입신출세를 중요시한 유학의 이념에 충실했다는 반증이다. 그리고 궤우지로를 써 보라는 관인의 말을 듣고 과거를 포기하고 귀향했다는 것은 불의에 타협하지

---

9) 송준식, 「부사 성여신의 교학론」, 『남명학보』 9권(남명학회, 2010).
10) 부사가 향시에 합격한 것은 24번이라고 『부사집』 서문에 기록되어 있다. 그리고 부사가 아들 鑮의 글에 화답한 「和鑮兒病中述懷賦」에서 20여 차례 과거에 응시했다고 했다. 그런데 그의 연보에는 과거에 합격한 내용이 3번만 기록되어 있다.

않는 그의 곧은 성품을 잘 드러낸 것이다.

부사는 유학자로 명망이 있는 집안에서 태어나고 자라 일찍부터 과거를 위한 공부를 했다. 그는 4세 때부터 이미 '시와 글귀를 받으면 문득 외우곤 하여' 가문의 기대를 모았고, 조부 무심공이 "우리 가문을 빛나게 할 사람은 반드시 이 아이이다. 다만 내가 늙어서 볼 수 없는 것이 한스러울 뿐이다"[11]라고 하며 사랑했다고 한다. 8세 때에 이모부인 조계槽溪 신점申霑 문하에서 수학하였다.

12세 때에『통사通史』·『소학小學』·사서四書를 배워 문리가 크게 진보되고 제술에도 능하게 되어 조계공이 "이 아이는 내가 미칠 바가 아니다. 훗날 반드시 큰 학자가 될 것이다"[12]라고 칭찬했다고 한다. 15세 때에는 진주향교 교수로 부임한 약포藥圃 정탁鄭琢(1526~1605)에게『상서尚書』를 배웠고, 이듬해에 응석사凝石寺에서 좌구명左丘明·유종원柳宗元·한유韓愈·구양수歐陽修 등 고문가의 책을 두루 공부하였다.

18세에 구암龜巖 이정李楨(1512~1571)을 찾아가 배알하고『근사록』을 배웠는데, 구암은 부사를 보고 칭찬하여 말하기를 "어찌 서로 만나는 것이 이리 늦었는가?" 하면서『근사록』을 주며 위기지학을 면려했다. 이해 가을 부사는 관찰사가 순시하면서 보는 시험에 장원을 했다. 시험의 답안인「운학부雲鶴賦」에 "도연명陶淵明이 고향 심양으로 돌아갈 때 구름은 무심히 산꼭대기에 피어올랐고, 이백李白이 서쪽으로 동정호를 바라볼 때 학은 호수가 끝나는 곳에서 보이지 않았다"라는 구절이 있었는데, 관찰사가 무릎을 치면서 "세상에 보기 드문 문장이

---

11) 『浮査集』, 권7, 「年譜」, "無心亭公, 最奇愛之曰, 大吾門者, 必此兒也. 但恨吾老不及見矣."
12) 『浮査集』, 권7, 「年譜」, "槽溪公每稱歎曰, 此兒非吾所及. 他日必成大儒."

다"라고 칭찬하여 이름이 알려지기 시작했다.[13]

19세 봄에 향시에서 생원시와 진사시에 모두 합격하였다. 이때부터 부친의 명으로 과거를 보러 다녔는데, 부친이 돌아가신 후에도 그 유언에 따라 과거를 그만두지 않았다. 과거는 출사의 길이자 경세의 이상을 펼치는 방편이기 때문에 유학자라면 포기할 수 없는 꿈이고 삶의 수단이었다. 그래서 부사는 20세 봄 밀양박씨와 혼인하고, 가을에 과거공부를 위해 쌍계사에 들어간다. 이듬해 봄 쌍계사에서 돌아왔다가, 22세 가을 다시 쌍계사로 가서 공부를 한다. 20세 가을부터 "삼 년 동안 비록 왕래가 있기는 했지만 책을 읽을 때는 언제나 밤낮을 가리지 않고 읽고 외우며 게으름을 피우지 않고 공부에 매진하였다."[14]

그런데 연보에는 19세 봄 향시에 생원시와 진사시에 합격한 이후부터 64세 가을 향시에 진사시와 생원시에 모두 합격한 이전까지 40여 년 동안에 과거에 응시했다는 기록은 없고, 과거공부를 위해 쌍계사, 단속사, 응석사 등지에서 공부했다는 기록만 있다. 순암順菴 안정복安鼎福(1721~1791)이 쓴 『부사집』 서문에는 68세에 사마시에 합격하기 전까지 향시에 합격한 것이 모두 24회나 된다고 했는데, 과거에 합격한 기록이 없는 것은 19세에 이미 향시 생원시와 진사시에 합격하여 문명이 알려졌기 때문에 일일이 기록하지 않은 것으로 추정된다.

그러다가 64세(1609) 가을 향시에 응시하여 생원시와 진사시에 모두 합격한 사실이 기록된 것은, 부사의 학문과 문학적 성취가 높았음을 드러내기 위한 것으로 보인다. 당시 시험을 주관했던 월사 이정구(1546~

---

13) 『浮查集』, 권7, 「年譜」, "其賦中有曰, 陶彭澤歸去潯陽, 無心出岫, 李謫仙西望洞庭, 水盡不見, 方伯擊節稱賞, 曰不世出之文章."
14) 『浮查集』, 권7, 「年譜」, "自丙寅至是三歲, 其間雖有往來, 讀書必晝讀夜誦, 未嘗小怠."

1635)가 부사의 과거 답안지에 쓰인 "집 밖에서 서너 걸음도 나가지 않았는데 강산 천만 리가 다 보이네"라는 구절을 읽고 "이는 반드시 노련하고 숙련된 선비이면서 시소의 풍격을 본받지 않는 자이다. 그래서 발탁하였다"[15]라는 것을 밝히고 있기 때문이다.

부사의 학문과 문학적 성취가 높았음은 조임도趙任道(1585~1664)와 정윤목鄭允穆(1571~1629)을 비롯한 지인들의 기록에서도 드러난다. 조임도는 부사의 만사挽詞에서 "문장이 당대에 제일이었는데, 재주는 높지만 도를 펴지 못해 강가에 누워 지냈네"[16]라고 하였으며, 정윤목은 시에서 "아름다운 시구 문득 사람을 놀라게 하니, 그대는 문단의 주인이고 나는 손님일세"[17]라고 하여 부사의 높은 문학적 성취를 인정하였다.

그렇지만 벼슬길에 나아가는 대과에는 번번이 낙방했던 것 같다. 그것은 그의 여러 글에서 나타난다. 아들 鐄에게 화답한 「화횡아병중술회부和鐄兒病中述懷賦」[18]나 큰아들의 집 당호를 거는 글 서문인 「지은사계호서知恩舍揭號序」[19]에서 늦게까지 과거에 급제하지 못한 것을 탄식하고 있고, 포암이 쓴 「부사정상량문」에 대한 감사의 글 「사포암제송부사정상량문」이나 「유청곡사」를 비롯한 시 등에서도 '재주를 펴지 못하고 나이만 먹은 것'을 탄식하고 있다.

---

15) 『浮査集』, 권7, 「年譜」, "時月沙李相國主選, 讀篇中有不出門庭三五步, 觀盡江山千萬里之句, 稱賞不已曰, 此必老士宿儒不效時格者也."
16) 『浮査集』, 권8, 「輓詞」, "翰墨當年第一人, 才高道屈臥江濱."
17) 『浮査集』, 권8, 「輓詞」, "來傳佳句忽驚人, 君主騷壇我作賓."
18) 『浮査集』, 권2, 「和鐄兒病中述懷賦」, "世皆餚乎葩藻, 我獨爲之務實, 世皆趍於捷徑, 我獨遵夫大路, 孰方圓之相周, 宜與之以枘鑿, 什餘度之發解, 一省試之未捷, 朋友譏以玉笛, 親故吝其命薄."
19) 『浮査集』, 권3, 「知恩舍揭號序」, "吾旣不幸, 早泣風樹, 晚抱蟪恨, 靑陽負恩, 白首難醮."

부사는 68세(1613)에 마침내 동당東堂 별시別試에 장원급제한다. 그런데 회시를 보기 위해 상경하였다가 '궤우지로詭遇之路'를 써 보라는 관인의 말을 듣고서 "시사가 바르지 못하고 삼강三綱이 장차 땅에 떨어지려고 하는데, 과거는 해서 무엇하리요" 하고는 시험장에 들어가지 않고 곧바로 귀향했다.[20] 관직에서 물러날 나이에 과거에 급제한 것은 그의 과거에 대한 열망을 엿보게 한다. 부사는 68세라는 늦은 나이에 과거에 응시한 것이 "어버이의 명이 있었기 때문이고, 또 평소의 포부를 한 번 펴 보고자 한 것"이라고 밝혔다.

출사하여 경세의 포부를 펼쳐 보고자 했던 그의 열망은 「섭빈음」, 「아유일가」를 비롯한 그의 여러 시문에서 드러난다. 「아유일가」에서는 자신의 재주를 거문고·옥·장검·천리마에 비유하면서 그런 재주를 아무도 알아주지 않아 쓰이지 못함을 한하고 있고,[21] 「섭빈음」에서는 '순임금의 조정에서 농사를 담당했던 후직后稷이나 교육을 담당했던 설契처럼 되고 싶었던' 심정을 토로하고 있다.[22]

이렇게 부사는 60대 후반까지 과거에 응시하여 자기의 포부를 펴 보려고 했지만, 그 꿈을 이루지 못하고 만다. 과거에 대한 꿈과 좌절은 그의 삶을 관통하는 궤적으로, 그의 시문과 사회적 활동 등을 이해하는 하나의 단서가 된다.

---

20) 『浮查集』, 권7, 「年譜」, "赴京時, 舘人惜先生文章久屈, 請以詭遇之路, 先生歎曰, 欲事君而先欺君可乎, 吾學業之至老不廢, 以有親命也, 且欲一展平生之所抱, 今聞汝言則世道可知, 況時事不靖, 三綱將淪, 得科奚爲, 遂不入禮闈而歸."

21) 『浮查集』, 권2, 「我有一歌」, "我有一張琴……絃斷無人續, 鍾期去已遠, 黃塵生寶匣……我有一塊玉……至寶空蘊櫝衆目混魚目……我有一長劍……世無張雷眼, 龍光橫斗極……我有一良驥……世人昧天才, 滔滔視之劣, 所好就價微, 駑駘生踦齪, 房星空熒熒, 龍媒老槽櫪."

22) 『浮查集』, 권1, 「鑷鬢吟」, "翁嘗用杜工部竊比, 稷契之語竊比於己."

2) 사회적 활동과 의의

부사는 과거에 급제하여 벼슬길에 나아가지는 못했지만, 사회적 활동은 꾸준하게 했다. 그는 임진왜란 중 역모의 누명을 쓰고 고초를 겪다가 목숨을 잃은 김덕령 장군을 변호하는 글을 써서 당시 체찰사 이원익에게 보내고, 양전제의 폐해를 지적하는 소를 올리는 등 당대 정치적으로 민감한 문제들에 대해 적극적으로 견해를 피력했고, 임진 왜란이 끝난 후에는 피폐한 풍속을 교화하기 위해 '금산동약'을 결성하고 또 향토지『진양지』를 편찬하는 등 지역사회의 교화에도 적극적으로 활동했다. 그는 "임진왜란으로 피폐해진 향촌사회를 교화하고 후진을 양성하는 것을 자신의 임무로 여기고"[23] 그것을 실천하기 위해 노력했다.

부사의 사회적 활동의 시초는 23세 겨울에 있었던 단속사 불교책판 훼철 사건이라 할 수 있다. 부사는 23세 겨울에 단속사에서 과거시험에 대비하여 동료들과 함께 공부하던 중 불상을 훼손하고 불교책판을 불태우는 일을 주도한다. 당시 단속사에는 서산대사의 저술인『삼가귀감三家龜鑑』의 목판이 있었는데, 그 책판은 불가·도가·유가의 순서로 요점을 정리한 것이었다. 마침 일행 중의 한 사람이 그것을 인쇄하여 지니고 있었는데, 그 내용에 불가를 맨 앞에 두고 유가를 맨 뒤에 둔 것을 본 부사가 이는 유가를 모욕한 것이라며 분하게 여겨 꾸짖고 책판을 불태워 버린 것이다. 단속사 책판 훼철 사건은 부사의 강직한 성격이 잘 드러난 것으로, 유학의 이념에 철저했던 그의 기질과 삶을

---

23) 『浮査集』, 권8, 「行狀」, "自經龍蛇之亂, 士不知學, 公以興起斯文爲己任."

이해할 수 있는 단면이기도 하다.

부사는 유학의 이념에 철저했다. 그는 평상시 거처할 때나 학도를 가르칠 때도 유학의 근본인 효제충신 넉 자를 넘지 않았다고 했다.[24] 그리고 「양직당기」나 아들에게 준 「성성재잠」 등의 글에서 유교의 근본인 효제를 강조하고 있다. 이런 철저한 자세에서 유학을 모욕하는 불교책판을 가만히 둘 수 없었던 것이다.

단속사 불교책판 훼철 사건으로 부사는 당시 강우지역 사림의 종장 宗匠인 남명을 배알하고 사제의 연을 맺는다. 부사가 단속사 책판을 불태운 다음날 남명을 찾아가서 배알하니, 남명은 부사를 맞이하여 "나는 그대 선대와의 교분이 매우 좋았다. 자경子慶 씨(부사의 조부)는 나에게는 나이 많은 벗이요, 자화子華 씨(부사의 증조부)는 나와는 서로 도우는 벗으로서 항상 서로 오고 감이 그치지 않았는데, 지금 그대를 보니 옛사람을 보는 것 같구나"[25]라며 반겼다. 그리하여 부사는 남명에게 『상서』를 배우고, 수우당 최영경과 교분을 맺는 등 남명의 문인들과도 교류하게 되었다.

부사가 남명 문하에서 수학하고 남명 문인들과 교류하게 된 것은 그의 학문과 사상에 큰 영향을 미쳤고 사회적 활동에도 크게 작용한다.

공이 일찍이 남명과 구암 문하에서 공부하며 '경의'와 '효제충신'의 가르침을 들은 뒤, "두 분의 말씀은 다르지만 실상은 같다. 효제충신은 경의가 아니면 행할 수

---

24) 『浮查集』, 권7, 「年譜」, "先生平居, 和容溫語, 敎導勤勤, 而不越乎孝悌忠信四字上而已."
25) 『浮查集』, 권7, 「年譜」, "與君先世, 交道甚好, 子慶氏, 先生之祖父, 諱曰休之字, 於我爲年長之友, 子華氏, 先生之從祖考, 諱曰章之字, 於我爲相執之友, 常往來無間矣, 今見君如見故人矣."

없고, 경의는 효제충신이 아니면 설 수 없는 것이니, 이것을 일상생활에서 벗어나게 하지 않는 것으로써 나의 마음이 당연히 해야 한다고 여기는 일을 다하는 것일 따름이다" 하고 마침내 종신토록 따르고 익히면서, 자기를 수양하고 남을 가르칠 때 모두 이것을 우선으로 했다.[26]

인용문에서 보듯이 부사는 '경의'와 '효제충신'을 가장 중요한 덕목으로 여기고, '효제충신을 행하게 하는 것'이 바로 '경의'라고 생각하였다. 그것은 스스로를 경계하기 위한 「삼자해三字解」나, 아들에게 써준 「학일잠學一箴」 등에서도 엿볼 수 있다.

부사는 62세에 「삼자해」를 지어 벽에 붙여 놓고 스스로 경계하는 지침으로 삼았는데, 그 내용의 일부를 보면 다음과 같다.

옹이 마주앉은 북창 위 벽에 세 글자를 크게 써서 붙였는데, '직直'·'방方'·'대大' 이다. 왜 '직直'이라 했는가? 마음이 곧아야 하기 때문이다. 왜 '방方'이라 했는가? 일은 방정해야 하기 때문이다. 왜 '대大'라 했는가? 도량이 커야 하기 때문이다. 그것을 풀어 말하기를 "마음이 곧지 않으면 사특해지고, 일이 방정하지 않으면 굽어지고, 도량이 크지 않으면 편협해진다. 사특한 것과 굽은 것과 편협한 것을 군자는 하지 않는다. 곧은 것의 공은 경敬에 있고, 방정한 것의 공은 의義에 있고, 큰 것의 공은 성誠에 있다. 한 마음을 주로 하여 흩어짐이 없게 하면 경이 마음의 주인이 되고, 재단하고 헤아리기를 적절하고 마땅하게 하면 의가 일의 주인이 되고, 진실하여 거짓이 없으면 대大가 몸의 주인이 된다. 마음에 주인이 있고 일에 주인이 있고 몸에 주인이 있으면, 굽은 길로 군색하게 걸어가는 근심이 없을 것이다"라고 하였다.[27]

---

26) 『浮查集』, 권8, 「行狀」, "公早遊南冥, 龜巖之門, 得聞敬義與孝悌忠信之訓而曰, 兩先生, 言異而實同. 孝悌忠信, 非敬義不行, 敬義非孝悌忠信不立, 是不越乎日用行事間, 盡吾心之所當然而已, 遂終身服習, 自修敎人, 皆以此爲先."

위의 글에서 보듯이 부사가 강조하고 있는 '직방대' 세 자는 남명사
상의 핵심인 경의사상과 그 맥을 같이하고 있음을 알 수 있다. 부사는
남명사상의 핵심인 경의 외에 대大를 추가하여 자신의 사상으로 체계
화시켰다. 이것은 남명의 사상을 확대하고 심화시킨 것이라 하겠다.
이렇게 남명 문하에서 수학하여 자신의 철학적 심연을 넓히게 된 부사
는 몸소 경의를 실천하려고 노력했다.

부사는 "의리(義)를 알지 못하고 문장에만 전념한다면 그 폐단이 크
다"28)라고 하여, 의리를 중시하고 그 실천을 강조했다. 그래서 그는
김덕령 장군이 억울하게 역모에 연루되어 고초를 당하는 것을 적극적
으로 변호했고, 수우당 최영경의 원통한 죽음을 밝히기 위해 노력했고,
영창대군의 옥사로 인하여 귀양살이를 하는 동계 정온을 위해 상소하
여 진상을 규명하고 원한을 풀어 주기 위해 노력했다.

1955년 김덕령金德齡 장군이 무고로 역모에 몰려 감옥에 갇히자 부사
는 체찰사 이원익에게 글을 써서 변호하여 풀려나게 하였다. 그러나
김덕령 장군이 다시 이몽학의 난에 연루되어 옥에 갇히게 되고, 부사가
매촌梅村 문홍운文弘運과 같이 상소하였으나 김덕령 장군은 풀려나지
못하고 고문으로 죽고 말았다.

1602년 봄에는 정온鄭蘊·이육李堉 등과 함께 기축옥사 때 억울하게

<hr>

27) 『浮査集』, 권5, 「三字解」, "翁於對坐北窓上面, 書三大字以粘焉. 何謂直曰. 心要直. 何謂
方曰. 事要方. 何謂大曰. 量要大. 乃解之曰, 心不直則邪, 事不方則曲, 量不大則隘. 邪也
曲也, 隘也君子不爲. 直之功在敬, 方之功在義, 大之功在誠. 主一無適則, 敬爲心之主矣,
裁度適宜則, 義爲事之主矣, 眞實无妄則, 大爲身之主矣. 心有主事有主身有主則, 無窘步
於旁蹊曲逕之患矣, 故書之目之以自警焉."

28) 『浮査集』, 권8, 「言行錄」, "有才而無德, 則此邵子所謂徒長奸雄者也, 不識義理而專心浮
詞者, 其弊亦然."

화를 당한 최영경의 신원을 위해 상소하였고, 또 사헌부의 탄핵을
받고 전라도 영암에 유배된 곽재우의 억울함을 풀어 주기 위해 상소했
다. 그리고 1614년에는 영창대군의 옥사로 화를 당하게 된 정온을 구원
하기 위해 이대기, 오장 등과 소를 올렸다.

역모에 연루된 김덕령 장군을 신원하는 상소를 비롯해 최영경, 곽재
우, 정온 등의 변호와 신원을 위해 상소를 올리는 일은 자칫 역모를
옹호하는 호역죄로 극형에 처해질 수도 있는데, 그런 위험을 무릅쓰고
신원 상소를 올리는 것은 옳은 일을 위해 몸을 사리지 않는 그의 강직한
성품을 잘 보여 준다.

부사는 국가 시책에 대해서도 폐단을 서슴없이 지적했다. 임진왜란
이 끝난 후 조정에서는 세수를 확보하기 위한 양전제量田制을 시행했다.
양전제는 국가 재정의 기본을 이루는 전세田稅의 징수를 위하여 전국의
전결田結 수를 측량하고 누락된 토지를 적발하여 불법적으로 탈세를
행하는 토지가 없도록 한다는 점과 수확량에 따라 토지 면적을 표시하
는 전통적인 결부제結負制를 바탕으로 전세의 합리적인 징수를 위해
실시되었으나, 토지생산력보다 지나치게 상향된 전결로 시행 초기부
터 문제를 배태하고 있었다.[29] 그런데 임진왜란으로 전결은 황폐해지
고 토지대장은 흩어져 세수의 안정적 확보가 어렵게 되었는데도 불구
하고, 조정에서는 임진왜란 전의 양전의 수에 준하여 징수를 하라고
하면서 조금이라도 수의 어긋남이 있으면 수령 및 감관 등을 중죄로
조치한다고 했다.[30]

---

29) 이호철, 『조선전기농업경제사』(한길사, 1986), 244~258쪽 참조.
30) 『宣祖實錄』, 권129, 33년 9월 26일 병인조, "量田之事, 雖不可輕議, 宜令該曹, 量爲事
目, 責令監司, 親董守令, 從其時起之數, 各自打量, 每年隨起隨量, 移報監司, 使之轉啓,

이에 "일을 맡은 사람들이 그 죄를 얻을까 두려워하여 장부에 기록된 결수結數에 반이라도 부족함이 있으면 달리 손쓸 곳이 없어 매번 그 등급을 올리고, 땅의 등급이 높고 낮음을 따지지 않고 원래의 수가 되는지 부족한지만을 계산하여 백성들은 곤궁에 처하게 되었다. 그리하여 백성들은 땅을 가지고 있는 것을 환난으로 여기고, 땅을 팔고 말을 사서 장사를 하거나 다른 곳으로 이사를 가는 일이 빈번하게 일어났다."[31] 이러한 당시의 사정을 목도한 부사는 「양전시진폐소」를 올려 양전제의 폐단을 지적하고 백성들의 고통을 감해 주려고 노력했던 것이다.

백성들의 고통을 외면하지 않고 적극 변호하여 지식인으로서의 사회적 책임을 게을리하지 않았던 부사는 풍속의 교화를 위해서도 노력했다. 최영경의 신원을 위해 함께 노력했던 지봉 이종영, 성고 이대약 등과 우의를 다지는 계서회鷄黍會를 조직했고, 임진왜란으로 피폐해진 풍속을 교화하기 위해 향약을 결성했다.

부사는 57세인 1602년 이종영 및 이대약 등과 계서회를 결성했는데, 계서회는 중국 한나라 범식范式과 장소張邵의 고사에서 비롯된 것으로, 친구 간의 신의를 바탕으로 우의를 다지는 모임이었다. 그렇지만 계서회는 단순히 우의를 다지는 모임에서 그치지 않고, 지역사회에서

災傷敬差官發遣時, 該曹抽一邑, 無遺打量, 如有違錯, 重罰其官, 逐年如是, 則經界漸次歸正, 而稅入自然有裕矣."

31) 『浮査集』, 권3, 「量田時陳弊疏」, "今以量田之故, 邊境騷擾, 人心不固, 荷擔而立, 扶攜而散, 打量未半, 流亡相繼, 已起之田, 今將荒蕪.……量田若畢, 則結卜過重, 結卜過重, 則賦役太煩, 吾民等耕田欲生, 而反以田死則莫若預爲之所, 一則曰, 預賣吾田, 貿得良牛, 移居他邑, 幷作他田, 半分而食之, 則無以田被侵之患矣, 一則曰, 預賣吾田, 貿得好馬, 業以興販, 移就福地而居之, 則亦無以田被侵之患矣."

신의를 바탕으로 한 우의의 모범을 보이고자 하는 모임이었다. 부사는
「계서약록서」에서 다음과 같이 썼다.

> 아! 선비가 이 세상에 태어나면 포부를 매우 크게 가지는데, 그것을 얻으면 펼치고
> 얻지 못하면 물러나 은거한다. 포부를 펼칠 적에 마음이 같고 도가 같은 사람을
> 만나면 그와 더불어 서로 따르면서 함께 구제하고 공경함을 함께하며 공손함을
> 합하니, 그것으로써 은택이 백성에게 입혀지고 덕화가 온 세상에 미친다. 물러나
> 은거할 때에 혹 뜻이 같고 추구하는 일이 같은 사람을 만나면 그와 더불어 서로
> 허교하여 따르고 서로 따르면서 좋아한다. 강동과 위북에 떨어져 있으면 함께 술동
> 이를 두고서 글을 논하기를 그리워한다. 회합하면 즐거워하고 즐거워하여 나이도
> 잊고 형체도 잊으며 삶도 잊고 죽음도 잊는 데에 이른다. 쇠가 날카로움을 잃고
> 난초가 향기를 잃게 되면, 관중과 포숙의 지기, 종자기와 백아의 지음, 한유와 맹교의
> 빈교, 양각애와 좌백도의 사우와 같이 당대에 아름다운 이야기를 퍼뜨리고 후세에
> 훌륭한 명성을 전하게 된다.[32]

위의 「계서약록서」에서 보듯이 계서회는 단순한 친구들 간의 모임
이 아니라, '뜻이 같고 추구하는 일이 같은 사람들이' 아름다운 이름을
후세에 전할 수 있게 '서로 따르고 좋아하면서 글을 논하고 즐거워하며
우의를 돈독히 하여' 지역사회에서 모범이 되자는 것이었다. 글을 읽은
지식인이 모범을 보임으로써 지역민들이 교화될 수 있게 하자는, 지식
인들의 사회적 실천을 강조한 것이라 하겠다.

---

32) 『浮査集』, 권5, 「鷄黍約錄序」, "噫, 士生兩間, 抱負至大, 得之則展布之, 不得則退藏焉.
展布之時, 得遇心同而道同者, 則與之相隨而共濟, 同寅而協恭, 以之而澤被生民, 化及四
海. 退藏之際, 或遇志同而業同者, 則與之相許而相從, 相從而相好. 江東渭北散處, 則思之
樽酒論文. 會合則樂之, 樂之而忘其年, 忘其形, 以至於忘生忘死. 而金失其利, 蘭失其馨,
如管鮑之知己期牙之知音韓孟之貧交羊左之死友, 播美於當時, 流芳於後世者也."

부사는 지식인의 사회적 실천을 위한 노력의 하나로 1616년 봄에 자신이 거주하는 금산에 '금산동약琴山洞約'을 시행한다. 부사는 금산동약을 만드는 이유를 다음과 같이 밝혔다.

우리 마을의 풍속은 옛날에 아름다웠다고 일컬어졌다. 어찌 사람의 성품이 옛날에는 아름다웠으나 지금은 아름답지 못하겠는가. 인걸이 나는 것은 땅의 신령스러운 것에 말미암으니, 우리 마을의 인걸은 옛날에 성대했다고 일컬었다. 어찌 땅의 성질이 예전에는 신령스러웠으나 후대에는 신령스럽지 못하겠는가. 덕으로 훈도하고 풍속으로 권면하여, 그 풍속을 아름답게 하고 그 숭상하는 것을 선하게 하는 것은 사람에게 달려 있다. 재주로써 뽑고 능력으로 발탁하여, 세상에 이름을 드러내어 마을을 성대하게 하는 것도 사람에 달려 있다. 사람의 일을 다하게 되면 천명도 사람의 일에서 벗어나지 않을 것이다. 인사의 당연함을 먼저 닦지 않고 풍속이 아름답게 되고 인걸이 나기를 바란다면 이는 근본을 알지 못하는 것이다. 이것이 내가 동약을 다듬되 반드시 인재(여씨와 퇴계)들이 작성한 것을 계승하여 한 규약을 작성한 까닭이다.[33]

부사는 "덕으로 훈도하여 풍속을 아름답게 하면 마을이 성대해지고 인걸이 배출된다"며 마을을 아름답게 만드는 규약인 금산동약을 만든 것이다. 그리고 옛날 『소학』·『대학』의 규칙에 의거하여 양몽재養蒙齋·지학재志學齋를 설립하고 고을의 후진을 양성하였다. 그리하여 10년도 채 못 되어 문풍文風이 크게 진작되었다.[34] 이렇게 부사는

---

[33] 『浮査集』, 권5, 「琴山洞約幷序」, "吾洞之風俗, 古稱美矣. 豈人之性, 美於古而不美於今乎. 人傑之生, 由於地靈, 吾洞之人傑, 古稱盛矣. 豈地之性, 靈於前而不靈於後乎. 德以薰之, 風以勸之, 美其俗而善其尙者在於人. 才之拔之, 能以擢之, 名於世而盛於斯者, 亦在乎人. 人事盡焉, 則天命亦不外人矣. 不先修人事之當然, 而欲使風俗美焉, 人傑生焉, 則是不知本者也. 此不穀之所以修洞約, 而必繼之以作成人才之一規也."

[34] 『浮査集』, 권8, 「行狀」, "倣呂氏鄕約, 退溪洞約, 略加損益而行之, 又倣古小學, 大學之規,

향약을 시행하여 지역공동체를 재건했으며, 교육시설을 설립하여
후학을 양성하였다.

그리고 부사는 77세인 1622년부터 지역의 역사와 문화 등에 관심을
갖고 인문지리지인 『진양지』를 편찬하기 시작한다. 『진양지』는 재지
사족 중심의 향촌질서를 회복하고자 하는 의도로 편찬되었다는 지적
이 있기도 하지만,[35) 지역의 문화와 역사적 자산을 정리함으로써 문화
적 기반을 구축하는 데 크게 이바지했다.

이상에서 보듯이 부사는 당대의 민감한 정치적 사안에 적극적으로
의사를 개진하고 지역사회의 교화에 앞장섰던 것이다.

3. 은둔과 산수유람

앞에서 부사의 삶을 이해하는 단서로 '과거응시 이력'과 '사회적
활동'을 중심으로 살펴보았다. 스물네 번이나 향시에 합격한 그의 과거
이력은 출사에 대한 열망을 엿보게 하는 것이고, 그의 정치·사회적
활동은 실천적 지식인의 면모를 엿보게 하는 것이다. 여기서는 부사의
삶을 이해하는 또 다른 요소로 그가 지향했던 '은둔적 삶'과 스스로
병이라고까지 했던 '유람벽'에 초점을 두고, 그 특징을 살펴보고자
한다.

立養蒙, 志學二齋, 使鄕里後生, 隨其長幼, 分處肄業, 河公溍, 趙公璥, 韓公夢逸等若而人,
信從而協贊之, 不出十年, 文風不振."
35) 최윤진, 「16, 17세기에 편찬된 慶尙道의 私撰 邑誌」, 『전북사학』 17(1994).
박주, 「17세기 晋州지역의 孝子, 烈女 -『晋陽誌』를 중심으로」, 『인문과학연구』
1(1998).

1) 은둔과 출세의 길항

기존의 연구에서는 부사를 은일[36) 또는 일민[37)이라고 했다. 그의 시문에서 나타나는 은둔지향적인 욕망 때문일 것이다. 다음과 같은 글에서도 부사의 은둔지향적인 심정이 잘 드러난다.

> 내 집이 어디인가 강의 남쪽이라
> 한 번 훌쩍 떠나 사방을 유람했네.
> 제나라의 교외와 연나라의 저잣거리에서 슬피 노래도 했고
> 진나라의 산과 초나라의 강에서 헛되이 방황도 했네.
> 험난한 길 다니며 온갖 고초 겪다가
> 그런 뒤에야 비로소 고향으로 돌아갈 수 있었네.
> 고향 동산 여전하고 풍경도 온전할 테고
> 으슥한 대숲 맑은 그늘엔 매향 향기 은은하겠지.
> 마루 방안 정원 계단 제각기 차례로 있고
> 문밖 골목은 맑고 그윽하여 참된 흥취 장구하리.
> 예전에 나그네로 떠돌던 곳 돌이켜 생각하니
> 이리저리 헤치고 다닌 흔적 어리석고 미친 듯해.
> 이제부터 안정된 터전에서 즐거움 얻겠지만
> 난초 밭이 가시로 뒤덮일까 두렵네.
> 유정을 바꾸지 않고 그 마음 변치 않길 원하니
> 개와 닭 풀어 놓고 잡아 가게 하지 않으리.[38)

36) 이상원, 「부사 성여신의 은일정신」, 『남명학연구논총』 4집(남명학연구원, 1996), 251쪽.
37) 최석기, 「聖世의 逸民이었던 불우한 학자」, 『부사집』(경상대학교 경남문화연구원 남명학연구소, 2015), 28쪽.
38) 『浮查集』, 권2, 「返舊居行」, "我家何在江之南, 一夫飄然遊四方. 齊郊燕市或悲歌, 秦山楚水空彷徨. 迤邐歷落極備嘗, 然後始得還家鄕. 鄕園依舊物色全, 竹閣淸陰梅吐香. 堂室

위의 글은 부사가 36세(1581) 4월 장인인 박사신朴士信을 따라 의령으로 이사하였다가 4년 뒤인 40세 겨울에 옛집으로 돌아왔을 때의 심정을 토로한 것이다. 그는 고향 옛집에 돌아와서 "이제 안정된 터전에서 고결하고 굳센 절개를 지키려는 마음이 변치 않기를 원한다"라고 했다.

그가 이렇게 은둔을 지향하게 된 것은 과거 실패에 대한 낙담과 출사에 대한 좌절감이 크게 작용한 것으로 보인다. 그는 19세에 향시에 합격한 이후 쌍계사와 응석사 등지에서 과거공부를 계속했지만 출사의 길인 대과에는 합격하지 못했고, 36세에 장인의 도움으로 공부를 계속하기 위해 의령으로 이사를 갔다. 그렇지만 처가에서 4년 동안 공부를 해도 성과를 이루지 못하고 다시 고향으로 돌아와야 했으니, 그의 심정은 착잡했을 것이다. 그것은 "사방을 유람하며 온갖 고초를 겪은 후 비로소 고향으로 돌아올 수 있었네"라고 말한 데서도 알 수 있다.

이렇게 고향으로 돌아온 부사는 은둔적 삶을 위해 본성을 존양하는 내적 수양에 힘쓰게 된다.

> 성현의 가르침
> 책 속에 널리 있으니,
> 안연의 극기복례, 증자의 삼성,
> 맹자의 양기, 자사의 유정유일이다.
> 밝고도 분명하게
> 나의 마음과 눈 비춘다.

庭階各有序, 門巷淸幽眞趣長. 回思疇昔容遊處, 猖披蹤跡如癡狂. 從妓雖得覓居樂, 却怕蘭畦荊棘荒. 幽貞不遷願不貳, 勿放鷄犬爲人攘."

생각을 집중하고 가지런히 하여

아침에 배우고 저녁에 익히네.

밝은 창가에서 낮에는 고요히 하고

깨끗한 책상에서 밤에는 적막하게 하라.

나의 천군 섬겨

한 가지로 흩어짐 없으리.[39]

고향으로 돌아온 부사는 과거 위주의 공부보다는 내적인 수양에 치중하겠다는 의지를 피력했다. 그리고 내적 수양의 방법을 경전에 나타난 성현의 가르침에서 찾았다. 예禮가 아니면 보지도 듣지도 말하지도 행동하지도 말라는 극기복례의 가르침을 실천하였던 안회와, 매일매일 자신의 마음과 행동을 돌아보고 세 가지를 반성했던 증자를 비롯한 성현들의 가르침을 본받아 자신을 단속하고 수양했던 것이다.

그러나 임진왜란으로 부사가 지향했던 은둔적 삶은 흐트러지고 만다. 전쟁의 소용돌이가 그를 가만히 놓아두지 않았던 것이다. 그는 가족을 데리고 피난을 다니기도 하고, 곽재우가 이끄는 의병에 합류하여 왜적과의 전투에 참여하기도 한다. 그러다가 전쟁이 끝나고 고향에 돌아와서는 부사정浮査亭과 반구정伴鷗亭을 지어 다시 은둔적 삶을 지향하게 된다.

반구정은 "재주도 없고 덕도 없고 능력도 없으면서 강호에 살기를 좋아하니, 세상에 뜻이 없는 갈매기가 야부野夫와 짝할 만하다"[40]라는

---

39) 『浮查集』, 권4, 「學一箴」, "聖賢之訓, 布在方冊, 顔勿曾省, 孟養思一. 昭然的然, 照我心日. 凝思齊慮, 朝益暮習. 明牕晝靜, 淨几夜寂. 事我天君, 主一無適."

40) 『浮查集』, 권2, 「返舊居行」, "無德也, 無能也, 無才也而好居江湖, 無意世事者, 可以爲野夫之伴矣."

뜻을 취한 것이라고 했다. 자신의 처지를 갈매기에 비유하며 세상에 쓰이지 못하는 자신의 처지를 나타낸 것이라 하겠다. 이때부터 부사는 앞에서 언급한 바와 같이 후진양성과 풍속교화에 힘쓰며 기러기와 짝하는 삶을 추구하기도 했다.

그의 시문에서도 기러기와 짝하는 삶의 정취를 곳곳에서 엿볼 수 있다. 다음과 같은 시는 은자의 삶을 잘 보여 주고 있다.

> 만 가지 일 지금처럼 무심히 보아 넘기며
> 강호에 의탁한 몸 백사장 갈매기와 짝했네.
> 복사꽃 비단결 같은 물결에 살면 쏘가리 많으니
> 모름지기 고깃배 타고 푸른 물결 거슬러 올라가리.[41]

그리고 「도초사[舠樵辭]」에서도 "강호에 한 늙은이 있는데 학문을 해도 시대에 맞지 않아, 십 년 동안 비파 잡고 지내다 보니 귀밑머리 하얗게 세고 바람만 쓸쓸하네. 농사지어도 풍년을 만나지 못해 쌀독엔 남아 있는 쌀이 없으니, 안자처럼 빈한한 삶 굶주리는 날만 늘 뿐. 걱정 없이 생업을 경영할 생각은 않고, 누런 책만 읽으며 여유롭게 지내네"[42]라고 하였다.

이렇게 부사는 은둔적 삶을 지향했지만, 한편으로는 끊임없이 출사에 대한 열망을 표출했다. 그것은 앞에서 언급한 바와 같다. 부사가 출사에 대한 욕망을 단념하는 것은 동당시에 합격한 68세 이후이다.

---

41) 『浮査集』, 권1, 「江湖晚興」, "萬事如今入掉頭, 江湖身世伴沙鷗. 桃花錦浪多肥鱖, 須上漁舟泝碧流."
42) 『浮査集』, 권2, 「舠樵辭」, "江湖有一翁, 學焉而不適於時, 十年操瑟兮, 兩鬢華髮風蕭蕭. 耕也而不逢於年, 瓶無儲粟兮, 一瓢顔巷日空高, 休休焉無營無思, 對黃卷而囂囂."

그는 동당시에 급제하여 회시를 보기 위해 상경했다가 부당한 방법이 횡행하는 것을 알고는 과거를 단념하고, 지역사회에서 풍속의 교화에 힘쓰며 산수유람을 즐기는 삶을 살았던 것이다.

2) 유람벽과 방선유倣仙遊

부사는 산수유람을 즐겼다. 그는 자신의 유람벽에 대해 스스로 병이라고 말할 정도였다. "세상에서 고치기 어려운 병을 의원은 벽癖이라고 한다. 옛사람은 좋아함이 중도를 지나친 것을 또한 벽이라 하였다. 이런 까닭에 두씨에게는 좌전의 벽이 있었고, 등공에게는 말을 좋아하는 벽이 있었다. 나로 말하자면 나의 유람이 거의 벽이라고 말할 수 있을 것이다"[43]라고 하였다. 그리고 이어서 말하기를 "나의 벽이 이와 같은 까닭에 젊어서 서울에 놀러 가서 백운대에 올랐고, 중년에는 중원에 놀면서 계족산에 올랐으며, 늘그막에는 동해 연변의 여섯 고을을 지나면서 유람하였다…… 근래의 일을 말하면 지리산 홍류동으로 들어간 것이 두 번, 청학동으로 들어간 것이 다섯 번, 신흥동으로 들어간 것이 세 번, 백운동으로 들어간 것이 한 번인데, 이제 또 두류산 정상에 올라 유람하였다. 이는 늙은이의 유람벽이 죽어서도 고치기 어려움이니, 매우 가소롭다"[44]라고 하였다.

---

43) 『浮査集』, 권2, 「遊頭流山詩」, "世稱病之難, 醫者謂之癖. 故人之嗜之過於中者, 亦謂之癖. 是以杜氏有左傳癖, 鄧公有好馬癖. 余謂余之遊覽, 其殆謂之癖."

44) 『浮査集』, 권2, 「遊頭流山詩」, "余之癖如是也, 故少時, 遊京師登白雲臺, 三角山中角, 路絶難升處, 中年, 遊中原登鷄足山, 在忠洲, 寺有牛庵, 臨老過東海沿邊六邑……至以近言之, 則入紅流洞者再, 入靑鶴洞者五, 入神興洞者三, 入白雲洞者一, 今又登覽頭流山上上峯, 則此老遊覽之癖, 抵死難醫, 堪可笑也."

이렇게 부사가 산수유람을 즐기게 된 것은 무엇 때문일까? 과거 낙방으로 벼슬길에 나아가지 못한 여한을 해소하기 위한 탈출구가 아닌가 싶다. 어려서부터 총명하여 집안의 기대를 모았고 19살에 향시에 합격하여 문명을 날렸던 그였기에 입신출세의 길인 대과에 합격하지 못한 좌절감과 정신적 고통은 매우 컸을 것이다. 이런 좌절감을 해소하기 위하여 산수를 유람하며 답답한 현실을 잊고자 했던 것으로 보인다.

그것은 아들 횡鐄에게 화답한 「화횡아병중술회부」에서도 엿볼 수 있다. 부사는 과거 실패로 인한 좌절과 답답한 심정을 다음과 같이 술회했다.

> 나 또한 평생에 느낌이 많으니 한 몸에 온갖 근심이 모였다. 이제 너를 위해 지내온 일을 말하니, 이고의 그윽한 회포 이어지네. 품은 생각 떠나지 않으니 그것이 어느 때 그치며, 말은 끊이지 않으니 그것을 어찌 그만두리오…… 세상은 모두 화려한 수식을 바라지만 나만 혼자 실상에 힘쓰며, 세상은 모두 지름길로 달려가니 나만 혼자 큰길을 따랐네. 어느 네모와 원이 맞붙어서 서로 맞아들겠는가? 20여 차례 과거에 응시했으나 한 번도 합격하지 못하니, 벗들은 옥피리로 기롱하고 친지들은 명이 얇은 것을 탄식했네.[45]

이렇게 과거 실패에 대한 좌절과 정신적 고통을 해소하기 위해 부사는 산수유람을 즐기며 신선의 풍취를 닮으려고 했던 것으로 보인다.

---

45) 『浮査集』, 권2, 「和鐄兒病中述懷賦」, "余亦平生多感, 叢百憂於一身. 今爲汝而歷言, 續李翶之幽懷, 懷耿耿其曷已, 語刺刺其難哉.……世皆餙乎葩藻, 我獨爲之務實, 世皆趨於捷徑, 我獨遵夫大路. 孰方圓之相周, 宜與之以枘鑿. 什餘度之發解, 一省試之未捷, 朋友譏以玉笛, 親故咨其命薄."

그래서 그의 시문에는 신선에 대한 언급이 많다.

> 나는 세속에 사는 사람,
> 처음부터 세상 밖 인간 아니었네.
> 가을바람에 높은 흥취 일어,
> 장차 신선 배우는 사람 되리!
>
> 곤산 서쪽 언덕 송림 있고,
> 숲 아래 긴 버들 푸른 그림자 짙네.
> 비로소 도연명이 문 밖에 심은 뜻 아나니,
> 갈건 쓰고서 영웅심 버렸구나.[46]

위 시에서 부사는 자신이 세상에 몸담고 있는 사람이지만 이제는 신선을 배우는 사람이 되고 싶다는 심경을 노래하고 있다. 이와 같이 신선을 동경하며 닮고자 했던 것은 16~7세기 한시에서 많이 나타난다. 그것은 문예사조적 측면과 사상사적 측면 등 여러 가지 원인이 있는데, 16세기 후반 사림과 훈구세력의 대립은 동서분당으로 격화되고, 이어서 정여립의 모반사건을 계기로 일어난 기축옥사, 세자책봉을 둘러싼 갈등, 임진왜란, 인조반정 등 정치사회적 혼란도 주요한 원인으로 작용했다.[47] 이 시기를 살았던 부사는 과거 실패에 대한 좌절과 영창대군의 옥사를 비롯한 당대의 정치적 사회적 문제에 대해 혐오감을 느끼고

---

46) 『浮査集』, 권5, 「方丈山仙遊日記」, "我是寰中人, 初非物外人. 秋風動高興, 將作學仙人. 昆山西畔有松林, 林下張楊翠影深. 始知陶潛門外植, 葛巾空負拨英心."

47) 정민, 「16·7세기 유선시의 자료개관과 출현동기」, 『한국 도교사상의 이해』(아세아문화사, 1990), 115~128쪽 참조.

현실을 벗어나고자 했던 것으로 보인다. 그래서 그는 신선을 닮은 모습을 그려 보기도 한다.

부사는 「방장산선유일기」에서 유람객의 이름을 각각 신선으로 명명하기도 한다. 쌍계사의 요학루邀鶴樓 벽 위에 다음과 같이 이름을 적었다. "부사소선浮查少仙, 옥봉취선玉峰醉仙, 봉대비선鳳臺飛仙, 능허보선凌虛步仙, 동정적선洞庭謫仙, 죽림주선竹林酒仙, 매촌낭선梅村浪仙, 적벽시선赤壁詩仙이다. 또 두 신선을 추가하였는데, 용담수선龍潭水仙은 하응일河應一이요, 학동후선鶴洞後仙은 최비崔圮이다."48) 그는 산행에 동참하는 사람들이 모두 신선의 이름을 가지게 된 이유를 "우리의 산행은 선유仙遊를 목적으로 하여 모두 신선으로 호를 부르기로 했네"49)라고 밝히고 있다. 즉, 산행에 즐거움과 의미를 더하고자 '신선'의 호를 각자 붙인 것이라 했다.

이렇게 부사는 답답한 현실을 벗어나고 싶은 욕망에서 신선을 닮으려고 했다. 그렇지만 그는 신선을 닮으려고 했지 속세를 벗어난 신선을 꿈꾼 것은 아니었다.

산으로 들어가면 만나는 사람이 모두 신선이고, 산 밖으로 나오면 만나는 사람이 모두 범인이다. 한 몸의 들어가고 나옴에 따라 선인과 범인이 달라지는 것은 곤붕이 북해로 날아가는 것과 자고가 산 남쪽으로 돌아가는 것과 같다. 한 마음이 지향하는

---

48) 『浮查集』, 권5, 「方丈山仙遊日記」, "浮查少仙, 玉峰醉仙, 鳳臺飛仙, 凌虛步仙, 洞庭謫仙, 竹林酒仙, 梅村浪仙, 赤壁詩仙, 又添二仙曰, 龍潭睡仙, 卽河應一也, 鶴洞後仙, 卽崔圮也." 8명의 신선으로 명명한 사람들은 성여신, 옥봉 정대순(1552~?), 능허 박민(1566~1630), 봉대 강민효, 동정 이중훈, 매촌 문홍운(1577~1610), 죽림 성박(1571~1618), 적벽 성순(1590~1659)이다.

49) 『浮查集』, 권5, 「方丈山仙遊日記」, "吾等之行, 以仙遊之目之, 而皆號以仙."

바를 어찌 높게 기르지 않겠는가. 그러나 선비의 한 몸은 그 계책을 경세제민에 두고, 선비의 온 마음은 그 뜻을 천하 사람과 선을 행하고자 한다. 그렇지 않으면 산에 어찌 들어가지 않을 것이며, 신선을 어찌 배우지 않을 것인가. 명도선생의 유산시에 "옷소매의 티끌을 삼일 동안 끊었다가, 남여 타고 머리 돌려 돌아가려 하노라. 평생토록 경세제민의 뜻 두지 않았다면 등한시하여 어찌 산으로 나오랴"라고 하였으니, 이는 산에 들어갈 수 없음을 말한 것이다. 회암선생의 감흥시에 "유유히 떠나 신선되기를 배워서 세상을 버리고 구름 속에 노니는구나. 선약 담은 숟가락 입에 한번 들어가면, 환한 대낮에도 날개가 돋는다네. 세속을 벗어나긴 어렵지 않으나, 구차하게 사는 삶 어찌 편하랴"라고 하였으니, 이는 신선을 배우는 것이 불가함을 말한 것이다. 그렇다면 지금 우리들의 선유는 이름은 선유이지만 실제는 선유가 아니다.[50]

위의 글에서 보듯이, 명도선생과 회암선생은 산천을 유람하며 한가한 삶을 즐겼지만, 유학자의 임무가 세상에 나아가 백성을 구제하는 것이므로 신선이 되고자 한 것은 아니었다. 따라서 부사가 추구했던 것도 신선이 되는 것이 아니라, 경세제민하는 유학자의 삶이었다. 그런 부사의 심정은 봉강 조겸에게 준 「유선사」에서도 잘 드러난다.

용은 깊은 연못에만 사는 것 아니니
적은 물에도 그 비늘 잠길 수 있고
호랑이는 깊은 산에만 사는 것 아니니

---

50) 『浮査集』, 권5, 「方丈山仙遊日記」, "入山中也, 所見皆仙, 出山外也, 所遇皆凡. 一身出入, 仙凡不同, 有如鵾鵬之徒北海, 鷦鴣之還山南. 一心所向, 如何不高養也. 然士之一身, 經濟其策, 士之一心, 兼善其志. 不然山何可不入, 仙何可不學. 明道先生仙遊詩曰, 衿裾三日絕塵埃, 欲上藍輿首更回. 不是平生經濟志, 等閒爭肯出山來, 此言入山之不能也. 晦庵先生感興詩曰, 飄飄學仙侶, 遺世在雲間. 刀圭一入口, 白日生羽翰. 脫屣諒非難, 偸生詎能安, 次言學仙之不可也. 然則今我仙遊, 名雖仙也, 實非仙也."

엷은 수풀에도 오히려 그 몸 숨길 수 있네.

신선은 반드시 삼신산에만 있는 것 아니니

속세에서도 오히려 정신을 수양할 수 있다네.

......

어찌 굳이 방호를 밟고 자진을 벗하여

그런 뒤에야 신선이라 할 수 있으랴[51]

부사는 신선이 반드시 산에만 있는 것이 아니라, 속세에서도 정신을 수양하면 신선과 다름없는 삶을 살 수 있다고 했다. 먼지와 티끌로 뒤덮인 속세를 떠나야 신선이 되는 것이 아니라, 몸담고 있는 속세에서 수양을 통해 신선 같은 깨끗한 삶을 추구하는 것이 유학자의 올바른 자세라고 본 것이다. 그것은 유학자들의 일반적인 삶이기도 했다.

4. 마무리

이상에서 부사의 삶을 이해하기 위해 '과거응시 이력', '정치·사회적 활동', '은둔지향적 욕망', '유람벽' 등을 중요한 요소로 보고, 그것을 중심으로 부사의 삶을 살펴보았다. 부사의 과거응시 이력은 그의 삶을 관통하는 하나의 궤적으로, 다른 요소들과 사슬처럼 이어져 있다.

부사는 19세에 향시 생원시와 진사시에 합격한 이후 68세에 동당시에 급제하기까지 24회에 걸쳐 과거에 합격했다. 그렇지만 출사로 이어지

---

51) 『浮査集』, 권2, 「遊仙辭」(贈趙鳳岡), "龍不必在深淵, 斗水可以潛其鱗. 虎不必在深山, 叢薄猶能隱其身. 仙人不必在三山, 塵間尙可頤精神.……何必躡方壺友子眞, 然後方可謂之神仙人."

는 대과와는 인연이 없었다. 68세에 동당시에 합격하여 회시를 보기 위해 상경하지만, 궤우지로를 써 보라는 관인의 말을 듣고 과거를 포기했다. 68세까지 과거를 응시한 것은 그의 출사에 대한 열망의 반증이며, 과거의 실패는 그의 삶에 점철된 크고 작은 고뇌의 자취였다.

부사의 과거에 대한 열망과 그로 인한 좌절은 은둔지향적인 욕망을 자극했고, 스스로 병이라고까지 했던 산수유람을 하게 했다. 그의 은둔지향적인 욕망은 36세에 장인 박사신을 따라 의령으로 이사했다가 40세 겨울에 옛집으로 돌아왔을 때의 심정을 토로한 「반구거행」 이후 많은 시문에서 나타난다. 그렇지만 그는 출사를 위한 과거를 포기하지 않는다. 은둔지향적 욕망과 출사의 욕망이 양존하며 길항관계에 있었던 것이다.

과거의 실패는 산수유람을 즐기게 된 원인이 되기도 하는데, 그는 과거의 실패에서 오는 좌절과 정신적 고통을 해소하기 위해 스스로 병이라고까지 표현할 정도로 산수유람을 즐겼다. 산수유람을 통해 답답한 현실을 잊고자 했던 것이다. 그래서 신선들의 흉내를 내며 산수유람을 즐기기도 했다. 그렇지만 그의 이상은 경세제민에 있었다. 그는 속세를 떠나야 신선이 되는 것이 아니라, 속세에서 수양을 통해 신선 같은 깨끗한 삶을 추구하는 것이 유학자의 올바른 자세라고 여겼다.

부사는 과거에 급제하여 벼슬길에 나아가지는 못했지만, 당대의 정치·사회적인 사안에 대해 견해를 적극적으로 피력하여 불의와 부정을 질정하려 했고 지역사회의 교화에도 노력했다. 그는 김덕령 장군의 억울한 무고, 수우당 최영경의 원통한 죽음, 영창대군의 옥사로 인한 동계 정온의 득죄에 대해서 모두 상소하여 진상을 규명하고 원한을 풀어 주기 위해 노력했고, 임진왜란 후 세수를 확보하기 위해 시행된 양전제의 폐단을 지적하고 백성들의 고통을 감해 주려고 노력했다.

그리고 지역사회의 교화를 '금산동약'을 결성하였고, 양몽재·지학재를 설립하여 후진 양성에도 앞장섰으며, 지역의 역사와 문화 등에 관심을 갖고 자료를 모아 향토 인문지리지인 『진양지』를 편찬함으로써 지역의 문화적 기반을 구축하는 데도 크게 이바지했다. 부사는 벼슬길에 나가지 못했지만 지식인으로서 사회적 책임을 게을리하지 않았던 것이다.

제8장 진주지역의 동약과 향촌교화

황 영 신

1. 머리말

여말선초 이래로 전개되던 사회변화의 추세 속에서 각 지역의 사족들은 고려 말 이후 도입된 성리학적 윤리를 바탕으로 새로운 향촌질서를 마련해 나갔다. 고려시대에 지방 세력으로서 군림해 오던 향리들이 수령을 보좌하는 하부 실무자로 전락하기는 했지만, 이들의 세력기반이 아직은 만만치 않았다. 따라서 이들의 발호를 억누르고 수령의 자문에 응하면서 한편으로는 수령을 견제하기 위해 유향소留鄕所라는 새로운 지배기구를 만들게 되었다.

이와 더불어 16세기부터는 향촌사회 변화에 대응해서 향약이라는 성리학적 공동체 규범의 전파와 실시를 통해 향촌질서를 안정시키고자 하였다. 향약은 덕업상권, 과실상규, 예속상교, 환난상휼 등 4개의 강령을 기본으로 해서 여러 가지 구체적인 규제 및 권장사항을 규정하고 있었다. 그것을 바탕으로 향촌민에게 유교주의적 교화를 이룸과 동시에 지주제와 엄격한 신분제에 바탕을 둔 사족들의 일반 농민에 대한 지배를 유지해 나가려고 했던 것이라고 할 수 있다.

이러한 시기는 유향소留鄕所, 향안鄕案, 향약鄕約, 향규鄕規, 동약洞約, 동계洞契, 그리고 서원 등 재지사족이 향촌지배를 위해 각종 조직과 규약을 성립 및 실시하는 시기였다. 동계와 동약은 모두 재지사족들이 지역에서의 집단 내 결속과 신분적 지배를 도모하기 위해 조직되기 시작하였다. 동계와 동약은 명칭과 형식에 있어서 약간의 차이가 존재 하지만, 내용적으로는 대동소이하다. 동계·동약의 지역적 범위는 행 정리行政里가 아니라 사족에 의해 편제된 동洞 단위였다. 이 범위가 동계를 주도한 사족의 영향력이 미치는 것임을 말할 것도 없다. 동계· 동약이 본격적으로 성행하게 된 것은 17세기 이후였다고 할 수 있다. 이는 임진왜란으로 인해 크게 동요된 향촌사회의 질서를 복원하기 위해 동계·동약이 활용되었기 때문으로 이해된다.

경남 진주晉州지역에서도 향약의 시행이 확산되어 가고 있었음을 볼 수 있다. 이는 읍 전체에서 일률적으로 시행된 것이 아니라, 동약이 라고 해서 가능한 촌락 단위에서부터 시행된 것이었다. 상사리上寺里를 비롯해서 금산리琴山里, 원당리元堂里, 수곡리水谷里, 사월리沙月里, 내동 리奈洞里, 신풍리新豊里에서 실시된 것이 그 예라고 할 수 있다.[1]

진주 금산琴山지역의 부사浮査 성여신成汝信(1546~1632)[2]은 임진왜란

---

1) 경상대학교 경남문화연구원, 『진주권지역의 고문헌』(열매, 2004), 8~10쪽 및 김 준형, 「조선시대 향리층 연구의 동향과 문제점」, 『사회와 역사』 27(한국사회사 학회, 1991) 참조.

2) 부사 성여신은 1546년(명종 원년) 1월 1일 晉州 東面 代如村 龜洞 無心亭(현 진주시 금산면 加芳里)에서 成斗年의 셋째 아들로 태어났다. 字는 公實, 호는 浮査, 본관은 昌寧이다. 그는 8세 때부터 이모부인 槽溪 申霑의 문하에서 『소학』, 사서삼경 및

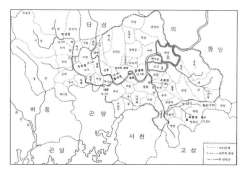

진주목지도(輿地圖書, 1765)

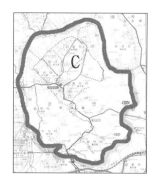

금산면 행정지도

을 겪은 이후로 사자士子들이 학문할 줄을 몰라서 공이 사문斯文을 흥기시키는 것을 자신의 책임으로 삼았다. 그는 71세 때(1616, 광해군 8) 봄에 자신이 거주하는 금산리에 금산동약을 실시하였다. 금산동약은 여씨향약의 조문에 의거하고 퇴계 이황의 동약을 본받되 고금의 변화에 맞게 내용을 다시 더하거나 뺀 것이다. 이를 고을에 실시하여 봄가을로 강신講信하니, 상벌이 엄정해졌다. 또 인재작성규를 만들고 몽양재와 지학

역사서를 읽었고, 18세 때에는 龜巖 李楨(1512~1571)을 찾아가 『근사록』을 배웠으며, 23세 때에는 南冥 曺植(1501~1572)을 찾아가 문인이 되었다. 그는 鐏·鏞·鑌·錞·鍞 등 다섯 아들을 두었는데, 성여신 스스로 來庵 鄭仁弘과 친밀하였고, 맏아들 梅竹軒 成鐏은 내암의 문인으로서 1611년 晦退辨斥과 관련하여 정인홍을 변호하는 상소문을 두 차례나 올린 것으로 유명하다. 이들의 후손들은 금산면과 수곡면과 대곡면 일대에 널리 세거하고 있다.(이상필, 『진주권지역의 고문헌』, 열매, 2004, 22쪽) 성여신의 世系를 살펴보면 다음과 같다.(成汝信, 『浮査集』, 권8, 「行狀」)

재 등을 지어 순서에 맞게 가르쳤는데, 각자의 재질에 맞게 장려하여 나아가게 하되 반드시 먼저 경전을 익혀 성리에 밝아지고 안팎과 경중을 나눌 수 있게 된 다음에야 과거공부에 종사하는 것을 겸하도록 하였다. 한 마을 사람들이 모두 가르침을 받아 저마다 성취하였으니, 그 고을로부터 먼 지방의 선비들까지 그런 소문을 듣고 배우러 오는 사람들이 많았다.[3] 금산동약은 임진왜란 이후의 피폐해진 풍속을 바로 세우기 위해서 시행된 것이었고, 임란 이후 투박하고 문란해져 가는 풍속을 바로잡기 위해서 성여신은 기존의 동약을 수정하여 자신의 고을에 시행하려고 노력하였던 것이다.

이 금산동약에는 성여신 자신이 만든 향약을 시행한 내력과 규약을 기록해 놓았다.[4] 금산지역에서의 동약의 시행은 현재까지 알려진 바에 의하면, 조동동안槽洞洞案, 용심龍潯마을계안, 금산계안琴山契案의 세 형태로 나타나고 있는데, 이 중 금산계안은 2004년에 고문서 조사팀에 의해 대곡면의 주화정에서 처음 발견된 것으로서, 인명, 자, 거주 등의 내용을 확인할 수 있다. 이 금산계안은 계원의 상호부조, 친목, 공동이익 등을 목적으로 일정한 규약을 만들고, 그에 따라 운영되는 일종의 단체인 것으로 보이는데, 당시 동약을 통한 향촌교화를 살펴볼 수 있다는 점에서 중요한 자료라고 할 수 있다.

지금까지 성여신에 관한 연구는 대체로 문학적 성향과 시세계[5],

---

3) 成汝信, 『浮査集』, 권8, 附錄, 「言行錄」, "嘗作洞約, 依呂氏鄉約條, 次倣退溪洞約規, 酌宜今古復用增損. 施諸一洞而春秋講信, 獎罰明肅. 又立人才作成之規, 作養蒙志學等齋, 循序授敎, 因材獎進, 而必使先習經傳, 以明性理, 得知內外輕重之分, 然後兼令從事科業. 一里之人, 咸被薰陶, 各得成就, 自鄉而至于遠方之士, 多有聞風而就學焉."
4) 成汝信, 『浮査集』, 권5, 雜著, 「琴山洞約幷序」 및 권7, 「年譜」, 71歲條.
5) 고순정, 「부사 성여신 연구」(경상대학교 석사학위논문, 1996).

지리산 유람과 선취경향6), 은일정신7), 금천구곡琴川九曲8) 등 네 편의 연구가 있었다. 이러한 연구는 대체로 생애와 문학, 은일정신의 측면에서 다루어지고 있었음을 알 수 있다. 그러나 성여신의 시문집인『부사집浮査集』(8권 8책)9)에는 동약 실시를 통한 향촌교화를 살펴볼 수 있는 중요한 자료들이 보인다. 따라서 본고는 여씨향약과 이황의 동약을 바탕으로 작성한 금산동약과 이를 이어 가고 있는 금산계안을 살펴보고자 한다. 그리고 성여신의 교육관을 고찰함으로써 동약을 통한 향촌교화를 구명하는 것이 목적이다.

2. 금산동약과 금산계안

1) 금산동약의 작성

동약은 향인들 간의 상호 협동과 향촌의 교화를 이룩하여 아름답고 어진 풍속을 만들어 이상적인 사회를 건설하려는 목적으로 제정되었

---

6) 최석기, 「한국한시와 지리산; 부사 성여신의 지리산 유람과 선취경향」,『한국한시연구』7(한국한시학회, 1999).

7) 이상원, 「부사 성여신의 은일정신」,『남명학연구논총』9(남명학연구원, 2001).

8) 김문기, 「금천구곡 원림과 금천구곡시 연구」,『퇴계학과 유교문화』55(경북대학교 퇴계연구소, 2014).

9)『浮査集』은 浮査 成汝信의 시문집으로 8권 4책으로 된 목판본이다. 1785년 安鼎福(1712~1791)이 서문을 지었으며, 권1은 五言絶句(14)·五言律詩(10)·五言古詩(5)·六言絶句(1)·七言絶句(71), 권2는 七言律詩(22)·七言古詩(8)·辭(1)·賦(9), 권3은 疏(8)·書(24)·序(4)·跋(2)·記(20), 권4는 上樑文(17)·箴(17)·碑銘(4)·墓誌(1)·祭告祝文(11), 권5는 雜著(75), 권6은 從遊諸賢錄(39)·枕上斷編(44), 권7은 世系圖·年譜, 권8은 附錄으로 言行錄(18)·行狀(19)·墓碣銘幷序(6)·挽詞(4)·祭文(4)·奉安文(4)·上享文으로 구성되어 있다.

다. 여씨향약과 이황이 정한 동약을 참고하여 성여신은 향촌의 현실에 부합하는 규약으로서 금산동약을 작성하였다. 이는 동약의 작성배경, 여씨향약에 의거하여 작성한 동약조洞約條, 그리고 이황의 동약에 의거하여 작성한 규약規約으로 구성되었다.

(1) 금산동약의 작성 배경

성여신은 여씨 형제와 이황이 작성한 동약을 수정하고 이를 계승하여 인재작성의 규약을 만드는 이유를 밝히고 있다. 첫째, 금산의 지리적 배경에 대해서이다. "금산이 대여촌과 합쳐져 한 마을이 된 이유는 전쟁이 끝난 뒤 인가의 밥 짓는 연기가 쓸쓸하고, 열 집에 아홉 집이 텅 비었기 때문으로, 두 마을을 합쳐 한 마을로 한 것이다. 금산 땅은 남쪽 임연臨淵으로부터 북쪽 송강松江에 이르고, 북쪽 송강으로부터 남쪽 점탄漸灘에 이르는데, 땅의 길이가 거의 30리나 된다. 한 마을에 같이 사는 인사들의 수가 5~60명에 이르니, 동안洞案이 없을 수 없고, 동안이 이미 이루어졌다면 동약이 없을 수 없다. 동약을 다듬는 일을 나에게 맡겨 바로잡게 하였는데, 내가 사양했으나 받아들여지지 않았다"[10]라고 하여 동약을 수정하게 된 배경을 기술하고 있다.

둘째, 동약의 작성 근거와 형식이다. "일은 옛것을 본받지 않으면 모두 구차하게 될 뿐이다. 그러므로 먼저 여씨향약의 조목에 의거하고,

---

10) 成汝信, 『浮査集』, 권5, 雜著, 「琴山洞約幷序」, "琴山之與代村合爲一里者, 兵火之餘, 人煙蕭瑟十室, 九空故幷二爲一也. 月牙一曲境界, 相連猗膝之間於齊楚, 故又合爲一而摠名之曰琴山, 琴山之地. 南自臨淵北抵松江, 北自松江南極漸灘, 延裏幾三十里. 鈕湖演漾, 沃野彌望, 閭閻撲地, 鷄犬相聞, 雖諸葛之隆中樂天之, 履道無以過矣. 人士之同居一洞者, 數至五六十, 則不可無洞案, 洞案旣成, 則不可無洞約. 洞約之修, 委諸不穀使正之, 不穀辭不獲焉."

다음으로 퇴계동약의 규례를 모방하였다. 그런 뒤 우리 마을에 전해오던 고례古例를 회복하되, 옛날에는 마땅했으나 지금은 마땅하지 않은 것은 없애고, 지금은 합당하지만 옛날에는 합당하지 않았던 것은 더하며, 사람들의 마음이 함께 미워하는 바는 버리고, 사람들의 마음이 함께 좋아하는 바는 취하였다. 강령은 크게 쓰고 조목은 다음 줄에 썼으며, 나열해 쓰되 그 유형을 분류하고, 주를 달되 그 뜻을 해석하여 보는 사람들로 하여금 알기 쉽게 하였다."[11]

셋째, 동약을 작성한 이유와 목적에 대해서이다. "마을에 인후한 풍속이 있는 것이 아름다움이 되니, 우리 마을의 풍속은 옛날에 아름다웠다고 일컬었다. 어찌 사람의 성품이 옛날에는 아름다웠으나 지금은 아름답지 못하겠는가. 인걸이 나는 것은 땅의 신령스러운 것에 말미암으니, 우리 마을의 인걸은 옛날에 성대했다고 일컬었다. 어찌 땅의 성질이 예전에는 신령스러웠으나, 후대에는 신령스럽지 못하겠는가. 덕으로써 훈도하고 풍속으로써 권면하여 그 풍속을 아름답게 하고, 그 숭상하는 것을 선하게 하는 것은 사람에게 달려 있다. 재주로써 뽑고 능력으로써 발탁하여 세상에 이름을 드러내, 이 마을을 성대하게 하는 것도 사람에게 달려 있다. 사람의 일을 다 하게 되면 천명도 사람의 일에서 벗어나지 않을 것이다. 인사의 당연함을 먼저 닦지 아니하고서 풍속이 아름답게 되고 인걸이 나기를 바라고자 한다면, 이는 근본을 알지 못하는 것이다. 이것이 내가 동약을 다듬되, 반드시

---

11) 成汝信, 『浮査集』, 권5, 雜著, 「琴山洞約幷序」, "竊思之事, 不師古, 皆苟而已. 故先依以呂氏鄕約之條, 次倣以退溪洞約之規. 然後追復吾洞流傳之古例, 宜於古, 而不宜於今者損之, 合於今, 而不合於古者增之, 人情之所同惡者去之, 人情之所同好者取之. 綱則大書之, 目則次書之, 列書而分其類懸, 註而釋其意, 使觀者易知焉."

여씨와 퇴계가 작성한 것을 계승하여, 인재를 완성하는 한 규약을 작성한 까닭이다"[12]라고 하였다.

(2) 여씨향약에 의거하여 작성한 동약조

동약은 동인洞人 간의 약속으로 이루어지는 공동준행共同遵行의 규범인 것이다. 금산동약은 4가지의 강령을 제시하고 있는데, 이는 첫째 덕업德業을 서로 권하며, 둘째 과실過失을 서로 바로잡아 주고, 셋째 예의禮義 바른 풍속으로 서로 사귀며, 넷째 환난患難을 서로 도와주는 것이 바로 그것이다. 이 금산동약의 구성과 내용을 살펴보면 다음과 같다.

<표 1> 금산동약의 구성 및 내용

① 序文	③ 洞約			④ 行罰之條			
	綱領	內容	計	種類	內容	計	等級
② 琴山洞約并序	德業相勸	德	15	極罰	家庭에 관한 觀點	3	6	上
		業	4		鄕里風俗의 宣揚	3		中
	過失相規	犯義之過	6					下
		不修之過	5	中罰	鄕里風俗의 宣揚	17	17	上
	禮俗相交	婚姻喪葬祭祀之際	1					中
								下
	患難相恤	水火 盜賊 疾病 死喪 孤弱 誣枉 貧乏	7	下罰	公會의 運營	4	4	上
								中
								下

---

12) 成汝信, 『浮査集』, 권5, 雜著, 「琴山洞約并序」, "嗚呼, 里有仁厚之俗爲美, 吾洞之風俗, 古稱美矣. 豈人之性美於右, 而不美於今乎. 人傑之生, 由於地靈, 吾洞之人傑, 古稱盛矣. 豈地之性靈於前, 而不靈於後乎. 德以薰之, 風以勵之, 美其俗, 而善其尙者在於人. 才以拔之, 能以擢之, 名於世, 而盛於斯者, 亦在乎人. 人事盡焉, 則天命亦不外人矣. 不先修人事之當然, 而欲使風俗美焉, 人傑生焉, 則是不知本者也. 此不穀之所以修洞約, 而必繼之, 以作成人才之一規也."

위의 표에서 덕업상권, 과실상규, 예속상교는 교화적敎化的인 기능으로, 환난상휼은 공제적共濟的인 기능을 가진 강령으로 이해할 수 있으며, 이를 구체적으로 살펴보면 다음과 같다.

<표 2> 금산동약의 강령 및 내용

강령		내용
德業相勸[13]	德 (15)	① 선한 것을 보면 반드시 행하는 것, ② 허물을 들으면 반드시 고치는 것, ③ 자신을 잘 다스리는 것, ④ 집안을 잘 다스리는 것, ⑤ 부형을 잘 섬기는 것, ⑥ 자제를 잘 가르치는 것, ⑦ 윗사람을 잘 섬기는 것, ⑧ 친족과 화목하게 잘 지내는 것, ⑧ 청렴과 절개를 잘 지키는 것, ⑩ 禮讓을 잘 숭상하는 것, ⑪ 환난을 당한 사람을 잘 구제하는 것, ⑫ 남의 과실을 잘 바로잡아 주는 것, ⑬ 남을 위하여 일을 잘 도모해 주는 것, ⑭ 싸우고 다투는 것을 잘 해결하는 것, ⑮ 시비를 잘 결정하는 것
	業 (4)	① 집에 거처할 때의 일은 부형을 섬기고, 자제를 가르치고, 妻妾을 대함에 도리로써 하는 것이며, ② 밖에 있을 때의 일은 어른과 상관을 섬기고, 손님과 벗을 영접하고, 후진을 가르침에 예로써 하는 것이며, ③ 신상에 관한 일은 성현의 글을 읽고, 성현의 도를 행하는 것이며, ④ 집안의 일은 전답을 관리하고, 가산을 경영하고, 웃어른을 봉양하고 아랫사람을 양육하는 것.
	其他	장기나 바둑, 낚시와 사냥, 술과 여색 같은 것들은 유익함은 없고 해로움만 있으니 일체 경계해야 하며, 학업을 그만두는 데까지 이르지 않게 하라. 낚시와 사냥 같은 일은 봉양과 제사를 위해 그만둘 수 없는 듯하지만, 사냥 솜씨를 비교하며 다투고 낚시 자리를 다투어 싸움질하는 데까지 이루는 것은 매우 불가하다. 그러니 삼가고 삼가라. 만약 이를 어기는 자가 있으면 중벌에 해당하는 일로써 논죄할 것.
過失相規[14]	犯義之過 (6)	① 술주정, 노름, 싸움, 송사하는 것, ② 행동거지가 법도를 벗어나 위반하는 것, ③ 행실이 공손치 못한 것, ④ 말이 충실하지 않고 미덥지 못한 것, ⑤ 말을 만들어 모함하고 헐뜯는 것, ⑥ 영리의 사욕이 너무 심한 것
	不修之過 (5)	① 사귀지 말아야 할 자와 사귀는 것, ② 놀기만 하고 게으른 것, ③ 행동에 禮儀가 없는 것, ④ 일에 임하여 정성을 다하지 않는 것, ⑤ 쓰씀이를 절제하지 않는 것
禮俗相交[15]		혼인, 초상, 장례, 제사 때에 친히 나아가 축하하거나 슬퍼하며, 편지로 물어 慶賀하거나 조문하며, 물건을 보내어 돕거나 부조하는 일 같은 것
患難相恤[16]		① 수재와 화재, ② 도적, ③ 질병, ④ 죽음, ⑤ 고아와 노약자, ⑥ 무고, ⑦ 가난.

---

13) 成汝信, 『浮査集』, 권5, 雜著, 「琴山洞約幷序」, "德業相勸. 德, 見善必行, 聞過必改, 能治其身, 能治其家, 能事父兄, 能敎子弟, 能事長上, 能睦親族, 能守廉介, 能尙禮讓, 能救患難, 能規過失, 能爲人謀, 能解鬪爭, 能決是非. 業, 事父兄, 敎子弟, 待妻妾以道, 此居家事, 事長上, 接賓朋, 敎後進以禮, 此在外事, 讀古人書, 行古人道, 此身上事, 治田營, 家上養, 下育, 此家上事. 此外如博奕漁獵酒色之類, 無益而有害切宜相戒, 毋至廢業, 若漁獵則爲養與蔡似不可廢, 而爭較爭碨, 或至鬪閧大不可, 愼之愼之, 如有犯者, 論以重罰事."

14) 成汝信, 『浮査集』, 권5, 雜著, 「琴山洞約幷序」, "過失相規. 犯義之過六, 一曰酗博鬪訟, 二曰行止踰違, 三曰行不恭遜, 四曰言不忠信, 五曰造言誣毁, 六曰營私太甚. 不修之過五,

위의 표에서 덕업상권은 덕德에 15가지, 업業에 4가지의 세부항목을 제시하였고, 과실상규는 의리를 범하는 과실과 수신하지 않는 과실의 두 가지로 제시하고 있다. 예속상교는 혼인, 초상, 장례, 제사와 관련한 일을 정하고 있고, 환난상휼은 수재와 화재를 비롯한 7가지를 세부항목으로 정하고 있다. 환난상휼의 경우, 선행이 있으면 장부에 기록하고, 허물이 있는 자 및 동약을 어긴 자도 장부에 기록한다. 이를 세 번 범하면 벌을 시행하고, 고치지 않는 자는 절교한다고 하였다.

(3) 퇴계동약에 의거하여 작성한 규약

이 규약에서 정하는 벌칙은 극벌極罰, 중벌中罰, 하벌下罰의 세 가지로 구분하고 있는데, 이는 다음과 같다.

<표 3> 과실상규의 규약 및 내용

規約		內容
極罰[17] (6)	家庭	① 부모에게 불손한 자이다. 불효한 죄는 나라에 정한 형벌이 있으므로, 우선 불순이라 이름하였다. ② 형제간에 다툼이 있는 자이다. 형이 잘못하고 아우가 옳으면 같이 벌하고, 아우가 잘못하고 형이 옳으면 아우만 벌하고, 잘잘못이 서로 비슷하면 형은 가볍게 아우는 무겁게 처벌한다. ③ 家道를 어지럽히는 자이다. 여기에는 부부가 도리를 잃어 서로 때리고 욕하는 자, 본처를 내쫓고 첩으로써 처를 삼는 자, 명분을 어지럽혀 서얼을 적자로 삼는 자, 서얼이 도리어 적자를 능멸하는 자, 적자가 서얼을 사랑하지 않는 자 등 다섯 가지를 제시하고 있다.
		④ 망령되이 위세를 부리고 방자한 행동을 거리낌 없이 하는 자이다. 부유함을 믿거나 신분이 귀한 것을 믿고서 세력에 의지하여 남에게 오만하고 국법을 무시하고 洞約을 헤아

　　一曰交非其人, 二曰遊戲怠惰, 三曰動作無儀, 四曰臨事不恪, 五曰用度不節."

15) 成汝信, 『浮査集』, 권5, 雜著, 「琴山洞約幷序」, "禮俗相交. 謂婚姻喪葬祭祀之際, 或親造而賀之哀之, 或書問而慶之弔之, 或致物而助之賻之之類."

16) 成汝信, 『浮査集』, 권5, 雜著, 「琴山洞約幷序」, "患難相恤. 一曰水火, 二曰盜賊, 三曰疾病, 四曰死喪, 五曰孤弱, 六曰誣枉, 七曰貧乏, 有善則書于籍, 有過若違約者亦書之, 三犯而行罰, 不悛者絶之."

17) 成汝信, 『浮査集』, 권5, 雜著, 「琴山洞約幷序」, "行罰之條. 有上中下三等. 父母不順者,

	鄕里風俗	리지 않으며, 의리를 멸시하고 예의를 어기며, 마음에 품은 것을 제멋대로 행하는 자이다. ⑤ 기세를 뽐내어 남을 능멸하거나 약압하고 존귀한 이나 어른에게 욕하는 자이다. 젊은 이가 어른에 대해서와 천한 자가 귀한 자에 대해서는 그 구분이 분명한데, 간혹 사소한 분노와 원망을 품고 포악하게 悖亂한 짓을 하고, 상서롭지 못한 말로 무수히 욕을 하는 것이 심한 자와 양쪽에서 붙잡고 구타하는 자를 말한다. ⑥ 수절하는 과부를 유혹하고 협박하여 몸을 더럽히거나 간음하는 자이다. 혹 재물을 탐하고 혹 여색을 좋아하여 달콤한 말로써 유혹하고 위력으로써 제압하여 그 정조와 신의를 더럽히는 자를 말한다.
中罰[18] (17)	鄕里風俗	① 친척 간에 사이좋게 지내지 않는 자, ② 이웃 간에 화목하지 않은 자, ③ 같은 무리에서 서로 싸우는 자, ④ 염치를 돌아보지 않고 선비의 풍속을 더럽히고 훼손하는 자, ⑤ 얼토 당토않은 논리로 송사하기를 좋아하고 남의 재물을 빼앗으려고 도모하는 자, ⑥ 무리배와 당을 만들어 횡포한 일을 많이 행하는 자, ⑦ 公私의 모임에 모였을 때 관원의 장단점을 시비하는 자, ⑧ 말을 만들고 거짓으로 꾸며 남을 죄에 빠뜨리게 하는 자, ⑨ 남이 환난을 만났는데도 가만히 앉아서 보기만 하고 구원하지 않는 자, ⑩ 관에서 소임을 준 것으로써 공무를 빙자하여 사사로움을 꾀하는 자, ⑪ 혼인과 장례에 아무 이유 없이 시기를 넘기는 자, ⑫ 洞約의 강령과 조목을 염두에 두지 않고 어기는 자, ⑬ 洞任을 맡고 있으면서 사사로움을 따르고 공정하지 않는 자, ⑭ 소임을 돌보지 않고 꾕계를 대며 교묘히 피하는 자, ⑮ 조세와 부역을 삼가지 않고 요역을 면하려고 도모하는 자, ⑯ 탐욕을 몰래 품고서 남의 전답을 침범하여 경작하는 자, ⑰ 농사는 게을리하면서 이익만 엿보고 손을 놀리면서 놀고먹는 자이다.
下罰[19] (4)	公會運營	① 公會에 늦게 도착한 자, ② 문란하게 앉아 위의를 잃는 자, ③ 좌중에서 시끄럽게 떠드는 자, ④ 자리를 비워 놓고 물러가 편한 대로 하는 자이다.

위의 표에서 첫째, 극벌은 6가지로 규정하고 있는데, 이 중에서 ①～③은 가정에 관한 관점, ④～⑥은 향리풍속鄕里風俗의 선양에 관한 관점을 제시하고 있다. 이상의 극벌에 해당하는 6가지는 범한 바를 참작하

不孝之罪, 邦有常刑, 故姑以不順爲名. 兄弟有鬪者, 兄曲弟直均罰, 弟曲兄直只罰弟, 曲直相半兄輕弟重. 家道悖亂者, 夫妻失道, 互相詬罵, 放黜正妻以妾爲妻者, 亂名分以孽爲嫡, 孽及蔑嫡, 嫡不撫孽. 妄作威勢恣行無忌者, 或挾富或挾貴憑勢, 傲人不有國典, 不計洞約, 蔑義悖禮, 肆逞胸臆者也. 凌懱出氣話辱貴長者, 少者之於長者, 賤者之於貴者, 其分截然, 而或懷些少忿怨暴, 以悖亂不祥之, 言無數呰辱之甚者, 挾執之歐打之者也. 守身孀婦誘脅汚奸者, 或貪財, 或耽色, 甘言以誘之, 威力以壓之, 汚其貞信者也. 已上極罰, 參所所犯分三等, 上告官科罪不通水火, 中削籍以黜不齒隣保, 下損徒以擯不與公會."

18) 成汝信, 『浮査集』, 권5, 雜著, 「琴山洞約幷序」, "親戚不姻者, 隣比不睦者, 儕輩相鬪者, 不顧廉恥汚毁士風者, 非理好訟謀奪人財物者, 無賴作黨多行狂悖事者, 公私聚會時是非官員長短者, 造言構陷人罪網者, 人遭患難坐視不救者, 官授所任憑公作私者, 婚葬無故過時者, 不有洞綱約條違拂者, 身荷洞任徇私不公者, 不顧所任飾辭巧避者, 不謹祖賦圖免徭役者, 陰懷貪慾割耕他田者, 惰農窺利遊手遊食者. 已上中罰, 參酌所犯亦分三等, 上中下亦依上規, 而從輕重議處事."

19) 成汝信, 『浮査集』, 권5, 雜著, 「琴山洞約幷序」, "公會晚到者, 紊坐失儀者, 中座喧譁者, 空坐退便者. 已上下罰, 亦分三等, 上中下相議酌定事."

여 다시 세 등급으로 나눈다. 상上은 관에 고발하여 죄를 주게 하고, 물과 불이 서로 통하지 않게 하여 이웃과의 교제를 끊게 한다(不通水火). 중中은 제적시켜 쫓아내고 인보隣保에 끼워 주지 않는다. 하下는 무리에서 쫓아내어 배척하고, 공회公會에 참여하지 못하게 하는 것이다. 둘째, 중벌은 향리풍속의 선양에 관한 17가지의 규정으로, 이 또한 범한 바를 참작하여 세 등급으로 나눈다. 상중하 또한 위의 규약에 의거하여 경중에 따라 논의하여 일을 처리한다. 셋째, 하벌에 해당하는 4가지는 공회의 운영에 관한 벌칙을 정하고 있다. 이 벌칙은 다시 세 등급으로 나누는데, 상중하는 상의하여 일을 헤아려 정한다고 하였다.

2) 금산계안

계契(또는 稧)는 계원의 상호부조, 친목, 공동 이익 등을 목적으로 일정한 규약을 만들고 그에 따라 운영되는 일종의 협동단체로서, 각종의 계가 우리나라 전역에 널리 성행하였다. 계는 그 종류가 수없이 많지만, 동계, 유계, 종중계가 가장 흔한 것이라고 할 수 있다. 진주권 지역 고문헌 조사를 통해서도 이들 각종의 유계나 동계, 문중계의 존재가 두루 확인되지만, 대체로 계원의 명부나 계의 수지收支 내역에 관한 내용을 기록으로 남겨 둔 경우가 대부분으로, 계의 성격이나 운영상의 규약을 자세히 알려 주는 자료는 그다지 많지 않다. 특히, 문중계의 수지 내역을 기록 보존하고 있는 경우가 가장 많이 나타나며 이들 자료는 대부분 낱장 문서나 문서철의 형태로 남아 있다.[20]

금산지역에서의 계안은 조동동안, 용심마을계안, 그리고 금산계안

20) 경상대학교 경남문화연구원, 『진주권지역의 고문헌』(열매, 2004), 66~67쪽.

琴山契案(癸卯)

의 세 종류로 파악되고 있는데, 이는 다음과 같다. 첫째, 조동동안槽洞洞案(1775)은 금산면 조동동안으로 1775년(乾隆四十年乙未四月, 영조 51)에 만들어진 것인데, 당시 동리洞里에 거주하던 사람들의 명단만 적혀 있을 뿐, 서문, 발문 등이 없어 사료적 가치는 별로 없지만, 동안이 남아 있는 경우가 매우 드물어 그 희귀성은 인정된다.21) 한편, 한국향토문화전자대전에 의하면, "경상남도 진주시 금산면 갈전리 조동 노인회관에 있는 조동리 동안으로 등재인원은 124명이며, 말미에 유사, 동수, 집강, 집필자가 서명하고 수결하였다. 1775년분이 권3인 것으로 보아 그 이전부터 전승된 것으로 추정된다"22)라고 밝힌 바 있다.

둘째, 용심龍潯마을계안(1877)은 "용심마을에는 1877년 용심 상조계가 조직되어 마을의 경조사에 부조해 왔다고 하지만, 자세한 내용은 전하지 않는다."23)

셋째, 금산계안琴山契案(1903)은 2004년 2월 재녕이씨載寧李氏 수사공 6세손 정모廷模의 재사齋舍인 주화당鯑龢堂(경남 진주시 대곡면 마진리 마진 소재)에서 경상대 경남문화연구원 고문서조사팀에 의해 발굴된 것이다.24) 이

---

21) 허권수, 「琴山面의 古文獻」, 『慶南文化硏究』 13(慶尙大學校 慶南文化硏究所, 1991), 56~57쪽.

22) 한국향토문화전자대전에는 「槽洞里案」, 「槽洞里洞案(乾隆40年乙未4月)」, 「槽洞洞案」이라는 세 책의 표지 사진이 실려 있으나, 2015년 9월 2일에 조동 노인회관을 답사한 결과, 이 자료들은 이미 도난당하고 없는 상태라고 한다.

23) 금산면지편찬위원회, 『금산면지』([주] 브레인, 2009), 575쪽.

24) 이와 관련된 자료들은 대곡면의 주화정에서 소장하고 있음을 밝히고 있다.(경상대학교 경남문화연구원, 『진주권지역의 고문헌』, 열매, 2004, 67쪽)

계안이 금산면이 아닌 인근의 재령이씨 재실에서 발견된 것은 이것이 거주지의 행정적 구분과는 무관한 일종의 인적 단체라고 할 수 있다. 금산지역은 조선조 전기까지는 진주목晉州牧 동면東面 금산리琴山里·대여촌리代如村里·월아미리月牙彌里·조동리槽洞里라 하였고, 임진왜란 후 대여촌리·월아미리는 금산리에 합하여 금산리·조동리라 하였다. 순조 32년(1832) 이래로는 다시 금산리今山里·대여촌리·조동리라 하였고, 고종 1년(1864) 이래로는 금산면·대여촌면·조동면이라고 하였다. 1914년 3월 1일 진주군 대여촌면·금산면·조동면을 통폐합하여 금산면이라 하였다.[25] 대체로 행정상의 지역구분은 있었지만, 이는 형식에 불과할 뿐, 이들의 인적 교류에는 장애가 되지 않았던 것으로 보인다.

<표 4> 금산계안의 지역별 분포

居	大谷	晋州	固城	晋城	智水	陜川	其他	計
計	35	9	7	5	5	1	5	67

* 大谷: 龍塘(1), 丹洞(16), 雪梅谷(2), 楡谷(4), 廊津(10), 月岩(2)
  晋州: 可樹介(1), 冠坊(3), 龍凌(3), 星洞(2)
  固城: 永縣(7)
  晋城: 晋城(3), 東山(2)
  智水: 勝山(1), 鴨嶼(4)
  陜川: 漁村(1)
  其他: 中坪(1), 靑崗(1), 河稷田(1), 未詳(2)

---

25) 그리고 代如村面 南星洞·基洞·加芳洞·沙洞 각 일부로서 加芳里라 하고, 代如村面 加芳洞·사洞·琴山面 中村洞 각 일부로서 長沙里라 하고, 代如村面 龍心洞·琴山面 月牙洞·中村洞 일부로서 龍牙里라 하고, 琴山面 价川洞·中村洞·末岩洞 각 일부로서 中川里라 하고, 琴山面 栢洞 일부로서 松栢里라 하고, 琴山面 栢洞·槽洞面 俗事洞 각 일부로서 束莎里라 하고, 槽洞面 虎岩洞·葛田洞·束莎洞 각 일부로서 葛田里라 하여 琴山面은 7리로 개편되었다. 1987년 1월 1일에는 大谷面 臥龍里 일부를 加芳里로 편입하고, 加芳里 일부를 大谷面 丹牧里로 이속하고, 集賢面 德梧里 일부를 長沙里로 편입하였다. 그리하여 琴山面은 7里를 소관하고 있는 것이다. 금산면은 金山, 今山, 琴山 등으로 표기되어 있을 뿐, 문헌자료나 현지조사로도 금산이라는 지명의 유래를 정확히 알 수는 없다.

위의 표에서 계원의 거주지는 대곡이 35명, 진주가 9명, 고성은 7명, 진성은 5명, 지수는 5명, 합천은 1명, 기타 불명은 5명으로 나타났다.

한편, 금산계안의 소장처인 대곡면 소재의 주화당은 금산계안을 비롯하여 농아공종계안, 주화공종계안 등의 서책들과 고문서들이 함께 조사된 곳이다.[26] 주화당의 주인인 이정모李廷模의 관은 재녕載寧, 자는 찬경贊卿, 농아헌聾啞軒 이국정李國楨의 아들이다. 『진양속지晋陽續誌』 권2의 유행조儒行條에 의하면, 하늘이 내린 성품이 강하고 밝아 바른 도리를 지켜 변치 않았다. 일찍이 유학자인 정재定齋 유치명柳致明 (1777~1861)의 문하에서 활동하였으므로 학문에 연원이 있었고, 응와凝窩 이원조李源祚(1792~1872)가 집에 편액을 써 주니 '주화蛛蝸'라고 하였다.

금산계안(癸卯二月十五日)은 하경원河慶元, 문국현文國鉉 등을 포함하여 계원 67인에 대한 명부로, 여기에는 자字와 거주지를 기록하고 있으며,[27] 이 계안의 성씨별 분포는 다음과 같다.

---

26) 이 외에도 주화정에서의 고문서는 간찰(881), 제문 및 만사(85), 시문(6), 기문(5), 서문 및 발문(1), 행적기류(20), 명문 및 설문(2), 상량문(1), 세계문서(1), 혼서(7), 잡문서(25) 등으로 모두 1,034점이 전한다. 이 중에서 금산계안의 등장인물과 관련한 고문서는 60)姜璿熙(4), 31)姜太煥(8), 58)姜桓(105), 02)文國鉉, 18)李壽碩, 30)李壽安(6), 14)李壽英, 42)李壽朝, 39)李鉉道(3), 27)河啓重(2), 10)河啓濟(2), 04)河擢源(10) 등의 간찰이 보인다.

27) 이를 순서대로 살펴보면 다음과 같다. 01)河慶元(晋瑞, 丹洞), 02)文國鉉(1838~1911, 泰用, 冠坊), 03)姜永煥(景耆, 永縣), 04)河擢源(挮汝, 丹洞), 05)南溟元(順益, 晋城), 06)李原模(生癸卯, 仁吉, 東山), 07)河慶安(運瑞, 丹洞), 08)李承模(敬範, □龍塘), 09)文秉鎬(河稷田), 10)河啓濟(1846~1907, 海朝, 丹洞), 11)崔正基(1846~1905, 肅仲, 中坪), 12)姜芝馨(仁端, 柳谷), 13)李壽變(公燮, 麻津), 14)李壽英(采五, 東山), 15)河滉源(聖圭, 丹洞), 16)南衡元(五汝, 晋城), 17)河啓混(百朝, 丹洞), 18)李壽碩(士允, 麻津), 19)李志松(整仲, 龍潯), 20)姜機煥(文瑞, 永縣), 21)文起羽(南擧, 冠坊), 22)具述祖(舜遠, 勝山), 23)南靖元(奉一, 晋城), 24)李壽章(公允, 麻津), 25)李壽赫(在善, 麻津), 26)李德厚, 27)河啓重(錫九, 丹洞), 28)南廷弢(君實, 可樹介), 29)河啓弘(聖淸, 丹洞), 30)李壽安(1859~?, 河允, 麻津), 31)姜太煥(明直), 32)姜文煥(性欽, 永縣), 33)文洪烈(南叟, 冠坊), 34)李壽壹(敬賓, 麻津), 35)金瀅林(自澄, 陜川漁村), 36)成煥鍾(原一, 月岩), 37)金昌燾(允普, 鴨峴), 38)李

<表 5> 금산계안의 성씨별 분포

姓	李	河	姜	金	南	文	成	崔	具	計
計	18	16	13	5	4	4	4	2	1	67

위 표에서 계안에 보이는 성씨는 모두 67명으로 이씨李氏(18), 하씨河氏(16), 강씨姜氏(13) 순으로 다수를 차지하고 있고, 김씨金氏(5), 남씨南氏(4), 문씨文氏(4), 성씨成氏(4), 최씨崔氏(2), 구씨具氏(1) 등으로 구성되어 있음을 볼 수 있다. 따라서 위의 <표 4>와 <표 5>를 함께 살펴볼 때, 이 금산계의 주도적인 성씨는 대곡의 재령이씨와 진양하씨, 그리고 고성의 진양강씨였음을 알 수 있다. 참고로 여기에 등재된 이들의 개략을 살펴보면 다음과 같다.

문국현文國鉉(1838~1911)의 자字는 태용泰用, 호號는 방주芳洲로 남평인南平人이다. 1864년(고종 1) 근기남인 계열의 대학자 성재性齋 허전許傳(1797~1886)이 김해부사로 부임하여 향음주례를 행하고 향약鄕約을 강론하고, 관아에서 유생들을 가르치니 우도右道의 유생들이 대거 김해로 몰렸다. 1866년 5월 허전이 덕천서원을 배알하고 돌아가는 길에 가방리嘉坊里로 문국현의 집을 방문하고서 대명화기大明花記를 지어 주기도

賢榮(亨元, 龍溪), 39)李鉉道(善一, 麻津), 40)姜洛馨(應奎, 柳谷), 41)李喜榮(相元, 龍溪), 42)李壽朝(廷允, 麻津), 43)李壽植(和元, 麻津), 44)成煥均(梅彦, 月岩), 45)李泰英(英振, 靈梅谷), 46)姜彙汶(海一, 永縣), 47)崔道燮(1868~1933, 勉支, 青崗), 48)河啓仁(錫七, 丹洞), 49)姜彙旻(乃見, 永縣), 50)河啓晋(乃涛, 丹洞), 51)河啓哲(致敎, 丹洞), 52)金昌祐(允兼, 鴨峴), 53)河啓聖(漢朝, 丹洞), 54)成載昞(承允, 星洞), 55)河啓玄(1876~?, 子澄, 丹洞), 56)李壽樹(華益, 麻津), 57)姜芸馨(贊遠, 柳谷), 58)姜桓(君敬, 靈梅谷), 59)河泰東(聖支, 丹洞), 60)姜璿熙(㦤王, 柳谷), 61)河啓禹(漢運, 丹洞), 62)姜洛九(孟範, 永縣), 63)成載璇(承玉, 星洞), 64)姜彙卨(敬敎, 永縣), 65)河啓學(遠朝, 丹洞), 66)金允永(斗元, 鴨峴), 67)金昌駿(國玟, 上同). 甲辰12月初5日稧錢14兩1年俱分21兩 玄風宅推去.(『琴山契案』癸卯二月十五日, 筆寫本)

276 부사 성여신

하였다. 문국현은 당시 영남 일원의 학자, 문인들과 폭 넓은 교유를 맺었으므로, 그의 『방주집』은 진주를 중심으로 한 경상우도의 선비들의 동정動靜, 학문적學問的 분위기 및 사상사적思想史的 흐름을 알 수 있는 자료로 가치가 있다.[28] 이원모李原模(1843~?)의 자字는 인길仁吉이고 재녕인載寧人이다. 그는 고종高宗 임오壬午(1882)에 생원참봉生員參奉이 되었다.[29] 최정기崔正基(1846~1905)의 자字는 숙중肅仲, 호號는 가천可川, 관貫은 전주全州로, 화산花山에 거주하였다. 그는 최도섭崔道燮의 족숙族叔이다. 하계효河啓涍(1846~1907)의 자字는 해조海朝, 호號는 월호月湖, 관貫은 진양晋陽으로, 지상池上에 거주하였다. 그는 재주와 성품이 범상한 이를 뛰어넘어 어린 나이부터 이미 글을 읽을 줄 알아서 힘써 행했다. 고헌顧軒 정내석鄭來錫을 스승으로 찾아뵙고 오로지 자신을 수양하는 학문에 힘을 썼다. 또 후산后山 허유許愈와 면우俛宇 곽종석郭鍾錫, 교우膠宇 윤주하尹胄夏와 함께 때맞추어 달마다 서로 따라 천명과 의리를 강론했다.[30] 하황원河滉源은 『국담문집菊潭文集』의 발문跋文을 쓴 인물이다. 문기우文起羽(?~?)의 자字는 남거南擧, 호號는 해사海史, 관貫은 남평南平이다. 그는 재주와 학술이 남보다 뛰어났고, 가정을 다스림에 법도가 있었고, 자신을 검속하는 데에 방도가 있었으니, 사람들이 장자長者라고 일컬었다.[31] 이수안李壽安(1859~?)의 자字는 하윤河允, 호號는 매당梅堂, 관貫은 재녕載寧으로, 마진痲津에 거주하였고, 이정모의 손자이다.

---

28) 許捲洙, 「琴山面의 古文獻」, 『慶南文化硏究』 13(慶尙大 慶南文化硏究所, 1991), 52~53쪽 및 『晉陽續誌』, 권6, 「儒行」.
29) 『晋陽續誌』, 권3, 「任官・司馬」.
30) 『池上世濟錄』, 권12, 附錄, 「行狀(李中轍)」 및 『晉陽續誌』, 권5, 增補, 「儒行」 참조.
31) 『晉陽續誌』, 권6, 「品行」(진양문화원, 1991).

최도섭崔道燮(1868~1933)의 자字는 면부勉夫, 호號는 청강聽江, 관貫은 전주 全州로, 청강靑岡에 거주하였다. 그는 서산西山 사미헌四未軒의 문인이다. 하계현河啓玄(1876~?)의 자字는 자징子澄으로, 단목丹牧에 거주하였다. 그 는 죽헌竹軒 하성河悅의 10세손이다. 강환姜桓은 『제암공유초霽菴公遺草』 (筆寫本)에 「여강군경與姜君敬」이라는 글이 있다.

3. 부사 성여신의 교육관과 동약을 통한 향촌교화

1) 교육관

성여신은 동약의 작성 배경에서 그가 "동약을 다듬되 반드시 여씨 형제와 이황이 작성한 것을 계승하여 인재를 완성하는 하나의 규약으로 작성하였다"[32]라고 밝히고 있다. 이를 근거로 삼아 교육의 본질, 교육과정, 그리고 교육방법의 측면에서 성여신의 교육관을 살펴보면 다음과 같다.

첫째, 교육의 본질本質에 관해서이다. 이제껏 교육의 부진에 관한 성여신의 입장을 살펴보면, "군자가 사람을 가르치던 법도가 어찌 그윽 하고 묘하여 알기 어렵고 능숙해지기 어려운 일이겠는가? 효제孝悌, 충신忠信, 예의禮義, 염치廉恥로 그 몸을 수양하는 한편, 시를 외우고 책을 읽어 격물치지格物致知로 그 이치를 궁구할 따름이니, 이 두 개의 단서가 어찌 세상 사람들이 알지 못하고 능하지 못한 일이겠는가?

---

32) 成汝信, 『浮査集』, 권5, 雜著, 「琴山洞約幷序」, "此不穀之所以修洞約, 而必繼之, 以作成 人才之一規也."

다만 세상인심이 입고 먹는 문제를 살피는 데 급급하여 돌아볼 겨를이 없고, 과거시험을 위해 문장이나 다듬는 습속에 유혹당하고 뜻을 빼앗겨 미치지 못하고 있을 뿐이다. 배우는 사람만 이와 같을 뿐 아니라 가르치는 사람 또한 이와 같으니, 이렇게 가르치고 이렇게 배워서 그저 사소하게 눈앞의 작은 이익만 좇고 자기에게 귀한 것을 잊어버리면, 진실로 이미 틀린 일"[33]이라고 하였다. 그래서 도학이 밝아지지 못하고 행해지지 못하며, 하루가 멀다 하고 공리公利로 빠져드는 까닭이라고 본 것이다.

성여신은 인간의 본성을 회복하는 것이 교육의 본질이라고 생각하였다. "성性에는 불선不善이 없지만, 기氣에는 청탁淸濁이 있어서, 맑은 기운을 받은 사람은 인재가 되고, 그 탁한 기운을 받은 사람은 인재가 못 된다. 스스로 총명하고 밝아서 태어나면서부터 모든 것을 아는 성인이 아니라면, 도의 경지에 들어 본성을 회복할 수가 없다"[34]라고 하였다. 그래서 학교를 설치하고 선생을 두어 학문을 가르쳐서 그 본성을 회복하게 한 것은 성인이 사랑하는 뜻을 극진히 한 것이니, 사도師道를 베푼 것이 크고 원대함을 강조하였던 것이다.

인간의 본성을 회복하는 교육을 강조하는 성여신의 경우에 있어서, 그의 인재관人才觀에 관한 입장은 다음에서 살펴볼 수 있다. 그는 "재주

---

33) 成汝信, 『浮査集』, 권6, 雜著, 「枕上斷編」, 教人, "君子教人之法, 豈是幽妙, 高遠難知難能之事哉. 孝悌忠信禮義廉恥, 以修其身, 誦詩讀書, 格物致知, 以窮其理而已, 是二端者. 豈世人之所不知不能之哉, 特以世之心狀, 迫於俯仰衣食之資, 而不暇顧, 誘奪於場屋雕篆之習, 而不及. 爲非但學之者如此, 教之者亦如此, 如此而教, 如此而學, 徒徇區區, 目前近小之利, 而忘其所貴於己者, 則固已悖矣."

34) 成汝信, 『浮査集』, 권6, 雜著, 「枕上斷編」, 教人, "性無不善, 而氣有淸濁, 稟其淸者爲才, 稟其濁者爲不才. 自非聰明睿智生知之聖, 則無以入斯道, 而復其性也."

에는 민첩함과 둔함이 있고, 바탕에는 청탁이 있는데, 어찌하여 반드시 어진 인재를 얻어서 가르치겠는가? 너그러움과 여유로 포용하고, 의리로 점점 나아가게 하고, 충신으로 완성해서 그 의혹을 없애 주고, 그 명철함을 열어 주어 여유롭게 노닐면서 세월이 흘러가면 도로 나아갈 수 있다"[35]라고 하였다.

이는 맹자가 말한 "재주 있는 자가 재주 없는 자를 길러 주고, 도에 맞는 자가 도에 맞지 않는 자를 길러 준다. 그래서 사람들은 어진 부형이 있는 것을 좋아하는 것"[36]과도 상통한다. 또한 맹자는 "군자에게는 세 가지 즐거움이 있는데, 천하에 왕 노릇하는 것은 여기에 포함되지 않지만, 천하의 영재를 얻어서 가르치는 것은 그 중 하나의 즐거움이 된다"[37]라고 하여, 사람을 가르치는 즐거움이 진실로 큰 것이며, 여기에 교육의 즐거움의 근원을 둔 것으로 볼 수 있다.

둘째, 교육과정에 관해서이다. 성여신은 일찍이 "선비의 포부는 지극히 커서 우주의 허다한 일에 대해 모르는 것이 있어서는 안 된다. 심지어 산수算數, 군진軍陣, 의약醫藥, 천문天文, 지리地理 등의 학문에 대해서도 모두 연구해야 한다. 그러나 학문적 능력이 확립되지 못한 사람이 갑자기 이러한 것에 마음을 두려고 하면 뜻이 산만하여 학업이 전일하지 못하게 된다"[38]라고 하여 박학공부의 필요성을 강조하였다.

---

35) 成汝信, 『浮査集』, 권6, 雜著, 「枕上斷編」, 教人, "才有敏鈍, 質有淸濁, 何必盡得賢才, 而教之乎. 寬裕以容之, 義理以漸之, 忠信以成之, 袪其惑, 而開其明優, 游歲月, 則可以 進道."

36) 成汝信, 『浮査集』, 권6, 雜著, 「枕上斷編」, 教人, "此孟子所以有才也養不才, 中也養不中. 而人樂有賢父兄之教也."

37) 成汝信, 『浮査集』, 권6, 雜著, 「枕上斷編」, 教人, "孟子曰, 君子有三樂, 而王天下不與存, 爲得天下英才, 而教育之者爲一樂, 則教人之樂, 顧不大歟.";『孟子』, 「盡心」上, 第30章 參照.

<표 6> 교육과정의 원리와 교육내용

구분			내용
교육과정원리	8세	入小學	習之以灑掃應對進退之節 禮樂射御書數之文 優游涵養踐履有素
	15세	入太學	敎之以窮理正心修己治人之道 使之察義理修德業 因小學之成功 而進之以大學之明法
교육내용	12세		通史・小學・四書
	14세		三經・外傳・詩・賦・論・策
	15세		尙書
	16세		左丘明・柳宗元・韓愈・歐陽脩
	23세		尙書
	32세		經・傳・心經・近思錄・性理大全・大學・小學
학습순서			소학 → 대학 → 논어 → 맹자 → 중용
박학공부			算數・軍陣・醫藥・天文・地理

　　교육과정의 원리에 관한 성여신의 입장을 살펴보면 다음과 같다. 그는 "배움에는 분명히 순서가 있다고 한다. 그래서 옛사람들은 사람이 태어나 8세가 되면 먼저 소학에 넣어서 물 뿌리고 비질하는 법, 사람을 대하는 법, 나아가고 물러나는 예절 등과 예禮, 악樂, 사射, 어御, 서書, 수數에 관한 글을 익히게 하였으니, 그런 뒤에 그 속에 여유롭게 노닐며 덕성을 함양하여야 평소에 실천하게 된다. 그런 다음에 15세가 되어 태학에 넣어서 궁리窮理, 정심正心, 수기修己, 치인治人의 도를 가르쳐, 의리를 살피고 덕업을 닦게 하여 소학의 성공으로 인해 대학의 밝은 법으로 나아가게 하는 것이다. 만약 그 얕은 것과 적은 것을 먼저

---

38) 成汝信, 『浮査集』, 권8, 附錄, 「行狀」, "嘗曰, 士之抱負至大, 宇宙間許多事, 不可不知. 至於籌數, 兵陣醫藥天文地理, 亦皆盡究. 然學力不立, 遽欲留心於此, 則志荒而業不專矣."

제8장 진주지역의 동약과 향촌교화 ‖ 황영신　281

알지 못한 채 단계를 뛰어넘어 깊은 것과 큰 것을 구하고자 하면 근본이 서지 못할 것이니 어찌 조리가 통하기를 바라겠는가? 가까운 곳으로부터 시작하여 먼 곳에 미치고, 거친 것에서 시작하여 정밀한 데로 미치는 것, 이것이야말로 학문을 하는 방법"[39]이라는 것이다.

위의 표에서 교육과정의 원리와 교육내용을 살펴보면, 다음과 같이 학습의 순서를 제시하고 있음을 알 수 있다. "대학은 처음 배우는 자가 덕으로 들어가는 문이다. 그러므로 반드시 소학을 통해 그 덕성을 함양하고, 단계와 절차를 아는 것을 먼저 한다. 그 뒤에 다음 순서로 대학의 궁리窮理, 정심正心으로 그 기질을 변화시키고, 또 다음으로 논어, 맹자를 읽고, 중용으로 끝을 맺는다. 여기서 대학은 규모가 넓고 크며 본말에 남김이 없고 절목이 상세하며 시종일관 어지럽지 않을 뿐만 아니라, 조리가 모두 갖추어져 있고, 군신·부자·부부 및 예禮·의義·염廉·치恥가 모두 제시되어 있으니, 곧 실로 모든 경전의 강령이다. 이런 까닭에 배우는 사람은 반드시 대학을 먼저 읽어서 규모를 확정하고 그 다음에 논어로 그 근본을 세워서 붙들고 보존하며 함양하는 실체로 삼는다. 또 다음으로 맹자를 통해 어둡고 숨은 뜻을 겉으로 드러낸 것을 보고, 체험과 확충의 단서로 삼는다. 그런 다음에 중용으로 뒤를 이어서 그것이 추구하는 바를 알고 그 궁극점을 이해하여 옛사람의 미묘한 뜻을 찾는 것"[40]이다. 이로써

---

39) 成汝信, 『浮查集』, 권6, 雜著, 「枕上斷編」, 爲學之道, "學必有序. 故古之人, 人生八歲, 先入小學, 習之以灑掃應對進退之節, 禮樂射御書數之文, 優游涵養踐履有素. 然後十有五, 而入于太學, 教之以窮理正心修己治人之道, 使之察義理修德業, 因小學之成功, 而進之以大學之明法. 若不先知其淺者少者, 而超求乎深者大者, 則根本不立矣, 奚望其條暢乎. 由近及遠, 自粗至精, 此爲學之方也."

40) 成汝信, 『浮查集』, 권6, 雜著, 「枕上斷編」, 爲學之道, "大學者, 初學入德之門也. 故必先

볼 때, 학습의 순서는 소학 → 대학 → 논어 → 맹자 → 중용의 순으로 진행할 것을 강조하였던 것이다.

1616년(광해군 8) 성여신은 금산리에 아동교육을 위해서 양몽재養蒙齋를 짓고서는 나이 일고여덟 살 된 아이들에게 사략史略, 소학 등을 가르쳐 그 몽매함을 깨우쳐 주었고, 15세가 되면 지학재志學齋에 모아서 차례대로 학문을 익히게 하였으니, 옛날 소학·태학의 규범과 같다. 지학재를 짓고서 15세가 되어 배움에 뜻을 두게 되면, 사서삼경을 가르치고, 송나라 주희의 책과 제자백가를 익히게 하였다. 이런 과정에서 큰 성취를 이룬 다음에 그들로 하여금 과거공부에 종사하여 입신양명에 이르게 하였던 것[41]이다.

셋째, 교육방법이다. "가르침의 요체는 반드시 배우는 사람으로 하여금 먼저 배움에 근본이 있음을 알게 하고, 이치로써 그것을 구하게 하여, 그가 읽은 글이 반드시 자기에게서 나온 것처럼 한 뒤에야 학문을 하게 할 수 있다"[42]라는 공부방법을 제시하고 있다. 이러한 방식은 학습자 교육에 있어서 재질에 따른 교육, 하학상달, 그리고 자득을 강조하는 교육방식으로 전개되었던 것으로 나타났다.

먼저, 재질才質에 따른 교육방법을 살펴보면 다음과 같다. "사람이

之以小學, 養其德性, 知其品節. 然後, 次之以大學窮理正心, 變化其氣質, 又次之以論孟, 終之以中庸. 蓋大學者, 規模廣大, 而本末不遺, 節目詳明, 而始終不紊, 條理備具, 綱維盡提, 則實群經之綱領也. 是故, 學者必先讀之, 以定其規模, 次之以論語, 立其根本, 以爲操有涵養之實. 又次以孟子, 觀其發越, 以爲體驗充廣之端. 然後, 繼之以中庸, 歸其趣會, 其極以求, 古人微妙之旨矣."

41) 成汝信, 『浮査集』, 권7, 雜著, 「年譜」, 71歲條.
42) 成汝信, 『浮査集』, 권6, 雜著, 「枕上斷編」, 敎人, "今之敎者, 只是記誦詞章, 而不知其有理, 故文與理爲二, 而不相關, 其功百倍, 而成就難見, 其要必使學者, 先知學之有本, 而以理求之, 使其所讀之文, 必若自己出, 然後可使爲學."

무리를 초월할 정도로 속기를 벗어 버린 인재가 아니라면, 스스로 터득하여 아는 사람이 드물다. 학문을 하는 방법은 반드시 바로잡고 장려하며 권면하여 재질에 따라 순서대로 하되, 지나친 사람은 억제하고 미치지 못한 사람은 나아가게 해야 한다. 여유롭게 노닐면서 함양하고 기질을 변화시켜서, 기질이 뛰어난 사람은 허무적멸의 영역으로 빠지게 하지 않고, 기질이 모자란 사람은 자포자기로 아둔하게 스스로 한계를 정해 정체되지 않게 한 다음에야 곧 스스로 이치를 궁구하고, 저마다의 재질을 다할 수 있게 된다."43) "비록 총명한 자질이 있다 해도 반드시 지둔遲鈍한 공부를 해야 비로소 앞으로 나아가 성취할 수 있다. 만약 그 재주만 믿고 행의行誼에 힘쓰지 않으면 끝내 성취하는 바가 없을 뿐더러, 도리어 재능이 없는 사람만 못할 것이다. 재주가 없는 사람은 자신의 재주가 남만 못하다는 것을 부끄럽게 여기고 끊임없이 힘쓰면 성취할 수 있다"44)라고 하였다.

다음으로 하학상달下學上達의 교육방법이다. "어떤 사람이 성리설에 대해서 묻자, 공은 '학문을 할 때는 자신이 해야 할 도리를 다해야 하니, 그것이 오래 쌓여 익숙해지면 위로 천리를 깨닫는 경지에 도달하는 것도 어렵지 않다. 그런데 아래로 인사를 배우지도 않고 갑자기 위로 천리를 알려고 하면 뜻이 고원高遠한 데로만 달려가게 되어 아래로 인사

---

43) 成汝信, 『浮查集』, 권6, 雜著, 「枕上斷編」, 敎人, "人非超倫拔俗之才, 則鮮能自得而知其, 爲學之方. 必當矯揉獎勸, 因材循序, 過者抑之, 不及者進之. 優游涵養, 變化氣質, 使其高者, 不得走作, 於虛無寂滅之歸, 下者, 不爲滯痼, 於暴棄鹵畫之域, 然後, 乃可自能窮理, 而各盡其材矣."
44) 成汝信, 『浮查集』, 권6, 雜著, 「枕上斷編」, 力行, "雖有聰明之姿, 必須做遲鈍工夫, 方可進就. 若恃其才, 而不勉其行, 則終無所成, 而反不如無才之人矣. 無才之人, 恥其才之不若人, 勉勉不已, 得有成就."

를 배운 것까지도 잃어버리게 된다. 성인聖人이 사람을 가르칠 적에 반드시 순서대로 차근히 나아가게 한 것은 이러한 이유에서였다."45) "학문을 할 때는 반드시 자신에게 돌이켜 보는 것(反躬)을 귀하게 여기는 데, 반궁은 또 격물치지에 있으니 반궁할 줄도 모르고 그 직분을 닦을 줄도 모르면 위기지학이 아니다. 손으로는 물 뿌리고 비질하는 절도도 모르면서 입으로는 하늘과 사람의 이치를 말하는 것이 가당키나 하겠는 가?"46)라고 하면서 하학상달의 공부방법을 강조하였다.

그리고 자득自得의 교육방법이다. "독서의 요체는 그 마음을 평안하 게 하고, 그 기운을 느긋하게 하며, 의심스러운 것은 빼고 아는 것은 온축하여 신중하게 생각하고 밝게 분변하여, 스스로 터득해서 몸소 행하는 것에 힘쓰는 것이다. 만약 스스로 터득하여 몸소 행할 수 없다 면, 읽은 것은 곧 서점書店이고 오경五經 역시 공허한 말일 뿐이다."47) "이러한 자득의 학문을 추구하는 공부는 밤중에 생각하는 것이 가장 좋다고 한다. 아침이나 낮에 터득한 것을 밤이 되어 돌이켜 생각하면 곧 마음이 오로지 하나의 생각에 집중할 수가 있어서 깨닫기가 쉽다"48) 라고 하였다.

---

45) 成汝信, 『浮査集』, 권8, 附錄, 「行狀」, "或問性理之說, 則曰, 爲學, 當盡在我之道, 積習 之久, 上達不難到也. 不能下學而遽欲上求, 則志騖高遠, 幷與所學者失之矣. 聖門敎人, 必 以循序而漸進者此也."

46) 成汝信, 『浮査集』, 권6, 雜著, 「枕上斷編」, 爲學之道, "爲學, 必以反躬爲貴, 而反躬又在 格致, 不能反其躬修其職, 則非爲己者也. 手不知灑掃之節, 而口談天人之理者, 可乎."

47) 成汝信, 『浮査集』, 권6, 雜著, 「枕上斷編」, 爲學之道, "讀書之要, 平其心, 易其氣, 疑者 闕之, 知者溫之, 愼思明辨, 務爲自得而躬行. 苟不能自得而躬行, 則所讀卽書肆, 而五經亦 空言耳."

48) 成汝信, 『浮査集』, 권8, 附錄, 「言行錄」, "爲學之工, 最宜夜思. 朝晝所得, 夜而仰思, 則 心專思一, 易以開悟."

2) 동약을 통한 향촌교화

조선시대에 사족층에 의해 실시되었던 향약은 조선 후기 향촌사회에 유교적 규범을 확산시켜 가는 데 중요한 역할을 하였다. 지배층으로서 경제적 기반을 지니고 있던 사족층은 이 규범의 선도적 실천과 확산을 매개로 향촌사회의 지배질서를 유지해 나갔다. 조선 말기로 가면서 사회변화에 따라 그들의 지배력이 약화되는 가운데서도 그들은 향약을 변형시켜 가면서 꾸준히 시행해 가려는 노력을 경주하였다. 특정 촌락의 향약의 경우 동약이라 지칭하는데, 진주지역의 경우 실천을 중시하는 남명학파의 특성을 지닌 곳으로서 동약의 사례를 찾아볼 수 있다.[49)]

민간 중심으로 운용되어 온 촌계, 또는 동계, 동약은 지역별로 다양하게 이루어져 왔음을 볼 수 있다. 동약의 교화에 대한 구체적인 내용은 가족·향당 구성원 상호 간에 있어서의 윤리규범과 길흉부조의 강조뿐만 아니라, 촌락 내의 질서를 어지럽히는 모든 행위가 규제의 대상이 되고 있다. 이러한 것은 당시 상하계층 간의 초월적인 규범이었음에도 불구하고, 사족과는 별도로 계급 내적인 범위에 국한되고 있었던 것이다. 이러한 동약이 진주지역 향촌사회의 교화에 일조한 예는 금산동약을 통해서 살펴볼 수 있다.

금산동약은 그 형식이나 성격으로 볼 때, 여씨향약이나 주자증손여씨향약朱子增損呂氏鄕約, 그리고 이황의 예안향약禮安鄕約을 토대로 하여 작성한 것으로 나타났다. 그러나 금산동약의 4대 강령 중에서 덕업상

---

49) 김준형, 「조선후기 진주에서 실시된 동약 분석」, 『남도문화연구』 27(순천대학교 지리산권문화연구원 남도문화연구소, 2014), 37~43쪽.

권과 과실상규의 두 조항은 자세한 하위 항목들을 제시하고 있는 데 비해, 나머지 예속상교와 환난상휼의 두 조항은 대체로 소략하게 기술하고 있다는 점은 이 동약의 고유한 형식과 성격이라고 할 수 있다. 이제 여씨향약과 퇴계동약과 관련하여 금산동약의 특징을 살펴보면 다음과 같다.

첫째, 여씨향약은 덕업상권, 과실상규, 예속상교, 환난상휼의 4강목의 약속을 근간으로 삼고 있는데, 금산동약은 이를 그대로 답습하고 있다는 것이다. 인격수련의 교육으로서 덕업상권은 여씨향약과 대동소이하다고 할 수 있다. 여기에는 덕과 업, 그리고 기타의 내용으로 제시되고 있는데, 이는 한 고을 사람들이 서로 힘써서 선을 권하는 것으로, 오륜을 비롯하여 공사간公私間의 유가덕목儒家德目이 망라되어 있다고 할 수 있다.

둘째, 법규로서의 성격을 띤 과실상규와 관련해서는 퇴계동약의 경우에와 같이, 벌목罰目들은 금산동약에서는 극벌, 중벌, 하벌의 3등급을 마련하고, 다시 그것을 상, 중, 하의 3등급으로 구분함으로써 결과적으로 9등급의 벌을 규정하는 것으로 수정하였던 것이다. 이황의 예안향약의 약조約條는 벌칙에 해당하는 것인데, 금산동약의 경우는 과실상규의 강목에 상당한다고 볼 수 있다. 여기에는 의리를 범하는 과실과 수신하지 않는 과실로 분류하고 있다. 이는 권선징악과 상부상조의 정신에 바탕하여 교화의 목적을 실현하기 위한 향촌의 자치규약인 것이라고 할 수 있다.

셋째, 풍속순화의 교육으로서의 예속상교는 증손여씨향약문과 대동소이하다. 여기에는 혼인, 초상, 장례, 제사에 관한 유교 도덕의 근본인 예의와 습속을 실현하자는 것이다.

넷째, 경제강목經濟綱目으로서의 환난상휼은 증손여씨향약문과 대동소이하다. 여기에는 수재와 화재, 도적, 질병, 죽음, 고아와 노약자, 무고, 가난 등과 관련하여 협동을 실천하는 사회적 기능의 발휘를 강조하는 것이라고 할 수 있다.

이처럼 덕업에 해당되는 절목만을 열거하는 데 그치지 않고 자세한 설명을 붙였다는 것은 약속約束을 본격적인 교화의 방법으로 택하였음을 보여 주는 것이라 할 수 있다. 당시 유교가 요구하는 가치, 행위규범이 축약된 덕업을 부연설명하고, 사인士人을 교훈으로 삼아 인근의 서천庶賤 중에서 글을 몰라 약문約文을 알지 못하는 이에게 매월 한 번씩 약법約法을 풀이하여 알게 하였던 것이다. 이렇듯 동약은 한 자리에 모여 봉독하고 이를 사람들에게 풀이하였다는 측면에서 사회교육의 성격을 지닌다고 할 수 있다.

4. 맺음말

이상과 같이, 본고는 부사 성여신이 생존하였던 16~17세기에 있어 금산동약의 작성과 계안의 시행을 통해서 성여신의 인재교육을 통한 향촌교화의 대체적인 모습을 살펴보았다. 이제 이를 정리하면 다음과 같다.

동약은 향인들 간의 상호 협동과 향촌의 교화를 이룩하여 아름답고 어진 풍속을 만들어 이상적인 사회를 건설하는 것이었다. 성여신은 여씨향약을 비롯하여 이황의 동약을 참고하여 향촌의 현실에 부합하는 규약으로서 금산동약을 작성하였다. 이 동약은 여씨향약과 퇴계동약 및 원래 마을에 전해지던 고례古例까지 참조하여 시의에 맞게 수정하고 규약을 마련하여 시행한 것이다. 실제 동약조洞約條에는 여씨향약의 것을 상당 부분 차용하고 있으며, 행벌조行罰條에는 퇴계동약을 차용하고 있음을 볼 수 있다.

금산동약의 동약조는 동인 간의 약속으로 이루어지는 공동으로 준행하는 규범이다. 이 동약의 조목은 첫째 덕업을 서로 권하며, 둘째 과실을 서로 바로잡아 주고, 셋째 예의 바른 풍속으로 서로 사귀며, 넷째 환난을 서로 도와주는 것이다.

이 동약의 규약規約은 퇴계동약에 근거해서 작성한 벌칙으로서 극벌, 중벌, 하벌의 세 가지로 규정하고 있다. 첫째, 극벌은 6가지로 규정하고 있는데, 이 중에서 ①~③은 가정에 관한 관점, ④~⑥은 향리풍속의 선양에 관한 관점을 제시하고 있다. 이상의 극벌에 해당하는 6가지는 범한 바를 참작하여 다시 세 등급으로 나눈다. 상上은 관에 고발하여 죄를 주게 하고, 물이나 불을 서로 왕래하지 않는다. 중中은 제적시켜 쫓아내고 인보隣保에 끼워 주지 않는다. 하下는 무리에서 쫓아내어 배척하고, 공회에 참여하지 못하게 하는 것이다. 둘째, 중벌은 향리풍속의 선양에 관한 17가지의 규정으로 이 또한 범한 바를 참작하여 세 등급으로 나눈다. 상중하 또한 위의 규약에 의거하여 경중에 따라 논의하여 일을 처리한다. 셋째, 하벌에 해당하는 4가지는 공회의 운영에 관한 벌칙을 정하고 있다. 이 벌칙은 다시 세 등급으로 나누는데, 상중하는 상의하여 일을 헤아려 정한다.

이러한 동약의 전통을 이어 온 계안은 구성원의 상호부조, 친목, 공동 이익 등을 목적으로 일정한 규약을 만들고 그에 따라 운영되는 일종의 협동단체라고 할 수 있다. 금산지역에서의 계안은 조동동안, 용심마을계안, 그리고 금산계안으로 파악되고 있다.

일찍이 남명 조식과 구암 이정의 문하에서 경의敬義와 효제충신孝悌 忠信의 가르침을 받은 성여신은 그가 동약의 작성 배경에서도 밝힌 바와 같이, 동약을 다듬되 반드시 여씨 형제와 이황이 작성한 것을 계승하여, 인재를 완성하는 하나의 규약으로 작성하였다.[50] 따라서 성여신의 동약에서 규정하고 있는 바와 같이, 인재교육에 관한 그의 교육관은 교육의 본질, 교육의 과정, 및 방법의 측면에서 조망되고 있다.

민간 중심으로 운용되어 온 동계洞契는 지역별로 다양한 방식으로 향촌교화가 이루어져 왔다. 동약의 교화에 대한 구체적인 내용은 가족·향당 구성원 상호 간에 있어서의 윤리규범과 길흉부조의 강조 뿐만 아니라, 촌락 내의 질서를 어지럽히는 모든 행위가 규제의 대상 이 되고 있다. 이러한 것은 당시 상하계층 간의 초월적인 규범이었음 에도 불구하고 사족과는 별도로 계급내적인 범위에 국한되고 있었던 것이다. 이러한 동약은 향촌사회를 교화하는 데 있어서 일조하였다 고 할 수 있다.

이처럼 금산동약은 여씨향약이나 퇴계동약과 같이 덕업에 해당되는 절목만을 열거하는 데 그치지 않고 자세한 설명을 붙였다는 것은 약속

---

50) 成汝信, 『浮査集』, 권5, 雜著, 「琴山洞約幷序」, "此不穀之所以修洞約, 而必繼之, 以作成 人才之一規也."

約束을 본격적인 교화의 방법으로 택하였음을 보여 주는 것이라 할 수 있다. 당시 유교가 요구하는 가치, 행위규범이 축약된 덕업을 부연설명하고, 사인士人을 교훈으로 삼아 인근의 서천庶賤 중에서 글을 몰라 약문約文을 알지 못하는 이에게 매월 한 번씩 약법約法을 풀이하여 알게 하였던 것이다. 이렇듯 동약은 한 자리에 모여 봉독하고 이를 글 모르는 사람에게 풀이하였다는 측면에서 사회교육의 성격을 지닌다고 할 수 있다. 또한 성여신은 남명학파의 근거지인 경상우도 진주의 금산에서 강학활동을 통한 향촌교화를 시도하였다. 이러한 강학활동은 이론을 실천에 결부시키고자 한 것이었으며, 이는 경남지역의 학문성과 시대정신을 은연중에 반영하고 있다는 점에서 그 의의가 부각된다고 할 수 있다.

제9장 「계서록」을 통해 본 부사 성여신의 우정과 신의

전 병 철

1. 머리말

부사浮查 성여신成汝信(1546~1632)은 남명南冥 조식曺植(1501~1572)의 문인으로서 진주를 중심으로 활동한 학자이다. 성여신은 47세 되는 해에 임진왜란이라는 큰 전쟁을 당했고, 전쟁이 종결되자 고향인 진주晉州 동면東面 대여촌代如村(현 진주시 琴山面 加芳里 南星마을)에 반구정伴鷗亭을 지어 학문에 힘을 쏟았다. 그리고 무너진 향풍鄕風을 바로잡기 위해 향약鄕約의 실시를 주도했으며, 어린아이를 가르치는 양몽재養蒙齋와 과거 시험을 준비하는 이들을 교육하는 지학재志學齋를 건립해 지역의 학풍을 흥기하기 위해 노력했다.

창주滄洲 하증河憕(1563~1624) 및 능허凌虛 박민朴敏(1566~1630) 등과 함께 1622년부터 1632년까지 10년에 걸쳐 『진양지晉陽誌』를 편찬했다. 『진양지』는 체재나 서술 방식이 동문인 한강寒岡 정구鄭逑(1543~1620)가 만든 『함주지咸州誌』에 영향을 받았다고 이해되는데, 설정된 항목과 서술 내용은 『함주지』에 비해 훨씬 더 상세하고 풍부하다. 성여신은 『진양지』를 통해 진주의 인물·역사·유적 등을 집성하여 지역의 문화 전통이 후세에까지 전해질 수 있도록 문헌자료를 구축했다.

이와 같이 성여신은 남명학파南冥學派의 학자로서 학문과 수양에 힘을 쏟았을 뿐만 아니라, 지역 사회를 위해 교육·풍속·문화 등 다방면에서 각고의 노력을 경주했다. 하지만 성여신이 이룩한 업적에 비해 그에 관한 연구는 매우 영성한 편이다. 앞으로 문학·사상·인문지리 등 여러 분야에서 성여신에 관한 연구를 진행해야 할 필요가 있다고 판단된다.

이 글은 성여신에 대한 이러한 인식을 바탕으로 그의 문집에 수록되어 있는 「계서록鷄黍錄」이라는 기록에 주목하였다. 「계서록」은 성여신이 지봉芝峯 이종영李宗榮(1551~1606) 및 이대약李大約(1560~1614)과 함께 계서회鷄黍會를 결성하여 매년 봄가을 두 차례씩 모임을 가진 일에 대한 기록이다. 아래의 본문에서는 성여신이 벗들과 계서회를 결성한 배경 및 실제로 진행된 모임의 과정과 내용을 차례대로 살펴보려 한다. 이것을 통해 성여신이 추구한 우정과 신의를 이해하고 그 속에서 드러나는 그의 인간적 면모를 그려볼 수 있기를 기대한다.

2. 계서회의 결성 배경

1601년 11월 경상도의 선비들이 고령高靈에 모여서 기축옥사己丑獄事에 연루되어 억울한 죽음을 당한 수우당守愚堂 최영경崔永慶(1529~1590)

의 원통함을 풀어 주기 위해 상소를 올렸다. 이미 최영경은 1591년 신원이 되었으며, 1594년 대사헌大司憲에 추증되고 선조宣祖가 특별히 제문을 내려 위로한 바 있었다. 그런데도 그들이 상소를 올린 까닭은 기축옥사에 깊이 관련한 우계牛溪 성혼成渾(1535~1598)에 대한 처벌이 여전히 내려지지 않았으므로 합당한 벌을 가해 주기를 촉구하기 위해서였다.[1]

12월에 김응성金應成·이익수李益壽·이형李泂·이상훈李尙訓 등이 대궐에 나아가 호소했으며, 이듬해 봄 2월 성주星州에 모여 다시 상소했다. 윤2월에 성여신을 비롯한 이종영·이대약·정온鄭蘊·강극신姜克新·이육李堉·이수언李秀彦·도응유都應兪 등이 대궐에 나아가 다시 상소하여, "이제 조정의 공론이 조금씩 시행되고 시비가 조금씩 바로잡히

---

1) 『宣祖實錄』, 34年(1601) 12月 20日條, "慶尙道生員臣文景虎等, 伏以往在庚寅年間, 伏見處士崔永慶, 爲權奸鄭澈所陷, 拿鞫王獄, 以致瘐死, 臣等痛心切骨, 冀伸其實, 何幸天心悔禍, 正論隨起, 諍臣論列於下, 聖鑑洞燭於上, 永慶之冤枉, 旣已伸雪, 奸臣之情狀, 亦頗暴露矣, 一國臣民, 孰不曰大聖人所爲, 出於尋常萬萬乎, 然而臣等遐遠聞見, 不能無憾於天地之大者, 兇魁者死於牖下, 鷹犬顯揚於朝著, 彼瀜瀜附會之流, 不足置齒牙間也, 請擧其不容已者陳之, 臣竊聞國家之失, 莫大於殺不辜, 殺凡民不辜, 猶不可, 況殺賢士不辜乎, 人臣之惡, 莫甚於欺君父, 欺之以其方, 尙不忍, 況圖之以無其理乎, 古今天下, 雖甚無道, 安有殺處士之時乎, 必欲殺之而無辭, 則亦知殿下之不聽也, 枉加以古三峯之名, 拘繫而因毒之, 必至於死而後已, 慘矣, 奸人之禍歟, 雖然澈, 特酒色之徒輕佻之人, 其黨之推重, 不及於成渾, 而澈亦倚渾爲重, 澈不足論, 而渾之罪重矣, 渾與永慶搆嫌, 磨牙皷吻, 欲一肆毒於永慶者久矣, 特未得其機耳, 及己丑逆賊之變, 出於搢紳, 則渾與澈, 幸國家之禍, 爲一身釋憾之地, 遂攘臂入城, 指揮其黨, 卒成構陷之計, 思之慘矣, 至於金宗儒, 渾之門客, 其時自嶺南來見渾, 渾密問曰, 汝知崔永慶之爲古三峯乎, 宗儒愕然曰, 何爲出此言耶, 渾默然不悅, 因謝宗儒, 則澈之指永慶爲三峯, 果不出於渾乎, 論其迹, 則渾罪輕, 而澈罪重, 原其情, 則澈罪小, 而渾罪大, 第以毒澈之罪, 薄施貶削, 而兇渾之死, 尙保名位, 至於門生徒黨, 恣據要津, 羞辱淸朝, 其何以慰旣骨之冤魂, 而伸久屈之士氣乎, 公議有待而定, 淸論愈久而激, 安有人臣, 欺罔君父, 誣殺賢士, 生免竄黜之誅, 死享崇班之榮乎, 伏願殿下, 深懲郭亡之故, 察小人之情狀, 憐良善之無辜, 如大明宣皇帝之加罪臧淸, 我朝恭靖大王之賜亮原瀕, 使天理昭回, 人心快活, 則君臣大義, 不至滅絕, 而永慶之本心, 亦得以暴白於天日之下矣, 謹昧死以聞."

니, 그대들은 자세히 알고 있으라"라는 비답을 얻었다.[2]

21일 귀환하는 길에 함께 동행하다가 금릉역金陵驛에서 강극신과 도응유는 약목若木으로 향하고 정온은 지례知禮로 갔다. 고령과 거창의 경계에 이르러 성여신은 용담龍潭을 경유하는 길로 가고 이종영과 이대 약은 팔계八溪로 들어갔는데, 이때 헤어지면서 3월 보름에 수회정사水回精舍[3]에서 만나기로 기약했다. 수회정사는 이종영이 건립한 정사로, 의령현 만지산晩芝山 무이계武夷溪가에 있었다.

약속한 대로 3월 15일 의령 수회정사에서 만나 한양에 상소를 올리러 갔을 때의 고충 등을 이야기 나누며 이틀을 머물렀다. 그리고 계서鷄黍에 대한 말을 약속하여 매년 3월과 9월의 보름으로 날을 정해 오로지 하나의 '신信'자를 지켜 별도로 부르거나 편지를 보내는 등의 일이 없도록 하자고 했다.[4] 이렇게 해서 계서회가 결성되었는데, '계서'는 한漢나라 때 범식范式과 장소張邵의 우정에서 유래한 말이다. 두 사람은 태학에서 함께 공부하며 우정이 매우 두터웠다. 이별할 때 범식이 2년 뒤에 장소의 집에 찾아가겠다고 약속했으며, 그로부터 2년이 지난 9월 15일에 장소가 닭을 잡고 기장밥을 지어 범식을 기다렸다. 그의 부모가 "산양山陽은 여기서 천 리나 떨어진 곳인데, 그가 어찌 꼭 올 수 있겠느냐"라고 하자, 장소가 "범식은 신의가 있는 선비이니, 약속

---

2) 李宗榮, 「鷄黍約錄記」(『浮査集』, 권5, 雜著에 수록되어 있음), "辛丑冬, 十一月, 一道 會于高陽, 疏守愚寃. 十二月, 金應成李益壽李泂李尙訓等, 叫天閻得伸焉. 壬寅, 春二月, 又會于星山, 再疏, 一道同之. 閏二月, 李人約成汝信李宗榮鄭蘊姜克新李堉李秀彦都應兪 等, 排雲叫天, 得旨曰, 今朝廷, 公論稍行, 是非稍正, 爾等知悉."
3) 李宗榮의 『芝峯遺稿』에는 '水廻精舍'로 표기되어 있다.
4) 李宗榮, 「鷄黍約錄記」(『浮査集』, 권5, 雜著), "娥林之分, 三人約以暮春之望, 會話于水回 精舍, 到是日, 公實先至, 希仁次之, 善守後焉, 留二日, 敍以同行之苦, 約以鷄黍之話, 以 每年三九兩月之望爲定, 一定之後, 只守一信字, 無復有邀致通書等事."

기한을 어기지 않을 것입니다"라고 대답했다. 그의 말대로 범식이 과연 그날 찾아왔다고 한다.

계서회의 결성과 의미에 대해 성여신은 다음과 같이 서술했다.

아! 선비가 이 세상에 태어나면 포부를 매우 크게 가지는데, 그것을 얻으면 펼치고 얻지 못하면 물러나 은거한다. 포부를 펼칠 적에 마음이 같고 도가 같은 사람을 만나면 그와 더불어 서로 따르며 함께 구제하고, 공경함을 함께하고 공손함을 합하여 그것으로써 은택이 백성에게 입혀지고 덕화가 온 세상에 미친다. 물러나 은거할 때에 혹 뜻이 같고 추구하는 일이 같은 사람을 만나면 그와 더불어 서로 허교하여 따르고 서로 따르면서 좋아한다. 강동江東과 위북渭北에 떨어져 있으면 함께 술동이를 두고서 글을 논하기를 그리워한다. 회합하면 즐거워하고 즐거워하여 나이도 잊고 형체도 잊으며 삶도 잊고 죽음도 잊는 데에 이른다. 쇠가 날카로움을 잃고 난초가 향기를 잃게 되면, 관중管仲과 포숙鮑叔의 지기知己, 종자기鍾子期와 백아伯牙의 지음知音, 한유韓愈와 맹교孟郊의 빈교貧交, 양각애羊角哀와 좌백도左伯桃의 사우死友와 같이 당대에 아름다운 이야기를 퍼뜨리고 후세에 훌륭한 명성을 전하게 된다.
우리 세 사람은 재주가 옛사람에게 부끄럽지만 서로 허교하는 뜻은 부끄럽지 않고, 덕은 옛사람에게 부끄러우나 서로 좋아하는 정은 부끄럽지 않다. 강개한 마음을 함께 품고 대궐에서 같이 상소하여 국시國是를 올바르게 회복하여 예전의 원통한 일이 없어지자 고향으로 돌아와 각자 천성을 따라 살고 있다. 봄꽃이 필 때와 가을달이 뜰 때에 부르지 않아도 모였다가 헤어지고, 아름다운 산수에서 약속한 날짜를 어기지 않고 스스로 찾아왔다. 술잔을 잡고 단란해지면 얼큰하게 술에 취해 속마음을 토로했으며, 시를 읊고 회포를 펴면 성대하게 성정을 드러내었다.[5]

---

5) 成汝信,「鷄黍約錄序」,『浮査集』, 권5, "噫, 士生兩間, 抱負至大, 得之則展布之, 不得則退藏焉. 展布之時, 得遇心同而道同者, 則與之相隨而共濟, 同寅而協恭, 以之而澤被生民, 化及四海. 退藏之際, 或遇志同而業同者, 則與之相許而相從, 相從而相好. 江東渭北散處, 則思之樽酒論文. 會合則樂之, 樂之而忘其年, 忘其形, 以至於忘生忘死. 而金失其利, 蘭失

그들은 모두 벼슬에 나아가지 않은 상황이었으므로, 뜻이 같고 추구하는 일이 같은 경우의 사귐이었다. 위북渭北의 두보杜甫와 강동江東의 이백李白이 서로 그리워했던 것처럼 헤어져 있으면 다시 만나기를 생각했으며, 함께 만나면 즐겁고 즐거워서 나이도 잊고 형체도 잊으며 삶도 잊고 죽음도 잊었다. 그렇기에 그들은 서로에 대해 "저 두 사람이 이 두 사람과 같으니, 형체는 둘이지만 그 몸은 하나일세. 이 생애에 만약 마음이 변한다면, 서로의 믿음을 어찌 귀신에게 묻겠는가"[6]라고 표현하기도 했다.

그러므로 이러한 모임의 자리에서 살림에 여유가 있으면 억지로 인색하고 검소하게 차릴 필요가 없었으며, 여유가 없다면 굳이 풍요하고 윤택하게 할 필요도 없었다. 간혹 사정이 있어 이르지 못한 이가 있으면 무슨 일이 있어 그러려니 생각하여 반드시 같이하자고 강요하지 않았다. 가장 중요한 한 가지는 마음속에 진정이 있는지 없는지를 볼 뿐이었다고 한다.[7]

其馨, 如管鮑之知己期牙之知音韓孟之貧交羊左之死友, 播美於當時, 流芳於後世者也. 吾儕三人, 才愧古人, 而相許之志, 則不愧焉, 德愧古人, 而相好之情, 則無愧焉. 同懷慷慨, 共叫天門, 國是歸正, 舊寃已洩, 歸來鄕國, 各隨天放. 春花秋月, 不速而相送, 佳山美水, 趁期而自至. 把酒團欒, 則醺醺然吐露肝肺, 吟詩暢懷, 則洋洋焉流出性情."

6) 李宗榮, 「鷄黍約錄記」(『浮査集』, 권5, 雜著), "次善守吟曰, 彼二人同此二人, 形雖二箇一其身. 此生若也渝心事, 相信何能質鬼神."

7) 成汝信, 「鷄黍約錄序」, 『浮査集』, 권5, "春三月, 一人主之而二人賓焉. 秋九月, 又一人主之而二人賓焉. 今年如是, 明年如是, 又明年又如是, 如是而不知耆老之將至, 如是而不知爾我之相形, 熙熙然皥皥然, 做得葛天民, 於一筵上, 有則置酒而羅肴, 不必强爲之慳儉, 無則殺鷄而爲黍, 不必强爲之豐潤, 各隨家力, 務從眞實, 周而復回, 如輪之轉, 往而復來, 若環之循, 此三人之所以相從而相好者也, 間或有有故而不至者, 謂其有故而然也, 不必同而齊之, 不必異而責之, 只觀中情之存不存如何耳."

3. 계서회의 회합과 그 내용

성여신의『부사집浮査集』과 이종영의『지봉유고芝峯遺稿』에 실려 있는「계서록」에 근거한다면, 회합은 1603년 3월로부터 1606년 3월까지 3년 반에 걸쳐 지속되었다. 하지만 1603년 가을과 1605년 봄의 모임은 이종영과 이대약 모두 일이 있어 참석하지 못했으므로, 실제적인 회합은 총 5회였다.

회합이 개최된 제반 사항을 도표로 정리하면 다음과 같다.

개최 일자		주관자	장소	참여 인물	비고
1603년 (계묘)	3월 15일	成汝信	伴鷗亭	李宗榮, 李宗郁, 文弘運, 黃汝幹, 鄭烈, 文汝由, 成龍一, 全士由, 成簿 兄弟, 洞人八九 等	李大約 不參
	9월 15일				不設會
1604년 (갑진)	3월 15일	李大約	六樹亭	成汝信, 李宗榮, 韓愚, 李胤緒, 全雨 等	
	9월 15일	李宗榮	芝峯의 집 (水回精舍)	成汝信, 成簿, 成鎮, 盧僩, 妻兄 2명, 李宗郁, 成應男, 韓弘慶, 李洛傳 等	李大約 不參
1605년 (을사)	3월 15일	成汝信	伴鷗亭		不設會
	9월 15일	成汝信	伴鷗亭	李宗榮, 李大約, 鄭蘊 等	
1606년 (병오)	3월 15일	李大約	六樹亭	成汝信, 李宗榮, 全雨, 李克培, 李益壽, 李得培, 姜德龍, 曹以天, 姜慶昇, 金瑛, 曹信天, 洪渉, 成以忱, 曹鳴世, 姜胤生	

위의 도표에 드러나 있듯이, 계서회는 성여신·이종영·이대약을 중심으로 회합이 진행되었지만, 이종영의 장인 노척盧僩과 그의 두 아들이 참여했고 주변의 마을 사람들도 함께했다. 또한 세 사람과 가까운 관계에 있는 동문이나 지인들도 다수 참여하여 개방된 모임의 성격을 가졌다. 주축이 되는 세 사람 가운데 성여신과 이종영은 5회의

모임에 모두 참석했지만, 이대약은 3회만 참가하였다.

성여신과 이종영이 기록한 「계서록」 두 편을 함께 참조하면서 회합이 진행된 일자에 따라 차례대로 모임의 내용을 살펴보기로 한다.

1) 1603년(계묘) 3월 15일 모임

계서회의 첫 회합은 진주의 반구정伴鷗亭(浮査亭精舍)에서 열렸다. 이대약은 일이 생겨 참석하지 못했고, 이종영은 재종제인 화헌和軒 이종욱李宗郁을 데리고 함께 왔다. 이종영은 송강松岡에서 배를 타려 했는데 사공이 없어 이종욱이 대신 노를 저었다. 마을 사람들이 이 모임을 축하하고 멀리서 온 손님들을 위로하기 위해 노소가 함께 모였다. 강흡姜洽은 피리 부는 종을 보내 주고 정렬鄭烈은 직접 거문고를 안고 찾아와 흥취를 도왔다.

성여신은 모임에 참여한 사람들을 "술을 마시며 시를 읊는 이 모두 훌륭한 선비, 거문고 타며 노래하는 이들 다 재덕 갖춘 인물"이라고 칭송했지만, 이대약이 참석하지 못했으므로, "자주자주 허연 머리를 들어 운수雲樹의 팔계八溪 물가를 바라보네"라고 하며 빈자리를 못내 아쉬워했다. 모임의 전체적인 풍경과 운치는 "흐르는 물은 거문고 곡조 전하고, 흩날리는 꽃잎은 술잔에 떨어지네. 봄바람 부는 날 석양 아래에서, 마주하여 회포 풀기에 좋구나"라고 시로 그려냈다.

17일에 모임이 파하여 성여신이 이종영과 이종욱을 전송하기 하기 위해 탄두灘頭까지 함께 걸어갔다. 이종영은 이때의 심정을 이렇게 기록했다. "이별의 그리움이 무궁하여 속을 태우며 강물을 건넜고, 멍하니 길에 나섰는데, 멀리 모래제방 바라보니 나의 벗이 방황하고 있었다. 부질없이 「산두별지부山頭別知賦」를 읊었으니, 마지막 구절에 '성곽에 기대어 눈물을 가리노라, 하늘의 해는 다 졌건만 아직도 그 자리'라고 토로했다."

원래대로라면 두 번째의 모임이 되었을 1603년 9월의 회합은 세 사람 모두 사정이 있어 열리지 못했다. 이종영은 어깨에 큰 종기가 생겨 침으로 터뜨려 치료를 했지만, 통증이 가시지 않아 부득이 참석할 수 없었다. 그리하여 잉어 두 마리를 보내며 편지와 함께 시 두 편도 부쳤다. 성여신은 화답하는 시에서 "잠깐 사이 이별한 지 몇 달이 지났건만, 누가 만나고 헤어지게 만들어 우리 삶을 흔들어 놓나? 지금 시냇가에서 홀로 술을 마시니, 그대들과 갓끈을 씻지 못해 한스럽네"라고 심경을 드러냈다. 그리고 다른 시에서는 모임이 개최되지 못한 일을 '호사다마好事多魔'라고 표현했다.

2) 1604년(갑진) 3월 15일 모임

두 번째 모임은 합천 황강黃江가의 육수정六樹亭에서 열렸다. 14일에 성여신은 의령 만지산 아래의 이종영 집을 찾아가 동행하려 했는데, 그는 벌써 팔계로 떠난 상태였다. 하는 수 없이 이종영이 새로 지은 초정草亭에서 하룻밤을 묵었다. 정자 앞에 배꽃이 활짝 피었고 달이 대낮처럼 밝았지만 홀로 무료하게 밤을 보내고 날이 밝기 전에 출발했다. 대은현大隱峴을 넘어 서암西巖과 백암白巖 두 마을을 지나 다시 병현岦峴을 넘었다. 초계읍草溪邑의 구舊 교동校洞을 경유해서 북쪽으로 작은

재를 넘어 동쪽으로 길을 가자, 마침내 황강이 마을을 감싸고 흘러가는 모습이 보였다.

성여신은 멀리서 이 풍경을 바라보며 남명 조식의 벗인 황강黃江 이희안李希顔(1504~1559)의 구거舊居가 그 강가에 있다는 것과 아울러 이대약 및 그의 형 설학雪壑 이대기李大期(1551~1628)가 외손으로서 가학을 계승하고 있다는 사실을 상기했다. 이대기도 어릴 적부터 마음이 통하고 뜻이 맞는 친구였으며, 1581년 육수정에서 같이 공부하여 합천에서 실시한 향시에 함께 응시한 일이 있었다.

성여신이 육수정에 도착하자, 주최자인 이대약을 비롯해 이종영·한우韓愚(字 景顏)·이윤서李胤緒 등이 먼저 와서 맞이했다. 한우는 성여신과 함께 공부한 동학인데, 왜란으로 인해 10여 년 만에 처음 상봉하였다. 당시 선전관의 직책을 맡고 있던 이윤서(1574~1624)[8]는 개석정介石亭 이천수李天受의 아들이다. 성여신은 이천수와 친분이 있어 개석정에서 여러 차례 노닌 적이 있었다고 회고했다.

이대기가 영덕현령에서 체임되어 온 지가 오래되었으므로, 성여신은 이번 모임에서 그를 만나 회포를 풀 수 있으리라 기대했다. 하지만 번잡한 일로 인해 이대기가 성주로 가 버렸으므로, 매우 섭섭한 마음이었다고 한다. 이종영 역시 이대기와 어릴 적부터 친분이 있었는데, 1594년 대암大庵 박성朴惺(1549~1606)과 함께 선산善山의 군막을 찾아가

---

8) 이윤서는 1594년 무과에 급제하여 구성부사·좌영장 등을 역임했다. 이괄의 난이 일어났을 때 別將 李舜懋와 함께 都元帥 張晩에게로 탈출했다가 난이 점점 확대되자, 반역자를 처단하지 못한 일을 자책하고 자결했다. 난리가 진압된 후 振武原從功臣 1등에 추록되고 형조판서 겸 지의금부사에 추증되었다. 그 뒤 다시 우찬성 겸 판의금부사에 추증되어 정문이 세워졌다. 玉溪의 忠賢祠에 제향되었다. 시호는 壯毅이다.

경상도 의병장 김면金沔(1541~1593)을 문병할 적에 이대기와 며칠 유숙한 이후로 10여 년 동안 만나지 못해 못내 아쉬웠다고 술회했다. 게다가 이대약이 사위의 부고를 들은 상황이었으므로, 모임의 분위기는 술과 안주가 차려져 있으나 기쁨을 마음껏 펼 수 있는 처지가 아니었다. 해질 무렵 수족당睡足堂 전우全雨(1548~1616)가 찾아와 함께 이야기를 나누었으며, 다음 날 성여신은 신반新反을 거쳐 집으로 돌아왔다.

3) 1604년(갑진) 9월 15일 모임

세 번째 모임은 의령의 이종영 집에서 열렸다. 13일에 이대약은 이종영에게 편지를 보내 어사御史가 합천군에 행차하는데 만나야 할 일이 있어 모임에 참석할 수 없게 되었다는 형편을 알렸다. 성여신은 비가 계속해서 내려 16일 아침 날씨가 갠 후에야 출발할 수 있었다. 말을 모는 종인 어해漁亥가 발병이 나서 첫째 아들 매죽헌梅竹軒 성박成鑮(1571~1618, 초명 繼業)과 넷째 아들 천재川齋 성순成錞(1590~1659, 초명 乃業)을 데리고 의령으로 향했다.

성여신과 두 아들은 남령藍嶺에 이르러 잠시 쉬었는데, 성박이 도중에 지은 시를 아뢰고 싶다고 말씀드렸다. 성여신이 '시란 뜻을 말하는 것'(詩言志)일 뿐이라며 읊어 보라고 했다.

가을바람에 나뭇잎 지는 의령 길	秋風落葉宜春路
형제 두 사람 앞뒤로 함께 가네.	兄弟二人幷後先
문장은 천하에 이름나지 않았지만,	文章縱未名天下
자첨子瞻, 자유子由가 노천老泉을 배종한 일에 견주노라.	竊擬瞻由陪老泉

이 시를 들은 성여신은 빙그레 웃으며 "어찌 문장을 말하느냐. 너희 형제가 소식蘇軾·소철蘇轍과 동격으로 말할 수 있겠느냐. 늙은 나도 노천老泉에 비한다면 하늘과 땅의 차이가 날 뿐만이 아닌데, 어찌 감히 견준다고 말할 수 있겠느냐. 다만 두 아들이 아버지를 따라 가는 일을 형용한 것이겠지. 하지만 선비가 옛사람을 벗할 적에 뜻하는 곳이 반드시 있으니, 사마상여司馬相如는 인상여藺相如를 사모했고 도잠陶潛은 제갈량諸葛亮을 사모했다. 내가 원하는 바는 공자孔子를 배운 맹자孟子이니, 어찌 나를 속였겠느냐. 나는 삼소三蘇에게 배우기를 원하지 않는다"라고 말했다. 그런 후 곧바로 차운하여 다음의 시를 읊었다.

절룩이는 나귀 등에 시주머니 걸치고서,	詩囊斜掛蹇驢背
계업은 뒤따르고 내업은 앞장서네.	繼業隨行乃業先
집에는 다른 세 아들이 지키고 있으니,	室中又有三男守
나는 도연명陶淵明이지 노천老泉이 아니라네.	我是淵明非老泉

이 시에서 자신을 도연명이라고 일컬은 까닭은 양쪽 귀밑머리는 백발이 되었고 피부는 윤택하지 못한 모습이 도연명과 똑같고, 아들들이 모두 종이와 붓을 좋아하지 않고 오로지 배와 밤만 찾는 꼴이 도연명의 아들 아선阿宣과 매한가지이기 때문이라고 설명을 덧붙였다. 도연명이 다섯 아들을 두었던 것처럼 자신도 다섯 명의 아들을 두었기 때문인지, 성여신은 자신의 부자 모습을 도연명과 그의 아들들에 견주어 표현하곤 했다.

그는 다섯째 아들 성황成鎤(1595~1665)이 마음을 새롭게 하여 공부에 힘쓰기를 각오하자 「성성재잠惺惺齋箴」을 지어 주면서 면려했는데, 그 서두에 "나의 다섯째 아들 성황은 기상과 국량이 있어 원대한 일을 이룰 그릇인 듯하다. 그런데 뜻과 기질이 혼미하고 나태하여 태평스레 게으르다. '썩은 나무는 조각할 수 없다'라는 것은 재여宰予에게 배운 것이며, '게으름은 어느 누구도 비할 수 없네'라는 것은 도잠陶潛의 아들을 본받은 것이다. 내가 그런 점을 근심했었다"9)라고 서술했다.

이들 부자는 이전에 이종욱과 함께 가자는 기약이 있었으므로, 약속 장소인 새로 짓는 의령향교를 찾아갔다. 하지만 그는 벌써 떠나고 없었으며 날은 이미 저물었으므로, 그날은 찰방察訪 강여문姜汝文의 집을 찾아가 하룻밤 묵었다. 다음 날 17일에 전태田太와 어화於火 마을을 지나 매우 험난한 자근당煮斤堂 고개를 넘어 마침내 지봉芝峯 앞에 도착했다.

이날의 모임에는 이종영의 장인 노척과 그의 두 아들, 이종욱·성응남成應男·한홍경韓弘慶·이낙전李洛傳 등이 함께했다. 주인이 거창하게 술과 안주를 마련했는데, 특히 탱자 껍질을 잘라 맑은 꿀에 절여서 내어 온 음식은 모양은 동정호洞庭湖의 감귤처럼 생겼지만 실제로는 산중의 안주였다는 사실을 특기해 놓았다. 함께 단란하게 술을 마시고 시를 창수하며 하루를 보낸 후, 해가 지고 달이 떠오르자 이웃의 피리 부는 사람을 불러 오게 하고 노래하는 사람은 누각에

---

9) 成汝信, 「惺惺齋箴」, 『浮查集』, 권4, "翁之第五男曰鎤, 有氣像有局量, 似是遠大之器. 而志氣昏惰, 居然而倦. 朽木不可雕, 學宰予, 懶惰古無匹, 效陶兒. 余嘗患之矣."

기대어 노래를 불렀다.

성여신은 도도한 흥취에 젖어 "물외物外엔 근심하는 얼굴이 적으며, 세간世間엔 괴로운 마음이 많다네. 만난 곳에서 한껏 마실지니, 지금 즐기지 않으면 다시 언제리오?"라고 시를 읊으며 벗들과 만난 기쁨을 마음껏 누리고자 했다.

1605년 3월 모임은 이종영에게는 처모상妻母喪이 있었고 이대약은 고모상姑母喪이 있어 모임을 개최하지 못했다. 다만 성여신은 고을의 벗인 창주 하증·하자일河子一(이름미상)·하자근河子謹(이름미상) 3형제 및 모송재慕松齋 하인상河仁尙(1571~1635)과 동네 사람 구계龜溪 정인상鄭麟祥(1544~?) 등이 찾아와 담소를 나누었고, 인하여 집안의 자제들도 합류하여 용담龍潭에서 뱃놀이를 즐겼다.

성여신은 용담의 아름다움에 대해 "상하가 하늘빛으로 만경의 물결이 온통 푸르고, 모래톱의 물새는 날아올랐다가 다시 모이고 비단 물고기가 헤엄치는 모습은 악양루岳陽樓의 대단한 구경거리와 같았다. 저녁노을이 외로운 따오기와 나란히 날고 가을 강물이 긴 하늘과 한 빛인 모습은 등왕각滕王閣의 빼어난 경치와 같았다. 황금빛으로 출렁이는 물이 밝은 달을 목욕시키고, 벽옥 같은 한 조각의 하늘이 맑은 가을을 머금은 모습은 「장회요長淮謠」한 곡조의 맑은 경치와 같았다. 용담 한 구역이 이 세 곳의 경치를 겸하여 가지고 있으니, 즐겁지 아니한가?"라고 찬탄했다. 그리고 이렇게 아름다운 곳에서 뱃놀이를 즐기고 있는 자신이 바로 적벽赤壁의 소선蘇仙이 아니겠냐고 흡족한 흥취를 드러내었다.

4) 1605년(을사) 9월 15일 모임

본래 계서회는 별도로 부르거나 편지를 보내는 일이 없도록 하자고 약속이 되어 있었다. 하지만 지난 3월의 회합이 이루어지지 않자, 성여신은 가을 초에 미리 두 사람에게 편지를 보내 지난 번 이행하지 못한 약속을 실천하자고 권했다. 그런데 이번에도 약간의 문제가 발생했다. 이대약은 열흘 전에 삼촌의 대상大祥 때문에 진주의 단지丹池(현 대곡면 단목리)에 와 있었으므로, 15일까지 기다리기에는 너무 오랜 시일이었다. 그리고 정온이 이 모임에 대한 이야기를 듣고 참여하기를 원했는데, 마침 15일이 과장科場에 들어가는 날이었다. 11일로 일정을 당기자는 의견이 있었지만, 그때는 또 이종영에게 일이 있었다. 성여신은 애를 태우며 날짜를 기다렸는데, 11일이 되자 이대약이 부사정으로 미리 와서 기다리고 있었다. 다음으로 이종영이 도착하고 그 뒤로 정온이 찾아왔다. 그리하여 이번 모임은 정온까지 포함하여 네 사람이 모이게 되었다.

여러 사람들이 지난봄처럼 용담의 뱃놀이를 하고 싶어 했으므로, 성여신은 "소선蘇仙의 적벽赤壁 유람이 7월과 10월이었지만 번거롭다고 꺼리지 않았습니다. 우리의 용담 뱃놀이는 봄의 꽃구경과 가을의 달구경이니, 어찌 안 될 것이 있겠습니까?"라고 답하고서 사공에게 배를 장식해 놓고 기다리게 했다. 달이 떠오르자 나란히 함께 걸어갔는데, 거문고 타는 사람, 북치는 사람, 피리 부는 사람, 노래하는 사람 등은 한 무리를 지어 앞서 가도록 했다. 배를 타고 노를 놓아둔 채 배가 멈추는 소리를 들으면 쉬었는데, 푸른 절벽에 단풍이 붉고 맑은 물결은 달빛을 싣고 일렁거렸다. 정온이 배에 기대어 감탄하면서 "흥취가 미칠 듯이 솟구치니, 속세를 떠나고 싶습니다. 평생의 장대한 구경 중에 오늘밤이 최고입니다"라고 말할 정도로 용담의 뱃놀이는 대단했다고 한다. 술잔을 들어 서로 권하기도 하고, 소매를 이끌고서 천천히 춤을 추기도 하며, 느린 노래로 서로 화답하며 물길을 따라 내려갔다가 다시 거슬러 올라오는 사이에 날이 샜다.

13일에 성여신이 벗들을 더 머물게 하려 했지만, 이종영은 14일의 제사로 인해 가야 했고, 정온은 15일 과장에 들어가야 했으며, 이대약은 집을 떠나온 지가 오래되었기에 지체할 수 없었다. 성여신은 만류하고 싶어도 그럴 수 없다는 사실 때문에 매우 서운하여 "어제의 좋던 마음이 오늘은 도리어 좋지 못한 마음이 되었다"라고 표현했다. 나루에서 술을 따라 전하고 시를 창수하면서 송별하였다.

5) 1606년(병오) 3월 15일 모임

1606년 3월의 회합은 「계서록」에 기록되어 있는 마지막 모임이었다. 주최자가 이대약이었으므로, 장소는 합천의 육수정이었다. 성여신은 14일 부사정에서 출발하여 남령藍嶺을 넘어 집천執川의 시냇가에 이르러 한가롭게 노닐고 있는 강수한姜壽瀚·장익기張益箕·김우해金宇海 등을 만나 잠시 담소를 나누었다. 장익기는 호서湖西로 피난을 갔다가 그해에 비로소 돌아왔다고 하며, 김우해는 호서湖西 영동永同 사람인데 허온許溫의 사위가 되어 옮겨와 산다고 했다.

이야기를 나누는 도중에 조사위曺士偉가 걸어 와서 성여신의 손아래

처남인 퇴휴헌退休軒 박서휘朴瑞輝(1560~1633)의 집에 매촌梅村 강덕룡姜德龍(1560~1627)이 와 있는데 오기를 고대하고 있다고 전해 주었다. 강덕룡은 성여신과 동서지간이며, 이대기의 손아래 처남이었다. 이번 모임에 함께 가기로 약속이 되어 있었으므로, 박서휘의 집에서 기다리고 있었다. 그 말을 듣고 곧장 가례嘉禮로 달려갔으며, 점심을 먹은 후 강덕룡과 동행하여 조대운趙大運의 옛집을 지나 동쪽으로 가라현加羅峴을 넘어 찰방察訪 강여문姜汝文의 집에서 유숙했다.

이튿날 날이 밝아오자 걸음을 재촉하여 의령宜寧 세간世干의 농수籠叟 이산립李山立(1552~1626) 집에 도착했다. 이산립의 모친이 성여신의 종숙모이므로, 그들은 재종형제가 된다. 들어가서 인사를 올리고 아침을 먹은 뒤에 출발하여 고법령高法嶺 아래에서 쉬었다가 걸어서 고개를 넘었다. 초계草溪의 창랑정滄浪亭을 지나 황강을 건너 육수정에 도착하니, 이종영이 먼저 와 있었다. 이때 정온이 정거停擧를 당하는 일이 생겨 사우士友들이 향천서원香川書院에 모여 신원할 일을 모의했으므로, 회합에 참석하지 못한 이들이 많았다고 한다.

정온이 정거를 당한 일은 그의 문집에는 보이지 않으며, 다만 정경운鄭慶雲(1556~?)의 『고대일록孤臺日錄』 정월正月 5일조日條에 "성균관의 유생들이 정휘원鄭輝遠(정온의 字)을 무함誣陷하여 사림士林에서 삭적削迹하고 영영 정거停擧시켰다는 소문을 들었다. 이는 분명히 아무개가 부추긴 일일 것이다. 이보다 앞서 우도右道의 선비들이 함양咸陽에 모여 아무개를 삭적한 일이 있었으므로, 분한 마음을 품고서 같은 무리의 사람들을 사주하여 선현先賢을 모함하고 공격하는 일에 힘을 다했으니, 이러한 도깨비 같은 무리가 선생을 공격한 것이다"[10)라고 한 기록이 보인다.

　성여신은 육수정으로 오는 도중에 이대기가 고부현감古阜縣監에 제수된 소식을 들어 이대약에게 물었으나 그는 오히려 모르고 있었다. 성여신은 지난 1604년 3월 모임에서도 이대기를 만날 수 없었는데 이번 모임에서도 볼 수 없었으므로, "어찌 호사가好事家가 장난하는 것이 아니겠는가. 그 교묘하게 어긋나는 것이 어찌 이와 같은가"라고 탄식하며 안타까워했다.

　저녁에 전우가 찾아와 함께 담소를 나누었다. 또한 성이침成以忱이 찾아와 만났는데, 그는 성여신과 일가가 되고 이대기의 사위였다. 다음 날 16일에는 팔계八溪 고을의 사우士友들이 와서 모였으므로, 술에 취해 노래하며 온종일 즐거운 시간을 보냈다. 그런 후 각자 「동취록同醉錄」한 부를 베껴서 집으로 돌아갔는데, 그 기록이 조이천曹以天(1560~1638)의 『봉곡일고鳳谷逸稿』, 강경승姜慶昇(1577~1633)의 『자암정집현록紫巖亭集賢錄』, 이종영의 『지봉유고』 등에 보인다.

　『자암정집현록』에 수록된 「동취록」의 내용을 소개하자면 다음과 같다.

◇ 강경승姜慶昇, 자字 선추善追, 호號 자암옹紫巖翁, 증군자감정贈軍資監正

◇ 성여신成汝信, 자字 공실公實, 생진구중生進俱中, 호號 부사浮査, 사정강서원祠鼎岡書院

◇ 이종영李宗榮, 자字 희인希仁, 생원生員, 원종공신原從功臣, 호號 지봉芝峰, 효정孝旌

---

10) 鄭慶雲, 『孤臺日錄』, 권4, "五日甲戌, 聞館儒輩, 誣陷鄭輝遠, 削迹于士林, 永永停擧云. 此必某之所嗾也. 先是, 右道士子, 共會于咸陽, 削迹, 含憤指囑同類之人, 以謀陷先賢, 攻之無遺力, 此怪鬼輩攻擊先生之地也."

◇ 전우全雨, 자字 시화時化, 별좌찰방別坐察訪, 호號 수족당睡足堂

◇ 강덕룡姜德龍, 자字 여중汝中, 원종공신原從功臣, 현감縣監

◇ 이대약李大約, 자字 선수善守, 진사進士

◇ 이극배李克培, 자字 양원養元

◇ 이익수李益壽, 자字 국로國老

◇ 이득배李得培, 자字 시재時哉

◇ 조이천曺以天, 자字 순초順初

◇ 김영金瑛, 자字 헌가獻可

◇ 조신천曺信天, 자字 수초守初, 호號 정곡靜谷, 사덕봉서원祠德峰書院

◇ 홍섭洪涉, 자字 이보利甫

◇ 조명세曺鳴世, 자字 ○○

◇ 성이침成以忱, 자字 백부伯孚, 증지평贈持平

◇ 강윤생姜胤生11), 이가동재하以歌童在下

4. 맺음말

이상으로 「계서록」을 통해 성여신・이종영・이대약 등을 중심으로
진행된 계서회에 관해 살펴보았다. 계서회의 회합을 단순히 유흥을
위한 모임으로만 치부할 수 없는 까닭은 성여신의 「계서약록서」에
"오로지 하나의 '신信'자를 지켜 별도로 부르거나 편지를 보내는 등의
일이 없도록 한다"라고 한 말에서 그 단서를 찾을 수 있다. 범식과
장소가 서로의 우정을 신의에 의해 지켰듯이, 그들은 이 모임을 통해

---

11) 강경승의 『자암정집현록』에는 '姜徹生'으로 되어 있으나, 조이천의 『봉곡일고』
와 이종영의 『지봉유고』에는 '姜胤生'으로 기록되어 있다. 그러므로 '강윤생'으
로 수정했다.

우정을 돈독하게 유지하고 신의를 다져나가길 원했다.

성여신은 18세에 구암龜巖 이정李楨(1512~1571)을 찾아가 배웠고 23세 때에는 남명 조식에게 나아가 학문을 익혔다. 그는 만년에 두 선생에게 배운 내용을 회고하면서 "구암 이정 선생을 뵈니 선생께서 효제충신孝悌忠信을 가르치시고는 반드시 마음으로 찾게 하고 마음은 배움을 통해 익히도록 하셨다. 그러다가 남명 조식 선생을 배알하고 경의敬義 두 글자에 대해 배울 수 있었다"라고 그 핵심을 요약했다. 그리고 두 가지의 배움이 서로 다른 것이 아니라, "효제충신은 경의가 아니면 행해질 수 없고 경의는 효제충신이 아니면 설 수 없다"라고 깨달았다.[12]

성여신이 추구한 학문은 여기에서 핵심을 찾을 수 있다. 따라서 그가 계서회를 통해 얻고자 한 의미는 자신의 진실함을 다하는 충忠과 그것을 벗과의 관계에 의해 실현하는 신信을 실천하는 일이었다. 이런 측면은 성여신이 벗과의 사귐에 대해 "붕우는 같은 부류의 사람이자 인륜의 하나이다. 공경함은 붕우의 도요, 신의는 공경함의 실체이다. 안자晏子를 두고 남들과 잘 사귀었다고 하는 까닭은 오래 사귀어도 공경할 수 있었기 때문이다. 천자로부터 서인에 이르기까지 벗을 필요로 하지 않고 성공한 사람은 없었다. 공자는 '붕우로부터 믿음을 얻지 못하면 어버이로부터 인정을 받지 못한다. 붕우로부터 믿음을 얻는 것에는 방법이 있으니, 어버이에게 순종하지 못하면 붕우로부터 믿음

---

12) 成汝信, 「枕上斷編」, 『浮査集』, 권6, "余初拜龜巖李先生, 先生敎之以孝悌忠信, 而必使求之心, 心講之於學. 及拜南冥曺先生, 而得聞敬義二字. 其時年少, 未知兩先生敎之之意, 今已老矣, 時或靜夜思之, 則兩先生敎之之意, 雖有名命之異, 而其實則二而一者也, 孝悌忠信, 非敬義則不行, 敬義, 非孝悌忠信則不立, 而不越乎日用行事間盡吾心之所當然者而已, 豈可以博洽聽聞爲哉, 兩先生敎人之意, 至矣盡矣."

을 얻지 못한다'라고 하셨다. 그러므로 오상五常 가운데 붕우지도朋友之
道가 아주 긴요하니, 오상五常이 이것으로 말미암아 밝혀지고 도움을
얻는다"13)라고 강조한 말에서도 확인된다.

　성여신에게 있어 계서회는 벗과의 사귐을 통해 효제충신과 경의를
실현하는 하나의 구체적 방법이었다. 그렇기에 그는 계서회에 참여하
는 여러 벗들에게 "마음은 단풍 같이 붉고 뜻은 국화처럼 향기롭네.
평생 계서회의 즐거움은 송백松栢과 같이 눈 속에서도 꿋꿋하리"14)라
는 굳건한 신의를 시에 담아 보여 주었다.

---

13) 成汝信, 「枕上斷編」, 『浮査集』, 권6, "朋友, 同類之人, 人倫之一. 敬者友之道, 信者敬之
　　實. 晏子之善與人交云者, 以其久而能敬也. 自天子以至於庶人, 未有不須友以成者. 孔子
　　曰, 不信乎朋友, 不獲乎親矣. 信乎朋友有道, 不順乎親, 不信乎朋友矣. 然則五常之中, 朋
　　友之道, 甚爲緊要, 五常由是而講明資益, 則朋友之於, 人大矣."
14) 成汝信, 「鷄黍會吟贈諸君」, 『浮査集』, 권1, "楓葉心同赤, 黃花志共香. 百年鷄黍樂, 松栢
　　雪中剛."

제10장 『진양지』의 내용적 특징과 그 의미

강 문 식

1. 머리말

『진양지晉陽誌』는 성여신成汝信(1546~1632)이 주도하여 편찬한 경상도 진주목晉州牧의 읍지邑誌이다. 『진양지』의 편찬에는 성여신 외에도 17세기 전반 진주지역의 재지사족이었던 하증河憕(1563~1624), 박민朴敏(1566~1630), 조겸趙珠(1569~1652), 정승훈鄭承勳(1552~?), 하협河悏(1583~1625) 등이 공동으로 참여했으며, 편찬 작업은 1622년(광해군 14)부터 1632년(인조 10)까지 10년에 걸쳐 진행되었다. 『진양지』의 편찬자 중 성여신은 『덕천사우연원록德川師友淵源錄』 권3의 「문인門人」조에 수록되어 있고, 하증·박민·조겸·하협 등은 『덕천사우연원록』 권5 「사숙私淑」조에 이름이 올라 있으며, 정승훈은 『덕천원생록德川院生錄』에 이름이 보인다. 즉, 『진양지』의 편찬자들은 모두 남명학파南冥學派에 속한 인물들이었다.[1]

---

1) 오이환, 「『晉陽誌』의 출판」, 『동방학지』 155(2011), 78~81쪽.

『진양지』의 편찬자들 중 성여신은 1622년 편찬 개시 당시에 77세로서 가장 연장자였으므로 편찬에 있어 장로 역할을 수행했던 것으로 보인다. 또, 성여신과 함께 편찬자의 대표 격이었던 하증이 읍지 편찬을 시작한 지 2년 만에 사망했기 때문에, 결국『진양지』편찬은 성여신에 의해 마무리 지어졌다.[2]『진양지』는 편찬 이후 필사본으로만 전해져 오다가, 1920년대에 이르러 편찬자들의 후손들이 당시까지 전해오던 필사본들을 취합하여 대조·교정 작업을 거친 후 1922년에 4권 3책으로 간행하였다.[3]

『진양지』에 대해서는 기존에 몇 편의 연구들이 제출된 바 있다. 먼저, 양보경은 16~17세기에 지방에서 편찬된 사찬私撰 읍지들을 분석 정리한 논문에서『진양지』가『함주지咸州誌』·『영가지永嘉誌』와 같은 맥락에서 작성된 읍지라는 점을 밝히고, 임란으로 파괴된 향촌 질서를 재지사족층이 중심이 되어 회복함으로써 향촌사회에 대한 지배력을 계속 확보해 나가는 것과, 재지사족들의 위세를 현양하는 것이『진양지』편찬의 중요한 목적이었다고 평가하였다.[4]

최윤진은 16~17세기에 경상도 지역에서 편찬된 사찬 읍지인『함주지』·『진양지』·『운창지雲窓誌』를 비교·검토하여 각 읍지의 체재와 특징을 고찰하였다. 이 논문에서 최윤진은『진양지』의 각리各里·호구전결戶口田結·사환仕宦·인물人物·총묘冢墓 등에 대한 분석을 통해『진양지』

---

2) 오이환, 「『晉陽誌』의 출판」, 『동방학지』 155(2011), 81·84~85쪽.

3) 1922년의『진양지』(原誌) 간행에 관한 자세한 내용은 오이환, 「『晉陽誌』의 출판」, 『동방학지』 155(2011), 84~86쪽을 참조.

4) 양보경, 「조선시대 邑誌의 성격과 지리적 인식에 대한 연구」(서울대학교 박사학위논문, 1987).

316 부사 성여신

가 『함주지』의 체재를 그대로 수용하여 편찬되었으며, 내용적인 면에서는 『함주지』보다도 훨씬 자세하게 기술되었다는 점을 밝혔다.[5]

박주 역시 재지사족 중심의 향촌 질서 회복을 『진양지』 편찬의 가장 중요한 목적으로 보았다. 그는 『진양지』에 수록되어 있는 효자·열녀에 관한 내용들을 분석·정리한 다음, 『진양지』에 효자·열녀 관련 기사들이 많이, 그리고 상세하게 수록된 것은 효孝·열烈의 유교윤리 보급을 통해 향촌 질서를 회복하고자 하는 의도가 반영된 것이라고 해석하였다.[6]

오이환은 17세기에 『진양지』가 편찬된 이후 필사본으로만 전해지다가 20세기 초에 이르러 간행된 과정, 그리고 17세기까지의 정보만 수록되어 있는 『진양지』 원지原誌의 내용을 보완하기 위한 작업의 결과로 『진양속지晉陽續誌』가 발간된 경위 등을 정리하고, 이 과정에서 나타난 지역 내 유림 간의 분쟁과 그 원인을 규명하였다.[7]

이상의 선행 연구들을 통해 『진양지』의 내용과 성격은 어느 정도 밝혀졌다고 할 수 있다. 하지만 기존 연구들을 검토해 보면 의외로 『진양지』의 전체적인 체재와 내용을 세밀하게 분석·정리한 경우는 보이지 않는다. 또, 『진양지』의 체재적 전범으로 『함주지』가 참고되었다는 점은 많이 강조되고 있지만, 내용적인 면에서 중요한 참고 자료였던 『신증동국여지승람新增東國輿地勝覽』과의 관계에 대한 검토는 이루어지지 않았다고 판단된다.

---

5) 최윤진, 「16, 17세기에 편찬된 慶尙道의 私撰 邑誌」, 『전북사학』 17(1994).
6) 박주, 「17세기 晉州지역의 孝子, 烈女 - 『晉陽誌』를 중심으로」, 『인문과학연구』 1(1998).
7) 오이환, 「『晉陽誌』의 출판」, 『동방학지』 155(2011).

이에 본고는 1차적으로『진양지』의 체재와 내용을 분석·정리함으로써『진양지』안에 어떤 내용이 수록되어 있는지를 구체적으로 밝히는 데 초점을 맞추고자 한다. 또,『신증동국여지승람』과의 항목 및 내용 비교를 통해, 새롭게 추가되거나 보완된 내용은 어떤 것이며 그것이 갖는 의미는 무엇인지를 생각해 보고자 한다. 본고에서는 1922년 간행된『진양지』를 기본 자료로 삼았으며, 서울대학교 규장각한국학연구원(이하 '규장각'으로 약칭)에 소장된 필사본『진양지』(古4790-17-v.1-2)를 참고 자료로 이용하였다.[8]

2.『진양지』의 항목 구성과 특징

『진양지』는 총 4권으로 편집되어 있는데, 각 권의 항목 구성을 정리해 보면 <표 1>과 같다.

---

[8] 1922년 간행본『진양지』는 당시까지 전해지던 7종의 필사본『진양지』를 종합 검토하여 편찬한 것이므로 각각의 필사본에서 누락되거나 오류인 내용들이 수정·보완되었을 것으로 판단되어 이를 기본 자료로 사용하고, 규장각 소장 필사본을 참고 자료로 사용하였다.
현재 규장각에는 4권 2책의 필사본『진양지』(古4790-17-v.1-2)와 2권 1책의 필사본『진양지』(想白古915.15-J564y) 등 2종이 소장되어 있다. 이 중 <古4790-17-v.1-2>본은 간행본『진양지』와 대조해 본 결과 항목 구성이나 내용이 거의 일치하며, 또 앞표지 안쪽에 성여신의 약력과『진양지』편찬 과정이 간략히 기록되어 있다. 이를 볼 때 <古4790-17-v.1-2>본은 성여신의『진양지』를 후사한 책으로 판단된다. 또, <상백본>은 <古4790-17-v.1-2>본의 제1책 내용만 수록되어 있는 것을 볼 때, 역시 성여신『진양지』의 후사본으로 보이며, 앞에 8종의 채색지도가 수록된 것이 특징이다. 한편, 오이환의 논문에서는 규장각소장본『진양지』는 성여신의 저술에서 영향을 받았지만 같은 책은 아니라고 하였다.(오이환,「『晉陽誌』의 출판」,『동방학지』155, 2011, 79쪽) 하지만 위에서 본 것처럼 적어도 <古4790-17-v.1-2>본은 확실한 성여신『진양지』의 후사본으로 볼 수 있다.

<표 1> 『진양지』의 항목 구성

권	항목
1	京師相距, 四隣疆界, 建置沿革, 屬縣, 鎭管, 官員, 州名, 形勝, 風俗, 各里, 戶口田結, 山川, 林藪, 土産, 館宇, 城郭, 壇廟 [이상 17개 항목]
2	學校, 書院, 書齋, 亭臺, 驛院, 軍器, 關防, 烽燧, 堤堰, 灌漑, 橋梁, 佛宇 [이상 12개 항목]
3	任官(牧師·兵使), 名宦(新羅·高麗·本朝), 姓氏, 人物(高麗·本朝), 孝行(新羅·高麗·本朝), 烈女(高麗·本朝) [이상 6개 항목]
4	文科, 武科, 司馬, 南行, 流配, 冢墓, 古跡, 叢談 [이상 8개 항목]

이상과 같이 『진양지』는 총 43개 항목으로 구성되어 있다. 기존 연구에 따르면, 『진양지』의 항목 구성은 16세기 말에 정구鄭逑가 편찬한 『함주지咸州誌』의 항목 구성을 거의 그대로 적용했다고 한다.9) 이에 『진양지』가 『함주지』의 항목 구성을 어느 정도 따랐는지를 비교·정리해 보았는데, 그 결과는 <표 2>와 같다.

<표 2> 『진양지』와 『함주지』의 항목 비교

	晉陽誌	咸州誌	비고
권1	京師相距 四隣疆界 建置沿革 **屬縣** **鎭管** **官員** 州名 形勝 風俗 各里 戶口田結 山川 **林藪** 土産 館宇	京師相距 四隣疆界 建置沿革 ─ ─ ─ 郡名 形勝 風俗 各里 戶口田結 山川 ─ 土産 館宇	※ 『진양지』에만 있는 항목: 屬縣, 鎭管, 官員, 林藪

---

9) 이 점은 양보경, 최윤진, 오이환 등의 기존 연구에서 모두 공통적으로 지적하고 있다.

권차	『진양지』	『함주지』	비고
	城郭 壇廟	城郭 壇廟	
권2	學校 書院 **書齋** 亭臺 驛院 軍器 **關防** 烽燧 堤堰 灌漑 橋梁 佛宇	學校 書院 — 亭榭 驛院 軍器 — 烽燧 堤堰 灌漑 橋梁 佛宇	※『진양지』에만 있는 항목: 書齋, 關防
권3	任宦(牧師·兵使) 名臣(新羅·高麗·本朝) 姓氏 人物(高麗·本朝) 孝行(新羅·高麗·本朝) 烈女(高麗·本朝)	任宦(牧師·兵使) 名臣(新羅·高麗·本朝) 姓氏 人物, 寓居 善行, 見行 閨行, 旌表	※ 명칭 변동 善行·見行(함주지) → 孝行(진양지) 閨行·旌表(함주지) → 烈女(진양지)
권4	文科 武科 司馬 **南行** 流配 冢墓 古跡 叢談	文科 武科 司馬 — 流配 冢墓 古跡 叢談	※『진양지』에만 있는 항목: 南行
	—	**題詠, 冊版**	※『함주지』에만 있는 항목

※ 위 표의 항목 권차와 순서는 『진양지』를 기준으로 한 것이며, 따라서 『함주지』의 실제 권차와 순서는 위의 내용과 다르다. 규장각 소장 『함주지』(奎12249)의 경우 불분권 1책(95장)으로 되어 있으며, 항목의 순서는 위와 거의 동일하지만 후반부에서 일부 차이를 보인다.

<표 2>의 내용을 보면, 『함주지』에는 없고 『진양지』에만 있는 항목이 「속현屬縣」·「진관鎭管」·「관원官員」·「임수林藪」·「서재書齋」·「관방關防」·「남행南行」 등 7개이고 『진양지』에는 없고 『함주지』에만 있는 항목은 「제영題詠」·「책판冊版」 등 2개이다. 또, 『함주지』에서는 「인물人物」과 「우거寓居」가 분리되어 있는데 『진양지』에서는 이것이 「인물」로 통합되었으며, 『함주지』의 「선행善行」·「현행見行」·「규행閨行」·「정

表旌表」등은『진양지』에서「효행孝行」·「열녀烈女」등으로 명칭이 변경
되었다.10) 이상에서 볼 때,『진양지』의 항목은 기본적으로『함주지』를
전범으로 하면서 행정 운영 및 교육과 관련되는 항목이 부분적으로
추가된 것을 볼 수 있다. 추가된 항목의 내용을 볼 때『진양지』가
『함주지』보다 지방 행정 운영의 실용성이라는 측면이 좀 더 강화되었
다고 생각된다.

　　다음으로 조선 전기의 국가지리지인『신증동국여지승람新增東國興地
勝覽』(이하『승람』으로 약칭)과 항목 구성을 비교해 보고자 한다. 뒤에서
다시 언급하겠지만『진양지』는 내용적인 면에서『승람』으로부터 상당
한 영향을 받았으며, 동시에『승람』의 한계를 극복하는 독자적인 내용
도 수록하고 있다. 따라서 두 책의 항목 비교를 통해 어떤 부분에서
『승람』의 영향이 많이 나타나고, 또 어떤 부분에서『승람』의 한계를
극복하는 독자성이 나타나는지를 확인하는 것은 중요한 의미가 있다.
『진양지』와『승람』「진주목晋州牧」의 항목 구성을 비교·검토한 결과
를 정리하면 <표 3>과 같다.

<표 3>『진양지』와『신증동국여지승람』의 항목 비교

晉陽誌		勝覽 ─ 晋州牧	비고
	京師相距 四隣疆界 建置沿革 屬縣 鎭管	(京師相距) (四隣疆界) 建置沿革 屬縣 鎭管	※『진양지』에만 있는 항목: 各里, 戶口田結, 　林藪

---

10) 1922년 간행본『진양지』에는 항목 명칭이「효행」·「열녀」로 되어 있는 반면,
　　규장각 소장 필사본『진양지』(古4790-17-v.1-2)에는『함주지』와 동일하게 항목
　　명칭이「善行」·「見行」으로 되어 있다. 이를 통해 볼 때, 조선 후기에 전해지던
　　『진양지』필사본들은 항목 명칭에 다소 차이가 있었던 것으로 추정된다.

권	진양지	승람	비고
권1	官員 州名 形勝 風俗 **各里** **戶口田結** 山川 **林藪** 土産 館宇 城郭 壇廟	官員 郡名 形勝 風俗 — — 山川 — 土産 宮室, 樓亭 城郭 祀廟	※ '京師相距', '四隣疆界': 『승람』에서는 제목 없이 내용만 서술했으나, 『진양지』에서는 제목을 붙여 구분하였음 ※ 내용은 동일하나 명칭 변동 '郡名'(승람) → '州名'(진양지) '祀廟'(승람) → '壇廟'(진양지) ※ 『진양지』의 '館宇'는 『승람』의 '宮室'과 '樓亭'의 내용을 합하여 정리한 내용임
권2	學校 **書院** **書齋** **亭臺** 驛院 **軍器** 關防 烽燧 **堤堰** **灌漑** 橋梁 佛宇	學校 — — — 驛院 — 關防 烽燧 — — 橋梁 佛宇	※ 『진양지』에만 있는 항목: 書院, 書齋, 亭臺, 軍器, 堤堰, 灌漑
권3	**任官(牧師·兵使)** 名宦(新羅·高麗·本朝) 姓氏 人物(高麗·本朝) 孝行(新羅·高麗·本朝) 烈女(高麗·本朝)	— 名宦(新羅·高麗·本朝) 姓氏 人物(高麗·本朝), 寓居 孝子(新羅·高麗·本朝) 烈女(高麗·本朝)	※ 『진양지』에만 있는 항목: 任官 ※ 내용은 동일하나 명칭 변동 '孝子'(승람) → '孝行'(진양지) ※ 『승람』'寓居'의 내용은 『진양지』에서 '人物'에 포함되어 있음
권4	**文科** **武科** **司馬** **南行** **流配** 冢墓 古跡 **叢談**	— — — — — 冢墓 古跡 —	※ 『진양지』에만 있는 항목: 文科, 武科, 司馬, 南行, 流配, 叢談
		題詠	※ 『승람』에만 있는 항목
※ 위 표의 항목 권차와 순서는 『진양지』를 기준으로 한 것이며, 따라서 『신증동국여지승람』「진주목」의 항목 순서는 위의 내용과 다르다.			

<표 3>에 따르면, 『승람』「진주목」은 모두 30개 항목으로 구성되어 있어서, 『진양지』의 43개와 상당한 차이를 보인다. 『진양지』의

43개 항목 중에서『승람』에는 없고『진양지』에만 수록되어 있는 항목은「각리各里」・「호구전결戶口田結」・「임수林藪」・「서원書院」・「서재書齋」・「정대亭臺」・「군기軍器」・「제언堤堰」・「관개灌漑」・「임관任官」・「문과文科」・「무과武科」・「사마司馬」・「남행南行」・「유배流配」・「총담叢談」등 모두 16개이다. 반면,『진양지』에는 없고『승람』에만 있는 항목은「제영題詠」하나에 불과하다. 한편, 두 책에 공통적으로 등장하는 항목은 27개인데, 이 중에서『진양지』의「인물人物」항목은『승람』의「인물」과「우거寓居」의 내용이 통합된 것이다. 또,『승람』의「궁실宮室」과「누정樓亭」은『진양지』에서「관우館宇」항목으로 통합・정리되었다. 이 밖에『승람』의「군명郡名」・「사묘祠廟」・「효자孝子」등은『진양지』에서 명칭만 각각「주명州名」・「단묘壇廟」・「효행孝行」으로 변경되었다.

『승람』에는 없고『진양지』에만 있는 16개 항목 중에서「임수」・「서재」・「남행」을 제외한 13개 항목들은『함주지』에도 수록되어 있는 것들이다. 즉,『승람』에 없고『진양지』에만 있는 항목의 대부분은『함주지』를 전범으로 삼아 수용한 것들이다. 이는 성여신을 비롯한『진양지』의 편찬자들이『함주지』를 편찬한 정구와 동일한 문제의식을 가지고 있었음을 보여 주는 것이라고 할 수 있다.

『함주지』편찬 당시 함안咸安군수로 재직하고 있던 정구는 원활한 지방 행정 운영에 필요한 참고 자료로서『함주지』를 편찬하였다. 즉, 그는 기존의『승람』에서는 빠져 있던「각리」・「호구전결」・「제언」・「관개」・「군기」등 행정・재정・군정에 관한 항목들을 설정하고 관련 내용들을 정리했는데, 이는 '안민安民' 실현의 요체가 되는 내용이라고

할 수 있다. 또, 정구는 「임관」·「문과」·「무과」·「사마」·「유배」 등의
항목을 신설하였는데, 이는 지방의 풍속을 교화하고 명분을 바로잡는
'선속善俗'의 요체가 되는 내용들이라고 할 수 있다.[11]

성여신 등이 『진양지』를 편찬할 때 『함주지』를 전범으로 삼았던 것에
는 단순한 항목 구성의 수용에 그치는 것이 아니라 정구의 『함주지』
편찬 목적, 즉 효율적인 지방 행정 운영을 위한 참고 자료라는 현실적
목적성이 분명히 고려됐을 것으로 생각된다. 특히 『진양지』의 편찬이
임진왜란으로 지방 행정에 참고할 문적들이 대부분 소실된 상황에서
이루어졌던 점을 고려할 때, 『진양지』의 통치 자료적인 성격은 더욱
분명해진다고 할 수 있다.

이상에서 『진양지』의 항목 구성을 『함주지』 및 『승람』과 비교·검토
함으로써 『진양지』의 성격과 특징을 고찰해 보았다. 이제 다음 장에서
『진양지』의 각 항목에는 실제로 어떤 내용들이 수록되어 있는지를
분석·정리해 보도록 하겠다.

3. 『진양지』의 내용 분석과 특징

본 장에서는 『진양지』의 각 항목에 수록된 내용들을 검토하여 『진양
지』의 특징과 그 의미를 고찰해 보고자 한다. 앞 장에서 살펴본 항목
구성의 특징에 의거하여 『진양지』와 『승람』의 공통 항목과, 『승람』에

---

11) 양보경, 「조선시대 邑誌의 성격과 지리적 인식에 대한 연구」(서울대학교 박사학
위논문, 1987), 83쪽.

는 없고 『진양지』에만 수록된 항목 등 두 부분으로 나누어서 내용을 검토하도록 하겠다.

1) 『진양지』와 『승람』의 공통 항목의 내용

『진양지』의 항목 중에서 『승람』과 공통되는 것은 모두 27개로, 이를 나열하면 다음과 같다.(항목 통합 및 명칭 변경 포함)

경사상거京師相距, 사린강계四隣疆界, 건치연혁建置沿革, 속현屬縣, 진관鎭管, 관원官員, 주명州名, 형승形勝, 풍속風俗, 산천山川, 토산土産, 관우館宇, 성곽城郭, 단묘壇廟, 학교學校, 역원驛院, 관방關防, 봉수烽燧, 교량橋梁, 불우佛宇, 명환名宦, 성씨姓氏, 인물人物, 효행孝行, 열녀烈女, 총묘冢墓, 고적古跡

이상 『진양지』에서 『승람』과 공통되는 27개 항목의 내용을 보면, 기본적으로 『승람』의 「진주목晋州牧」에 수록된 내용들을 그대로 인용한 위에 『승람』이 최종 증보된 이후의 변화 상황, 특히 임진왜란을 거치면서 변동된 내역들을 추가·보완하는 방식으로 정리되었다. 『진양지』에 『승람』의 내용을 인용했다는 것은 『승람』이 『진양지』 편찬에서 가장 중요한 참고 자료였다는 점을 잘 보여 준다. 뒤에 다시 서술하겠지만, 성여신 등이 『진양지』를 편찬하면서 추가·보완한 내용들은 대부분 선조대 이후의 사실들로 성여신 등이 직접 목격하고 경험했을 가능성이 높은 내용들이 주류를 이루고 있다. 반면, 성여신 등이 직접 경험하지 못한 이전의 내용들은 기존의 읍지 자료를 참고할 수밖에 없었는데, 당시 이들이 이용할 수 있었던 유일한 읍지가 바로 『승람』이

었다. 이에 성여신 등은 『진양지』를 서술할 때 『승람』의 내용을 거의
빠짐없이 모두 전재하였다. 또, 『승람』에서 진주목 외의 다른 지역에
필요한 내용이 더 상세하게 실려 있는 경우에는 해당 지역의 내용을
찾아 인용했으며,[12] 『승람』 당시에는 있었지만 현재는 없어진 내용도
삭제하지 않고 기록한 다음 현재의 변화 상황을 기재하였다.[13] 이런
점들을 고려할 때 『승람』이 『진양지』 편찬 과정에 끼친 영향은 상당히
컸다고 평가할 수 있다.

　『진양지』에서 『승람』과 공통되는 27개의 항목 중 『승람』의 최종
증보, 즉 1530년(중종 25) 『신증동국여지승람』 편찬 이후 변동 사항이
없어 내용 면에서 『승람』과 일치하는 항목은 「경사상거」·「속현」·「진
관」·「주명」·「형승」·「풍속」·「봉수」 등의 7가지이다. 이 중에서 「속
현」의 경우 영선현永善縣의 옛터에 관한 내용이 추가되었고,[14] 「풍속」
에서는 하연河演의 「사교당기四敎堂記」 한 구절이 직접 인용된 차이가
있지만,[15] 전체적으로 내용상의 변동은 없다고 볼 수 있다.

---

12) 대표적인 예로 「형승」 항목의 지리산 서술과 「인물」의 河允潾 서술을 들 수 있
　다. 지리산의 경우, 『승람』에서는 「진주목」에 실린 내용은 소략하고 「남원부」
　에 지리산의 내력이 자세히 수록되어 있는데, 『진양지』에서는 「진주목」과 「남
　원부」 양쪽의 내용을 모두 인용하여 정리하였다. 또, 「인물」 항목에 실린 하윤
　린의 경우 고려 공민왕 때 평안도 肅川의 知郡으로 활동한 공적 때문에 『승람』
　에서는 「숙천군」에 관련 내용이 실려 있는데, 『진양지』에서 이 내용을 인용하
　여 「인물」에 수록하였다.
13) 대표적인 예로, 「관방」 항목의 三千鎭에 대한 서술에서 "『승람』에는 비록 本州에
　속한다고 했으나 지금은 四川에 속해 있기 때문에 뺐다"라고 하여, 관할 지역
　이 바뀐 삼천진을 완전히 삭제하지 않고 변동 상황을 기술하였다.
14) 『진양지』 권1의 「속현」 영성현 부분에서 "현의 옛터는 지금의 楡田洞이다"(縣舊
　基卽 今楡田洞也)라는 내용이 추가되어 있다.
15) 『승람』에서는 진주목의 풍속에 대해 "학문을 좋아하는 것을 업으로 삼는다"(好
　學爲業)라고 서술한 다음 그 전거로 하연의 「사교당기」를 제시했지만, 「사교당
　기」의 내용은 기재하지 않았다. 반면, 『진양지』에서는 「풍속」 항목에서 같은 내

나머지 20개 항목들에는 1530년의 『승람』 최종 증보 이후의 변동 사항이 수록되어 있는데, 앞부분에서 『승람』의 내용을 전재한 다음 후반부에서 변동 내역을 기록하는 방식을 취하였다. 그리고 『승람』에서 인용한 내용에 대해서는 끝부분에 '견여지승람見輿地勝覽', '병견승람幷見勝覽'(이상 1922년 간행본) 등으로 인용 사실을 표기하여,16) 이후의 추가 내용과 구분하였다. 『승람』 이후의 추가 사항을 중심으로 각 항목의 내용을 정리하면 아래와 같다.

(1) 사린강계四隣疆界

　　『승람』의 내용에 더하여, 서쪽 경계 지역으로 전라도 구례현과 지리산 지역이 추가되었다. 그리고 경계 지역을 『승람』보다 구체적으로 기록하였다. 예를 들어, 『승람』에서는 "동쪽으로 함안군咸安郡과의 경계까지 67리"라고 기록한 것에 비해, 『진양지』에서는 "동쪽으로 함안군咸安郡과의 경계－어속현於束縣－까지 67리"라고 하여 경계 지역의 지명을 세주細註로 명기하였다.

(2) 건치연혁建置沿革

　　『승람』의 내용을 전재한 다음, 임진왜란 당시 합포영合浦營이 파괴됨에 따라 1604년(선조 37)에 병영兵營을 합포영에서 진주로 옮긴 사실을 추가로 기록하였다.

　　용을 인용한 다음, 「사교당기」의 해당 구절인 "학문을 좋아하는 것을 업으로 삼아 풍속이 이미 이루어졌다"(好學爲業, 風俗已成)도 함께 기록하였다.
16) 규장각 소장 필사본 『진양지』(古4790-17-v.1-2)에는 인용 표시를 '以上在興地勝覽'으로 기록하였다. 이를 볼 때, 필사본마다 인용 표시 방식의 차이가 있었던 것으로 보인다.

(3) 관원官員

『승람』의 내용에 더하여, 1586년(선조 19)에 교수教授가 폐지되고 제독관提督官이 설치된 것, 병영을 진주로 옮긴 이후 병사兵使·영장營將·우후虞候를 각 1인씩 둔 것 등이 추가되었다.[17] 한편, 1586년 교수 폐지와 제독관 설치에 대해 "모두『승람』에 보인다"(幷見勝覽)라고 부기해 놓았는데, 실제 이 내용은『승람』에 실려 있지 않다. 따라서 이 기록은『진양지』편찬 과정 혹은 1920년대『진양지』필사본들을 종합·검토하여 간행하는 과정에서 발생한 오류로 판단된다.

(4) 산천山川

『승람』에 없는 22개 지역에 대한 내용이 추가되어 있다. 또,『승람』에 실린 지역에 대한 설명도『승람』보다 자세하게 기록되어 있는데, 특히 지리산 일대에 대한 설명이 대폭 보완되어 있다.

(5) 토산土産

수록된 토산품의 내역은『승람』과 동일하지만 생산지에 대한 설명이 자세하게 보완되어 있다. 예를 들어, 송이(松蕈)와 대나무(竹)의 경우『승람』에는 이름만 기록되어 있고 생산지에 대한 정보는 없는 반면,『진양지』에는 송이에 대해 "삼장三壯과 악양岳陽의 두 곳에서 생산된다"[18]라고 하였고, 대나무에 대해서는 "주州의 서쪽 5리에 공전公田이 있으니 곧 벌노수伐奴藪이다. 청암青岩·오대五臺·와룡臥龍 등 세 절에도 죽전竹田

---

17) 규장각 소장 필사본『진양지』(古4790-17-v.1-2)에는 병사·영장·우후 각 1명을 설치한 내용은 빠져 있다.
18) 『진양지』, 권1,「土産」, "出三壯·岳陽兩里."

이 있다"[19]라고 하여 생산지를 명기해 놓았다. 한편, 대구어와 생강 등에 대해서는 "『승람』에 실려 있으나 본주本州에서 나지 않는다"[20]라는 설명을 부기하여 현재 생산되지 않고 있음을 밝혀 놓았다.

(6) 관우舘宇

『승람』의 「궁실宮室」과 「누정樓亭」 항목에 있는 내용들이 통합·수록 되어 있고, 이에 더하여 진주목의 관아 건물들, 촉석루矗石樓에 속한 누각樓閣, 기타 관청 및 창고 건물 등 33개소에 대한 설명과 관련된 시문詩文의 내용이 추가로 기록되어 있다. 『진양지』 편찬 당시 없어졌 거나 다른 용도로 바뀐 건물들도 수록하고, 치폐 및 변동 현황을 함께 기록해 놓았다.

(7) 성곽城郭

촉석성矗石城에 대한 『승람』의 설명에 더하여 선조 대에 촉석성 및 소속 건물들을 증축增築·개축改築한 과정이 보충되어 있다.

(8) 단묘壇廟

『승람』의 내용 외에 임진왜란 당시 진주성에서 전사한 김천일金千鎰· 최경회崔慶會 등을 제사하는 창렬사彰烈祠와 3곳의 기우단祈雨壇에 관한 내용이 추가되었다. 또, 성모사聖母祠에 대한 설명에서는『승람』에 없는

---

19) 『진양지』, 권1, 「土産」, "州西五里有公田, 乃伐奴藪也. 靑岩·五臺·臥龍三寺, 又有竹 田."
20) 『진양지』, 권1, 「土産」, "載勝覽, 然本州不産."
규장각 소장 필사본 『진양지』(古4790-17-v.1-2)에는 海松子도 진주에서 생산되지 않는다고 기록되어 있다.

김종직·김일손의 기행록紀行錄 내용이 추가로 인용되어 있다.

(9) 학교學校

『승람』에 더하여, 향교 및 소속 사교당四教堂에 대한 설명이 보완되었으며, 특히 명종~선조 대 향교의 중수重修 내역이 추가로 수록되었다. 또, 『승람』에 없는 보장고報長庫에 대한 설명도 추가되었다.

(10) 역원驛院

수록된 역원의 수는 『승람』과 동일하지만, 『진양지』 편찬 당시 폐지된 역원에 대해서는 "옛날에는 관館이 있었으나 지금은 없어졌다"(昔有館今廢)라고 폐지 사실을 명기하였다. 나화원羅火院의 경우 이름이 『승람』 당시의 명칭(西亭子院)에서 변경되었음을 밝혀놓았으며, 정수역正守驛·평사역平沙驛·소남역召南驛 등에는 『승람』에 없는 시문이 추가되어 있다.

(11) 관방關防

적양赤梁의 위치가 창선도 남쪽에서 동쪽으로 이동된 사실이 세주細註로 보충되었다. 또, 삼천진三千鎭의 경우 『승람』 편찬 당시와는 달리 그 소속 지역이 사천泗川으로 바뀐 상황이 기록되어 있다.

(12) 교량橋梁

『승람』에는 십수교十水橋 하나만 수록되어 있으나, 『진양지』에는 십수교를 포함하여 29개의 교량에 대한 내용이 실려 있다. 『진양지』 편찬 당시 없어진 교량에 대해서는 '금폐今廢'라고 표시하였다.

(13) 불우佛宇

『진양지』에는 120여 곳의 사찰·암자에 대한 설명이 실려 있는데, 이는 『승람』에 수록된 18곳에 비해 월등히 많은 수치이다. 『승람』과 공통으로 수록된 사찰·암자의 경우에도 『승람』에 없는 설명과 시문이 대폭 추가·보완되었다. 그리고 『진양지』 편찬 당시 없어진 사찰·암자에는 '금폐今廢'라고 표시해 놓았다.

(14) 명환名宦

『승람』에 실린 인물들 외에 11명을 추가하였으며, 추가 부분의 첫머리에 '추록追錄'이라고 써서 『승람』의 내용과 구분하였다. 추가된 11명 중 9명은 목사牧使, 2명은 병사兵使를 역임했던 인물들이다.

(15) 성씨姓氏

『승람』에 실린 성씨 외에 '악양岳陽'의 6개 성씨와 본관은 다른 곳이지만 진주로 옮겨와 거주했던 사람들의 성씨 31개가 추가되어 있다. 그리고 「하씨족보서河氏族譜序」, 「류씨족보서柳氏族譜序」, 「하씨세계변河氏世系辨」 등의 내용이 수록되어 있다.

(16) 인물人物

『승람』에 실린 인물 외에 고려 1명, 조선 79명 등 80명에 관한 내용이 추가되었다. 또, 『승람』에 수록된 인물에 대해서도 『승람』에 없는 설명이 대폭 보완되었는데, 이때 고려시대 인물에 관한 서술에는 『고려사』의 내용이 인용되었다. 한편, 『승람』에서는 「우거寓居」에 실려 있는 조숙기曹淑沂에 대한 내용이『진양지』에서는「인물」항목에 통합·수록되어 있다.

(17) 효행孝行

신라·고려는『승람』의 내용을 그대로 반영하였고, 조선은『승람』내용 외에 34명의 효행 사례가 추가되어 있다.

(18) 열녀烈女

『승람』의 내용 외에 46명의 열녀에 대한 내용이 추가되어 있다.

(19) 총묘冢墓

『승람』에는 하륜河崙의 묘 하나만 수록되어 있으나,『진양지』에는 하륜을 포함하여 77명의 묘에 대한 설명이 실려 있다.

(20) 고적古跡

『승람』에 수록된 내용 외에 28개소의 고적에 대한 내용 추가되어 있다. 추가된 고적들 중 상당수에는 고려 말 왜구倭寇 토벌이나 임진왜란 시 전투 수행과 관련된 내용이 실려 있다. 또, '아주폐현鵝州廢縣'은『승람』편찬 당시에는 거제도 소속이었으므로,『승람』「거제도巨濟島」에 실려 있는 내용을 인용한 다음 추가 설명을 보완하였다.

이상에서 검토한 바와 같이, 성여신 등은『진양지』를 편찬하면서『승람』편찬 이후 진주목의 변화상을 매우 중요하게 다루었다. 즉,『승람』에서 전재한 내용이 진주목의 과거 역사를 정리한 것이라고 한다면, 새롭게 추가된 변동 내역들은 진주목의 당시 현실을 보여 주는 것이라고 할 수 있다. 그리고『진양지』를 비롯한 지리지의 기본적인 편찬 목적이 지방 행정 운영의 참고 자료였다는 점을 고려할 때, 당시『진양지』에서 가장 많이 참고·이용되었던 내용들은 바로『승람』이후의 추가 부분이었다고 할 수 있다. 따라서 위에서 검토한 각 항목의 추가 내용들은 다음 절에서 살펴볼『진양지』에만 수록된 항목의 내용들과 함께『진양지』의 실용성을 크게 높인 부분으로 평가할 수 있다.

한편,『승람』과의 공통 항목에서『승람』이후의 추가 내용들을 보면, 선조대 이후의 사실들, 특히 임진왜란과 관련된 사실들이 큰 비중을 차지하고 있는데, 시기적으로 볼 때 이 내용들은 성여신을 비롯한 『진양지』의 편찬자들이 직접 목격하고 경험했던 것일 가능성이 높다. 또, 위에서 검토한 것처럼『진양지』에는『승람』이후의 변화 내용들이 매우 세밀하고 자세하게 수록되어 있다. 이는 성여신 등이『진양지』를 편찬할 때 단순히 기존의 문헌 자료들을 바탕으로 정리하는 것에 그쳤던 것이 아니라 당시 진주지역의 실상을 직접 조사하여 그 결과를 읍지에 반영한 것이라고 할 수 있다. 즉,『진양지』는 진주지역에 대한 성여신 등의 경험적 지식이 충실하게 반영되어 있는 저술이라고 할 수 있다.

2)『진양지』에만 수록된 항목의 내용

본 절에서는『승람』에는 없고『진양지』에만 수록되어 있는 16개 항목의 내용 분석을 통해『진양지』의 특징과 의미를 살펴보고자 한다.

16개 항목의 내용을 정리해 보면 다음과 같다.

(1) 각리各里

진주목의 주내州內와 동·서·남·북 사면四面에 속한 리里에 관한 정보를 수록하였다. 리의 위치와 면적, 사방 경계, 속방屬坊, 토지 비옥도, 풍속, 지역의 주요 역사, 임진왜란 이후 리 편재의 변동 내역 등이 정리되어 있다. 또, 동약洞約 관련 자료들이 함께 실린 점이 눈에 띄는데, 동면 상사리에 대한 설명 기록에는 김대명金大鳴이 지은 「동약발문洞約跋文」(1608)과 정승훈鄭承勳이 지은 「동약서洞約序」(1611)의 내용이, 동면 월아미리에 대한 설명에는 성여신이 지은 「동약서」(1616)의 내용이 수록되어 있다.

(2) 호구전결戶口田結

주내州內와 동·서·남·북 사면四面에 속한 각 리의 가호家戶, 인구수(총수 및 남녀 구분), 토지 결수(총수 및 논밭 구분) 등에 대한 정보를 수록하였다. 「호주전결」에 수록된 리의 수는 「각리」에서 제시한 리의 수보다 적다. 이에 대해 성여신은 「호구전결」의 첫 부분에서 "아래의 각 마을은 위에 있는 것(「각리」의 수록 내용—필자)보다 적은데, 전란 이후에 전토田土가 다 개척되지 못했고 인구가 희소하기 때문이다. 또 두세 마을의 호구와 전결을 한 마을 아래 기록한 것이 있기 때문이다"21)라고 하여 그 이유를 밝혔다.

---

21) 『晉陽誌』, 권1, 「戶口田結」, "此下各里, 比上有闕者, 以亂後田土未盡開, 人戶稀少. 有合數里之戶與結, 而記于一里之下."

(3) 임수林藪

진주목에 속한 숲에 관한 정보이다. 가정수柯亭藪를 비롯한 7개 숲의 위치, 가정수가 밭이 되었다가 임진왜란 이후 숲으로 바뀐 내력 등이 실려 있다.

(4) 서원書院

덕천서원德川書院, 취성정醉醒亭, 대각향현사大覺鄕賢祠 등의 위치와 창건 연혁, 각 건물에 대한 기문記文·상량문上樑文·봉안서奉安序 등이 수록되어 있다.

(5) 서재書齋

동·서·남·북 사면의 서재 및 가좌촌서재加佐村書齋, 원당서재元堂書齋 등의 위치와 연혁, 일화, 관련 기문記文 등이 수록되어 있다.

(6) 정대亭臺

진주목에 소재한 59개의 각閣·당堂·정자亭子 등에 관련된 내용들이 기록되어 있다. 건물의 위치와 연혁, 건물에 관한 각종 기문記文·명문銘文·서문序文 등의 내용, 그리고 현존 여부 등이 정리되어 있다. 내용을 볼 때, 여기에 실린 당이나 정자들은 대부분 이 지역의 재지사족들이 건립한 것으로 판단된다.

(7) 군기軍器

진주목에서 소장하고 있는 무기류 32종의 이름과 수량이 기록되어 있다. 조총鳥銃류와 총통銃筒류가 대다수를 차지하며 이를 사용하는

데 필요한 화약·염초焰硝·탄환彈丸 등이 다수 확보되어 있는 것을 통해 임진왜란 이후 무기 체계가 화약 무기를 중심으로 재편되었음을 확인할 수 있다.

(8) 제언堤堰

진주목 관할에 있는 46개 제언에 대한 정보가 수록되어 있다. 제언의 위치 정보가 중심을 이루고 있으며, 몇몇 제언의 경우 제언의 형성 과정, 크기, 제언의 물을 공급받는 지역, 특이 사항 등이 함께 기록되어 있다. 『진양지』 편찬 당시 사용하지 않는 제언 10곳에 대해서는 '금폐今 廢'라고 표시해 놓았다.

(9) 관개灌漑

진주목 안에 있는 25개 방천防川에 대한 정보가 실려 있다. 방천이 있는 지역을 명시했으며, 또 어느 곳의 물을 막아서 방천을 만들었는지 와 그 물이 어느 지역으로 공급되는지에 대한 내용도 함께 수록하였 다.[22] 25개 방천 중 광류방천廣柳防川은 당시 사용하지 않고 있음을 밝혀 놓았다.

(10) 임관任官

진주의 목사牧使와 병사兵使를 역임했던 사람들의 명단이다. 목사는 모두 42인이 수록되어 있는데, 이 중 이경李璥·김시민金時敏·서예원徐 禮元·박종남朴宗男·나정언羅廷彦·이현李玹 등 6인에 대해서는 임진왜

---

22) 예를 들면, 梨谷防川에 대해 "정곡리에 있다. 집현산의 물을 막아 정곡의 건너편 들에 물을 댄다"(梨谷防川, 在井谷里. 防集賢山水, 灌于井谷越坪)라고 설명하였다.

란 당시의 행적을 기술하였고, 나머지 사람들은 이름만 수록하였다. 병사는 총 13명이 실려 있는데, 첫 번째 병사인 이수일李守一에 대해서는 부임·이임 시기와 촉석성矗石城을 중축重築했던 일을 기술하였고, 나머지 사람들은 부임·이임 시기만 기록하였다.[23]

(11) 문과文科

진주 출신이거나 진주가 본관인 인물 중에서 문과에 급제한 사람들의 명단으로, 모두 80명이 수록되어 있다. 문과 합격 전의 신분(생원·진사 등), 문과 합격 연도, 주요 관력官歷 등이 기재되어 있으며, 진주 출신자의 경우 진주에서의 거주 지역이 명시되어 있다.

(12) 무과武科

진주 출신이거나 진주가 본관인 인물 중에서 무과에 급제한 사람들의 명단으로, 모두 153명이 수록되어 있다. 무과 합격 연도, 주요 관력官歷, 진주에서의 거주 지역 등이 기록되어 있다.

(13) 사마司馬

진주 출신이거나 진주가 본관인 인물 중에서 생원시生員試·진사시進士試에 급제한 사람들의 명단으로, 모두 233명이 수록되어 있다. 해당 인물이 생원인지 진사인지, 진주에서의 거주 지역은 어디였는지 등이 실려 있으며, 관직에 나간 경우 간략한 관력을 함께 기록하였다.

---

23) 규장각 소장 필사본 『진양지』(古4790-17-v.1-2)에는 병사 역임자의 부임·이임 시기가 기록되어 있는 반면, 1922년 간행본에는 이 내용들이 빠져 있다. 이수일의 경우도 촉석성을 증축한 기록만 있을 뿐 부임·이임 기록은 실려 있지 않다.

(14) 남행南行

진주 출신이거나 진주가 본관인 인물 중에서 음보蔭補로 관직에 오른
사람들의 명단으로, 모두 70명이 수록되어 있다. 주요 관력, 음보를
받는 데 영향을 준 선조先祖의 이름, 진주에서의 거주 지역 등이 수록되
어 있다.

(15) 유배流配

진주에 유배됐던 인물 5명의 이름과 관직이 기록되어 있다.[24]

(16) 총담叢談

하륜河崙, 하연河演, 강석덕姜碩德, 강응태姜應台, 이육李陸, 김대명金大
鳴, 이제신李濟臣 등 진주와 관련이 있는 주요 인물들에 관한 이야기들
을 모아서 정리한 것이다. 『고려사高麗史』「열전列傳」, 『청파극담靑坡劇
談』, 『필원잡기筆苑雜記』, 『하씨연고河氏聯稿』 등에서 관련 내용들을
발췌·인용하였다. 인용 서적이 명시되지 않은 이야기들도 있는데,
아마도 지역에서 전해 내려오는 이야기들을 기록해 놓은 것으로
추정된다.

이상에서 검토한, 『진양지』에만 있는 16개 항목들 중에서 「각리」·
「호구전결」·「임수」 등은 당시 진주목의 사회·경제적 상황을 정리한
것이며, 「제언」·「관개」도 농업과 직결되는 경제 관련 항목으로 분류

---

24) 규장각 소장 필사본 『진양지』(古4790-17-v.1-2)에는 「유배」 항목에 徐龍甲, 鄭昕,
金昕 등 3명만 실려 있으나, 1922년 간행본에는 權誼와 吳煥 등 2명이 추가되어
모두 5명이 수록되어 있다.

할 수 있다. 또, 「서원」·「서재」는 지방 교육, 「군기」는 군사 방어, 「임관」
은 행정 운영에 관련된 내용이다. 이 밖에 「정대」·「문과」·「무과」·
「사마」·「남행」·「유배」·「총담」 등은 이 지역 출신의 주요 인물들과
관련된 내용들을 담고 있다. 이렇게 볼 때, 『진양지』에만 있는 16개
항목은 다시 크게 두 가지 부류로 나누어 볼 수 있다. 첫 번째는 「각리」·
「호구전결」·「제언」·「관개」·「군기」 등과 같이 진주지역의 행정·재
정·군정 운영에 관계되는 항목들이다. 그리고 두 번째는 「문과」·「무
과」·「사마」·「남행」·「유배」·「총담」 등 진주 출신 주요 인물들의
행적이나 관련 일화들을 정리해 놓은 항목들이다.

이 중에서 본고가 특히 주목하는 부분은 행정·재정·군정 운영과
관련이 있는 전자의 항목들이다. 이 항목들에는 원활한 지방 통치를
위해 지방 수령이 반드시 알아야 하는 필수 자료들이 수록되어 있다.
『진양지』의 전범이 됐던 『함주지』의 저자 정구도 바로 이 점에 주목했
다고 할 수 있다. 즉, 행정·재정·군정에 관한 내용들은 수령의 업무
수행에 반드시 필요한 정보들이지만 기존의 『승람』에는 이러한 내용
이 실려 있지 않았기 때문에 『함주지』를 편찬하면서 행정·재정·군정
관련 항목을 넣었던 것이다. 따라서 성여신 등이 『진양지』를 편찬할
때 『함주지』를 전범으로 삼았던 것은 이들이 『진양지』가 진주지역의
행정 운영에 실제적인 참고 자료로 이용되는 것을 염두에 두고 있었음
을 보여 준다고 할 수 있다.

기존의 『진양지』 연구에서는 「인물」·「문과」·「무과」·「사마」·「남
행」·「유배」·「총담」 등에 수록되어 있는 진주 출신 주요 인물들의
행적이나 가언嘉言·미담美談, 그리고 「효자」·「열녀」 등에 수록된 유

교 윤리의 실천 사례들에 주목하여, 『진양지』의 편찬 목적과 성격을 유교 윤리 보급을 통한 향촌사회의 질서 확립과 재지사족의 지배권 확립이라는 측면에서 설명하는 것이 일반적이었다.[25] 물론 『진양지』에 이런 목적이 있었던 것은 분명한 사실이다. 하지만 그와 더불어 행정·재정·군정에 관한 항목이 존재한다는 것은 이 읍지의 목적이 단순히 유교 윤리의 보급과 향촌 교화에만 있었던 것이 아님을 잘 보여 준다.

특히, 성여신을 비롯한 『진양지』의 편찬자들은 재지사족으로서 지방 통치를 직접적으로 담당하는 지방관의 지위에 있지 않았다. 그럼에도 불구하고 이들은 행정·재정·군정에 관한 항목들을 『진양지』에 수록하였다. 이것은 성여신 등이 원활한 지방 행정 운영을 재지사족의 책임으로 인식하고 있었음을 보여 준다. 비록 일생동안 관직에 나아가지 않고 지방에 은거하여 학문 연구와 제자 양성에만 전념했던 성여신이었지만, 그러나 현실의 문제를 도외시하지 않았으며, 사대부 지식인으로서 정치·사회의 안정과 안민安民의 실현에 대해 책임의식을 가지고 있었음을 그가 편찬한 읍지의 내용을 통해 확인할 수 있다. 즉, 『진양지』의 편찬은 성여신을 중심으로 한 일군의 실천적 지식인들이

---

25) 양보경은 『진양지』의 편찬 목적에 대해 "임란으로 파괴된 향촌 질서를 재지사족층이 중심이 되어 회복함으로써 향촌사회에 대한 지배력을 계속 확보할 목적에서 편찬한 읍지로 『진양지』를 들 수 있다"라고 평가하였다.(양보경, 「조선시대 邑誌의 성격과 지리적 인식에 대한 연구」, 서울대학교 박사학위논문, 1987, 91쪽) 또 박주는 "진주의 재지사족들이 『진양지』에 효자, 열녀에 대하여 많이 그리고 상세히 수록함으로써 유교 윤리를 보급하기 위해 더욱 노력하였음을 알 수 있다"라고 하여, 유교 윤리 보급의 측면에서 『진양지』의 의의를 평가하였다.(박주, 「17세기 晋州지역의 孝子, 烈女-『晉陽誌』를 중심으로」, 『인문과학연구』 1, 1998, 122쪽)

지역사회에 대한 자신들의 책임의식을 실현하고자 했던 하나의 방식이었다고 할 수 있다.

4. 맺음말

이상에서 17세기 전반에 성여신이 주도하여 편찬한『진양지』의 체재와 내용 및 그 특징을 검토해 보았다. 이제 본문 내용을 요약·정리하는 것으로 맺음말을 대신하고자 한다.

『진양지』는 총 43개 항목으로 구성되어 있다. 이를『승람』의 항목과 비교해 보면 공통되는 항목이 27개,『진양지』에만 실려 있는 항목이 16개이다.『진양지』에만 있는 16개 항목 중 13개 항목은『진양지』에 앞서 정구가 편찬한『함주지』에 수록되어 있다. 즉,『승람』에 없고『진양지』에만 있는 항목의 대부분은『함주지』에서 수용한 것이다. 함안군수로 재직하고 있던 정구는 원활한 지방 행정 운영에 필요한 참고 자료로『함주지』를 편찬했다. 이를 위해 그는 기존의『승람』에서 빠져 있던 행정·재정·군정 관련 항목을 대폭 보완했으며, 또「임관」·「문과」·「무과」·「사마」·「유배」등 지역 출신 인물들에 관한 항목을 신설하여 풍속 교화의 자료로 삼았다.

성여신 등이『진양지』를 편찬할 때『함주지』를 전범으로 삼았다는 것은 이들이『함주지』를 편찬한 정구의 문제의식, 즉 '효율적인 지방 행정 운영을 위한 참고 자료'라는 현실적 목적성을 공유하고 있었음을 보여 준다. 특히『진양지』의 편찬이 임진왜란으로 지방 행정에 참고할

문적들이 대부분 소실된 상황에서 이루어졌던 점을 고려할 때, 『진양지』의 통치 자료적인 성격은 더욱 분명해진다고 할 수 있다.

『진양지』에 반영된 성여신 등의 문제의식은 『진양지』의 내용 분석을 통해 더욱 분명히 드러난다. 먼저, 『승람』과 공통되는 27개 항목의 내용을 보면, 기본적으로 『승람』 「진주목」에 수록된 내용들을 그대로 전재한 위에 1530년(중종 25) 『승람』이 최종 증보된 이후 진주지역의 변화상을 추가로 수록하였다. 『승람』의 내용은 진주목의 과거 역사를 보여 주는 것으로서, 『승람』은 『진양지』 편찬에 내용적인 면에서 큰 영향을 끼쳤다고 할 수 있다. 또, 새롭게 추가된 변동 내역들은 진주목의 당시 현실을 보여 주는 것인데 이 중에는 선조 대 이후의 사실들, 특히 임진왜란과 관련된 사실들이 큰 비중을 차지하고 있다. 그리고 시기적으로 볼 때 이는 성여신을 비롯한 『진양지』의 편찬자들이 직접 목격하고 경험했던 내용들일 가능성이 높다. 이 점에서 『진양지』는 진주지역에 대한 성여신 등의 경험적 지식이 충실하게 반영된 저술이라고 할 수 있다.

『승람』에는 없고 『진양지』에만 실려 있는 16개 항목 중에서 특히 주목되는 것은 행정·재정·군정 운영에 관련된 내용들이다. 기존의 『진양지』 연구에서는 「인물」·「문과」·「무과」 등의 진주 출신 주요 인물들에 관한 내용이나 「효자」·「열녀」의 유교 윤리 실천 사례 등에 주목하여, 『진양지』의 편찬 목적과 성격을 유교 윤리 보급을 통한 향촌사회의 질서 확립과 재지사족의 지배권 강화의 측면으로 설명하였다. 물론 『진양지』에 이런 목적이 있었던 것은 분명 사실이지만, 그와 더불어 행정·재정·군정에 관한 항목이 존재한다는 것은 이 읍지의 목적이 단순히 유교 윤리의 보급과 향촌 교화에만 있었던 것이 아님을 잘 보여 준다.

성여신 등은 재지사족으로 지방 통치를 직접적으로 담당하는 수령의 지위에 있지는 않았다. 그럼에도 이들이 『진양지』에 행정·재정·군정에 관한 항목들을 수록했다는 것은 원활한 지방 행정 운영을 재지사족의 책임으로 인식하고 있었음을 보여 준다. 즉, 이들은 일생동안 관직에 나아가지 않았지만, 사회 현실의 문제를 도외시하지 않았으며 정치·사회의 안정과 안민安民의 실현에 대해 책임의식을 가지고 있었다. 결국 『진양지』는 성여신을 중심으로 한 일군의 실천적 지식인들이 지역사회에 대한 자신들의 책임의식을 수행한 결과물이라고 할 수 있다.

사단법인 남명학연구원은

남명선생의 학문을 연구하고 학덕을 선양하기 위해 1986년 발족되었다. 1988년 9월 전문학술지 『남명학연구논총』을 창간, 2004년 13호를 끝으로 일시 정간하였다가 2009년 3월 『남명학』으로 제호를 바꾸어 복간하였으며, 한국전통문화의 근간인 선비문화를 진흥하기 위해 2004년 4월 교양잡지 『선비문화』를 발행하여 현재 28호에 이르렀다. 그동안 매년 전국 규모의 학술대회를 개최하는 한편 격년으로 국제학술대회를 개최하여 남명학에 대한 학문적 성과를 국제적인 수준으로 제고하였다. 현재 10여 명의 상임연구위원과 70여 명의 연구위원이 연구활동에 종사하고 있으며 700여 명의 회원이 연구원의 사업을 지원하고 있다.

필진 소개(게재순)

최석기(경상대학교 교수)
박용국(한국방송대학교 외래교수)
송준식(한국국제대학교 교수)
이상원(남명학연구원 연구위원)
김경수(경상대학교 외래교수)
조구호(남명학연구원 사무국장)
황영신(경상대학교 강사)
전병철(경상대학교 경남문화연구원 HK교수)
강문식(서울대학교 규장각한국학연구원 학예연구관)

◈ 예문서원의 책들 ◈

원전총서

박세당의 노자 (新註道德經) 박세당 지음, 김학목 옮김, 312쪽, 13,000원
율곡 이이의 노자 (醇言) 이이 지음, 김학목 옮김, 152쪽, 8,000원
홍석주의 노자 (訂老) 홍석주 지음, 김학목 옮김, 320쪽, 14,000원
북계자의 (北溪字義) 陳淳 지음, 김충열 감수, 김영민 옮김, 295쪽, 12,000원
주자가례 (朱子家禮) 朱熹 지음, 임민혁 옮김, 496쪽, 20,000원
서경잡기 (西京雜記) 劉歆 지음, 葛洪 엮음, 김장환 옮김, 416쪽, 18,000원
열선전 (列仙傳) 劉向 지음, 김장환 옮김, 392쪽, 15,000원
열녀전 (列女傳) 劉向 지음, 이숙인 옮김, 447쪽, 16,000원
선가귀감 (禪家龜鑑) 청허휴정 지음, 박재양・배규범 옮김, 584쪽, 23,000원
공자성적도 (孔子聖蹟圖) 김기주・황지원・이기훈 역주, 254쪽, 10,000원
천지서상지 (天地瑞祥志) 김용천・최현화 역주, 384쪽, 20,000원
참동고 (參同攷) 徐命庸 지음, 이봉호 역주, 384쪽, 23,000원
박세당의 장자, 남화경주해산보 내편 (南華經註解刪補 內篇) 박세당 지음, 전현미 역주, 560쪽, 39,000원
초원담노 (椒園談老) 이충익 지음, 김윤경 옮김, 248쪽, 20,000원
여암 신경준의 장자 (文章準則 莊子選) 申景濬 지음, 김남형 역주, 232쪽, 20,000원

퇴계원전총서

고경중마방古鏡重磨方 — 퇴계 선생의 마음공부 이황 편저, 박상주 역해, 204쪽, 12,000원
활인심방活人心方 — 퇴계 선생의 마음으로 하는 몸공부 이황 편저, 이윤희 역해, 308쪽, 16,000원
이자수어李子粹語 퇴계 이황 지음, 성호 이익・순암 안정복 엮음, 이광호 옮김, 512쪽, 30,000원

연구총서

논쟁으로 보는 중국철학 중국철학연구회 지음, 352쪽, 8,000원
논쟁으로 보는 한국철학 한국철학사상연구회 지음, 326쪽, 10,000원
중국철학과 인식의 문제 (中國古代哲學問題發展史) 方立天 지음, 이기훈 옮김, 208쪽, 6,000원
중국철학과 인성의 문제 (中國古代哲學問題發展史) 方立天 지음, 박경환 옮김, 191쪽, 6,800원
역사 속의 중국철학 중국철학회 지음, 448쪽, 15,000원
공자의 철학 (孔孟荀哲學) 蔡仁厚 지음, 천병돈 옮김, 240쪽, 8,500원
맹자의 철학 (孔孟荀哲學) 蔡仁厚 지음, 천병돈 옮김, 224쪽, 8,000원
순자의 철학 (孔孟荀哲學) 蔡仁厚 지음, 천병돈 옮김, 272쪽, 10,000원
유학은 어떻게 현실과 만났는가 — 선진 유학과 한대 경학 박원재 지음, 218쪽, 7,500원
역사 속에 살아있는 중국 사상 (中國歷史に生きる思想) 시게자와 도시로 지음, 이혜경 옮김, 272쪽, 10,000원
덕치, 인치, 법치 — 노자, 공자, 한비자의 정치 사상 신동준 지음, 488쪽, 20,000원
리의 철학 (中國哲學範疇精髓叢書 — 理) 張立文 주편, 안유경 옮김, 524쪽, 25,000원
기의 철학 (中國哲學範疇精髓叢書 — 氣) 張立文 주편, 김교빈 외 옮김, 572쪽, 27,000원
동양 천문사상, 하늘의 역사 김일권 지음, 480쪽, 24,000원
동양 천문사상, 인간의 역사 김일권 지음, 544쪽, 27,000원
공부론 임수무 외 지음, 544쪽, 27,000원
유학사상과 생태학 (Confucianism and Ecology) Mary Evelyn Tucker・John Berthrong 엮음, 오정선 옮김, 448쪽, 27,000원
공자털, 공자는 이렇게 말했다 안재호 지음, 232쪽, 12,000원
중국중세철학사 (Geschichte der Mittelalterischen Chinesischen Philosophie) Alfred Forke 지음, 최해숙 옮김, 568쪽, 40,000원
북송 초기의 삼교회통론 김경수 지음, 352쪽, 26,000원
죽간・목간・백서, 중국 고대 간백자료의 세계 1 이승률 지음, 576쪽, 40,000원
중국근대철학사 (Geschichte der Neueren Chinesischen Philosophie) Alfred Forke 지음, 최해숙 옮김, 936쪽, 65,000원
리학 심학 논쟁, 연원과 전개 그리고 득실을 논한다 황갑연 지음, 416쪽, 32,000원

강의총서

김충열 교수의 노자강의 김충열 지음, 434쪽, 20,000원
김충열 교수의 중용대학강의 김충열 지음, 448쪽, 23,000원
모종삼 교수의 중국철학강의 牟宗三 지음, 김병채 외 옮김, 320쪽, 19,000원
송석구 교수의 율곡철학 강의 송석구 지음, 312쪽, 29,000원
송석구 교수의 불교와 유교 강의 송석구 지음, 440쪽, 39,000원

역학총서

주역철학사 (周易硏究史) 廖名春・康學偉・梁韋弦 지음, 심경호 옮김, 944쪽, 45,000원
송재국 교수의 주역 풀이 송재국 지음, 380쪽, 10,000원
송재국 교수의 역학담론 ─ 하늘의 빛 正易, 땅의 소리 周易 송재국 지음, 536쪽, 32,000원
소강절의 선천역학 高懷民 지음, 곽신환 옮김, 368쪽, 23,000원
다산 정약용의 『주역사전』, 기호학으로 읽다 방인 지음, 704쪽, 50,000원

한국철학총서

조선 유학의 학파들 한국사상사연구회 편저, 688쪽, 24,000원
퇴계의 생애와 학문 이상은 지음, 248쪽, 7,800원
조선유학의 개념들 한국사상사연구회 지음, 648쪽, 26,000원
유교개혁사상과 이병헌 금장태 지음, 336쪽, 17,000원
남명학파와 영남우도의 사림 박병련 외 지음, 464쪽, 23,000원
쉽게 읽는 퇴계의 성학십도 최재목 지음, 152쪽, 7,000원
홍대용의 실학과 18세기 북학사상 김문용 지음, 288쪽, 12,000원
남명 조식의 학문과 선비정신 김충열 지음, 512쪽, 26,000원
명재 윤증의 학문연원과 가학 충남대학교 유학연구소 편, 320쪽, 17,000원
조선유학의 주역사상 금장태 지음, 320쪽, 16,000원
한국유학의 악론 금장태 지음, 240쪽, 13,000원
심경부주와 조선유학 홍원식 외 지음, 328쪽, 20,000원
퇴계가 우리에게 이윤희 지음, 368쪽, 18,000원
조선의 유학자들, 켄타우로스를 상상하며 理와 氣를 논하다 이향준 지음, 400쪽, 25,000원
퇴계 이황의 철학 윤사순 지음, 320쪽, 24,000원
조선유학과 소강절 철학 곽신환 지음, 416쪽, 32,000원
되짚어 본 한국사상사 최영성 지음, 632쪽, 47,000원

성리총서

송명성리학 (宋明理學) 陳來 지음, 안재호 옮김, 590쪽, 17,000원
주희의 철학 (朱熹哲學硏究) 陳來 지음, 이종란 외 옮김, 544쪽, 22,000원
양명 철학 (有無之境─王陽明哲學的精神) 陳來 지음, 전병욱 옮김, 752쪽, 30,000원
정명도의 철학 (程明道思想硏究) 張德麟 지음, 박상리・이경남・정성희 옮김, 272쪽, 15,000원
송명유학사상사 (宋明時代儒學思想の硏究) 구스모토 마사쓰구(楠本正繼) 지음, 김병화・이혜경 옮김, 602쪽, 30,000원
북송도학사 (道學の形成) 쓰치다 겐지로(土田健次郞) 지음, 성현창 옮김, 640쪽, 3,2000원
성리학의 개념들 (理學範疇系統) 蒙培元 지음, 홍원식・황지원・이기훈・이상호 옮김, 880쪽, 45,000원
역사 속의 성리학 (Neo-Confucianism in History) Peter K. Bol 지음, 김영민 옮김, 488쪽, 28,000원
주자어류선집 (朱子語類抄) 미우라 구니오(三浦國雄) 지음, 이승연 옮김, 504쪽, 30,000원

불교(카르마)총서

학파로 보는 인도 사상 S. C. Chatterjee・D. M. Datta 지음, 김형준 옮김, 424쪽, 13,000원
유식무경, 유식 불교에서의 인식과 존재 한자경 지음, 208쪽, 7,000원
박성배 교수의 불교철학강의: 깨침과 깨달음 박성배 지음, 윤원철 옮김, 313쪽, 9,800원
불교 철학의 전개, 인도에서 한국까지 한자경 지음, 252쪽, 9,000원
인물로 보는 한국의 불교사상 한국불교원전연구회 지음, 388쪽, 20,000원
은정희 교수의 대승기신론 강의 은정희 지음, 184쪽, 10,000원
비구니와 한국 문학 이향순 지음, 320쪽, 16,000원
불교철학과 현대윤리의 만남 한자경 지음, 304쪽, 18,000원
유식삼심송과 유식불교 김명우 지음, 280쪽, 17,000원
유식불교, 『유식이십론』을 읽다 효도 가즈오 지음, 김명우・이상우 옮김, 288쪽, 18,000원
불교인식론 S. R. Bhatt & Anu Mehrotra 지음, 권서용・원철・유리 옮김, 288쪽, 22,000원
불교에서의 죽음 이후, 중음세계와 육도윤회 허암 지음, 232쪽, 17,000원

한의학총서

한의학, 보약을 말하다 ─ 이론과 활용의 비밀 김광중・하근호 지음, 280쪽, 15,000원

동양문화산책

주역산책 (易學漫步) 朱伯崑 외 지음, 김학권 옮김, 260쪽, 7,800원
동양을 위하여, 동양을 넘어서 홍원식 외 지음, 264쪽, 8,000원
서원, 한국사상의 숨결을 찾아서 안동대학교 안동문화연구소 지음, 344쪽, 10,000원
안동 풍수 기행, 와혈의 땅과 인물 이완규 지음, 256쪽, 7,500원
안동 풍수 기행, 돌혈의 땅과 인물 이완규 지음, 328쪽, 9,500원
영양 주실마을 안동대학교 안동문화연구소 지음, 332쪽, 9,800원
예천 금당실·맛질 마을 — 정감록이 꼽은 길지 안동대학교 안동문화연구소 지음, 284쪽, 10,000원
터를 안고 仁을 펴다 — 퇴계가 굽어보는 하계마을 안동대학교 안동문화연구소 지음, 360쪽, 13,000원
안동 가일 마을 — 풍산들가에 의연히 서다 안동대학교 안동문화연구소 지음, 344쪽, 13,000원
중국 속에 일떠서는 한민족 — 한겨레신문 차한필 기자의 중국 동포사회 리포트 차한필 지음, 336쪽, 15,000원
신간도견문록 박진관 글·사진, 504쪽, 20,000원
선양과 세습 사라 알란 지음, 오만종 옮김, 318쪽, 17,000원
문경 산북의 마을들 — 서중리, 대상리, 대하리, 김룡리 안동대학교 안동문화연구소 지음, 376쪽, 18,000원
안동 원촌마을 — 선비들의 이상향 안동대학교 안동문화연구소 지음, 288쪽, 16,000원
안동 부포마을 — 물 위로 되살려 낸 천년의 영화 안동대학교 안동문화연구소 지음, 440쪽, 23,000원
독립운동의 큰 울림, 안동 전통마을 김희곤 지음, 384쪽, 26,000원

일본사상총서

도쿠가와 시대의 철학사상 (德川思想小史) 미나모토 료엔 지음, 박규태·이용수 옮김, 260쪽, 8,500원
일본인은 왜 종교가 없다고 말하는가 (日本人はなぜ 無宗教のか) 아마 도시마로 지음, 정형 옮김, 208쪽, 6,500원
일본사상이야기 40 (日本がわかる思想入門) 나가오 다케시 지음, 박규태 옮김, 312쪽, 9,500원
일본도덕사상사 (日本道德思想史) 이에나가 사부로 지음, 세키네 히데유키·윤종갑 옮김, 328쪽, 13,000원
천황의 나라 일본 — 일본의 역사와 천황제 (天皇制と民衆) 고토 야스시 지음, 이남희 옮김, 312쪽, 13,000원
주자학과 근세일본사회 (近世日本社會と宋學) 와타나베 히로시 지음, 박홍규 옮김, 304쪽, 16,000원

노장총서

不二 사상으로 읽는 노자 — 서양철학자의 노자 읽기 이찬훈 지음, 304쪽, 12,000원
김항배 교수의 노자철학 이해 김항배 지음, 280쪽, 15,000원
서양, 도교를 만나다 J. J. Clarke 지음, 조현숙 옮김, 472쪽, 36,000원
중국 도교사 — 신선을 꿈꾼 사람들의 이야기 牟鐘鑒 지음, 이봉호 옮김, 352쪽, 28,000원

남명학연구총서

남명사상의 재조명 남명학연구원 엮음, 384쪽, 22,000원
남명학파 연구의 신지평 남명학연구원 엮음, 448쪽, 26,000원
덕계 오건과 수우당 최영경 남명학연구원 엮음, 400쪽, 24,000원
내암 정인홍 남명학연구원 엮음, 448쪽, 27,000원
한강 정구 남명학연구원 엮음, 560쪽, 32,000원
동강 김우옹 남명학연구원 엮음, 360쪽, 26,000원
망우당 곽재우 남명학연구원 엮음, 440쪽, 33,000원

예문동양사상연구원총서

한국의 사상가 10人 — 원효 예문동양사상연구원/고영섭 편저, 572쪽, 23,000원
한국의 사상가 10人 — 의천 예문동양사상연구원/이병욱 편저, 464쪽, 20,000원
한국의 사상가 10人 — 지눌 예문동양사상연구원/이덕진 편저, 644쪽, 26,000원
한국의 사상가 10人 — 퇴계 이황 예문동양사상연구원/윤사순 편저, 464쪽, 20,000원
한국의 사상가 10人 — 남명 조식 예문동양사상연구원/오이환 편저, 576쪽, 23,000원
한국의 사상가 10人 — 율곡 이이 예문동양사상연구원/황의동 편저, 600쪽, 25,000원
한국의 사상가 10人 — 하곡 정제두 예문동양사상연구원/김교빈 편저, 432쪽, 22,000원
한국의 사상가 10人 — 다산 정약용 예문동양사상연구원/박홍식 편저, 572쪽, 29,000원
한국의 사상가 10人 — 혜강 최한기 예문동양사상연구원/김용헌 편저, 520쪽, 26,000원
한국의 사상가 10人 — 수운 최제우 예문동양사상연구원/오문환 편저, 464쪽, 23,000원

인물사상총서

한주 이진상의 생애와 사상 홍원식 지음, 288쪽, 15,000원
범부 김정설의 국민윤리론 우기정 지음, 280쪽, 20,000원

민연총서 — 한국사상

자료와 해설, 한국의 철학사상 고려대 민족문화연구원 한국사상연구소 편, 880쪽, 34,000원
여헌 장현광의 학문 세계, 우주와 인간 고려대 민족문화연구원 한국사상연구소 편, 424쪽, 20,000원
퇴옹 성철의 깨달음과 수행 — 성철의 선사상과 불교사적 위치 조성택 편, 432쪽, 23,000원
여헌 장현광의 학문 세계 2, 자연과 인간 고려대 민족문화연구원 한국사상연구소 편, 432쪽, 25,000원
여헌 장현광의 학문 세계 3, 태극론의 전개 고려대 민족문화연구원 한국사상연구소 편, 400쪽, 24,000원
역주와 해설 성학십도 고려대 민족문화연구원 한국사상연구소 편, 328쪽, 20,000원
여헌 장현광의 학문 세계 4, 여헌학의 전망과 계승 고려대학교 민족문화연구원 편, 384쪽, 30,000원

경북의 종가문화

사당을 세운 뜻은, 고령 점필재 김종직 종가 정경주 지음, 203쪽, 15,000원
지금도 「어부가」가 귓전에 들려오는 듯, 안동 농암 이현보 종가 김서령 지음, 225쪽, 17,000원
종가의 멋과 맛이 넘쳐 나는 곳, 봉화 충재 권벌 종가 한필원 지음, 193쪽, 15,000원
한 점 부끄럼 없는 삶을 살다, 경주 회재 이언적 종가 이수환 지음, 178쪽, 14,000원
영남의 큰집, 안동 퇴계 이황 종가 정우락 지음, 227쪽, 17,000원
마르지 않는 효제의 샘물, 상주 소재 노수신 종가 이종호 지음, 303쪽, 22,000원
의리와 충절의 400년, 안동 학봉 김성일 종가 이해영 지음, 199쪽, 15,000원
충효당 높은 마루, 안동 서애 류성룡 종가 이세동 지음, 210쪽, 16,000원
낙중 지역 강안학을 열다, 성주 한강 정구 종가 김학수 지음, 180쪽, 14,000원
모원당 회화나무, 구미 여헌 장현광 종가 이종문 지음, 195쪽, 15,000원
보물은 오직 청백뿐, 안동 보백당 김계행 종가 최은주 지음, 160쪽, 15,000원
은둔과 화순의 선비들, 영주 송설헌 장말손 종가 정순우 지음, 176쪽, 16,000원
처마 끝 소나무에 갈무리한 세월, 경주 송재 손소 종가 황위주 지음, 256쪽, 23,000원
양대 문형과 직신의 가문, 문경 허백정 홍귀달 종가 홍원식 지음, 184쪽, 17,000원
어질고도 청빈한 마음이 이어진 집, 예천 약포 정탁 종가 김낙진 지음, 208쪽, 19,000원
임란의병의 힘, 영천 호수 정세아 종가 우인수 지음, 192쪽, 17,000원
영남을 넘어, 상주 우복 정경세 종가 정우락 지음, 264쪽, 23,000원
선비의 삶, 영덕 갈암 이현일 종가 장윤수 지음, 224쪽, 20,000원
청빈과 지조로 지켜 온 300년 세월, 안동 대산 이상정 종가 김순석 지음, 192쪽, 18,000원
독서종자 높은 뜻, 성주 응와 이원조 종가 이세동 지음, 216쪽, 20,000원
오천칠군자의 향기 서린, 안동 후조당 김부필 종가 김용만 지음, 256쪽, 24,000원
마음이 머무는 자리, 성주 동강 김우옹 종가 정병호 지음, 184쪽, 18,000원
문무의 길, 영덕 청신재 박의장 종가 우인수 지음, 216쪽, 20,000원
형제애의 본보기, 상주 창석 이준 종가 서정화 지음, 176쪽, 17,000원
경주 남쪽의 대종가, 경주 잠와 최진립 종가 손숙경 지음, 208쪽, 20,000원
변화하는 시대정신의 구현, 의성 자암 이민환 종가 이시활 지음, 248쪽, 23,000원
무로 빚고 문으로 다듬은 충효와 예학의 명가, 김천 정양공 이숙기 종가 김학수 지음, 184쪽, 18,000원
청백정신과 팔련오계로 빛나는, 안동 허백당 김양진 종가 배영동 지음, 272쪽, 27,000원
학문과 충절이 어우러진, 영천 지산 조호익 종가 박학래 지음, 216쪽, 21,000원
영남 남인의 정치 중심 돌밭, 칠곡 귀암 이원정 종가 박인호 지음, 208쪽, 21,000원
거문고에 새긴 외금내고, 청도 탁영 김일손 종가 강정화 지음, 240쪽, 24,000원
대를 이은 문장과 절의, 울진 해월 황여일 종가 오용원 지음, 200쪽, 20,000원
처사의 삶, 안동 경당 장흥효 종가 장윤수 지음, 240쪽, 24,000원
대의와 지족의 표상, 영양 옥천 조덕린 종가 백순철 지음, 152쪽, 15,000원

기타

다산 정약용의 편지글 이용형 지음, 312쪽, 20,000원
유교와 칸트 李明輝 지음, 김기주・이기훈 옮김, 288쪽, 20,000원
유가 전통과 과학 김영식 지음, 320쪽, 24,000원
유가철학의 덕과 덕성치유 최연자・최영찬 지음, 432쪽, 30,000원
한시, 슬픈 감성으로 가을을 읊다 권명숙 지음, 232쪽, 17,000원